200

MOST COMMON TURKISH VERBS IN CONTEXT

WITH CONJUGATION TABLES&PRACTICE

2nd Edition

HALİT DEMİR

KAMAN Turkish Series

Sevgili
anne ve babama

INTRODUCTION

200 MOST COMMON TURKISH VERBS IN CONTEXT provides the most common Turkish verbs with conjugation tables and practice exercises.

The case suffixes required by these verbs are also provided. On the next page you will find a short lesson on how the case suffixes relate to verbs.

The verbs are loosely ordered according to their meaning and each of them is illustrated in **4** or **5** sentences. The example sentences are largely made up of the verbs introduced previously. The structured presentation enables you to recycle the verbs you have already studied, should you choose to study them in the given order. If you want to study a specific verb, you can easily find it from the index.

Most of the example sentences are grammatically simple enough to be understood and used by **A1** and **A2** learners, although some are longer and slightly challenging. Each Turkish example sentence has an English translation, some literal so that you can better understand the Turkish way of constructing and expressing meaning.

From the second page onwards, you will find an empty conjugation table on each page, which you can use to practise the conjugation of the verb on the previous page. You will also find a two-page exercise after each set of **10** verbs. The exercises on the first page test the verbs and their required case suffixes in the sentence. Those on the second page test the nouns, adjectives and adverbs derived from these verbs. You will find the answers on the second page.

Finally, a piece of teacherly advice: stick to the meanings provided as you study the words. Doing so, you will avoid the confusion experienced by many eager but novice language learners as they struggle through multiple meanings of words which should be translated differently.

Thank you for buying 200 MOST COMMON TURKISH VERBS IN CONTEXT. I hope you will enjoy it and get the most out of it.

I would be very grateful if you could take a few minutes to write a review, even if only in a few sentences.

Halit Demir

HOW THE CASE SUFFIXES RELATE TO VERBS

Case refers to a change in the form of a noun or pronoun that indicates how the noun or pronoun is used in a sentence, i.e. how it relates syntactically to other words – especially to the verb.

Can you add the case suffixes that the verbs need in the following sentences?

Annem alışveriş…… gitti.	My mother has gone shopping.
Annem alışveriş…… henüz dönmedi.	My mother hasn't returned from shopping yet.

They are **alışverişe** and **alışverişten** because the verb **git** (go) needs the dative, and the verb **dön** (return) needs the ablative.

This time, let us try to complete the following sentence with the correct verb by looking at the accusative suffix **-ı**:

Murat bütün sınavlarını ……………………….	Murat has ………………. all his exams.

Can you say whether it is **geçti** (passed) or **kaldı** (failed)? The correct answer is **geçti**. The verb **kal** (fail) is used with the ablative suffix **-den**:

Murat bütün sınavların**dan** kaldı.

Similarly, we can say:

Sen**i** seviyorum/özledim/düşünüyorum.	I love/miss/am thinking of you.

Why? Because the verbs **sev**, **özle** and **düşün** are all used with the accusative.

But we cannot say:

Sen**i** hoşlanmıyorum/nefret ediyorum/inanmıyorum/güvenmiyorum.

Why not? Because the verbs **hoşlan** and **nefret et** are used with the ablative:

Sen**den** hoşlanmıyorum.	I don't like you.
Sen**den** nefret ediyorum.	I hate you.

And the verbs **inanmak** and **güvenmek** are used with the dative:

Sana inanmıyorum.	I don't believe you.
Sana güvenmiyorum.	I don't trust you.

Some verbs need the postposition **ile** (**-le/la** as suffix), as in these examples:

Ben Yasemin'**le** çok iyi anlaşıyorum.	I get along very well with Yasemin.
Biz onlar**la** henüz tanışmadık.	We haven't met them yet.
Ömer bir iş arkadaşıy**la** evlenmiş.	Ömer has married a colleague of his.

In the verb list, you will find the suffixes typically used with the verbs in sentences as in: **-e gitmek**, **-den dönmek**, **-i geçmek**, **-i dinlemek**, **-e inanmak**, **-den nefret etmek** and **ile tanışmak**.

When studying the verbs, remember that the case suffixes and the postposition **ile** may or may not translate into English.

1. olmak   1. to happen, occur 2. to be, become

'Az önce korkunç *bir şey* ol**du**.'   'N'ol**du** (= Ne oldu), Ali?
'*Something* terrible happened some time ago.'   'What happened, Ali?'

   Birine/Bir şeye ne oldu?   What's happened **to** sb/sth?

'Senin *eline* ne ol**du**?' 'Mutfakta kestim.'
'What's happened *to your hand?*'   'I have cut myself in the kitchen.'

Dışarı soğuk. *Hasta* ol**ur**sun, oğlum. Kalın bir şey giy.
It's cold outside. You will get *sick,* son. Put on something thick.

İçeri *sıcak* ol**du**. Bir pencere açabilir miyiz, lütfen?
It became *warmer* inside. Can we please open a window?

Kızım, 'Ben *polis* ol**acağ**ım.' diyor. 5 yaşında.
My daughter says, 'I'm going to be *a policewoman.*' She's 5 years old.

	note
	As you can see, **olmak** functions as a main and linking verb, usually translating as **to be**, or **to become**. With the preceding word, the linking verb **olmak** may translate differently, as you can see on the following page.

phrases	
Olur mu/Oldu mu?	OK?
Olur/Oldu.	OK/Yes/All right.
Olmaz.	No.
Olabilir.	Maybe/Perhaps.
Olamaz.	It can't be.
N'oluyor (= Ne oluyor)?	What's happening?
N'olur (= Ne olur).	I beg you/Please.
N'olur n'olmaz (= Ne olur ne olmaz).	Just in case.

	Simple Present	Present Continuous	-di Past	-miş Past	Future	
Ben	ol**ur**um	ol**uyor**um	ol**du**m	ol**muş**um	ol**acağ**ım	+
	ol**ma**m	ol**muyor**um	ol**ma**dım	ol**mamış**ım	ol**mayacağ**ım	−
	ol**ur** muyum	ol**uyor** muyum	ol**du**m mu	ol**muş** muyum	ol**acak** mıyım	?
Sen	ol**ur**sun	ol**uyor**sun	ol**du**n	ol**muş**sun	ol**acak**sın	
	ol**maz**sın	ol**muyor**sun	ol**ma**dın	ol**mamış**sın	ol**mayacak**sın	
	ol**ur** musun	ol**uyor** musun	ol**du**n mu	ol**muş** musun	ol**acak** mısın	
O	ol**ur**	ol**uyor**	ol**du**	ol**muş**	ol**acak**	
	ol**maz**	ol**muyor**	ol**ma**dı	ol**mamış**	ol**mayacak**	
	ol**ur** mu	ol**uyor** mu	ol**du** mu	ol**muş** mu	ol**acak** mı	
Biz	ol**ur**uz	ol**uyor**uz	ol**du**k	ol**muş**uz	ol**acağ**ız	
	ol**ma**yız	ol**muyor**uz	ol**ma**dık	ol**mamış**ız	ol**mayacağ**ız	
	ol**ur** muyuz	ol**uyor** muyuz	ol**du**k mu	ol**muş** muyuz	ol**acak** mıyız	
Siz	ol**ur**sunuz	ol**uyor**sunuz	ol**du**nuz	ol**muş**sunuz	ol**acak**sınız	
	ol**maz**sınız	ol**muyor**sunuz	ol**ma**dınız	ol**mamış**sınız	ol**mayacak**sınız	
	ol**ur** musunuz	ol**uyor** musunuz	ol**du**nuz mu	ol**muş** musunuz	ol**acak** mısınız	
Onlar	ol**ur**lar	ol**uyor**lar	ol**du**lar	ol**muş**lar	ol**acak**lar	
	ol**maz**lar	ol**muyor**lar	ol**ma**dılar	ol**mamış**lar	ol**mayacak**lar	
	ol**ur**lar mı	ol**uyor**lar mı	ol**du**lar mı	ol**muş**lar mı	ol**acak**lar mı	

2. -e âşık olmak   to fall in love

Ben *karıma* ilk görüşte âşık ol**du**m. Biz aynı üniversitedeydik.
I fell in love at first sight *with my wife.* We were at the same university.

'Sen hiç âşık ol**du**n mu?' 'Ben aşka inanmıyorum, dostum.'
'Have you ever fallen in love?'   'I don't believe in love, man.'

Mert *Figen'e* âşık ol**muş**, ama ona söyleyemiyor. Utanıyor.
Mert has fallen in love *with Figen,* but he can't tell her. He feels shy.

Tufan *her gördüğü güzel kıza* âşık ol**ur**. Adam şıpsevdi. *
Tufan falls in love with *every beautiful girl he has seen.*

    birin**e** âşık (+to be suffix)   be in love with someone

Bengü *erkek arkadaşın**a** deli gibi âşık.* Onu çok seviyor.
Bengü *is madly in love with her boyfriend.* She loves him so much.

grammar
In the simple present tense, the negatives of **ben/biz** are formed differently from those of **sen/siz** and **o/onlar**. In **ben/biz**, the tense suffix is omitted. The personal suffixes **-m** and **-yız** cover the tense meaning. In **sen/siz** and **on/onlar**, the tense suffix changes to **-z**.

word forms and phrases	
ilk aşk	first love
ilk görüşte aşk	love at first sight
Aşkın gözü kördür.	Love is blind.
şıpsevdi *	used for men who fall in love very quickly.
	We put circumflex over the **a** in **âşık**, but we don't put it in **aşk**. The circumflex extends the **a** in pronunciation (**a:şık**).

	Simple Present	Present Continuous	-di Past	-miş Past	Future
Ben	âşık ol**ur**um … ol**ma**m … ol**ur** muyum	âşık ol**uyor**um … ol**muyor**um … ol**uyor** muyum	âşık ol**du**m … ol**ma**dım … ol**du**m mu	âşık ol**muş**um … ol**ma**mışım … ol**muş** muyum	âşık ol**acağ**ım … ol**maya**cağım … ol**acak** mıyım
Sen	… ol**ur**sun … ol**ma**zsın … ol**ur** musun	… ol**uyor**sun … ol**muyor**sun … ol**uyor** musun	… ol**du**n … ol**ma**dın … ol**du**n mu	… ol**muş**sun … ol**ma**mışsın … ol**muş** musun	… ol**acak**sın … ol**maya**caksın … ol**acak** mısın
O	… ol**ur** … ol**ma**z … ol**ur** mu	… ol**uyor** … ol**muyor** … ol**uyor** mu	… ol**du** … ol**ma**dı … ol**du** mu	… ol**muş** … ol**ma**mış … ol**muş** mu	… ol**acak** … ol**maya**cak … ol**acak** mı
Biz	… ol**ur**uz … ol**ma**yız … ol**ur** muyuz	… ol**uyor**uz … ol**muyor**uz … ol**uyor** muyuz	… ol**du**k … ol**ma**dık … ol**du**k mu	… ol**muş**uz … ol**ma**mışız … ol**muş** muyuz	… ol**acağ**ız … ol**maya**cağız … ol**acak** mıyız
Siz	… ol**ur**sunuz … ol**ma**zsınız … ol**ur** musunuz	… ol**uyor**sunuz … ol**muyor**sunuz … ol**uyor** musunuz	… ol**du**nuz … ol**ma**dınız … ol**du**nuz mu	… ol**muş**sunuz … ol**ma**mışsınız … ol**muş** musunuz	… ol**acak**sınız … ol**maya**caksınız … ol**acak** mısınız
Onlar	… ol**ur**lar … ol**ma**zlar … ol**ur**lar mı	… ol**uyor**lar … ol**muyor**lar … ol**uyor**lar mı	… ol**du**lar … ol**ma**dılar … ol**du**lar mı	… ol**muş**lar … ol**ma**mışlar … ol**muş**lar mı	… ol**acak**lar … ol**maya**caklar … ol**acak**lar mı

	Simple Present	Present Continuous	-di Past	-miş Past	Future	
Ben	ol					+ – ?
Sen						
O						
Biz						
Siz						
Onlar						

3. memnun olmak   to be pleased/glad/happy

Ben tüm derslerimi geçtim. Anne ve babam çok memnun olacak.
I have passed all my classes. My parents will be so glad.

   verb stem+**diğine** memnun olmak   to be pleased to do *

'Seni gördüğüme memnun oldum.'   'Ben de memnun oldum.'
'I'm glad to see you.'   'I'm glad to see you too.'

   -den memnun (+to be suffix)   be pleased with sth/sb

Ülkede hiç kimse *hükûmetten* memnun değil.
No one in the country is happy *with the government*.

Caner başarılı bir öğrenci. Öğretmenleri *ondan* çok memnunlar.
Caner is a successful student. His teachers are very happy *with him.*

*** grammar**	
-diğine changes according to person:	
sing: 1 gördüğ**üme** 2 gördüğ**üne** 3 gördüğ**üne**	
pl: 1 gördüğ**ümüze** 2 gördüğ**ünüze** 3 gördük**lerine**	
The 2nd and 3rd person singular are identical in form.	

word forms and phrases	
memnuniyet	pleasure
memnuniyet verici	pleasing
memnuniyet**le**	with pleasure
(Tanıştığım**ız**a) Memnun oldum.	Nice to meet you.
Ben de (memnun oldum).	Nice to meet you too.
We also use them to say goodbye to someone we have just met for the first time.	

	Simple Present	Present Continuous	-di Past	-miş Past	Future
Ben	memnun ol**urum** ... olmam ... ol**ur** muyum	memnun ol**uyorum** ... olm**uyorum** ... ol**uyor** muyum	memnun ol**dum** ... olmadım ... ol**dum** mu	memnun ol**muş**um ... olmamışım ... ol**muş** muyum	memnun ol**acağ**ım ... olmay**acağ**ım ... ol**acak** mıyım
Sen	... ol**ur**sun ... olmazsın ... ol**ur** musun	... ol**uyor**sun ... olm**uyor**sun ... ol**uyor** musun	... ol**dun** ... olmadın ... ol**dun** mu	... ol**muş**sun ... olmamışsın ... ol**muş** musun	... ol**acak**sın ... olmay**acak**sın ... ol**acak** mısın
O	... ol**ur** ... olmaz ... ol**ur** mu	... ol**uyor** ... olm**uyor** ... ol**uyor** mu	... ol**du** ... olmadı ... ol**du** mu	... ol**muş** ... olmamış ... ol**muş** mu	... ol**acak** ... olmay**acak** ... ol**acak** mı
Biz	... ol**ur**uz ... olmayız ... ol**ur** muyuz	... ol**uyor**uz ... olm**uyor**uz ... ol**uyor** muyuz	... ol**duk** ... olmadık ... ol**duk** mu	... ol**muş**uz ... olmamışız ... ol**muş** muyuz	... ol**acağ**ız ... olmay**acağ**ız ... ol**acak** mıyız
Siz	... ol**ur**sunuz ... olmazsınız ... ol**ur** musunuz	... ol**uyor**sunuz ... olm**uyor**sunuz ... ol**uyor** musunuz	... ol**dun**uz ... olmadınız ... ol**dun**uz mu	... ol**muş**sunuz ... olmamışsınız ... ol**muş** musunuz	... ol**acak**sınız ... olmay**acak**sınız ... ol**acak** mısınız
Onlar	... ol**ur**lar ... olmazlar ... ol**ur**lar mı	... ol**uyor**lar ... olm**uyor**lar ... ol**uyor**lar mı	... ol**dular** ... olmadılar ... ol**du**lar mı	... ol**muş**lar ... olmamışlar ... ol**muş**lar mı	... ol**acak**lar ... olmay**acak**lar ... ol**acak**lar mı

	Simple Present	Present Continuous	-di Past	-miş Past	Future
Ben	âşık ol				
Sen					
O					
Biz					
Siz					
Onlar					

4. -i yapmak   to do; to make

Anne, *ev ödevlerimi* yaptım. Dışarı çıkabilir miyim?
Mum, I have done *my homework*. Can I go out?

Annem doğum günüm için *çok büyük bir pasta* yap**mış**.
My mother has made *a very big cake* for my birthday.

Bu pastayı sen mi yaptın? Çok güzel olmuş.
Did you make *this cake?* It's very tasty.

Herkes *hata* yap**ar**. Hiç kimse mükemmel değildir.
Everyone makes *mistakes*. Nobody is perfect.

Ben İngilizce öğretmeniyim. Siz ne iş yap**ıyor**sunuz?
I'm an English teacher. What do you do for a living?

	grammar

We add the accusative case suffix -(y)**i** to the direct object, which refers to something *specific* that our readers or listeners know about. If, on the other hand, the direct object refers to something *non-specific* or a kind of thing, we add neither -(y)**i** nor any other suffix.

For new learners, it can be confusing when to use -(y)**i**. We always add it to nouns with the possessive suffixes and to nouns preceded by the demonstrative adjective **bu**, **şu** or **o**, as in the first and third examples.

In addition, we always add -(y)**i** to the personal pronouns (beni, seni, onu, etc) and to proper names (of persons, countries, books, films, etc), as you can see in the examples on the following pages.

	Simple Present	Present Continuous	-di Past	-miş Past	Future
Ben	yaparım	yapıyorum	yaptım	yapmışım	yapacağım
	yapmam	yapmıyorum	yapmadım	yapmamışım	yapmayacağım
	yapar mıyım	yapıyor muyum	yaptım mı	yapmış mıyım	yapacak mıyım
Sen	yaparsın	yapıyorsun	yaptın	yapmışsın	yapacaksın
	yapmazsın	yapmıyorsun	yapmadın	yapmamışsın	yapmayacaksın
	yapar mısın	yapıyor musun	yaptın mı	yapmış mısın	yapacak mısın
O	yapar	yapıyor	yaptı	yapmış	yapacak
	yapmaz	yapmıyor	yapmadı	yapmamış	yapmayacak
	yapar mı	yapıyor mu	yaptı mı	yapmış mı	yapacak mı
Biz	yaparız	yapıyoruz	yaptık	yapmışız	yapacağız
	yapmayız	yapmıyoruz	yapmadık	yapmamışız	yapmayacağız
	yapar mıyız	yapıyor muyuz	yaptık mı	yapmış mıyız	yapacak mıyız
Siz	yaparsınız	yapıyorsunuz	yaptınız	yapmışsınız	yapacaksınız
	yapmazsınız	yapmıyorsunuz	yapmadınız	yapmamışsınız	yapmayacaksınız
	yapar mısınız	yapıyor musunuz	yaptınız mı	yapmış mısınız	yapacak mısınız
Onlar	yaparlar	yapıyorlar	yaptılar	yapmışlar	yapacaklar
	yapmazlar	yapmıyorlar	yapmadılar	yapmamışlar	yapmayacaklar
	yaparlar mı	yapıyorlar mı	yaptılar mı	yapmışlar mı	yapacaklar mı

	Simple Present	Present Continuous	-di Past	-miş Past	Future
Ben	memnun ol				
Sen					
O					
Biz					
Siz					
Onlar					

5. -e gitmek   to go (1. move/travel 2. attend 3. leave 4. do a particular activity)

Biz yarın öğleden sonra *alışverişe* gideceğiz. Evde olmayacağız.
We will go *shopping* tomorrow afternoon. We won't be at home.

Türkiye'ye hiç gittiniz mi? Ya da bir gün gitmeyi planlıyor musunuz?
Have you ever been **to** Turkey? Or are you planning to go one day?

   araba**ya**/otobüs**le**/metro**ya** gitmek   to go **by** car/bus/metro

'*İşe* nasıl gidiyorsun?'   'Genellikle *metroyla* gidiyorum.'
'How do you go *to work?*'   'I usually go **by** *metro/underground.*'

   yürüyüş**e**/yüzme**ye** gitmek   to go for a walk; to go swimming

'Hafta sonu *yüzmeye* gidelim mi?'   'Olur, gidelim.'   *
'Shall we go *swimming* at the weekend?'   'Okay, let's.'

* grammar
The suffix **-elim** (or **-alım**) corresponds to the English *let's*. If the verb ends in a vowel, we put the buffer letter y in between, as in dinle**yelim** (let's listen). In questions (**-elim** mi/**alım** mı?), it corresponds to *shall we?*
From now on, the buffer letters (n, s, y) are highlighted in dark grey, but not always.

word forms and phrases	
gid**er**	expense
gid**iş**	departure
gid**en** yolcu	departing passengers
giden mesaj/e-posta	sent message/e-mail
Nasıl gidiyor?	How is it going?

	Simple Present	Present Continuous	-di Past	-miş Past	Future
Ben	gid**er**im	gid**iyor**um	git**ti**m	git**miş**im	gid**eceğ**im
	git**mem**	git**miyor**um	git**med**im	git**memiş**im	git**meyeceğ**im
	gid**er** miyim	gid**iyor** muyum	git**ti**m mi	git**miş** miyim	gid**ecek** miyim
Sen	gid**er**sin	gid**iyor**sun	git**ti**n	git**miş**sin	gid**ecek**sin
	git**mez**sin	git**miyor**sun	git**med**in	git**memiş**sin	git**meyecek**sin
	gid**er** misin	gid**iyor** musun	git**ti**n mi	git**miş** misin	gid**ecek** misin
O	gid**er**	gid**iyor**	git**ti**	git**miş**	gid**ecek**
	git**mez**	git**miyor**	git**med**i	git**memiş**	git**meyecek**
	gid**er** mi	gid**iyor** mu	git**ti** mi	git**miş** mi	gid**ecek** mi
Biz	gid**er**iz	gid**iyor**uz	git**ti**k	git**miş**iz	gid**eceğ**iz
	git**meyiz**	git**miyor**uz	git**med**ik	git**memiş**iz	git**meyeceğ**iz
	gid**er** miyiz	gid**iyor** muyuz	git**ti**k mi	git**miş** miyiz	gid**ecek** miyiz
Siz	gid**er**siniz	gid**iyor**sunuz	git**ti**niz	git**miş**siniz	gid**ecek**siniz
	git**mez**siniz	git**miyor**sunuz	git**med**iniz	git**memiş**siniz	git**meyecek**siniz
	gid**er** misiniz	gid**iyor** musunuz	git**ti**niz mi	git**miş** misiniz	gid**ecek** misiniz
Onlar	gid**er**ler	gid**iyor**lar	git**ti**ler	git**miş**ler	gid**ecek**ler
	git**mez**ler	git**miyor**lar	git**med**iler	git**memiş**ler	git**meyecek**ler
	gid**er**ler mi	gid**iyor**lar mı	git**ti**ler mi	git**miş**ler mi	gid**ecek**ler mi

	Simple Present	Present Continuous	-di Past	-miş Past	Future
Ben	yap				
Sen					
O					
Biz					
Siz					
Onlar					

6. -den/-e gelmek   to come (back)

'Çocuklar *okuldan* geldiler mi?'   '5.00'te gelecekler.'
'Have the kids come back *from school?*'   'They will come back at 5.00.'

'Siz *nereden* geliyorsunuz?'   'Alışverişten geliyoruz.'
'*Where* are you coming *from?*'   'We are coming from shopping.'

Cumhurbaşkanı yarın *şehrimize* geliyor.
The president is coming *to our city* tomorrow.

'Berkan dün gece *eve* kaçta gelmiş?'   '11.30'da gelmiş.'
'What time did Berkan come *home* last night?'   'He came at 1.30.'

'*Akşam yemeğine* bana gel.'   'Akşam anneme gideceğim.'
'Come to my place *for dinner.*'   'I'll go to my mother's in the evening.'

grammar
When we conjugate verbs with a single syllable ending in a consonant in *the simple present tense,* we add **-er/ar** as a tense suffix, except for 13 verbs. These irregular verbs don't take the vowel **e** or **a** in the tense suffix, but **i**, **ı**, **u**, or **u**, depending on the preceding vowel. The verb **gel** is one of these 13 verbs. The others are: bil**ir**, ver**ir**, al**ır**, kal**ır**, var**ır**, san**ır**, öl**ür**, gör**ür**, ol**ur**, vur**ur**, bul**ur** and dur**ur**. You can find them all in this book.

word forms and phrases	
gelir	income
geliş	arrival
gelen yolcu	arriving passengers
gelen mesaj	incoming message

	Simple Present	Present Continuous	-di Past	-miş Past	Future
Ben	gelirim gelmem gelir miyim	geliyorum gelmiyorum geliyor muyum	geldim gelmedim geldim mi	gelmişim gelmemişim gelmiş miyim	geleceğim gelmeyeceğim gelecek miyim
Sen	gelirsin gelmezsin gelir misin	geliyorsun gelmiyorsun geliyor musun	geldin gelmedin geldin mi	gelmişsin gelmemişsin gelmiş misin	geleceksin gelmeyeceksin gelecek misin
O	gelir gelmez gelir mi	geliyor gelmiyor geliyor mu	geldi gelmedi geldi mi	gelmiş gelmemiş gelmiş mi	gelecek gelmeyecek gelecek mi
Biz	geliriz gelmeyiz gelir miyiz	geliyoruz gelmiyoruz geliyor muyuz	geldik gelmedik geldik mi	gelmişiz gelmemişiz gelmiş miyiz	geleceğiz gelmeyeceğiz gelecek miyiz
Siz	gelirsiniz gelmezsiniz gelir misiniz	geliyorsunuz gelmiyorsunuz geliyor musunuz	geldiniz gelmediniz geldiniz mi	gelmişsiniz gelmemişsiniz gelmiş misiniz	geleceksiniz gelmeyeceksiniz gelecek misiniz
Onlar	gelirler gelmezler gelirler mi	geliyorlar gelmiyorlar geliyorlar mı	geldiler gelmediler geldiler mi	gelmişler gelmemişler gelmişler mi	gelecekler gelmeyecekler gelecekler mi

	Simple Present	Present Continuous	-di Past	-miş Past	Future
Ben	git				
Sen					
O					
Biz					
Siz					
Onlar					

7. -den/-e dönmek   1. to return (come back; go back) 2. to turn (direction)

Anne ve babam evde değil. *İşten* henüz dönme**di**ler (= gelme**di**ler).
My parents aren't at home. They haven't come back *from work* yet.

Onlar geçen hafta sonu *İzmir'e* döndü**ler**.
They went back *to İzmir* last weekend.

Saat 5.00. *Ofise* dönmey**eceğ**im. Eve gideceğim.
It's 5.00. I won't go back *to the office*. I'll go home.

Düz gidin sonra *sağa* dön**ün**. Banka sol kolda.
Go straight ahead and then turn *right*. The bank is on the left hand.

Haritaya göre *yanlış sokağa* dön**müş**üz.
According to the map, we have turned *into the wrong street*.

grammar
As you can see in the table, the personal suffix **-ler** (or **-lar**), unlike other personal suffixes, precedes the interrogative **mi/mı** in all tenses. This is true for all verbs. Actually, you can omit **-ler/lar** in all forms: Onlar dön**er**/dönme**di**/dön**ecek** mi, etc.
The plural suffix in on**lar** serves the same purpose. However, you cannot omit **onlar** and **-ler/lar** at the same time, because otherwise it would not be clear whether the person is **o** or **onlar**.

word forms and phrases	
dön**üş**	1. coming back 2. turning/turn
gid**iş** dön**üş** (bileti)	return/round trip (ticket)

	Simple Present	Present Continuous	-di Past	-miş Past	Future
Ben	dön**er**im	dön**üyor**um	dön**düm**	dön**müş**üm	dön**eceğ**im
	dönm**em**	dönm**üyor**um	dönme**dim**	dönme**miş**im	dönmey**eceğ**im
	dön**er** miyim	dön**üyor** muyum	dön**düm** mü	dön**müş** müyüm	dön**ecek** miyim
Sen	dön**er**sin	dön**üyor**sun	dön**dün**	dön**müş**sün	dön**ecek**sin
	dönm**ez**sin	dönm**üyor**sun	dönme**din**	dönme**miş**sin	dönmey**ecek**sin
	dön**er** misin	dön**üyor** musun	dön**dün** mü	dön**müş** müsün	dön**ecek** misin
O	dön**er**	dön**üyor**	dön**dü**	dön**müş**	dön**ecek**
	dönm**ez**	dönm**üyor**	dönme**di**	dönme**miş**	dönmey**ecek**
	dön**er** mi	dön**üyor** mu	dön**dü** mü	dön**müş** mü	dön**ecek** mi
Biz	dön**er**iz	dön**üyor**uz	dön**dük**	dön**müş**üz	dön**eceğ**iz
	dönm**ey**iz	dönm**üyor**uz	dönme**dik**	dönme**miş**iz	dönmey**eceğ**iz
	dön**er** miyiz	dön**üyor** muyuz	dön**dük** mü	dön**müş** müyüz	dön**ecek** miyiz
Siz	dön**er**siniz	dön**üyor**sunuz	dön**dünüz**	dön**müş**sünüz	dön**ecek**siniz
	dönm**ez**siniz	dönm**üyor**sunuz	dönme**diniz**	dönme**miş**siniz	dönmey**ecek**siniz
	dön**er** misiniz	dön**üyor** musunuz	dön**dünüz** mü	dön**müş** müsünüz	dön**ecek** misiniz
Onlar	dön**er**ler	dön**üyor**lar	dön**düler**	dön**müş**ler	dön**ecek**ler
	dönm**ez**ler	dönm**üyor**lar	dönme**diler**	dönme**miş**ler	dönmey**ecek**ler
	dön**er**ler mi	dön**üyor**lar mı	dön**düler** mi	dön**müş**ler mi	dön**ecek**ler mi

	Simple Present	Present Continuous	-di Past	-miş Past	Future
Ben	gel				
Sen					
O					
Biz					
Siz					
Onlar					

8. -i beklemek   to wait for   -den beklemek   to expect (demand)

Ben hastaneye gidiyorum. Duraktayım, *otobüs* bekli**y**orum.
I'm going to the hospital. I'm at the stop waiting *for a bus*.

Evde değiller. Gitmişler. *Bizi* beklememişler.
They aren't at home. They have left. They didn't wait *for us*.

Özgür'ü dün akşam 8.00'e kadar bekledik. Gelmedi.
We waited *for Özgür* until 8.00 yesterday evening. He didn't show up.

Yeni müdür *herkesten* kusursuz iş bekliyor.
The new director expects excellent work *from everybody.*

Meltem sen**den** *bir özür* bekliyor. Biliyorsun, değil mi?
Meltem expects *an apology* **from** you. You know that, don't you?

grammar
To conjugate a verb ending in **e** in the present continuous tense, omit the **e** (bekle, söyle) and add **-iyor** or **-üyor**, depending on what is now the last vowel of the verb: bekl**iyor**, söyl**üyor**.

word forms and phrases	
bir saniye/dakika/ biraz **bekle**	**wait** a second/minute/ moment
bekleme odası	waiting room
bekle**nti**	expectation
beklenti**siz**	without expectation
beklentilerini karşılamak	to meet **your** expectations

	Simple Present	Present Continuous	-di Past	-miş Past	Future
Ben	beklerim	bekli**y**orum	bekle**d**im	bekle**miş**im	bekley**eceğ**im
	beklemem	beklemi**y**orum	bekleme**d**im	beklememişim	beklemey**eceğ**im
	bekler miyim	bekli**y**or muyum	bekle**d**im mi	bekle**miş** miyim	bekley**ecek** miyim
Sen	beklersin	bekli**y**orsun	bekle**d**in	bekle**miş**sin	bekley**ecek**sin
	beklemezsin	beklemi**y**orsun	bekleme**d**in	beklememişsin	beklemey**ecek**sin
	bekler misin	bekli**y**or musun	bekle**d**in mi	bekle**miş** misin	bekley**ecek** misin
O	bekler	bekli**y**or	bekle**d**i	bekle**miş**	bekley**ecek**
	beklemez	beklemi**y**or	bekleme**d**i	bekleme**miş**	beklemey**ecek**
	bekler mi	bekli**y**or mu	bekle**d**i mi	bekle**miş** mi	bekley**ecek** mi
Biz	bekleriz	bekli**y**oruz	bekle**d**ik	bekle**miş**iz	bekley**eceğ**iz
	beklemeyiz	beklemi**y**oruz	bekleme**d**ik	beklememişiz	beklemey**eceğ**iz
	bekler miyiz	bekli**y**or muyuz	bekle**d**ik mi	bekle**miş** miyiz	bekley**ecek** miyiz
Siz	beklersiniz	bekli**y**orsunuz	bekle**d**iniz	bekle**miş**siniz	bekley**ecek**siniz
	beklemezsiniz	beklemi**y**orsunuz	bekleme**d**iniz	beklememişsiniz	beklemey**ecek**siniz
	bekler misiniz	bekli**y**or musunuz	bekle**d**iniz mi	bekle**miş** misiniz	bekley**ecek** misiniz
Onlar	beklerler	bekli**y**orlar	bekle**d**iler	bekle**miş**ler	bekley**ecek**ler
	beklemezler	beklemi**y**orlar	bekleme**d**iler	beklememişler	beklemey**ecek**ler
	beklerler mi	bekli**y**orlar mı	bekle**d**iler mi	bekle**miş**ler mi	bekley**ecek**ler mi

	Simple Present	Present Continuous	-di Past	-miş Past	Future
Ben	dön				
Sen					
O					
Biz					
Siz					
Onlar					

9. -e girmek to enter (1. place 2. competition/exam 3. profession/organisation) **-i girmek** to enter (URL/password)

(İçeriye) girin ve oturun lütfen. Kapıda beklemeyin. *
Please come in and sit down. Don't wait at the door.

Bu sene *yarışmaya* kaç okul giriyor?
How many schools are entering *the competition* this year?

Siyasete ne zaman girdiniz, Sayın Bakan?
When did you enter *politics,* Mr Minister?

   bir yere …**-den** girmek   to enter a place **through** …

Hırsız evime *arka kapıdan* girmiş.
The burglar has entered my house ***through*** the back door.

Devam etmek için *kullanıcı adınızı ve şifrenizi* giriniz.
To continue enter *your username and password.*

*** grammar**

-(y)**in** (-ın, -ün, -un) is the imperative suffix for the 2nd person plural (siz). We also use it for the 2nd person singular (sen) when we speak more politely or formally. We can add an extra **-iz** if we want to sound even more polite and formal: girin**iz**, oturun**uz**, beklemeyin**iz**.

Note also that the case suffix also changes when the meaning of **girmek** changes. The same may apply to other verbs with different meanings.

word forms and phrases

(ana/ön/arka) giri**ş**	(main/front/back) entrance
(otel/sinema) girişi	(hotel/cinema) entrance
bir web sitesine girmek	to visit a website

	Simple Present	Present Continuous	-di Past	-miş Past	Future
Ben	girerim	giriyorum	girdim	girmişim	gireceğim
	girmem	girmiyorum	girmedim	girmemişim	girmeyeceğim
	girer miyim	giriyor muyum	girdim mi	girmiş miyim	girecek miyim
Sen	girersin	giriyorsun	girdin	girmişsin	gireceksin
	girmezsin	girmiyorsun	girmedin	girmemişsin	girmeyeceksin
	girer misin	giriyor musun	girdin mi	girmiş misin	girecek misin
O	girer	giriyor	girdi	girmiş	girecek
	girmez	girmiyor	girmedi	girmemiş	girmeyecek
	girer mi	giriyor mu	girdi mi	girmiş mi	girecek mi
Biz	gireriz	giriyoruz	girdik	girmişiz	gireceğiz
	girmeyiz	girmiyoruz	girmedik	girmemişiz	girmeyeceğiz
	girer miyiz	giriyor muyuz	girdik mi	girmiş miyiz	girecek miyiz
Siz	girersiniz	giriyorsunuz	girdiniz	girmişsiniz	gireceksiniz
	girmezsiniz	girmiyorsunuz	girmediniz	girmemişsiniz	girmeyeceksiniz
	girer misiniz	giriyor musunuz	girdiniz mi	girmiş misiniz	girecek misiniz
Onlar	girerler	giriyorlar	girdiler	girmişler	girecekler
	girmezler	girmiyorlar	girmediler	girmemişler	girmeyecekler
	girerler mi	giriyorlar mı	girdiler mi	girmişler mi	girecekler mi

	Simple Present	Present Continuous	-di Past	-miş Past	Future
Ben	bekle				
Sen					
O					
Biz					
Siz					
Onlar					

10. -e çıkmak   1. to go out 2. to go up/onto the top of sth **-den çıkmak** to leave (a place) **ile çıkmak** to date sb

Biz hafta sonu evi temizledik. Dışarı çıkmadık. Siz *bir yere* çıktınız mı?
We cleaned the house at the weekend. We didn't go out. Did you go out *anywhere?*

Oğlum *sandalyeye* çıkmış ve dış kapıyı açmış. Henüz 3 yaşında.
My son climbed **up** on a chair and opened the front door. He's only 3 years old.

Akşam *işten* erken çıkacağım, aşkım. İstersen buluşabiliriz.
I'll leave *work* early in the evening, love. If you like, we can meet.

'Sabah *evden* kaçta çıkıyorsun?'   'Saat 7.00'de.'
'What time did you leave *the house* in the morning?'   'At 7 o'clock.'

'Zeynep *biriyle* çıkıyor mu?'   'İş yerinden Efe'y**le**, çıkıyor.'   *
'Is Zeynep going out **with** *someone?'*   'She is going out **with** Efe from work.'

	* spelling
	We usually change the word **ile** to a suffix (**-le** or **-la**). If the receiving word ends in a vowel, we put a y in between. We put an apostrophe after proper names.

word forms and phrases	
çıkış	exit
çıkmaz sokak	dead end
alışverişe çıkmak	to go out shopping
yola çıkmak	to set off (start to go somewhere)

	Simple Present	Present Continuous	-di Past	-miş Past	Future
Ben	çıkarım	çıkıyorum	çıktım	çıkmışım	çıkacağım
	çıkmam	çıkmıyorum	çıkmadım	çıkmamışım	çıkmayacağım
	çıkar mıyım	çıkıyor muyum	çıktım mı	çıkmış mıyım	çıkacak mıyım
Sen	çıkarsın	çıkıyorsun	çıktın	çıkmışsın	çıkacaksın
	çıkmazsın	çıkmıyorsun	çıkmadın	çıkmamışsın	çıkmayacaksın
	çıkar mısın	çıkıyor musun	çıktın mı	çıkmış mısın	çıkacak mısın
O	çıkar	çıkıyor	çıktı	çıkmış	çıkacak
	çıkmaz	çıkmıyor	çıkmadı	çıkmamış	çıkmayacak
	çıkar mı	çıkıyor mu	çıktı mı	çıkmış mı	çıkacak mı
Biz	çıkarız	çıkıyoruz	çıktık	çıkmışız	çıkacağız
	çıkmayız	çıkmıyoruz	çıkmadık	çıkmamışız	çıkmayacağız
	çıkar mıyız	çıkıyor muyuz	çıktık mı	çıkmış mıyız	çıkacak mıyız
Siz	çıkarsınız	çıkıyorsunuz	çıktınız	çıkmışsınız	çıkacaksınız
	çıkmazsınız	çıkmıyorsunuz	çıkmadınız	çıkmamışsınız	çıkmayacaksınız
	çıkar mısınız	çıkıyor musunuz	çıktınız mı	çıkmış mısınız	çıkacak mısınız
Onlar	çıkarlar	çıkıyorlar	çıktılar	çıkmışlar	çıkacaklar
	çıkmazlar	çıkmıyorlar	çıkmadılar	çıkmamışlar	çıkmayacaklar
	çıkarlar mı	çıkıyorlar mı	çıktılar mı	çıkmışlar mı	çıkacaklar mı

	Simple Present	Present Continuous	-di Past	-miş Past	Future
Ben	gir				
Sen					
O					
Biz					
Siz					
Onlar					

EXERCISES   Verbs **1-10**

1. Match (1-8 to a-g; 9-16 to ğ-m).

1. **-i** yapmak
2. **-den/-e** dönmek
3. **-i** beklemek
4. olmak
5. **-e** âşık olmak
6. **-den** memnun
7. **-e** gitmek
8. **-den** çıkmak

a. to go (1. move/travel 2. attend 3. leave 4. do a particular activity)
b. 1. to return (come back; go back) 2. to turn (direction)
c. be pleased/glad/happy with someone/something
ç. to do; to make
d. to leave (a place)
e. to wait for
f. 1. to happen, occur 2. to be, become
g. to fall in love

9. **-diğine** memnun olmak
10. **-den/-e** gelmek
11. **ile** çıkmak
12. birine âşık
13. **-den** beklemek
14. **-e** girmek
15. **-i** girmek
16. alışverişe çıkmak

ğ. to expect (demand)
h. to go out shopping
ı. to enter (URL/password)
i. to come (back)
j. to date someone
k. to be pleased to do
l. to enter (1. place 2. competition/exam 3. profession/organisation)
m. be in love with someone

2. Complete the sentences with the English translations in *italics*.

1. 'Senin koluna ne oldu?'   'Bisikletten düştüm.'   *'What happened to your arm?'*   'I fell off the bike.'

2. Cansu, sen büyüyünce ....?   Cansu, *what are you going to be* when you grow up?

3. Bunu .... memnun oldum.   I'm glad *to hear* that.

4. ....?   *Are you dating someone?*

5. Burada .... bekliyorsun?   *Who* are you waiting *for* here?

6. ...., Demet?   *Are you happy with your new job,* Demet?

7. Murat ....   Murat *goes to school by bicycle.*

8. Büşra .... yarın mı ....?   Is Büşra *coming back from İzmir* tomorrow?

9. Yanlış kullanıcı adı veya şifresi ....   *You entered* a wrong username or password.

10. Ben akşam .... geç ....   *I'm going to leave the office* late in the evening

3. Answer about yourself in complete sentences.

1. Ne iş yapıyorsunuz?   **Örneğin:** Öğretmenim./Doktorum./Sekreterim./Öğrenciyim.

2. İşe/Okula nasıl gidiyorsunuz?   İşe/Okula metroyla/arabayla/bisikletle gidiyorum.

3. İşten/Okuldan eve kaçta dönüyorsunuz? ....

4. Akşamları dışarı çıkar mısınız? ....

   Ne yaparsınız veya nereye gidersiniz? ....

5. Boş zamanlarınızda neler yapıyorsunuz? ....

4. Write the Turkish equivalents.

1. Okay?   ....

2. Okay/Yes/All right.   ....

3. No.   ....

4. It can't be.   ....

5. What's happening?   ....

6. I beg you/Please.   ....

7. just in case   ....

8. income x expense   ....

9. with pleasure   ....

10. Nice to meet you.   ....

11. return/round trip (ticket)   ....

12. waiting room   ....

13. expectation   ....

14. entrance x exit   ....

15. How is it going?   ....

Answers

1. 1ç 2b 3e 4f 5g 6c 7a 8d 9k 10i 11j 12m 13ğ 14l 15ı 16h

2. 1 Senin koluna ne oldu 2 ne olacaksın 3 duy**duğuma** 4 Biri**yle** çıkıyor musun 5 kimi 6 Yeni işi**nden** memnun musun
7 oku**la** bisiklet**le** 8 İzmir**'den**, dönüyor 9 girdiniz 10 ofis**ten**, çıkacağım

3. Örneğin: 3 İşten eve akşam 7.30 gibi (around) dönüyorum. 4 Her zaman değil, bazen çıkarım (not always, sometimes).
Yemeğe, sinemaya veya alışverişe giderim. 5 Kitap okurum, resim yaparım, film seyrederim, müzik dinlerim veya
arkadaşlarıma giderim. Bazen de temizlik (cleaning) yaparım.

4. 1 Olur mu/Oldu mu? 2 Olur/Oldu. 3 Olmaz. 4 Olamaz. 5 N'oluyor (= Ne oluyor)? 6 N'olur (= Ne olur). 7 N'olur n'olmaz
(= Ne olur ne olmaz). 8 gelir x gider 9 memnuniyetle 10 (Tanıştığımıza) Memnun oldum. 11 gidiş dönüş (bileti)
12 bekleme odası 13 beklenti 14 giriş x çıkış 15 Nasıl gidiyor?

Can you write down the verbs you have learned in this set (verbs 1-10)?

....

....

....

....

....

11. -e varmak   to arrive (get somewhere)

Biz dün gece *eve* çok geç var**dık**. Otoyolda büyük bir kaza olmuş.
We arrived *home* very late last night. A big accident had occurred
on the highway.

Yolculuğunuz nasıldı? *İzmir'e* saat kaçta var**dınız**?
How was your journey? What time did you arrive *in İzmir?*

Sabah ev**den** 7.00'de çıkıyorum. 8.00'de *işe* var**ıyorum**.
I leave the house at 7.00 in the morning. I arrive *at work* at 8.00.

Annemler (= Annemle babam) *Ankara'ya* sağ salim var**mış**lar. *
My mother and father have safely arrived *in Ankara.*

Bugün hava çok sıcak. *Eve varır varmaz* soğuk bir duş alacağım.
It's too hot today. *As soon as I get home,* I'll take a cold shower.

	grammar
	As you can see in the conjugation table, in the **-di** past interrogative, all personal suffixes precede **mı**, unlike in other tenses. The same is true for all verbs.

word forms and phrases	
-e sağ salim varmak *	to safely arrive
-e vaktin**de**/zamanında varmak	to arrive in/on time
varış	arrival

	Simple Present	Present Continuous	-di Past	-miş Past	Future
Ben	varırım varmam varır mıyım	varıyorum varmıyorum varıyor muyum	vardım varmadım vardım mı	varmışım varmamışım varmış mıyım	varacağım varmayacağım varacak mıyım
Sen	varırsın varmazsın varır mısın	varıyorsun varmıyorsun varıyor musun	vardın varmadın vardın mı	varmışsın varmamışsın varmış mısın	varacaksın varmayacaksın varacak mısın
O	varır varmaz varır mı	varıyor varmıyor varıyor mu	vardı varmadı vardı mı	varmış varmamış varmış mı	varacak varmayacak varacak mı
Biz	varırız varmayız varır mıyız	varıyoruz varmıyoruz varıyor muyuz	vardık varmadık vardık mı	varmışız varmamışız varmış mıyız	varacağız varmayacağız varacak mıyız
Siz	varırsınız varmazsınız varır mısınız	varıyorsunuz varmıyorsunuz varıyor musunuz	vardınız varmadınız vardınız mı	varmışsınız varmamışsınız varmış mısınız	varacaksınız varmayacaksınız varacak mısınız
Onlar	varırlar varmazlar varırlar mı	varıyorlar varmıyorlar varıyorlar mı	vardılar varmadılar vardılar mı	varmışlar varmamışlar varmışlar mı	varacaklar varmayacaklar varacaklar mı

	Simple Present	Present Continuous	-di Past	-miş Past	Future
Ben	çık				
Sen					
O					
Biz					
Siz					
Onlar					

12. yatmak　to go to bed　　**-e/-de yatmak**　　to lie (flat position)　　**ile yatmak**　　to sleep with someone

Çocuklar, size *hâlâ* niye yatma**d**ınız mı? Saat 10.00'a geliyor.
Kids, why haven't you gone to bed *yet?* It's almost 10.00 o'clock.

Ben bu gece *erken* yat**acağ**ım. Ofiste çok yoruldum.
I will go to bed *early* tonight. I got so tired at the office.

Polis! *Yere* yat. Hemen!
Police! Lie down *on the floor/ground.* Now!

Erkek kardeşim tüm gün *kanepede* yat**ıyor** ve futbol seyrediyor.
My brother lies **on** the sofa all day and watch football.

Adam, 'Senden başka *hiç kimseyle* yatma**d**ım.' diye yemin ediyor.
The man swears, 'I haven't slept **with** anybody except you.'

word forms and phrases	
yat**ak**	bed
hasta yatmak	to lie sick
sırt**üstü** yatmak	to lie on your back
yüz**üstü** yatmak	to lie face down

	Simple Present	Present Continuous	-di Past	-miş Past	Future
Ben	yatarım	yatıyorum	yattım	yatmışım	yatacağım
	yatmam	yatmıyorum	yatmadım	yatmamışım	yatmayacağım
	yat**ar** mıyım	yat**ıyor** muyum	yattım mı	yat**mış** mıyım	yatacak mıyım
Sen	yatarsın	yatıyorsun	yattın	yatmışsın	yatacaksın
	yatmazsın	yatmıyorsun	yatmadın	yatmamışsın	yatmayacaksın
	yat**ar** mısın	yat**ıyor** musun	yattın mı	yat**mış** mısın	yatacak mısın
O	yat**ar**	yat**ıyor**	yattı	yat**mış**	yatacak
	yatmaz	yatmıyor	yatmadı	yatmamış	yatmayacak
	yat**ar** mı	yat**ıyor** mu	yattı mı	yat**mış** mı	yatacak mı
Biz	yatarız	yatıyoruz	yattık	yatmışız	yatacağız
	yatmayız	yatmıyoruz	yatmadık	yatmamışız	yatmayacağız
	yat**ar** mıyız	yat**ıyor** muyuz	yattık mı	yat**mış** mıyız	yatacak mıyız
Siz	yatarsınız	yatıyorsunuz	yattınız	yatmışsınız	yatacaksınız
	yatmazsınız	yatmıyorsunuz	yatmadınız	yatmamışsınız	yatmayacaksınız
	yat**ar** mısınız	yat**ıyor** musunuz	yattınız mı	yat**mış** mısınız	yatacak mısınız
Onlar	yatarlar	yatıyorlar	yattılar	yatmışlar	yatacaklar
	yatmazlar	yatmıyorlar	yatmadılar	yatmamışlar	yatmayacaklar
	yat**ar**lar mı	yat**ıyor**lar mı	yattılar mı	yat**mış**lar mı	yat**acak**lar mı

	Simple Present	Present Continuous	-di Past	-miş Past	Future
Ben	var				
Sen					
O					
Biz					
Siz					
Onlar					

13. uyumak   to sleep

Çocuklar, bebek uyu**yor**. Gidip odanızda oynayın, tamam mı?
Kids, the baby's asleep. Go and play in your room, okay?

uyanmak   to wake up

Demir henüz uyanma**mış**. Dün gece çok geç yattı.
Demir hasn't woken up yet. He went to bed too late last night.

-i uyandırmak   to wake someone up

Beni niye bu kadar erken uyandır**dın**? Bugün pazar, anne.
Why have you woken *me* up so early? Today is Sunday, Mum.

Çocukları uyandır**ır** mısın, hayatım? Okula geç kalacaklar.
Would you wake up *the kids,* honey? They will be late for school.

spelling
As you can see in the table, the buffer letter y stands between **uyu** and the tense suffix in the *future* tense. It also stands between the negation suffix **-ma** and the tense suffix.

word forms and phrases	
uyku	sleep
uyku**lu**	sleepy
uyku**suz**	sleepless
uyanık	1. awake 2. shrewd
uyuyakalmak	to fall asleep
kestirmek	to have a nap

	Simple Present	Present Continuous	-di Past	-miş Past	Future
Ben	uyurum uyumam uyur muyum	uyu**yor**um uyumu**yor**um uyu**yor** muyum	uyu**dum** uyumadım uyu**dum** mu	uyu**muş**um uyuma**mış**ım uyu**muş** muyum	uyu**yacağ**ım uyumay**acağ**ım uyu**yacak** mıyım
Sen	uyur**sun** uyumazsın uyur musun	uyu**yor**sun uyumu**yor**sun uyu**yor** musun	uyu**dun** uyumadın uyu**dun** mu	uyu**muş**sun uyuma**mış**sın uyu**muş** musun	uyu**yacak**sın uyumay**acak**sın uyu**yacak** mısın
O	uyur uyumaz uyur mu	uyu**yor** uyumu**yor** uyu**yor** mu	uyu**du** uyumadı uyu**du** mu	uyu**muş** uyuma**mış** uyu**muş** mu	uyu**yacak** uyumay**acak** uyu**yacak** mı
Biz	uyur**uz** uyumayız uyur muyuz	uyu**yor**uz uyumu**yor**uz uyu**yor** muyuz	uyu**duk** uyumadık uyu**duk** mu	uyu**muş**uz uyuma**mış**ız uyu**muş** muyuz	uyu**yacağ**ız uyumay**acağ**ız uyu**yacak** mıyız
Siz	uyur**sunuz** uyumazsınız uyur musunuz	uyu**yor**sunuz uyumu**yor**sunuz uyu**yor** musunuz	uyu**dunuz** uyumadınız uyu**dunuz** mu	uyu**muş**sunuz uyuma**mış**sınız uyu**muş** musunuz	uyu**yacak**sınız uyumay**acak**sınız uyu**yacak** mısınız
Onlar	uyurlar uyumazlar uyurlar mı	uyu**yor**lar uyumu**yor**lar uyu**yor**lar mı	uyu**dular** uyumadılar uyu**dular** mı	uyu**muş**lar uyuma**mış**lar uyu**muş**lar mı	uyu**yacak**lar uyumay**acak**lar uyu**yacak**lar mı

	Simple Present	Present Continuous	-di Past	-miş Past	Future
Ben	yat				
Sen					
O					
Biz					
Siz					
Onlar					

14. kalkmak   1. to get up (after sleeping) 2. to leave (bus/train etc)   **-den kalkmak**   to get up (stand up)

Arkın *geç* yatıyor ve *geç* **kalkıyor**. Öğleye kadar uyuyor.
Arkın goes to bed *late* and gets up *late*. He sleeps until noon.

Erken **kalkmış**sın. Bir yere mi gideceksin?
You got up *early*. Will you go somewhere?

Yarın *otobüsünüz* saat kaçta **kalkıyor**?
What time does *your bus* leave tomorrow?

Ali Bey *masadan* öfkeyle **kalktı** ve toplantıyı terk etti.
Mr Ali angrily got up *from the table* and left the meeting.

   ayağa kalkmak   to rise to your feet

Türkiye'de öğretmen sınıfa girince öğrenciler ayağa kalk**ar**lar.
In Turkey, when teachers come to class, students stand up.

	proverbs	
Erken kalkan yol alır.	*Literally:* The one who gets up early goes ahead. *Means:* The early bird catches the worm.
Öfkeyle kalkan zararla oturur.	*Literally:* The one who rises up in anger sits back in defeat. *Means:* You regret what you did or said in a fit of anger.

	Simple Present	Present Continuous	-di Past	-miş Past	Future
Ben	kalkarım kalkmam kalkar mıyım	kalkıyorum kalkmıyorum kalkıyor muyum	kalktım kalkmadım kalktım mı	kalkmışım kalkmamışım kalkmış mıyım	kalkacağım kalkmayacağım kalkacak mıyım
Sen	kalkarsın kalkmazsın kalkar mısın	kalkıyorsun kalkmıyorsun kalkıyor musun	kalktın kalkmadın kalktın mı	kalkmışsın kalkmamışsın kalkmış mısın	kalkacaksın kalkmayacaksın kalkacak mısın
O	kalkar kalkmaz kalkar mı	kalkıyor kalkmıyor kalkıyor mu	kalktı kalkmadı kalktı mı	kalkmış kalkmamış kalkmış mı	kalkacak kalkmayacak kalkacak mı
Biz	kalkarız kalkmayız kalkar mıyız	kalkıyoruz kalkmıyoruz kalkıyor muyuz	kalktık kalkmadık kalktık mı	kalkmışız kalkmamışız kalkmış mıyız	kalkacağız kalkmayacağız kalkacak mıyız
Siz	kalkarsınız kalkmazsınız kalkar mısınız	kalkıyorsunuz kalkmıyorsunuz kalkıyor musunuz	kalktınız kalkmadınız kalktınız mı	kalkmışsınız kalkmamışsınız kalkmış mısınız	kalkacaksınız kalkmayacaksınız kalkacak mısınız
Onlar	kalkarlar kalkmazlar kalkarlar mı	kalkıyorlar kalkmıyorlar kalkıyorlar mı	kalktılar kalkmadılar kalktılar mı	kalkmışlar kalkmamışlar kalkmışlar mı	kalkacaklar kalkmayacaklar kalkacaklar mı

	Simple Present	Present Continuous	-di Past	-miş Past	Future
Ben	uyu				
Sen					
O					
Biz					
Siz					
Onlar					

15. -e bakmak   1. to look (i. see ii. search) 2. to look after

Niye sürekli *saatine* bakıyorsun? Bir yere mi gideceksin?
Why are you always looking *at your watch?* Are you going somewhere?

'Ekranda ne görüyorsun?' 'Hiç.' 'Dikkatli bak.'
'What can you see on the screen?' 'Nothing.' 'Look carefully.'

Hey, *bana* bak. Seninle konuşuyorum. *
Hey, look *at me.* I'm talking to you.

Saatimi gördün mü? *Her yere* baktım fakat bulamadım.
Have you seen my watch? I looked *everywhere,* but I couldn't find it.

Sizinle gelemem. Öğleden sonra *kardeşime* bak**acağ**ım.
I can't come with you. I'll look after *my brother/sister* in the afternoon.

* note
Yes, the same spelling, the same meaning, and almost the same pronunciation.

word forms and phrases	
bakıcı	carer/caretaker
çocuk bakıcısı	babysitter
birine tepeden bakmak	to look down **on** someone
gözlerini dikip bakmak	to stare
Sen kendi işine bak.	Mind your own business.
Kendine iyi bak.	Take care (of yourself).
Bakar mısınız?	Excuse me (to politely get someone's attention).

	Simple Present	Present Continuous	-di Past	-miş Past	Future
Ben	bakarım	bakıyorum	baktım	bakmışım	bakacağım
	bakmam	bakmıyorum	bakmadım	bakmamışım	bakmayacağım
	bakar mıyım	bakıyor muyum	baktım mı	bakmış mıyım	bakacak mıyım
Sen	bakarsın	bakıyorsun	baktın	bakmışsın	bakacaksın
	bakmazsın	bakmıyorsun	bakmadın	bakmamışsın	bakmayacaksın
	bakar mısın	bakıyor musun	baktın mı	bakmış mısın	bakacak mısın
O	bakar	bakıyor	baktı	bakmış	bakacak
	bakmaz	bakmıyor	bakmadı	bakmamış	bakmayacak
	bakar mı	bakıyor mu	baktı mı	bakmış mı	bakacak mı
Biz	bakarız	bakıyoruz	baktık	bakmışız	bakacağız
	bakmayız	bakmıyoruz	bakmadık	bakmamışız	bakmayacağız
	bakar mıyız	bakıyor muyuz	baktık mı	bakmış mıyız	bakacak mıyız
Siz	bakarsınız	bakıyorsunuz	baktınız	bakmışsınız	bakacaksınız
	bakmazsınız	bakmıyorsunuz	bakmadınız	bakmamışsınız	bakmayacaksınız
	bakar mısınız	bakıyor musunuz	baktınız mı	bakmış mısınız	bakacak mısınız
Onlar	bakarlar	bakıyorlar	baktılar	bakmışlar	bakacaklar
	bakmazlar	bakmıyorlar	bakmadılar	bakmamışlar	bakmayacaklar
	bakarlar mı	bakıyorlar mı	baktılar mı	bakmışlar mı	bakacaklar mı

	Simple Present	Present Continuous	-di Past	-miş Past	Future
Ben	kalk				
Sen					
O					
Biz					
Siz					
Onlar					

16. -i görmek   to see

Biz bir şey görme**dik**, Memur Bey. Biz o sırada kafenin dışındaydık.
We didn't see anything, Officer. We were outside the café at the time.

'Öğleden sonra *öğretmenini* gör**eceğ**im.'   'Niye gör**ecek**sin?'
'I'll see *your teacher* in the afternoon.'   'Why will you see him?'

Görmü**yor** musun? Çalışıyorum. Beni rahatsız etme, lütfen.
Can't you see? I'm working. Don't disturb me, please.

'*Biletinizi* görebi**li**r miyim, lütfen?'   'Tabii, buyurun.' *
'Can I see *your ticket,* please?'   'Sure, here you are.'

Bugün evime girmişler. Yan komşum *lanet olası hırsızları* gör**müş**.
They broke into my house today. My next-door saw *the damn
burglars*.

* grammar
The suffix **-ebil** (or **-abil**) can be added to any verb stem and put into any tense – just like the verb **bilmek** (to know). It can express ability, possibility, permission, or request. See the next page for its negative form.

word forms and phrases	
Görüşürüz.	See you.
Sonra/Yarın görüşürüz.	See you *later/tomorrow.*
-ile görüşmek	to get together
-i görmezden gelmek	1. to pretend not to see
	2. to ignore
öngörü	foresight
-i öngörmek	to foresee
hoşgörü	tolerance
-i hoş görmek	to tolerate

	Simple Present	Present Continuous	-di Past	-miş Past	Future
Ben	gör**ür**üm gör**me**m gör**ür** müyüm	gör**üyor**um gör**müyor**um gör**üyor** muyum	gör**düm** gör**me**dim gör**düm** mü	gör**müş**üm gör**memiş**im gör**müş** müyüm	gör**eceğ**im gör**meyeceğ**im gör**ecek** miyim
Sen	gör**ür**sün gör**mez**sin gör**ür** müsün	gör**üyor**sun gör**müyor**sun gör**üyor** musun	gör**dün** gör**me**din gör**dün** mü	gör**müş**sün gör**memiş**sin gör**müş** müsün	gör**ecek**sin gör**meyecek**sin gör**ecek** misin
O	gör**ür** gör**mez** gör**ür** mü	gör**üyor** gör**müyor** gör**üyor** mu	gör**dü** gör**me**di gör**dü** mü	gör**müş** gör**memiş** gör**müş** mü	gör**ecek** gör**meyecek** gör**ecek** mi
Biz	gör**ür**üz gör**me**yiz gör**ür** müyüz	gör**üyor**uz gör**müyor**uz gör**üyor** muyuz	gör**dük** gör**me**dik gör**dük** mü	gör**müş**üz gör**memiş**iz gör**müş** müyüz	gör**eceğ**iz gör**meyeceğ**iz gör**ecek** miyiz
Siz	gör**ür**sünüz gör**mez**siniz gör**ür** müsünüz	gör**üyor**sunuz gör**müyor**sunuz gör**üyor** musunuz	gör**dün**üz gör**me**diniz gör**dün**üz mü	gör**müş**sünüz gör**memiş**siniz gör**müş** müsünüz	gör**ecek**siniz gör**meyecek**siniz gör**ecek** misiniz
Onlar	gör**ür**ler gör**mez**ler gör**ür**ler mi	gör**üyor**lar gör**müyor**lar gör**üyor**lar mı	gör**dü**ler gör**me**diler gör**dü**ler mi	gör**müş**ler gör**memiş**ler gör**müş**ler mi	gör**ecek**ler gör**meyecek**ler gör**ecek**ler mi

	Simple Present	Present Continuous	-di Past	-miş Past	Future
Ben	bak				
Sen					
O					
Biz					
Siz					
Onlar					

17. -i duymak   to hear

Sen de *tuhaf bir ses* duy**du**n mu? Arka bahçede biri ol**abil**ir.
Have you heard *a strange noise* too? It could be someone in the backyard.

Müzik dinliyordum. *Seni* duy**a**ma**dım**. Ne dedin, kanka? *
I was listening to music. I couldn't hear *you*. What did you say, buddy?

Bugün okulu astım. Annem duy**ar**sa beni öldürür.
I have cut school today. If my mother hears about it, she will kill me.

Seni duy**uyor**um. Sağır değilim. Öyle bağırmana gerek yok.
I can hear *you*. I'm not deaf. You don't have to shout like that.

'Beren, sana seslendim. *Beni* duyma**dın** mı?'   'Hayır, duyma**dım**, anne.'
'Beren, I called you. Didn't you hear *me?*'   'No, I didn't, Mum.'

<table>
<tr><td colspan="2">* grammar</td></tr>
<tr><td colspan="2">We negate -ebil/abil by replacing the bil with the negation suffix -me/ma: duyabildim; duyamadım.</td></tr>
<tr><td colspan="2">When -ebil/abil expresses possibility, as in the first example (olabilir), it is negated differently.</td></tr>
</table>

word forms and phrases	
duy**um**	hearsay
duy**ur**mak	to announce
duy**ur**u	announcement
-i duymazdan	1. to pretend not to hear
gelmek	2. to turn a deaf ear

	Simple Present	Present Continuous	-di Past	-miş Past	Future
Ben	duyarım duymam duyar mıyım	duyuyorum duymuyorum duyuyor muyum	duydum duymadım duydum mu	duymuşum duymamışım duymuş muyum	duyacağım duymayacağım duyacak mıyım
Sen	duyarsın duymazsın duyar mısın	duyuyorsun duymuyorsun duyuyor musun	duydun duymadın duydun mu	duymuşsun duymamışsın duymuş musun	duyacaksın duymayacaksın duyacak mısın
O	duyar duymaz duyar mı	duyuyor duymuyor duyuyor mu	duydu duymadı duydu mu	duymuş duymamış duymuş mu	duyacak duymayacak duyacak mı
Biz	duyarız duymayız duyar mıyız	duyuyoruz duymuyoruz duyuyor muyuz	duyduk duymadık duyduk mu	duymuşuz duymamışız duymuş muyuz	duyacağız duymayacağız duyacak mıyız
Siz	duyarsınız duymazsınız duyar mısınız	duyuyorsunuz duymuyorsunuz duyuyor musunuz	duydunuz duymadınız duydunuz mu	duymuşsunuz duymamışsınız duymuş musunuz	duyacaksınız duymayacaksınız duyacak mısınız
Onlar	duyarlar duymazlar duyarlar mı	duyuyorlar duymuyorlar duyuyorlar mı	duydular duymadılar duydular mı	duymuşlar duymamışlar duymuşlar mı	duyacaklar duymayacaklar duyacaklar mı

	Simple Present	Present Continuous	-di Past	-miş Past	Future
Ben	gör				
Sen					
O					
Biz					
Siz					
Onlar					

18. konuşmak   to talk, speak

'Müsait misin, Zeynep? Konuşabilir miyiz?'   'Evet, müsaitim.'
'Are you free, Zeynep? Can we talk?'   'Yes, I'm free.'

Affedersiniz, Türkçe konuşabiliyor musunuz?
Excuse me, can you speak Turkish?

ile konuşmak   to talk **with/to**

Derya'yla konuşur musun? Ev ödevlerini henüz yapmadı.
Will you talk *to Derya?* She hasn't done her homework yet.

hakkında konuşmak   to talk **about**

Onlar sürekli *futbol **hakkında*** konuşuyorlar. Çok sıkıcılar.
They are always talking ***about*** *football.* They are too boring.

word forms and phrases	
konuş**ma**	speech
konuş**macı**	speaker
konuşma yapmak	to make/deliver a speech
konuş**kan**	talkative
havadan sudan konuşmak	to talk about this and that (*literally* from weather and water)
saçma sapan konuşmak	to talk nonsense

	Simple Present	Present Continuous	-di Past	-miş Past	Future
Ben	konuş**ur**um konuş**ma**m konuş**ur** muyum	konuş**uyor**um konuş**muyor**um konuş**uyor** muyum	konuş**tum** konuş**madım** konuş**tum** mu	konuş**muş**um konuş**mamış**ım konuş**muş** muyum	konuş**acağ**ım konuş**mayacağ**ım konuş**acak** mıyım
Sen	konuş**ur**sun konuş**maz**sın konuş**ur** musun	konuş**uyor**sun konuş**muyor**sun konuş**uyor** musun	konuş**tun** konuş**madın** konuş**tun** mu	konuş**muş**sun konuş**mamış**sın konuş**muş** musun	konuş**acak**sın konuş**mayacak**sın konuş**acak** mısın
O	konuş**ur** konuş**maz** konuş**ur** mu	konuş**uyor** konuş**muyor** konuş**uyor** mu	konuş**tu** konuş**madı** konuş**tu** mu	konuş**muş** konuş**mamış** konuş**muş** mu	konuş**acak** konuş**mayacak** konuş**acak** mı
Biz	konuş**ur**uz konuş**may**ız konuş**ur** muyuz	konuş**uyor**uz konuş**muyor**uz konuş**uyor** muyuz	konuş**tuk** konuş**madık** konuş**tuk** mu	konuş**muş**uz konuş**mamış**ız konuş**muş** muyuz	konuş**acağ**ız konuş**mayacağ**ız konuş**acak** mıyız
Siz	konuş**ur**sunuz konuş**maz**sınız konuş**ur** musunuz	konuş**uyor**sunuz konuş**muyor**sunuz konuş**uyor** musunuz	konuş**tunuz** konuş**madınız** konuş**tunuz** mu	konuş**muş**sunuz konuş**mamış**sınız konuş**muş** musunuz	konuş**acak**sınız konuş**mayacak**sınız konuş**acak** mısınız
Onlar	konuş**ur**lar konuş**maz**lar konuş**ur**lar mı	konuş**uyor**lar konuş**muyor**lar konuş**uyor**lar mı	konuş**tular** konuş**madılar** konuş**tular** mı	konuş**muş**lar konuş**mamış**lar konuş**muş**lar mı	konuş**acak**lar konuş**mayacak**lar konuş**acak**lar mı

	Simple Present	Present Continuous	-di Past	-miş Past	Future
Ben	duy				
Sen					
O					
Biz					
Siz					
Onlar					

19. -i dinlemek   to listen

Siz *ne tür müzik* dinli**yor**sunuz? Ben genellikle pop ve caz dinli**yor**um.
What kind of music do you listen to? I mostly listen to pop and jazz.

Dinle**yin**, çocuklar. Size harika bir haberimiz var.
Listen up, kids. We have some great news for you.

Ali'ye 'Gitme.' dedim, ama *beni* dinleme**di**. Çok inatçı.
'Don't go,' I said to Ali, but he wouldn't listen to *me*. He's so stubborn.

Sabah haberlerini arabada işe giderken dinli**yor**um.
I listen to *the morning news* in the car while I drive to work.

Problemini anlatmak istersen dinlerim. Ben iyi bir dinleyiciyimdir.
If you would like to tell me *your problem,* I'll listen. I'm a good listener.

word forms and phrases	
dinle**yici**	listener; audience
-i gizlice dinlemek	to eavesdrop
-i dikkatli dinlemek	to listen carefully/intently
-i can kulağıyla dinlemek	be all ears

	Simple Present	Present Continuous	-di Past	-miş Past	Future
Ben	dinlerim dinlemem dinler miyim	dinli**yor**um dinlemi**yor**um dinli**yor** muyum	dinledim dinlemedim dinledim mi	dinlemişim dinlememişim dinlemiş miyim	dinleyeceğim dinlemeyeceğim dinleyecek miyim
Sen	dinlersin dinlemezsin dinler misin	dinli**yor**sun dinlemi**yor**sun dinli**yor** musun	dinledin dinlemedin dinledin mi	dinlemişsin dinlememişsin dinlemiş misin	dinleyeceksin dinlemeyeceksin dinleyecek misin
O	dinler dinlemez dinler mi	dinli**yor** dinlemi**yor** dinli**yor** mu	dinledi dinlemedi dinledi mi	dinlemiş dinlememiş dinlemiş mi	dinleyecek dinlemeyecek dinleyecek mi
Biz	dinleriz dinlemeyiz dinler miyiz	dinli**yor**uz dinlemi**yor**uz dinli**yor** muyuz	dinledik dinlemedik dinledik mi	dinlemişiz dinlememişiz dinlemiş miyiz	dinleyeceğiz dinlemeyeceğiz dinleyecek miyiz
Siz	dinlersiniz dinlemezsiniz dinler misiniz	dinli**yor**sunuz dinlemi**yor**sunuz dinli**yor** musunuz	dinlediniz dinlemediniz dinlediniz mi	dinlemişsiniz dinlememişsiniz dinlemiş misiniz	dinleyecek**siniz** dinlemeyeceksiniz dinleyecek misiniz
Onlar	dinlerler dinlemezler dinlerler mi	dinli**yor**lar dinlemi**yor**lar dinli**yor**lar mı	dinlediler dinlemediler dinlediler mi	dinlemişler dinlememişler dinlemişler mi	dinleyecekler dinlemeyecekler dinleyecekler mi

	Simple Present	Present Continuous	-di Past	-miş Past	Future
Ben	konuş				
Sen					
O					
Biz					
Siz					
Onlar					

20. -i okumak   to read   okumak   to study (a subject) at a university/school

'Ahmet Altan'ın *son kitabını* oku**dun** mu?' 'Hayır, okuma**dım**.'
'Have you read Ahmet Altan's *latest book?*' 'No, I haven't.'

'Ne oku**yor**sun, Veli?' *'Şiir* oku**yor**um.'
'What are you reading, Veli?' 'I'm reading *a poem.'*

Sibel'in İngilizcesi çok iyi. Amerika'da *ekonomi* oku**muş**.
Sibel's English is very good. She studied *economics* in America.

Kızım Ankara Üniversitesi'nde *tıp* oku**yacak**.
My daughter will study *medicine* at Ankara University.

     birine bir şey okumak   to read something *to somebody*

Ablam her gece *çocuklarına* masal oku**r**.
My older sister reads (bedtime) stories *to her children* every night.

word forms and phrases	
okur, oku**yucu**	reader
okur ya**zar**	literate
oku**muş**	well-educated
oku**ma** parçası	reading text
-i sesli okumak	to read aloud
-i sessiz okumak	to read silently
dua okumak	to say prayer
bela okumak	to curse
biri**nin** aklını okumak	to read someone's mind
(kendi) bildiğini okumak	to go your own way
birine/bir şeye meydan okumak	to challenge sb/sth

	Simple Present	Present Continuous	-di Past	-miş Past	Future
Ben	okurum	okuyorum	okudum	okumuşum	okuyacağım
	okumam	okumuyorum	okumadım	okumamışım	okumayacağım
	okur muyum	okuyor muyum	okudum mu	okumuş muyum	okuyacak mıyım
Sen	okursun	okuyorsun	okudun	okumuşsun	okuyacaksın
	okumazsın	okumuyorsun	okumadın	okumamışsın	okumayacaksın
	okur musun	okuyor musun	okudun mu	okumuş musun	okuyacak mısın
O	okur	okuyor	okudu	okumuş	okuyacak
	okumaz	okumuyor	okumadı	okumamış	okumayacak
	okur mu	okuyor mu	okudu mu	okumuş mu	okuyacak mı
Biz	okuruz	okuyoruz	okuduk	okumuşuz	okuyacağız
	okumayız	okumuyoruz	okumadık	okumamışız	okumayacağız
	okur muyuz	okuyor muyuz	okuduk mu	okumuş muyuz	okuyacak mıyız
Siz	okursunuz	okuyorsunuz	okudunuz	okumuşsunuz	okuyacaksınız
	okumazsınız	okumuyorsunuz	okumadınız	okumamışsınız	okumayacaksınız
	okur musunuz	okuyor musunuz	okudunuz mu	okumuş musunuz	okuyacak mısınız
Onlar	okurlar	okuyorlar	okudular	okumuşlar	okuyacaklar
	okumazlar	okumuyorlar	okumadılar	okumamışlar	okumayacaklar
	okurlar mı	okuyorlar mı	okudular mı	okumuşlar mı	okuyacaklar mı

	Simple Present	Present Continuous	-di Past	-miş Past	Future
Ben	dinle				
Sen					
O					
Biz					
Siz					
Onlar					

EXERCISES   Verbs **11-20**

1. Match (1-8 to a-g; 9-16 to ğ-m).

1.	**-e** varmak	a.	1. to get up (after sleeping) 2. to leave (bus/train etc)
2.	yatmak	b.	to hear
3.	**-i** dinlemek	c.	to listen
4.	uyumak	ç.	to see
5.	uyanmak	d.	to wake up
6.	**-i** görmek	e.	to sleep
7.	**-i** duymak	f.	to go to bed
8.	kalkmak	g.	to arrive (get somewhere)
9.	**-e** bakmak	ğ.	1. to pretend not to hear 2. to turn a deaf ear
10.	uyuyakalmak	h.	to fall asleep
11.	**-i** uyandırmak	ı.	to sleep with someone
12.	**-i** duymazdan gelmek	i.	1. to look (i. see ii. search) 2. to look after
13.	(ile) konuşmak	j.	be all ears
14.	(**-i**) okumak	k.	1. to read 2. to study (a subject) at a university/school
15.	**ile** yatmak	l.	to wake someone up
16.	**-i** can kulağıyla dinlemek	m.	to talk, speak (to/with)

2. Complete the sentences with the English translations in *italics*.

1. ....? Orada bir şey mi var?   *What are you looking at? Is there something over there?*

2. Bengü genellikle erken ....   Bengü usually *goes to bed* early.

3. Siz dün gece .... kaçta ....?   What time *did you arrive home* last night?

4. .... sabah 7.00'de ....?   *Can you wake me up* at 7.00 in the morning?

5. Dün gece kanepede .... Belim ağrıyor.   *I fell asleep* on the sofa last night. My back hurts.

6. Serkan'a sordum ama ....   I asked Serkan, but *he pretended not to hear me.*

7. Elif, sen üniversitede ....?   Elif, *what are you going to study* at university?

8. Ben bugün .... okulda ....   *I didn't see Damla* at school today.

9. Çocuklar, sessiz olun. ....   Kids, be quiet. *Your father is sleeping.*

10. Yarın .... zam isteyeceğiz.   *We will talk to Mr Cem* tomorrow. We will ask for a raise.

3. Answer about yourself in complete sentences.

1. Kaçta yatıyor ve kaçta kalkıyorsunuz?   ....

2. **Günde** kaç saat uyuyorsunuz?   ....

3. **Ne tür** müzik dinliyorsunuz?   ....

4. **En son** hangi kitabı okudunuz?   ....

5. Kaç **yabancı dil** konuşabiliyorsunuz?   ....

günde a day; **en son** last (most recently); **ne tür/çeşit** what kind of; **yaban dil** foreign language

4. Write the Turkish equivalents.

1. announcement

2. hearsay

3. reader

4. literate; well-educated

5. talkative

6. speech; speaker

7. babysitter

8. See you.

9. foresight; tolerance

10. Take care (of yourself).

11. Mind your own business.

12. Excuse me.

13. listener; audience

14. sleep; sleepy x sleepless

15. awake; shrewd

Answers

1. 1g 2f 3c 4e 5d 6ç 7b 8a 9i 10h 11l 12ğ 13m 14k 15ı 16j

2. 1 Sen ne**y**e bakıyorsun 2 yatar/yatıyor 3 ev**e**, vardınız 4 Beni, uyandırır mısın/uyandırabilir misin 5 uyuyakalmışım
6 beni duymazdan geldi 7 ne okuyacaksın 8 Damla'y**ı**, görmedim 9 Babanız uyuyor 10 Cem Bey'**le** konuşacağız

3. Örneğin: 1 Genellikle 11.00'de yatıyorum ve 6.00'de kalkıyorum. 2 Günde 7 saat, bazen 8 saat uyuyorum.
3 Pop müzik, ara sıra da (and occasionally) caz dinlerim. 4 *A Roald Dahl Selection'ı* okudum. 5 İngilizce ve biraz
İspanyolca biliyorum.

4. 1 duyuru 2 duyum 3 okur, okuyucu 4 okur yazar; okumuş (=iyi eğitimli) 5 konuşkan 6 konuşma; konuşmacı 7 çocuk
bakıcısı 8 Görüşürüz./Görüşmek üzere. 9 öngörü; hoşgörü 10 Kendine iyi bak. 11 Sen kendi işine bak.
12 Bakar mısınız? (can also translate as *affedersiniz*.) 13 dinleyici 14 uyku; uykulu x uykusuz 15 uyanık

Can you write down the verbs you have learned in this set (verbs 11-20)?

21. -i yazmak　　to write; to type　　**yazmak**　　to have words on

Lütfen, bu kâğıda *adınızı ve adresinizi* yazar mısınız?
Would you please write down *your name and address* on this piece of paper?

Bu antivirüs programını kim yaz**mış**? Çok başarılı.
Who wrote *this anti-virus software?* It's a great success.

Yarın Türkçe dersinde *kompozisyon* yaz**acağ**ız.
We are going to write *an essay* in Turkish class tomorrow.

Bak, kapıda 'Girilmez' yaz**ıyor** (= diyor). Hadi, gidelim buradan.
Look, it reads (= says) on the door: 'No Entry'. Let's get out of here.

　　not almak　　to take notes

Bugün tarih dersinde hiç not alama**dım**. Notlarını ödünç alabilir miyim?
I couldn't take any notes in history class today. Can I borrow your notes?

word forms and phrases	
yazı	writing
yazılı x sözlü	written x verbal
yazılı x sözlü sınav	written x oral exam
yazar	writer
yazarlık	being a writer
yazar kasa	cash register/till
yazgı (= kader)	fate
-e yazılmak	to enrol
birine	to make a move/hit
yazmak/yazılmak	*on someone*

	Simple Present	Present Continuous	-di Past	-miş Past	Future
Ben	yazarım yazmam yazar mıyım	yazıyorum yazmıyorum yazıyor muyum	yazdım yazmadım yazdım mı	yazmışım yazmamışım yazmış mıyım	yazacağım yazmayacağım yazacak mıyım
Sen	yazarsın yazmazsın yazar mısın	yazıyorsun yazmıyorsun yazıyor musun	yazdın yazmadın yazdın mı	yazmışsın yazmamışsın yazmış mısın	yazacaksın yazmayacaksın yazacak mısın
O	yazar yazmaz yazar mı	yazıyor yazmıyor yazıyor mu	yazdı yazmadı yazdı mı	yazmış yazmamış yazmış mı	yazacak yazmayacak yazacak mı
Biz	yazarız yazmayız yazar mıyız	yazıyoruz yazmıyoruz yazıyor muyuz	yazdık yazmadık yazdık mı	yazmışız yazmamışız yazmış mıyız	yazacağız yazmayacağız yazacak mıyız
Siz	yazarsınız yazmazsınız yazar mısınız	yazıyorsunuz yazmıyorsunuz yazıyor musunuz	yazdınız yazmadınız yazdınız mı	yazmışsınız yazmamışsınız yazmış mısınız	yazacaksınız yazmayacaksınız yazacak mısınız
Onlar	yazarlar yazmazlar yazarlar mı	yazıyorlar yazmıyorlar yazıyorlar mı	yazdılar yazmadılar yazdılar mı	yazmışlar yazmamışlar yazmışlar mı	yazacaklar yazmayacaklar yazacaklar mı

	Simple Present	Present Continuous	-di Past	-miş Past	Future
Ben	oku				
Sen					
O					
Biz					
Siz					
Onlar					

22. demek   1. to say 2. to mean (i. have a meaning ii. intend to say sth)

'Ne de**din**, tatlım? Seni duyamadım.'   'Ben acıktım, anne, de**dim**.'
'What did you say, sweetie? I couldn't hear you.'   'I said, I'm hungry, Mum.'

   birine bir şey demek   to say something *to someone*

'Eve gidiyorum.' de**miş** *Nevin'e*. Başka bir şey deme**miş**.
'I'm going home,' s/he said *to Nevin*. S/he didn't say anything else.

'Bu İngilizce kelime ne **demek**?'   '*Shelf*. Raf **demek**.'
'What does this English word mean?'   '*Shelf*. It means *raf*.'

   As you can see in this example, we use **demek** for the meaning in **2.i**.
   We use **istemek** (to want) after **demek** for the meaning in **2.ii**, as in:

Ne **demek** istiyorsunuz? Sizi anlamıyorum. Daha açık konuşur musunuz?
What do you mean? I can't understand you. Can you speak more clearly?

spelling
As you can see in the conjugation table, the **e** in **de** becomes **i** in the affirmative and interrogative of the *present continuous* tense and the *future* tense. The same change also occurs in **yemek** #64.

word forms and phrases	
demeç	statement
deyim	idiom
dedikodu	gossip
dediko**ducu**	gossip (person)
dedikodu yapmak	to gossip

	Simple Present	Present Continuous	-di Past	-miş Past	Future
Ben	derim	di**yorum**	dedim	demişim	di**yeceğim**
	demem	demi**yorum**	demedim	dememişim	demey**eceğim**
	der miyim	di**yor** muyum	dedim mi	demiş miyim	di**yecek** miyim
Sen	dersin	di**yorsun**	dedin	demişsin	di**yeceksin**
	demezsin	demi**yorsun**	demedin	dememişsin	demey**eceksin**
	der misin	di**yor** musun	dedin mi	demiş misin	di**yecek** misin
O	der	di**yor**	dedi	demiş	di**yecek**
	demez	demi**yor**	demedi	dememiş	demey**ecek**
	der mi	di**yor** mu	dedi mi	demiş mi	di**yecek** mi
Biz	deriz	di**yoruz**	dedik	demişiz	di**yeceğiz**
	demeyiz	demi**yoruz**	demedik	dememişiz	demey**eceğiz**
	der miyiz	di**yor** muyuz	dedik mi	demiş miyiz	di**yecek** miyiz
Siz	dersiniz	di**yorsunuz**	dediniz	demişsiniz	di**yeceksiniz**
	demezsiniz	demi**yorsunuz**	demediniz	dememişsiniz	demey**eceksiniz**
	der misiniz	di**yor** musunuz	dediniz mi	demiş misiniz	di**yecek** misiniz
Onlar	derler	di**yorlar**	dediler	demişler	di**yecekler**
	demezler	demi**yorlar**	demediler	dememişler	demey**ecekler**
	derler mi	di**yorlar** mı	dediler mi	demişler mi	di**yecekler** mi

	Simple Present	Present Continuous	-di Past	-miş Past	Future
Ben	yaz				
Sen					
O					
Biz					
Siz					
Onlar					

23. -i anlamak   to understand; to see

Benim Türkçem iyi değil. *Sizi* anlayamıyorum. Daha yavaş konuşur musunuz?
My Turkish isn't good. I can't understand *you*. Can you speak more slowly?

Sanırım siz *Mert Bey'i* yanlış anlamışsınız. Toplantı yarın sabah.
I think you got *Mr Mert* misunderstood. The meeting is tomorrow morning.

'*Şakamı* anlamadın, değil mi?'   'Yo, anladım. Hiç komik değildi.'
'You couldn't see *my joke,* could you?'   'Yes, I could. It wasn't funny at all.'

Benim annem *beni* hiç anlamıyor. *Beni* hiç dinlemiyor.
My mother never understands *me*. She never listens to *me*.

   -den anlamak   to understand (fact/idea)

Ben futbol**dan** hiç anlamam. *Başka* bir şey hakkında konuşsak olur mu?
I don't understand football at all. Do you mind if we talk about something *else?*

	word forms	
anlay**ış**	understanding (i. knowledge ii. sympathy)	
anlayış**lı**	understanding (sympathetic)	
anlayış**sız**	inconsiderate	

	Simple Present	Present Continuous	-di Past	-miş Past	Future
Ben	anlarım anlamam anlar mıyım	anlıyorum anlamıyorum anlıyor muyum	anladım anlamadım anladım mı	anlamışım anlamamışım anlamış mıyım	anlayacağım anlamayacağım anlayacak mıyım
Sen	anlarsın anlamazsın anlar mısın	anlıyorsun anlamıyorsun anlıyor musun	anladın anlamadın anladın mı	anlamışsın anlamamışsın anlamış mısın	anlayacaksın anlamayacaksın anlayacak mısın
O	anlar anlamaz anlar mı	anlıyor anlamıyor anlıyor mu	anladı anlamadı anladı mı	anlamış anlamamış anlamış mı	anlayacak anlamayacak anlayacak mı
Biz	anlarız anlamayız anlar mıyız	anlıyoruz anlamıyoruz anlıyor muyuz	anladık anlamadık anladık mı	anlamışız anlamamışım anlamış mıyız	anlayacağız anlamayacağız anlayacak mıyız
Siz	anlarsınız anlamazsınız anlar mısınız	anlıyorsunuz anlamıyorsunuz anlıyor musunuz	anladınız anlamadınız anladınız mı	anlamışsınız anlamamışsınız anlamış mısınız	anlayacaksınız anlamayacaksınız anlayacak mısınız
Onlar	anlarlar anlamazlar anlarlar mı	anlıyorlar anlamıyorlar anlıyorlar mı	anladılar anlamadılar anladılar mı	anlamışlar anlamamışlar anlamışlar mı	anlayacaklar anlamayacaklar anlayacaklar mı

	Simple Present	Present Continuous	-di Past	-miş Past	Future
Ben	de				
Sen					
O					
Biz					
Siz					
Onlar					

24. düşünmek   to think (use your mind to decide about something, form an opinion, or imagine something)

Biraz bekle, düşün**üyo**rum. Bu *benim için* kolay bir karar değil.
Wait a moment, I'm thinking. This isn't an easy decision *for me.*

Bu senin son kararın mı, arkadaşım? İyi düşün**dün** mü?
Is that your final decision, my friend? Have you thought it over?

    verb stem+**meyi/mayı** düşünmek   to think about verb+**ing**

Biz arabamızı değiştir**meyi** düşün**üyor**uz.
We are thinking about changing our car.

    See the words we use for the English **think** in these examples:

'Pardon, tanışıyor muyuz?' 'Hayır, *sanmıyorum.*'
'Excuse me, have we met before?' 'No, *I don't think so.*'

'*Sence* yarın Bursaspor Beşiktaş'ı yenebilir mi?' '*Bence* hayır.'
'*Do you think* Bursaspor can beat Beşiktaş tomorrow?' '*I think* not.'

word forms and phrases	
düşünce	thought
düşünceli	thoughtful
düşüncesiz	thoughtless
Bence …	I think (when you think that something is true, or will happen).
Sence …?	Do you think …?
Sanırım./Sanıyorum.	I think (when you say that you believe something is true although you aren't sure).
Sanmam/Sanmıyorum.	I don't think so.
Düşünüyorum, o halde varım.	I think, therefore I am.

	Simple Present	Present Continuous	-di Past	-miş Past	Future
Ben	düşün**ür**üm	düşün**üyo**rum	düşün**düm**	düşün**müş**üm	düşün**eceğ**im
	düşünmem	düşünmü**yo**rum	düşünmedim	düşünmemişim	düşünmey**eceğ**im
	düşün**ür** müyüm	düşün**üyor** muyum	düşün**düm** mü	düşün**müş** müyüm	düşün**ecek** miyim
Sen	düşün**ür**sün	düşün**üyor**sun	düşün**dün**	düşün**müş**sün	düşün**ecek**sin
	düşünmezsin	düşünmü**yor**sun	düşünmedin	düşünmemişsin	düşünmey**ecek**sin
	düşün**ür** müsün	düşün**üyor** musun	düşün**dün** mü	düşün**müş** müsün	düşün**ecek** misin
O	düşün**ür**	düşün**üyor**	düşün**dü**	düşün**müş**	düşün**ecek**
	düşünmez	düşünmü**yor**	düşünmedi	düşünmemiş	düşünmey**ecek**
	düşün**ür** mü	düşün**üyor** mu	düşün**dü** mü	düşün**müş** mü	düşün**ecek** mi
Biz	düşün**ür**üz	düşün**üyor**uz	düşün**dük**	düşün**müş**üz	düşün**eceğ**iz
	düşünmeyiz	düşünmü**yor**uz	düşünmedik	düşünmemişiz	düşünmey**eceğ**iz
	düşün**ür** müyüz	düşün**üyor** muyuz	düşün**dük** mü	düşün**müş** müyüz	düşün**ecek** miyiz
Siz	düşün**ür**sünüz	düşün**üyor**sunuz	düşün**dünüz**	düşün**müş**sünüz	düşün**ecek**siniz
	düşünmezsiniz	düşünmü**yor**sunuz	düşünmediniz	düşünmemişsiniz	düşünmey**ecek**siniz
	düşün**ür** müsünüz	düşün**üyor** musunuz	düşün**dünüz** mü	düşün**müş** müsünüz	düşün**ecek** misiniz
Onlar	düşün**ür**ler	düşün**üyor**lar	düşün**düler**	düşün**müş**ler	düşün**ecek**ler
	düşünmezler	düşünmü**yor**lar	düşünmediler	düşünmemişler	düşünmey**ecek**ler
	düşün**ür**ler mi	düşün**üyor**lar mı	düşün**düler** mi	düşün**müş**ler mi	düşün**ecek**ler mi

	Simple Present	Present Continuous	-di Past	-miş Past	Future
Ben	anla				
Sen					
O					
Biz					
Siz					
Onlar					

25. -i bilmek   to know (1. have information 2. skill/experience 3. be sure)

Metin uzun zamandır burada çalışıyor. Herkesi tanır ve *her şeyi* bili**r**. *
Metin has been working here for a long time. He knows everyone and *everything*.

Ben *Sibel'in soyadını* bilmiyorum. Siz bil**iyor** musunuz?
I don't know *Sibel's surname*. Do you know it?

'Saat kaç bil**iyor** musun?'   '11.00'e geliyor. Bir yere mi gideceksin?'
'Do you know what time it is?'   'It's almost 11.00. Are you going somewhere?'

Karım üç yabancı dil bil**iyor**: İngilizce, Fransızca ve İtalyanca.
My wife knows three foreign languages: English, French and Italian.

'Hafta sonu Beril'in partisine gidecek misin?'   'Bilmem. Ya sen?'
'Will you go to Beril's party at the weekend?'   'I don't know. What about you?'

* note
We use the verb **tanımak** for **know** in the meaning of *being familiar with someone*. See **#78**.

word forms and phrases	
bil**gi**	information
bil**gi**li	knowledgeable
bil**im**; bilim**sel**	science; scientific
bil**inç**	consciousness
çok bil**miş**	smart alec/ass
Allah bilir!	God knows!
Bildiğim kadarıyla …	As far as I know …
Kesin/Net	I don't know
bilmiyorum.	*for sure.*

	Simple Present	Present Continuous	-di Past	-miş Past	Future
Ben	bilirim bilmem bilir miyim	biliyorum bilmiyorum biliyor muyum	bildim bilmedim bildim mi	bilmişim bilmemişim bilmiş miyim	bileceğim bilmeyeceğim bilecek miyim
Sen	bilirsin bilmezsin bilir misin	biliyorsun bilmiyorsun biliyor musun	bildin bilmedin bildin mi	bilmişsin bilmemişsin bilmiş misin	bileceksin bilmeyeceksin bilecek misin
O	bilir bilmez bilir mi	biliyor bilmiyor biliyor mu	bildi bilmedi bildi mi	bilmiş bilmemiş bilmiş mi	bilecek bilmeyecek bilecek mi
Biz	biliriz bilmeyiz bilir miyiz	biliyoruz bilmiyoruz biliyor muyuz	bildik bilmedik bildik mi	bilmişiz bilmemişiz bilmiş miyiz	bileceğiz bilmeyeceğiz bilecek miyiz
Siz	bilirsiniz bilmezsiniz bilir misiniz	biliyorsunuz bilmiyorsunuz biliyor musunuz	bildiniz bilmediniz bildiniz mi	bilmişsiniz bilmemişsiniz bilmiş misiniz	bileceksiniz bilmeyeceksiniz bilecek misiniz
Onlar	bilirler bilmezler bilirler mi	biliyorlar bilmiyorlar biliyorlar mı	bildiler bilmediler bildiler mi	bilmişler bilmemişler bilmişler mi	bilecekler bilmeyecekler bilecekler mi

	Simple Present	Present Continuous	-di Past	-miş Past	Future
Ben	düşün				
Sen					
O					
Biz					
Siz					
Onlar					

26. -e vermek   to give

Anne, bize *biraz para* verir misin? Okuldan sonra sinemaya gideceğiz.
Mum, can you give us *some money?* We are going to the cinema after school.

'Bana *bir şans daha* ver, aşkım.'   'Sana hiçbir şey yok. Defol git hayatımdan.'
'Give me *another chance,* love.'   'I have nothing for you. Get out of my life.'

When the direct object is definite, it takes the accusative case suffix **-i**.
It can come before or after the indirect object in **-e**:

Gamze *tüm oyuncak bebeklerini* yan komşunun kızına ver**miş**.
Gamze has given *all her dolls* to the next-door's girl.

O yüzüğü sana kim verdi? Çok güzelmiş.
Who gave you *that ring?* It's a very beautiful.

Kemal'**a** *telefon numaranı* ver**di**m. Seni yarın arayacak.
I have given Kemal *your telephone number*. He will call you tomorrow.

common **noun + vermek** combinations	
tavsiye vermek	give advice
örnek vermek	give an example
cevap vermek	give an answer
ümit vermek	give hope
öpücük vermek	give a kiss
izin vermek	give permission
fikir vermek	give an idea
bilgi vermek	give information
öncelik vermek	give priority
karar vermek	make a decision
söz vermek	make a promise
ödünç vermek	lend
kilo vermek	lose weight
nefes vermek	breathe out

	Simple Present	Present Continuous	-di Past	-miş Past	Future
Ben	veririm	veriyorum	verdim	vermişim	vereceğim
	vermem	vermiyorum	vermedim	vermemişim	vermeyeceğim
	verir miyim	veriyor muyum	verdim mi	vermiş miyim	verecek miyim
Sen	verirsin	veriyorsun	verdin	vermişsin	vereceksin
	vermezsin	vermiyorsun	vermedin	vermemişsin	vermeyeceksin
	verir misin	veriyor musun	verdin mi	vermiş misin	verecek misin
O	verir	veriyor	verdi	vermiş	verecek
	vermez	vermiyor	vermedi	vermemiş	vermeyecek
	verir mi	veriyor mu	verdi mi	vermiş mi	verecek mi
Biz	veririz	veriyoruz	verdik	vermişiz	vereceğiz
	vermeyiz	vermiyoruz	vermedik	vermemişiz	vermeyeceğiz
	verir miyiz	veriyor muyuz	verdik mi	vermiş miyiz	verecek miyiz
Siz	verirsiniz	veriyorsunuz	verdiniz	vermişsiniz	vereceksiniz
	vermezsiniz	vermiyorsunuz	vermediniz	vermemişsiniz	vermeyeceksiniz
	verir misiniz	veriyor musunuz	verdiniz mi	vermiş misiniz	verecek misiniz
Onlar	verirler	veriyorlar	verdiler	vermişler	verecekler
	vermezler	vermiyorlar	vermediler	vermemişler	vermeyecekler
	verirler mi	veriyorlar mı	verdiler mi	vermişler mi	verecekler mi

	Simple Present	Present Continuous	-di Past	-miş Past	Future
Ben	bil				
Sen					
O					
Biz					
Siz					
Onlar					

27. -i almak   1. to take 2. to get, receive   **-den almak**   to pick someone/something up

'Sen bu dönem *Türkçe* al**acak** mısın?'   'Hayır, alma**yacağ**ım. Ya sen?'
'Are you going to take *Turkish* this term?'   'No, I'm not. What about you?'

Anahtarlarını al. Ben akşam evde olmayacağım.
Take *your keys*. I won't be home in the evening.

'*E-postamı* al**d**ınız mı?'   'Hayır, alma**d**ım. Ne zaman gönderdiniz?'
'Have you received *my e-mail?*'   'No, I haven't. When did you send it?'

Biri *masamdan* yine faremi al**mış**.
Somebody has taken my mouse *off my desk* again.

Bugün çocukları *okuldan* sen alır mısın? Benim 3.00'te bir toplantım var.
Will you pick the kids up *from school* today? I have a meeting at 3.00.

common **noun + almak** combinations	
duş almak	take a shower
karar almak	take a decision
risk almak	take a risk
ders almak	take a class
mesaj almak	take a message
not almak	take notes
zaman almak	take time
uyuşturucu almak	take drugs
ilaç almak	take medicine
-i ciddiye almak	take sth/sb seriously
-i dikkate almak	take into account
kilo almak	put on weight
-den izin almak	get permission
nefes almak	breathe in

	Simple Present	Present Continuous	-di Past	-miş Past	Future
Ben	alırım	alıyorum	aldım	almışım	alacağım
	almam	almıyorum	almadım	almamışım	almayacağım
	alır mıyım	alıyor muyum	aldım mı	almış mıyım	alacak mıyım
Sen	alırsın	alıyorsun	aldın	almışsın	alacaksın
	almazsın	almıyorsun	almadın	almamışsın	almayacaksın
	alır mısın	alıyor musun	aldın mı	almış mısın	alacak mısın
O	alır	alıyor	aldı	almış	alacak
	almaz	almıyor	almadı	almamış	almayacak
	alır mı	alıyor mu	aldı mı	almış mı	alacak mı
Biz	alırım	alıyoruz	aldık	almışız	alacağız
	almayız	almıyoruz	almadık	almamışız	almayacağız
	alır mıyız	alıyor muyuz	aldık mı	almış mıyız	alacak mıyız
Siz	alırsınız	alıyorsunuz	aldınız	almışsınız	alacaksınız
	almazsınız	almıyorsunuz	almadınız	almamışsınız	almayacaksınız
	alır mısınız	alıyor musunuz	aldınız mı	almış mısınız	alacak mısınız
Onlar	alırlar	alıyorlar	aldılar	almışlar	alacaklar
	almazlar	almıyorlar	almadılar	almamışlar	almayacaklar
	alırlar mı	alıyorlar mı	aldılar mı	almışlar mı	alacaklar mı

	Simple Present	Present Continuous	-di Past	-miş Past	Future
Ben	ver				
Sen					
O					
Biz					
Siz					
Onlar					

28. -i (satın) almak   to buy

'Daha hızlı bir *dizüstü* satın al**acağ**ım.'   'Can geçen hafta i7 al**mış**. Çok memnun.'
'I will buy a faster *laptop*.'   'Can bought an i7 last week. He's very happy with it.'

'*Elbiseni* nere**den** al**dın**? Çok şık.'   'Kızılay'da bir mağaza**dan**.'
'Where did you buy *your dress*? It's so elegant.'   'In a shop in Kızılay.'

    birin**e** *bir şey* almak   to buy someone *something*

Kocam ban**a** hiç *çiçek* alma**dı**. 10 yıldır evliyiz.
My husband has never bought me *flowers*. We have been married for 10 years.

    bir şey**i** 20/50 vb liray**a** almak   to buy something for 20/50 etc liras

'*Bu bluzu* 25 liray**a** al**dım**.'   'A! Sudan ucuz.'
'I bought *this blouse* for 25 liras.'   'Ah! That's dirt cheap.' (*lit* cheaper than water)

word forms and phrases	
(on-line) alışveriş	(online) shopping
nakit almak	to buy in cash
kredi kartıyla almak	to buy by credit card
taksitle almak	to buy on instalments
veresiye almak	to buy on credit
ucuza almak	to buy at a low price
pahalıya almak	to buy at a high price
indirimden almak	to buy in a sale
uygun fiyata almak	to buy at a bargain price

	Simple Present	Present Continuous	-di Past	-miş Past	Future
Ben	satın alırım satın almam satın alır mıyım	satın alıyorum satın almıyorum satın alıyor muyum	satın aldım satın almadım satın aldım mı	satın almışım satın almamışım satın almış mıyım	satın alacağım satın almayacağım satın alacak mıyım
Sen	satın alırsın satın almazsın satın alır mısın	satın alıyorsun satın almıyorsun satın alıyor musun	satın aldın satın almadın satın aldın mı	satın almışsın satın almamışsın satın almış mısın	satın alacaksın satın almayacaksın satın alacak mısın
O	satın alır satın almaz satın alır mı	satın alıyor satın almıyor satın alıyor mu	satın aldı satın almadı satın aldı mı	satın almış satın almamış satın almış mı	satın alacak satın almayacak satın alacak mı
Biz	satın alırım satın almayız satın alır mıyız	satın alıyoruz satın almıyoruz satın alıyor muyuz	satın aldık satın almadık satın aldık mı	satın almışız satın almamışız satın almış mıyız	satın alacağız satın almayacağız satın alacak mıyız
Siz	satın alırsınız satın almazsınız satın alır mısınız	satın alıyorsunuz satın almıyorsunuz satın alıyor musunuz	satın aldınız satın almadınız satın aldınız mı	satın almışsınız satın almamışsınız satın almış mısınız	satın alacaksınız satın almayacaksınız satın alacak mısınız
Onlar	satın alırlar satın almazlar satın alırlar mı	satın alıyorlar satın almıyorlar satın alıyorlar mı	satın aldılar satın almadılar satın aldılar mı	satın almışlar satın almamışlar satın almışlar mı	satın alacaklar satın almayacaklar satın alacaklar mı

	Simple Present	Present Continuous	-di Past	-miş Past	Future
Ben	al				
Sen					
O					
Biz					
Siz					
Onlar					

29. -i satmak   to sell (1. offer sth for people to buy 2. give sth in return for money) **satmak** to be bought by people

O dükkân *ikinci el* mobilya ve beyaz eşya sat**ıyor**. Ben geçen yıl bir masa aldım.
That shop sells *second-hand* furniture and household appliances. I bought a table last year.

'*Yan daireyi* ₺1.500.000 (lira**y**a) sat**mış**lar.'   'Ya, kime satmışlar?'
'They have sold *the flat next door* for ₺1.500.000.'   'Really, who did they sell it to?'

Arabamızı yan komşumuz**a** sat**acağ**ız. *Sıfır* bir araba alacağız.
We will sell *our car* to our next-door neighbour. We will buy a *brand-new* car.

Son kitabı sadece 100.000 adet sat**mış**. Ben de aldım ama pek beğenmedim.
His/Her last book sold only 100.000 copies. I bought it too, but I didn't like it much.

   birini satmak   to sell someone out

O herif kendi çıkarı için *herkesi* sat**ar**. İğrenç bir insan ve siyasetçidir.
That guy sells *everyone* out for his own interests. He's a disgusting person and politician.

word forms and phrases	
satıcı	seller
alıcı	buyer
satılık	for sale
satış elemanı	shop assistant
satış fiyatı	selling price
indirim	sale (lower price)
Satıldı.	Sold.
Tükendi/Bitti/ Kalmadı.	Sold out.

	Simple Present	Present Continuous	-di Past	-miş Past	Future
Ben	satarım	satıyorum	sattım	satmışım	satacağım
	satmam	satmıyorum	satmadım	satmamışım	satmayacağım
	satar mıyım	satıyor muyum	sattım mı	satmış mıyım	satacak mıyım
Sen	satarsın	satıyorsun	sattın	satmışsın	satacaksın
	satmazsın	satmıyorsun	satmadın	satmamışsın	satmayacaksın
	satar mısın	satıyor musun	sattın mı	satmış mısın	satacak mısın
O	satar	satıyor	sattı	satmış	satacak
	satmaz	satmıyor	satmadı	satmamış	satmayacak
	satar mı	satıyor mu	sattı mı	satmış mı	satacak mı
Biz	satarız	satıyoruz	sattık	satmışız	satacağız
	satmayız	satmıyoruz	satmadık	satmamışız	satmayacağız
	satar mıyız	satıyor muyuz	sattık mı	satmış mıyız	satacak mıyız
Siz	satarsınız	satıyorsunuz	sattınız	satmışsınız	satacaksınız
	satmazsınız	satmıyorsunuz	satmadınız	satmamışsınız	satmayacaksınız
	satar mısınız	satıyor musunuz	sattınız mı	satmış mısınız	satacak mısınız
Onlar	satarlar	satıyorlar	sattılar	satmışlar	satacaklar
	satmazlar	satmıyorlar	satmadılar	satmamışlar	satmayacaklar
	satarlar mı	satıyorlar mı	sattılar mı	satmışlar mı	satacaklar mı

	Simple Present	Present Continuous	-di Past	-miş Past	Future
Ben	satın al				
Sen					
O					
Biz					
Siz					
Onlar					

30. -i kiralamak   to rent

Biz geçen yaz Bodrum'da *ev* kiraladık. Otelden çok daha ucuzdu.
We rented *a house* in Bodrum last summer. It was much cheaper than a hotel.

Arabamı sattım. Yenisini satın almayacağım. Kiralay**acağım**.
I have sold my car. I'm not going to buy a new one. I'll rent.

*Yan dairey**i*** yeni evli bir çift ki;kirala**mış**.
A newly married couple has rented *the flat next-door.*

  bir şeyi *birine* kiralamak   to rent out something ***to** someone*

Antalya'daki yazlıklarını kışın *üniversite öğrencilerine* kiralı**yor**lar.
They rent out their summer house in Antalya ***to** university students* in winter.

Ev sahibi dairesini *bekârlara* kiraya vermi**yor** (= kiralamıyor), maalesef.
The landlord/lady doesn't rent out his/her flat ***to** single people,* unfortunately.

grammar
To conjugate a verb ending in **a** in the present continuous tense, omit the **a** (kirala, oyna) and add -ıyor or -uyor, depending on what is now the last vowel of the verb: kiralıyor, oynuyor.

word forms and phrases	
kiralık	for rent
kiracı	tenant
kira	rent (n)
kira ödemek	to pay a rent
kira kontratı	rental contract
ev sahibi	landlord/lady
kiralık daire/araba	rented flat/car

	Simple Present	Present Continuous	-di Past	-miş Past	Future
Ben	kiralarım kiralamam kiralar mıyım	kiralıyorum kiralamıyorum kiralıyor muyum	kiraladım kiralamadım kiraladım mı	kiralamışım kiralamamışım kiralamış mıyım	kiralayacağım kiralamayacağım kiralayacak mıyım
Sen	kiralarsın kiralamazsın kiralar mısın	kiralıyorsun kiralamıyorsun kiralıyor musun	kiraladın kiralamadın kiraladın mı	kiralamışsın kiralamamışsın kiralamış mısın	kiralayacaksın kiralamayacaksın kiralayacak mısın
O	kiralar kiralamaz kiralar mı	kiralıyor kiralamıyor kiralıyor mu	kiraladı kiralamadı kiraladı mı	kiralamış kiralamamış kiralamış mı	kiralayacak kiralamayacak kiralayacak mı
Biz	kiralarız kiralamayız kiralar mıyız	kiralıyoruz kiralamıyoruz kiralıyor muyuz	kiraladık kiralamadık kiraladık mı	kiralamışız kiralamamışız kiralamış mıyız	kiralayacağız kiralamayacağız kiralayacak mıyız
Siz	kiralarsınız kiralamazsınız kiralar mısınız	kiralıyorsunuz kiralamıyorsunuz kiralıyor musunuz	kiraladınız kiralamadınız kiraladınız mı	kiralamışsınız kiralamamışsınız kiralamış mısınız	kiralayacaksınız kiralamayacaksınız kiralayacak mısınız
Onlar	kiralarlar kiralamazlar kiralarlar mı	kiralıyorlar kiralamıyorlar kiralıyorlar mı	kiraladılar kiralamadılar kiraladılar mı	kiralamışlar kiralamamışlar kiralamışlar mı	kiralayacaklar kiralamayacaklar kiralayacaklar mı

	Simple Present	Present Continuous	-di Past	-miş Past	Future
Ben	sat				
Sen					
O					
Biz					
Siz					
Onlar					

EXERCISES   Verbs **21-30**

1. Match (1-8 to **a-g; 9-16** to **ğ-m).**

1. **-i** (satın) almak	a. to think (use your mind to decide about sth, form an opinion, or imagine sth)
2. demek	b. to breathe in
3. **-i** anlamak	c. to understand; to see
4. düşünmek	ç. 1. to write; to type 2. to have words on
5. nefes almak	d. to buy
6. **(-i)** yazmak	e. to know (1. have information 2. skill/experience 3. be sure)
7. karar almak	f. to take a decision
8. **-i** bilmek	g. 1. to say 2. to mean (i. have a meaning ii. intend to say something)
9. **-meyi/mayı** düşünmek	ğ. to give
10. **-den** anlamak	h. to think about doing
11. **-e** tavsiye vermek	ı. to buy something for 20/50 etc liras
12. **-i** almak	i. 1. to take 2. to get, receive
13. **-i** kiralamak	j. to give advice
14. **-i** satmak	k. to understand (fact/idea)
15. bir şeyi 20/50 vb liraya almak	l. to rent
16. **-e** vermek	m. to sell (1. offer sth for people to buy 2. give sth in return for money)

2. Fill in the gaps with the correct suffixes and forms of the verbs from the lists.

demek   bilmek   yazmak   (satın) almak ✓   anlamak

1. Ben kıyafetlerim**i** genellikle İnternet'**ten** *satın alırım/alıyorum.*   I usually buy my clothes on the Internet.

2. O e-posta..... kim..... ....?   Who are you writing that e-mail to?

3. Bir şey mi ...., dostum?   Did you say something, mate?

4. Onların yeni adresi..... ....   We don't know their new address.

5. Sen..... artık hiç ....   I don't understand you at all anymore.

vermek   almak   **-meyi/mayı** düşünmek   satmak   tavsiye vermek

6. Annemle babam İzmir'e taşın....... ....   My parents are thinking about moving to İzmir.

7. Bu haplar..... günde üç defa ....   You will take these pills three times a day.

8. Yunus cep telefonu..... ....   (Reportedly) Yunus sold his mobile phone.

9. Siz..... bir ....?   Can I give you some advice?

10. Tarık dayım pul koleksiyonu..... ben..... ....   Uncle Tarık will give his stamp collection to me.

3. Answer about yourself in complete sentences.

1. İnternet'ten genellikle ne satın alıyorsunuz?   ....

2. Bilgisayarlardan iyi anlıyor musunuz?   ....

3. Hiç birine mektup yazdınız mı? *   ....

4. Bu yaz tatile nereye gitmeyi düşünüyorsunuz?   ....

5. 'Satılık' ve 'kiralık' ne demek hatırlıyor musunuz?   ....

* Translates as: Have you **ever** written a letter **to anyone**? Do not confuse **hiç birine** with **hiçbir** (adj), which means **not any**.

4. Write the Turkish equivalents.

1. written x verbal; oral   ....

2. writer; being a writer   ....

3. fate   ....

4. idiom   ....

5. gossip   ....

6. understanding x inconsiderate   ....

7. thought   ....

8. thoughtful x thoughtless   ....

9. I think ...; Do you think ...?   ....

10. information; science; scientific   ....

11. knowledgeable   ....

12. seller x buyer   ....

13. for sale x rent   ....

14. rent; tenant; landlord/lady   ....

15. As far as I know ...   .

Answers

1. 1d 2g 3c 4a 5b 6ç 7f 8e 9h 10k 11j 12i 13l 14m 15ı 16ğ

2. 1 **-i**, **-ten** satın alırım/alıyorum 2 **-yı**, **-e**, yazıyorsun 3 dedin 4 **-ni** bilmiyoruz 5 **-i**, anlamıyorum 6 **-mayı** düşünüyorlar 7 **-ı** alacaksınız 8 **-nu** satmış 9 **-e**, tavsiye verebilir miyim 10 **-nu**, **bana**, verecek

3. Örneğin: 1 Genellikle kitap alıyorum. Bazen de kıyafet ve ayakkabı alıyorum. 2 Bilgisayarlardan çok iyi değil, biraz anlıyorum. 3 Hayır, hiç kimseye mektup yazmadım. / Bir defa dedeme yazdım. 4 Bu yaz tatile Fethiye'ye gitmeyi düşünüyorum. / Bu yaz tatile gitmeyeceğim. 5 Evet, hatırlıyorum. *For sale* and *for rent* demek.

4. 1 yazılı x sözlü 2 yazar; yazarlık 3 yazgı (=kader) 4 deyim 5 dedikodu; dedikoducu 6 anlayışlı x anlayışsız 7 düşünce 8 düşünceli x düşüncesiz 9 Bence ...; Sence ...? 10 bilgi; bilim; bilimsel 11 bilgili 12 satıcı x alıcı 13 satılık x kiralık 14 kira; kiracı; ev sahibi 15 Bildiğim kadarıyla ...

Can you write down the verbs you have learned in this set (verbs 21-30)?

....

....

....

....

....

31. -i sevmek   to love; to like

'Elbiseni sev**di**m. Rengi çok hoş.'   'Teşekkürler. Hafta sonu aldım.'
'I like *your dress.* Its colour is so nice.'   'Thanks. I bought it at the weekend.'

'Seni sev**i**yor**u**m. Benimle evlenir misin?'   'Ben de sen**i** sev**i**yor**u**m, ama ...'
'I love *you.* Will you marry me?'   'I love you too, but ...'

Miray *bu hediyey***i** çok sev**ecek**. Ahmet Ümit *en sevdiği* yazar.
Miray will like *this gift* so much. Ahmet Ümit is *her favourite* writer.

    verb stem+**meyi/mayı** sevmek   to love/like **to** verb/verb+**ing** *

Bütün çocuklar *çizgi film seyret***meyi** sev**er**.
All children love *watching cartoons.*

'Boş vakitlerinizde ne *yap***mayı** sev**er**siniz?'   'Alışverişe git**meyi** sev**i**yor**u**m.'
'What do you like *doing* in your free time?'   'I like going shopping.'

	* grammar
	-meyi/mayı is one of the verbal forms in Turkish. The **-i/ı** at the end is the accusative suffix. The author has another title 'Verbals in Turkish', which teaches the verbal forms in Turkish. You can preview it on the author's website.

word forms and phrases	
sevgi	love
sevgili	i. boyfriend/girlfriend
	ii. lover
sevgisiz	loveless (marriage/relationship)
seve seve/severek	gladly, happily
sevişmek	to make love

	Simple Present	Present Continuous	-di Past	-miş Past	Future
Ben	sev**er**im	sev**i**yor**u**m	sev**di**m	sev**mişi**m	sev**eceği**m
	sev**me**m	sev**mi**yor**u**m	sev**me**dim	sev**memişi**m	sev**meyeceği**m
	sev**er** miyim	sev**i**yor muyum	sev**di**m mi	sev**miş** miyim	sev**ecek** miyim
Sen	sev**er**sin	sev**i**yor**su**n	sev**di**n	sev**miş**sin	sev**ecek**sin
	sev**me**zsin	sev**mi**yor**su**n	sev**me**din	sev**memiş**sin	sev**meyecek**sin
	sev**er** misin	sev**i**yor musun	sev**di**n mi	sev**miş** misin	sev**ecek** misin
O	sev**er**	sev**i**yor	sev**di**	sev**miş**	sev**ecek**
	sev**me**z	sev**mi**yor	sev**me**di	sev**memiş**	sev**meyecek**
	sev**er** mi	sev**i**yor mu	sev**di** mi	sev**miş** mi	sev**ecek** mi
Biz	sev**er**iz	sev**i**yor**u**z	sev**di**k	sev**mişi**z	sev**eceği**z
	sev**me**yiz	sev**mi**yor**u**z	sev**me**dik	sev**memişi**z	sev**meyeceği**z
	sev**er** miyiz	sev**i**yor muyuz	sev**di**k mi	sev**miş** miyiz	sev**ecek** miyiz
Siz	sev**er**siniz	sev**i**yor**su**nuz	sev**di**niz	sev**miş**siniz	sev**ecek**siniz
	sev**me**zsiniz	sev**mi**yor**su**nuz	sev**me**diniz	sev**memiş**siniz	sev**meyecek**siniz
	sev**er** misiniz	sev**i**yor musunuz	sev**di**niz mi	sev**miş** misiniz	sev**ecek** misiniz
Onlar	sev**er**ler	sev**i**yor**la**r	sev**di**ler	sev**miş**ler	sev**ecek**ler
	sev**me**zler	sev**mi**yor**la**r	sev**me**diler	sev**memiş**ler	sev**meyecek**ler
	sev**er**ler mi	sev**i**yor**la**r mı	sev**di**ler mi	sev**miş**ler mi	sev**ecek**ler mi

	Simple Present	Present Continuous	-di Past	-miş Past	Future
Ben	kirala				
Sen					
O					
Biz					
Siz					
Onlar					

32. -i istemek   to want; to would like   -den istemek   to ask someone for help/advice etc

Bakar mısınız? Ben *bir simit ve çay* istiy**or**um, lütfen.
Excuse me, I would like *a simit [similar to a bagel] and a tea,* please.

Ben *bu oyuncağı* istiy**or**um, anne. Bunu alalım. N'olur!
I want *this toy,* Mum. Let's buy this. Please!

'Biraz *daha pasta* iste**r** misiniz, çocuklar?' 'Evet, iste**r**iz.' *
'Do you want *some more cake,* kids?' 'Yes, we do.'

    verb stem+**mek/mak** istemek   to want/would like **to** verb

Canan gel**mek** istem**edi**. Evde kal**mak** iste**di**.
Canan didn't want to come. She wanted to stay at home.

'Sen**den** *bir iyilik* istey**eceğ**im, dostum.' 'Tabii, dostum. Ne istersen.'
'I'll ask you for *a favour,* mate.' 'Sure, mate. Whatever you ask.'

* grammar
In *yes/no* questions, we repeat the verbs in the answers (Evet, isteriz./Hayır istemeyiz.). In Turkish, there are no words like the English auxiliary verbs *am, do, did,* etc.

word forms and phrases	
istek	want (n), desire
iste**kli**	willing
iste**ksiz**	unwilling, reluctant
istey**erek**	1. willingly 2. intentionally
istemey**erek**	1. unwillingly 2. unintentionally
Nasıl istersen.	As you wish/please.
Nasıl istersen öyle yap.	Do as you please/Have it your way.

	Simple Present	Present Continuous	-di Past	-miş Past	Future
Ben	isterim	istiyorum	istedim	istemişim	isteyeceğim
	istemem	istemiyorum	istemedim	istememişim	istemeyeceğim
	ister miyim	istiyor muyum	istedim mi	istemiş miyim	isteyecek miyim
Sen	istersin	istiyorsun	istedin	istemişsin	isteyeceksin
	istemezsin	istemiyorsun	istemedin	istememişsin	istemeyeceksin
	ister misin	istiyor musun	istedin mi	istemiş misin	isteyecek misin
O	ister	istiyor	istedi	istemiş	isteyecek
	istemez	istemiyor	istemedi	istememiş	istemeyecek
	ister mi	istiyor mu	istedi mi	istemiş mi	isteyecek mi
Biz	isteriz	istiyoruz	istedik	istemişiz	isteyeceğiz
	istemeyiz	istemiyoruz	istemedik	istememişiz	istemeyeceğiz
	ister miyiz	istiyor muyuz	istedik mi	istemiş miyiz	isteyecek miyiz
Siz	istersiniz	istiyorsunuz	istediniz	istemişsiniz	isteyeceksiniz
	istemezsiniz	istemiyorsunuz	istemediniz	istememişsiniz	istemeyeceksiniz
	ister misiniz	istiyor musunuz	istediniz mi	istemiş misiniz	isteyecek misiniz
Onlar	isterler	istiyorlar	istediler	istemişler	isteyecekler
	istemezler	istemiyorlar	istemediler	istememişler	istemeyecekler
	isterler mi	istiyorlar mı	istediler mi	istemişler mi	isteyecekler mi

	Simple Present	Present Continuous	-di Past	-miş Past	Future
Ben	sev				
Sen					
O					
Biz					
Siz					
Onlar					

33. -de çalışmak   to work (do a job/an activity)   çalışmak [intr]   to operate (machine/equipment)

Ayşe'nin eski kocası makine mühendisi. Bir *araba fabrikasında* çalışıyor.
Ayşe's ex-husband is a mechanical engineer. He works *in* a car factory.

Dayım uzun yıllar Almanya'da *Mercedes'te* çalışmış.
My (maternal) uncle worked *for Mercedes* in Germany for many years.

Bu sınavı geçmek için çok çalıştım. 10 gün hiç dışarı çıkmadım.
I worked hard *to pass this exam.* I never left the house for 10 days.

Bulaşık makinesi çalışmıyor. Lanet makine yine bozuldu.
The dishwasher doesn't work. The damn machine has broken again.

   bir makineyi çalıştırmak [tr] **   to work a machine

'İçeri çok sıcak.' *'Klimayı* çalıştırayım mı?' 'İyi olur.' *
'It's too hot inside.' 'Shall I work *the air conditioner?'* 'That would be nice.'

* grammar
The suffix -(y)ayım (or -eyim) in interrogative sentences means *shall I?*
In affirmative sentences, it means *let me:* Size yardım edeyim (Let me help you).

word forms and phrases	
çalışan	employee; working
çalışkan	hard-working

** abbreviations
[tr] transitive   [intr] intransitive

	Simple Present	Present Continuous	-di Past	-miş Past	Future
Ben	çalışırım	çalışıyorum	çalıştım	çalışmışım	çalışacağım
	çalışmam	çalışmıyorum	çalışmadım	çalışmamışım	çalışmayacağım
	çalışır mıyım	çalışıyor muyum	çalıştım mı	çalışmış mıyım	çalışacak mıyım
Sen	çalışırsın	çalışıyorsun	çalıştın	çalışmışsın	çalışacaksın
	çalışmazsın	çalışmıyorsun	çalışmadın	çalışmamışsın	çalışmayacaksın
	çalışır mısın	çalışıyor musun	çalıştın mı	çalışmış mısın	çalışacak mısın
O	çalışır	çalışıyor	çalıştı	çalışmış	çalışacak
	çalışmaz	çalışmıyor	çalışmadı	çalışmamış	çalışmayacak
	çalışır mı	çalışıyor mu	çalıştı mı	çalışmış mı	çalışacak mı
Biz	çalışırız	çalışıyoruz	çalıştık	çalışmışız	çalışacağız
	çalışmayız	çalışmıyoruz	çalışmadık	çalışmamışız	çalışmayacağız
	çalışır mıyız	çalışıyor muyuz	çalıştık mı	çalışmış mıyız	çalışacak mıyız
Siz	çalışırsınız	çalışıyorsunuz	çalıştınız	çalışmışsınız	çalışacaksınız
	çalışmazsınız	çalışmıyorsunuz	çalışmadınız	çalışmamışsınız	çalışmayacaksınız
	çalışır mısınız	çalışıyor musunuz	çalıştınız mı	çalışmış mısınız	çalışacak mısınız
Onlar	çalışırlar	çalışıyorlar	çalıştılar	çalışmışlar	çalışacaklar
	çalışmazlar	çalışmıyorlar	çalışmadılar	çalışmamışlar	çalışmayacaklar
	çalışırlar mı	çalışıyorlar mı	çalıştılar mı	çalışmışlar mı	çalışacaklar mı

	Simple Present	Present Continuous	-di Past	-miş Past	Future
Ben	iste				
Sen					
O					
Biz					
Siz					
Onlar					

34. **başlamak** [intr]   to start (happening)   **-e başlamak**   to start (doing something)

Film yeni başladı. Gel, *birlikte* izleyelim, hayatım.
The film has just started. Come, let's watch it *together*, darling.

Ben gelecek pazartesi *yeni bir işe* başlay**acağ**ım.
I'll start *a new job* next Monday.

  -meye/maya başlamak   to start doing/start **to** do sth

Siz Türkçe öğren**meye** ne zaman başladınız?
When did you start learning Turkish?

  -i başlatmak [tr]   to start (make sth start happening) *

Dün *okuldaki kavgayı* Ozan başlatma**mış**, Berkant başlat**mış**.
Ozan didn't start *the fight at school* yesterday. Berkant did.

* grammar
In English, some verbs can be both intransitive and transitive. In Turkish, however, we always have to add a suffix to intransitive verbs to turn them into transitive ones.

word forms and phrases	
baş	beginning (the first part of sth)
(film**in**) baş**ı**	the beginning of (the film)
ilk başta/başlarda	in the beginning
(ay) başında	at the beginning of (the month)
baştan sona	from beginning to end
başlamak üzere	be about to start
gün**e** başlamak	to start the day

	Simple Present	Present Continuous	-di Past	-miş Past	Future
Ben	başlarım	başlıyorum	başladım	başlamışım	başlayacağım
	başlamam	başlamıyorum	başlamadım	başlamamışım	başlamayacağım
	başlar mıyım	başlıyor muyum	başladım mı	başlamış mıyım	başlayacak mıyım
Sen	başlarsın	başlıyorsun	başladın	başlamışsın	başlayacaksın
	başlamazsın	başlamıyorsun	başlamadın	başlamamışsın	başlamayacaksın
	başlar mısın	başlıyor musun	başladın mı	başlamış mısın	başlayacak mısın
O	başlar	başlıyor	başladı	başlamış	başlayacak
	başlamaz	başlamıyor	başlamadı	başlamamış	başlamayacak
	başlar mı	başlıyor mu	başladı mı	başlamış mı	başlayacak mı
Biz	başlarız	başlıyoruz	başladık	başlamışız	başlayacağız
	başlamayız	başlamıyoruz	başlamadık	başlamamışız	başlamayacağız
	başlar mıyız	başlıyor muyuz	başladık mı	başlamış mıyız	başlayacak mıyız
Siz	başlarsınız	başlıyorsunuz	başladınız	başlamışsınız	başlayacaksınız
	başlamazsınız	başlamıyorsunuz	başlamadınız	başlamamışsınız	başlamayacaksınız
	başlar mısınız	başlıyor musunuz	başladınız mı	başlamış mısınız	başlayacak mısınız
Onlar	başlarlar	başlıyorlar	başladılar	başlamışlar	başlayacaklar
	başlamazlar	başlamıyorlar	başlamadılar	başlamamışlar	başlamayacaklar
	başlarlar mı	başlıyorlar mı	başladılar mı	başlamışlar mı	başlayacaklar mı

	Simple Present	Present Continuous	-di Past	-miş Past	Future
Ben	çalış				
Sen					
O					
Biz					
Siz					
Onlar					

35. durmak   [intr]   to stop (not continue)

Biraz durabil**ir** miyiz? Ben çok yoruldum. Bir saattir yürüyoruz.
Can we stop for a while? I got too tired. We have been working for an hour.

Yağmur dur**muş**, millet. Hazırlanıp çıkalım. Haydi, acele edin.
The rain has stopped, guys. Let's get ready and go. Come on, hurry up.

Benzinlik**te** dur**ur** musun? Ben tuvalete gideceğim.
Can you stop at the oil/gas station? I'll go to the toilet.

-i durdurmak   [tr]   to make sb/sth not continue

'Niye durdu**n**?' 'Bak, polis bütün *arabaları* durdur**uyor**.'
'Why did you stop?' 'Look, the police are stopping *all the cars.*'

N'oldu (= Ne oldu)? Hakem *maçı* niye durdur**du** yine?
What's happened? Why has the referee stopped *the match/game* again?

	grammar
	In English, some verbs can be both intransitive and transitive. In Turkish, however, we always have to add a suffix to intransitive verbs to turn them into transitive ones.

word forms and phrases	
dur**maksızın**	nonstop (adv), continuously
durmaksızın konuşmak	to talk nonstop
dur**ak**	stop (bus/train)
otobüs durağı	bus stop
dur işareti	stop sign

	Simple Present	Present Continuous	-di Past	-miş Past	Future
Ben	dur**urum**	dur**uyorum**	dur**dum**	dur**muş**um	dur**acağım**
	dur**mam**	dur**muyorum**	dur**madım**	dur**mamışım**	dur**mayacağım**
	dur**ur** muyum	dur**uyor** muyum	dur**dum** mu	dur**muş** muyum	dur**acak** mıyım
Sen	dur**ursun**	dur**uyorsun**	dur**dun**	dur**muş**sun	dur**acaksın**
	dur**mazsın**	dur**muyorsun**	dur**madın**	dur**mamışsın**	dur**mayacaksın**
	dur**ur** musun	dur**uyor** musun	dur**dun** mu	dur**muş** musun	dur**acak** mısın
O	dur**ur**	dur**uyor**	dur**du**	dur**muş**	dur**acak**
	dur**maz**	dur**muyor**	dur**madı**	dur**mamış**	dur**mayacak**
	dur**ur** mu	dur**uyor** mu	dur**du** mu	dur**muş** mu	dur**acak** mı
Biz	dur**uruz**	dur**uyoruz**	dur**duk**	dur**muş**uz	dur**acağız**
	dur**mayız**	dur**muyoruz**	dur**madık**	dur**mamışız**	dur**mayacağız**
	dur**ur** muyuz	dur**uyor** muyuz	dur**duk** mu	dur**muş** muyuz	dur**acak** mıyız
Siz	dur**ursunuz**	dur**uyorsunuz**	dur**dunuz**	dur**muş**sunuz	dur**acaksınız**
	dur**mazsınız**	dur**muyorsunuz**	dur**madınız**	dur**mamışsınız**	dur**mayacaksınız**
	dur**ur** musunuz	dur**uyor** musunuz	dur**dunuz** mu	dur**muş** musunuz	dur**acak** mısınız
Onlar	dur**urlar**	dur**uyorlar**	dur**dular**	dur**muş**lar	dur**acaklar**
	dur**mazlar**	dur**muyorlar**	dur**madılar**	dur**mamışlar**	dur**mayacaklar**
	dur**urlar** mı	dur**uyorlar** mı	dur**dular** mı	dur**muş**lar mı	dur**acaklar** mı

	Simple Present	Present Continuous	-di Past	-miş Past	Future
Ben	başla				
Sen					
O					
Biz					
Siz					
Onlar					

36. yorulmak   to get tired

Ben bugün bayağı yorul**muş**um. Ofiste gün boyu toplantılarım vardı.
I got quite tired today. I had meetings at the office all day.

Benim bacaklarım yorul**du**. Biraz dinlenebilir miyiz?
My legs are tired. Can we rest for a while?

> verb+**mekten/maktan** yorulmak   to be tired **from** verb+**ing**

Bütün gün *evi temizlemek**ten*** çok yorul**duk**.
We were exhausted *from cleaning the house* all day.

> verb+**mekten/maktan** yorulmak   to be tired **of** verb+**ing**

Seninle sürekli *tartış**maktan*** yorul**dum**. Her şeye itiraz ediyorsun.
I'm tired *of arguing* with you all the time. You contradict everything.

word forms and phrases	
yor**gun**	tired
kendini yorgun hissetmek	to feel tired
yor**ucu**	tiring
birini yormak	make sb feel tired

	Simple Present	Present Continuous	-di Past	-miş Past	Future
Ben	yorul**urum** yorulmam yorul**ur** muyum	yorul**uyor**um yorulmu**yor**um yorul**uyor** muyum	yorul**dum** yorulma**dım** yorul**dum** mu	yorul**muş**um yorulma**mış**ım yorul**muş** muyum	yorul**acağ**ım yorulma**yacağ**ım yorul**acak** mıyım
Sen	yorul**ur**sun yorulmazsın yorul**ur** musun	yorul**uyor**sun yorulmu**yor**sun yorul**uyor** musun	yorul**dun** yorulma**dın** yorul**dun** mu	yorul**muş**sun yorulma**mış**sın yorul**muş** musun	yorul**acak**sın yorulma**yacak**sın yorul**acak** mısın
O	yorul**ur** yorulmaz yorul**ur** mu	yorul**uyor** yorulmu**yor** yorul**uyor** mu	yorul**du** yorulma**dı** yorul**du** mu	yorul**muş** yorulma**mış** yorul**muş** mu	yorul**acak** yorulma**yacak** yorul**acak** mı
Biz	yorul**uruz** yorulma**yız** yorul**ur** muyuz	yorul**uyor**uz yorulmu**yor**uz yorul**uyor** muyuz	yorul**duk** yorulma**dık** yorul**duk** mu	yorul**muş**uz yorulma**mış**ız yorul**muş** muyuz	yorul**acağ**ız yorulma**yacağ**ız yorul**acak** mıyız
Siz	yorul**ur**sunuz yorulmaz**sınız** yorul**ur** musunuz	yorul**uyor**sunuz yorulmu**yor**sunuz yorul**uyor** musunuz	yorul**dunuz** yorulma**dınız** yorul**dunuz** mu	yorul**muş**sunuz yorulma**mış**sınız yorul**muş** musunuz	yorul**acak**sınız yorulma**yacak**sınız yorul**acak** mısınız
Onlar	yorul**ur**lar yorulmazlar yorul**ur**lar mı	yorul**uyor**lar yorulmu**yor**lar yorul**uyor**lar mı	yorul**du**lar yorulma**dı**lar yorul**du**lar mı	yorul**muş**lar yorulma**mış**lar yorul**muş**lar mı	yorul**acak**lar yorulma**yacak**lar yorul**acak**lar mı

	Simple Present	Present Continuous	-di Past	-miş Past	Future
Ben	dur				
Sen					
O					
Biz					
Siz					
Onlar					

37. dinlenmek   to rest (relaxing)

Bir saattir *durmaksızın* yürüyoruz. Biraz durup dinlen**elim**.
We've been walking *nonstop* for an hour. Let's stop for a while and rest.

Gribin en iyi tedavisi dinlen**mek**. Evine git ve dinlen.
The best treatment for flu is to rest. Go home and rest.

Yorucu bir gündü. Ben akşam yemeğine kadar biraz dinlen**eceğ**im.
It was a tiring day. I'm going to rest a little until dinner.

Dün gece iyi dinlen**di**n mi? Bugün yapacak işlerimiz var.
Did you have some good rest last night? Today we have things to do.

   ayaklarını/gözlerini **dinlendirmek**   to rest your feet/eyes

Biraz durup *bacaklarımızı* dinlendir**dik** ve sandviçlerimizi yedik.
We stopped for a while and rested *our legs* and ate our sandwiches.

word forms and phrases	
dinlen**miş**	rested
kendini dinlen**miş** hissetmek	to feel rested
dinlendirici	*relaxing*
müzik/masaj/ ambiyans	music/massage/ ambience

	Simple Present	Present Continuous	-di Past	-miş Past	Future
Ben	dinlenirim dinlenmem dinlenir miyim	dinleniyorum dinlenmiyorum dinleniyor muyum	dinlendim dinlenmedim dinlendim mi	dinlenmişim dinlenmemişim dinlenmiş miyim	dinleneceğim dinlenmeyeceğim dinlenecek miyim
Sen	dinlenirsin dinlenmezsin dinlenir misin	dinleniyorsun dinlenmiyorsun dinleniyor musun	dinlendin dinlenmedin dinlendin mi	dinlenmişsin dinlenmemişsin dinlenmiş misin	dinleneceksin dinlenmeyeceksin dinlenecek misin
O	dinlenir dinlenmez dinlenir mi	dinleniyor dinlenmiyor dinleniyor mu	dinlendi dinlenmedi dinlendi mi	dinlenmiş dinlenmemiş dinlenmiş mi	dinlenecek dinlenmeyecek dinlenecek mi
Biz	dinleniriz dinlenmeyiz dinlenir miyiz	dinleniyoruz dinlenmiyoruz dinleniyor muyuz	dinlendik dinlenmedik dinlendik mi	dinlenmişiz dinlenmemişiz dinlenmiş miyiz	dinleneceğiz dinlenmeyeceğiz dinlenecek miyiz
Siz	dinlenirsiniz dinlenmezsiniz dinlenir misiniz	dinleniyorsunuz dinlenmiyorsunuz dinleniyor musunuz	dinlendiniz dinlenmediniz dinlendiniz mi	dinlenmişsiniz dinlenmemişsiniz dinlenmiş misiniz	dinleneceksiniz dinlenmeyeceksiniz dinlenecek misiniz
Onlar	dinlenirler dinlenmezler dinlenirler mi	dinleniyorlar dinlenmiyorlar dinleniyorlar mı	dinlendiler dinlenmediler dinlendiler mi	dinlenmişler dinlenmemişler dinlenmişler mi	dinlenecekler dinlenmeyecekler dinlenecekler mi

	Simple Present	Present Continuous	-di Past	-miş Past	Future
Ben	yorul				
Sen					
O					
Biz					
Siz					
Onlar					

38. bitmek [intr]   to finish [intr]

Maç az önce bitti. Beşiktaş 2-1 kazandı. Heyecan verici bir maçtı.
The match has just finished. Beşiktaş has won 2-1. It was an exciting match.

-i bitirmek [tr]   to finish [tr]

'Jale, *ev ödevini* bitirdin mi?' 'Yapmaya daha yeni başladım.'
'Jale, have you finished *your homework?'* 'I have only just started doing.'

Çocuklar *bütün pastayı* kaşla göz arasında bitirmişler.
The kids have finished *the whole cake* in no time.

verb+meyi/mayı bitirmek   to finish verb+ing

'Ev ödevini yap**mayı** bitir**din** mi?' 'Bitir**dim**. Şimdi dışarı çıkabilir miyim?'
'Have you finished doing your homework?' 'I have. Can I go out now?'

note
We have conjugated **bitirmek** in the table because it is more suitable for conjugation.

word forms and phrases	
biti**ş**	finish; end
bitiş çizgisi	finish line
bitiş tarihi	end time
(Benim) İşim bitti.	I'm finished/done.
Seninle işim bitti.	I'm finished with you.
Ben bittim/Sen bittin.	I'm dead/You're dead.
bir ilişkiyi bitirmek	to end a relationship
Telefonumun şarjı bitti.	My phone has gone flat.

	Simple Present	Present Continuous	-di Past	-miş Past	Future
Ben	bitiririm	bitiri**yor**um	bitir**dim**	bitir**miş**im	bitireceğim
	bitirmem	bitirmi**yor**um	bitirmedim	bitirmemişim	bitirmeyeceğim
	bitir**ir** miyim	bitiri**yor** muyum	bitir**dim** mi	bitir**miş** miyim	bitirecek miyim
Sen	bitirirsin	bitiri**yor**sun	bitir**din**	bitir**miş**sin	bitireceksin
	bitirmezsin	bitirmi**yor**sun	bitirmedin	bitirmemişsin	bitirmeyeceksin
	bitir**ir** misin	bitiri**yor** musun	bitir**din** mi	bitir**miş** misin	bitirecek misin
O	bitirir	bitiri**yor**	bitir**di**	bitir**miş**	bitirecek
	bitirmez	bitirmi**yor**	bitirmedi	bitirmemiş	bitirmeyecek
	bitir**ir** mi	bitiri**yor** mu	bitir**di** mi	bitir**miş** mi	bitirecek mi
Biz	bitiririz	bitiri**yor**uz	bitir**dik**	bitir**miş**iz	bitireceğiz
	bitirmeyiz	bitirmi**yor**uz	bitirmedik	bitirmemişiz	bitirmeyeceğiz
	bitir**ir** miyiz	bitiri**yor** muyuz	bitir**dik** mi	bitir**miş** miyiz	bitirecek miyiz
Siz	bitirirsiniz	bitiri**yor**sunuz	bitir**diniz**	bitir**miş**siniz	bitireceksiniz
	bitirmezsiniz	bitirmi**yor**sunuz	bitirmediniz	bitirmemişsiniz	bitirmeyeceksiniz
	bitir**ir** misiniz	bitiri**yor** musunuz	bitir**diniz** mi	bitir**miş** misiniz	bitirecek misiniz
Onlar	bitirirler	bitiri**yor**lar	bitir**diler**	bitir**miş**ler	bitirecekler
	bitirmezler	bitirmi**yor**lar	bitirmediler	bitirmemişler	bitirmeyecekler
	bitirirler mi	bitiri**yor**lar mı	bitir**diler** mi	bitir**miş**ler mi	bitirecekler mi

	Simple Present	Present Continuous	-di Past	-miş Past	Future
Ben	dinle				
Sen					
O					
Biz					
Siz					
Onlar					

39. -i seyretmek (= izlemek)   to watch (look)

Biz hafta sonu dışarı çıkmayacağız. Evde *film* seyred**ece**ğiz.
We won't go out at the weekend. We will watch *films/movies* at home.

Ben mutfaktayım, çocuklar *da* televizyonda *çizgi film* seyred**iyor**lar.
I'm in the kitchen *and* the kids are watching *a cartoon* on television.

Kocam *Türk dizilerini* asla izlemez. Nefret eder. İki televizyonumuz var.
My husband never watches *Turkish series*. He hates them. We have
two TV's.

Herkes *kavgayı* sadece seyret**miş**. Hiç kimse polisi aramamış.
Everybody only watched *the fight*. Nobody called the police.

Bugün sahilde oturdum ve *gün batımını* izle**di**m. Çok güzeldi.
Today I sat on the shore and watched *the sunset*. It was very beautiful.

word forms and phrases	
seyir**ci** (= izley**ici**)	audience; spectator
-e seyirci kalmak	to stand by (do nothing)
-i ilgiyle seyretmek	to watch with interest
-i dikkatlice seyretmek	to watch carefully
-i sessizce seyretmek	to watch silently
-i çaresizce seyretmek	to watch helplessly

	Simple Present	Present Continuous	-di Past	-miş Past	Future
Ben	seyred**erim** seyretmem seyred**er** miyim	seyred**iyor**um seyretmi**yor**um seyred**iyor** muyum	seyret**tim** seyretme**dim** seyret**tim** mi	seyret**miş**im seyretme**miş**im seyret**miş** miyim	seyred**eceğ**im seyretme**yeceğ**im seyred**ecek** miyim
Sen	seyred**ersin** seyretmezsin seyred**er** misin	seyred**iyor**sun seyretmi**yor**sun seyred**iyor** musun	seyret**tin** seyretme**din** seyret**tin** mi	seyret**miş**sin seyretme**miş**sin seyret**miş** misin	seyred**ecek**sin seyretme**yecek**sin seyred**ecek** misin
O	seyred**er** seyretmez seyred**er** mi	seyred**iyor** seyretmi**yor** seyred**iyor** mu	seyret**ti** seyretme**di** seyret**ti** mi	seyret**miş** seyretme**miş** seyret**miş** mi	seyred**ecek** seyretme**yecek** seyred**ecek** mi
Biz	seyred**eriz** seyretmeyiz seyred**er** miyiz	seyred**iyor**uz seyretmi**yor**uz seyred**iyor** muyuz	seyret**tik** seyretme**dik** seyret**tik** mi	seyret**miş**iz seyretme**miş**iz seyret**miş** miyiz	seyred**eceğ**iz seyretme**yeceğ**iz seyred**ecek** miyiz
Siz	seyred**ersiniz** seyretmezsiniz seyred**er** misiniz	seyred**iyor**sunuz seyretmi**yor**sunuz seyred**iyor** musunuz	seyret**tiniz** seyretme**diniz** seyret**tiniz** mi	seyret**miş**siniz seyretme**miş**siniz seyret**miş** misiniz	seyred**ecek**siniz seyretme**yecek**siniz seyred**ecek** misiniz
Onlar	seyred**erler** seyretmezler seyred**erler** mi	seyred**iyor**lar seyretmi**yor**lar seyred**iyor**lar mı	seyret**tiler** seyretme**diler** seyret**tiler** mi	seyret**miş**ler seyretme**miş**ler seyret**miş**ler mi	seyred**ecek**ler seyretme**yecek**ler seyred**ecek**ler mi

	Simple Present	Present Continuous	-di Past	-miş Past	Future
Ben	bitir				
Sen					
O					
Biz					
Siz					
Onlar					

40. -i/-e söylemek   to tell

Buraya gelir misin, Cansu? Sana *bir şey* söyle**yece**ğim. Çok önemli.
Can you come here, Cansu? I will tell you *something*. It's very important.

'*Bunu* hiç kimse**y**e söyleme.'   'Tamam, söylemem. Sen merak etme.'
'Don't tell anybody *about this*.'   'Okay, I won't. Don't worry about it.'

   yalan/doğru söylemek   to tell a lie/the truth

'Yalan söyl**üyor**sun.'   'Doğru söyl**üyor**um. Yemin ederim!'
'You are telling a lie.'   'I'm telling the truth. I swear it!'

   hikâye/masal/fıkra **anlatmak**   to tell a story/joke (a funny story)

'Dede, bize *bir masal* anlatır mısın?'   'Tabii, Anlatırım. Bir gün ...'
'Grandpa, will you tell us *a (bedtime) story?*'   'Of course, I will. One day ...'

	note
	We also say **şarkı söylemek** (to sing): Kızım çok güzel şarkı söyl**üyor**. Şarkıcı olmak istiyor. My daughter can sing very beautifully. She wants to be a singer.

word forms and phrases	
-e selam söylemek	to send your regards **to**
söylenti	rumour
söylenmek	to grumble

	Simple Present	Present Continuous	-di Past	-miş Past	Future
Ben	söylerim	söyl**üyor**um	söyle**di**m	söyle**miş**im	söyle**yece**ğim
	söylemem	söylemi**yor**um	söyleme**di**m	söyleme**miş**im	söyleme**yece**ğim
	söyler miyim	söyl**üyor** muyum	söyle**di**m mi	söyle**miş** miyim	söyle**yecek** miyim
Sen	söylersin	söyl**üyor**sun	söyle**di**n	söyle**miş**sin	söyle**yecek**sin
	söylemezsin	söylemi**yor**sun	söyleme**di**n	söyleme**miş**sin	söyleme**yecek**sin
	söyler misin	söyl**üyor** musun	söyle**di**n mi	söyle**miş** misin	söyle**yecek** misin
O	söyler	söyl**üyor**	söyle**di**	söyle**miş**	söyle**yecek**
	söylemez	söylemi**yor**	söyleme**di**	söyleme**miş**	söyleme**yecek**
	söyler mi	söyl**üyor** mu	söyle**di** mi	söyle**miş** mi	söyle**yecek** mi
Biz	söyleriz	söyl**üyor**uz	söyle**di**k	söyle**miş**iz	söyle**yece**ğiz
	söylemeyiz	söylemi**yor**uz	söyleme**di**k	söyleme**miş**iz	söyleme**yece**ğiz
	söyler miyiz	söyl**üyor** muyuz	söyle**di**k mi	söyle**miş** miyiz	söyle**yecek** miyiz
Siz	söylersiniz	söyl**üyor**sunuz	söyle**di**niz	söyle**miş**siniz	söyle**yecek**siniz
	söylemezsiniz	söylemi**yor**sunuz	söyleme**di**niz	söyleme**miş**siniz	söyleme**yecek**siniz
	söyler misiniz	söyl**üyor** musunuz	söyle**di**niz mi	söyle**miş** misiniz	söyle**yecek** misiniz
Onlar	söylerler	söyl**üyor**lar	söyle**di**ler	söyle**miş**ler	söyle**yecek**ler
	söylemezler	söylemi**yor**lar	söyleme**di**ler	söyleme**miş**ler	söyleme**yecek**ler
	söylerler mi	söyl**üyor**lar mı	söyle**di**ler mi	söyle**miş**ler mi	söyle**yecek**ler mi

	Simple Present	Present Continuous	-di Past	-miş Past	Future
Ben	seyret				
Sen					
O					
Biz					
Siz					
Onlar					

EXERCISES   Verbs **31-40**

1. Match (1-8 to **a-g; 9-16** to **ğ-m).**

1. **-i** sevmek	a. to work [intr] (do a job/an activity)
2. **-de** çalışmak	b. to love; to like
3. **-meye/maya** başlamak	c. to get tired
4. **-i/-e** söylemek	ç. to want; to would like
5. durmak [intr]	d. to tell
6. **-i** istemek	e. to stop [intr]
7. yorulmak	f. to start doing/start to do something
8. hikâye/fıkra anlatmak	g. to tell a story/joke (a funny story)
9. **-den** istemek	ğ. to start [tr]
10. **-meyi/mayı** sevmek	h. to rest (relaxing)
11. **-mek/mak** istemek	ı. to finish [tr]
12. **-i** durdurmak [tr]	i. to want/would like to do
13. **-i** başlatmak [tr]	j. to watch (look)
14. dinlenmek	k. to love/like doing/to do
15. **-i** bitirmek [tr]	l. to stop [tr]
16. **-i** seyretmek (=izlemek)	m. to ask someone for help/advice etc

2. Fill in the gaps with the correct suffixes and forms of the verbs from the lists.

durmak   sevmek   yorulmak   istemek   söylemek   **-meye/maya** başlamak

1. Ben evliyim ve karım..... çok ....   I'm married and I love my wife so much.

2. Biraz daha kahve ....?   Do you want some more coffee?

3. Tuğba bura..... çalış.......... yeni ....   Tuğba has just started working here.

4. Ben bu..... siz....... kaç defa ....?   How many times have I told you this?

5. Niye ....?...?   Why did you stop? Are you tired?

-meyi/mayı sevmek   **-mek/mak** istemek   seyretmek   durdurmak   bitirmek

6. O diziyi sevmedim. 2'inci sezon..... ....   I didn't like that show. I won't watch the 2nd season.

7. Yoruldun mu? Biraz dinlen.......... ....?   Are you tired? Do you want to rest for a while?

8. Kızım recim yap.......... çok ....   My daughter loves drawing pictures very much.

9. Sen video..... niye .... Ben seyrediyordum.   Why did you stop the video? I was watching it.

10. Babam üniversite....... 30 yaşında ....   My father finished university when he was 30.

3. Answer about yourself in complete sentences.

1. **Dizi** izler misiniz? **Şu sıralar hangisini** izliyorsunuz? ....

2. Bu hafta sonu ne yapmak istiyorsunuz?   ....

3. Türkçe öğrenmeye ne zaman başladınız?   ....

4. Çalışıyor musunuz? Nerede?   ....

5. Boş vakitlerinizde **en çok** ne yapmayı seviyorsunuz? ....

dizi series/show; **şu sıralar** these days/at present; **hangisini** which one; **en çok** most, best

4. Write the Turkish equivalents.

1. boyfriend/girlfriend; lover					....

2. gladly, happily					....

3. want, desire					....

4. willing x unwilling					....

5. willingly x unwillingly					....

6. employee; working					....

7. hard-working					....

8. from beginning to end					....

9. tired; tiring					....

10. relaxing					....

11. stop (bus/train)					....

12. nonstop (adv), continuously					....

13. audience; spectator					....

14. As you wish/please.					....

15. My phone has gone flat.					....

Answers

1. 1b 2a 3f 4d 5e 6ç 7c 8g 9m 10k 11i 12l 13ğ 14h 15ı 16j

2. 1 **-ı**, seviyorum 2 ister misin 3 **-da**, **-maya**, başladı 4 **-nu**, siz**e**, söyledim 5 durdun, Yoruldun mu 6 **-u** seyretmeyeceğim 7 **-mek** ister misin 8 **-mayı**, seviyor 9 **-yu**, durdurdun 10 **-yi**, bitirmiş

3. Örneğin: 1 Evet, izlerim (=seyrederim). Şu sıralar *Gölge ve Kemik* (Shadow and Bone)'i izliyorum, Netflix'te. 2 Bu hafta sonu *doğa yürüyüşüne* (hiking) gitmek istiyorum. 3 Altı ay/Bir yıl önce/Geçen eylül'de başladım. 4 Evet, çalışıyorum. Bir dil kursunda/bankada/restoranda. 5 En çok *ailemle vakit geçirmeyi/kitap okumayı/spor yapmayı/alışverişe gitmeyi* seviyorum.

4. 1 sevgili (*Boyfriend/girlfriend* can also translate as *erkek/kız arkadaş*. We also use **sevgili** to address someone we love, in the sense of **dear**: sevgili arkadaşım; sevgili kardeşim) 2 seve seve (=severek) 3 istek 4 istekli x isteksiz 5 isteyerek x istemeyerek 6 çalışan 7 çalışkan 8 baştan sona 9 yorgun; yorucu 10 dinlendirici 11 durak 12 durmaksızın 13 seyirci (=izleyici) 14 Nasıl istersen. 15 Telefonumun şarjı bitti.

Can you write down the verbs you have learned in this set (verbs 31-40)?

....

....

....

....

....

41. -e gülmek   to laugh

Zeynep, sana bir şey söyleyeceğim fakat gülmey**ecek**sin, tamam mı?
Zeynep, I'm going to tell you something, but you won't laugh, okay?

Senin *bu şakana* gülmey**eceğ**im. Hiç komik değil. Aksine çok aptalca.
I won't laugh *at this joke of yours.* It isn't funny at all. On the contrary, it's too stupid.

'Sen benim *aksanıma* mı gül**üyor**sun?'   'Kesinlikle hayır.'
'Are laughing *at my accent?*'   'Absolutely not.'

-e gülümsemek   to smile

Çok yakışıklı bir adamdı. Baktı ve gülümse**di**. Bir şey demedi.
He was a very handsome man. He looked and smiled. He didn't say anything.

Her sabah Ayşegül Hanım *herkese* gülümse**r** ve günaydın der.
Every morning Ms Ayşegül smiles *at everyone* and says good morning.

word forms and phrases	
gül**erek**	laughingly
-i güld**ür**mek	to make sb laugh
gül**er** yüzlü	amiable, pleasant
gül**ünç**	ridiculous
-i gülümsetmek	to make sb smile
gülümse**me**	smile (n)
gül (sesteş)	rose (homonym)
yüz**ü** gülmek	to be happy
kahkaha	laughter
kahkaha atmak	to laugh very loudly
sırıtmak	to smirk

	Simple Present	Present Continuous	-di Past	-miş Past	Future
	gül**erim**	gül**üyor**um	güld**üm**	gül**müş**üm	gül**eceğ**im
Ben	gül**mem**	gül**müyor**um	gül**medim**	gül**memiş**im	gül**meyeceğ**im
	gül**er** miyim	gül**üyor** muyum	güld**üm** mü	gül**müş** müyüm	gül**ecek** miyim
	gül**ersin**	gül**üyor**sun	güld**ün**	gül**müş**sün	gül**ecek**sin
Sen	gül**mezsin**	gül**müyor**sun	gül**medin**	gül**memiş**sin	gül**meyecek**sin
	gül**er** misin	gül**üyor** musun	güld**ün** mü	gül**müş** müsün	gül**ecek** misin
	gül**er**	gül**üyor**	güld**ü**	gül**müş**	gül**ecek**
O	gül**mez**	gül**müyor**	gül**medi**	gül**memiş**	gül**meyecek**
	gül**er** mi	gül**üyor** mu	güld**ü** mü	gül**müş** mü	gül**ecek** mi
	gül**eriz**	gül**üyor**uz	güld**ük**	gül**müş**üz	gül**eceğ**iz
Biz	gül**meyiz**	gül**müyor**uz	gül**medik**	gül**memiş**iz	gül**meyeceğ**iz
	gül**er** miyiz	gül**üyor** muyuz	güld**ük** mü	gül**müş** müyüz	gül**ecek** miyiz
	gül**ersiniz**	gül**üyor**sunuz	güld**ünüz**	gül**müş**sünüz	gül**ecek**siniz
Siz	gül**mezsiniz**	gül**müyor**sunuz	gül**mediniz**	gül**memiş**siniz	gül**meyecek**siniz
	gül**er** misiniz	gül**üyor** musunuz	güld**ünüz** mü	gül**müş** müsünüz	gül**ecek** misiniz
	gül**erler**	gül**üyor**lar	güld**üler**	gül**müş**ler	gül**ecek**ler
Onlar	gül**mezler**	gül**müyor**lar	gül**mediler**	gül**memiş**ler	gül**meyecek**ler
	gül**erler** mi	gül**üyor**lar mı	güld**üler** mi	gül**müş**ler mi	gül**ecek**ler mi

	Simple Present	Present Continuous	-di Past	-miş Past	Future
Ben	söyle				
Sen					
O					
Biz					
Siz					
Onlar					

42. -den nefret etmek   to hate

Sibel *eski kocasından* hâlâ çok nefret ed**iyor**. Adını dahi duymak istemiyor.
Sibel still hates *her ex-husband* so much. She doesn't even want to hear his name.

'*Yalan ve yalancılardan* nefret ed**er**im.'   'Onlar**dan** kim nefret etm**ez** ki?'
'I hate *lies and liars*.'   'Who doesn't hate them?'

Asel işinden ayrılmış. *Patronun***dan** nefret etm**iş**. Çok gıcık bir adammış.
Asel quit her job. She hated *her boss (= employer)*. He's a very annoying man.

    verb+**ten/tan** nefret etmek   to hate **to** verb/verb+**ing**

O para *harcamak***tan** nefret ed**er**. Harpagon'dan bile daha cimridir.
S/he hates *to spend* money. S/he is even meaner than Harpagon.

Küçük kızım, 'Her gün *erken kalkmak***tan** ve *okula gitmek***ten** nefret ed**iyor**um.' diyor.
My younger daughter says, 'I hate *getting up early* and *going to school* every day.'

<table>
<tr><td colspan="2">note</td></tr>
<tr><td colspan="2">Etmek is an auxiliary verb. It has no equivalent in English, but can be seen as a particle that makes verbs from nouns (rarely adjectives). We will learn more verbs with etmek on the following pages.</td></tr>
</table>

<table>
<tr><td colspan="2">word forms and phrases</td></tr>
<tr><td>nefret</td><td>hate, hatred</td></tr>
<tr><td>nefretle</td><td>in disgust</td></tr>
<tr><td>aşk ve nefret</td><td>love-hate</td></tr>
<tr><td>ilişkisi</td><td>relationship</td></tr>
<tr><td>nefret dolu</td><td>full of hate</td></tr>
<tr><td>nefret</td><td>hate</td></tr>
<tr><td>suçu/söylemi</td><td>crime/speech</td></tr>
<tr><td>nefret edilen</td><td>hated</td></tr>
</table>

	Simple Present	Present Continuous	-di Past	-miş Past	Future
Ben	nefret ederim	nefret ediyorum	nefret ettim	nefret etmişim	nefret edeceğim
	nefret etmem	nefret etmiyorum	nefret etmedim	nefret etmemişim	nefret etmeyeceğim
	nefret eder miyim	nefret ediyor muyum	nefret ettim mi	nefret etmiş miyim	nefret edecek miyim
Sen	nefret edersin	nefret ediyorsun	nefret ettin	nefret etmişsin	nefret edeceksin
	nefret etmezsin	nefret etmiyorsun	nefret etmedin	nefret etmemişsin	nefret etmeyeceksin
	nefret eder misin	nefret ediyor musun	nefret ettin mi	nefret etmiş misin	nefret edecek misin
O	nefret eder	nefret ediyor	nefret etti	nefret etmiş	nefret edecek
	nefret etmez	nefret etmiyor	nefret etmedi	nefret etmemiş	nefret etmeyecek
	nefret eder mi	nefret ediyor mu	nefret etti mi	nefret etmiş mi	nefret edecek mi
Biz	nefret ederiz	nefret ediyoruz	nefret ettik	nefret etmişiz	nefret edeceğiz
	nefret etmeyiz	nefret etmiyoruz	nefret etmedik	nefret etmemişiz	nefret etmeyeceğiz
	nefret eder miyiz	nefret ediyor muyuz	nefret ettik mi	nefret etmiş miyiz	nefret edecek miyiz
Siz	nefret edersiniz	nefret ediyorsunuz	nefret ettiniz	nefret etmişsiniz	nefret edeceksiniz
	nefret etmezsiniz	nefret etmiyorsunuz	nefret etmediniz	nefret etmemişsiniz	nefret etmeyeceksiniz
	nefret eder misiniz	nefret ediyor musunuz	nefret ettiniz mi	nefret etmiş misiniz	nefret edecek misiniz
Onlar	nefret ederler	nefret ediyorlar	nefret ettiler	nefret etmişler	nefret edecekler
	nefret etmezler	nefret etmiyorlar	nefret etmediler	nefret etmemişler	nefret etmeyecekler
	nefret ederler mi	nefret ediyorlar mı	nefret ettiler mi	nefret etmişler mi	nefret edecekler mi

	Simple Present	Present Continuous	-di Past	-miş Past	Future
Ben	gül				
Sen					
O					
Biz					
Siz					
Onlar					

43. -e teşekkür etmek   to thank

'İşten sonra Starbucks'ta kahve içelim mi?'   'Teşekkür ederim ama eve gitmeliyim.'
'Shall we have a coffee at Starbucks after work?'   'Thank you, but I have to go home.'

Bize çok yardım ettiniz. *Size ve eşinize* çok teşekkür ederiz.
You helped us a lot. We thank *you and your spouse* very much.

Biliyorum şimdi bana kızgınsın fakat bir gün *bana* teşekkür edeceksin.
I know you are angry with me now, but one day you will thank *me.*

   birine *bir şey için* teşekkür etmek   to thank someone *for something*

'*Hediye için* dayına teşekkür ettin mi, Miray?'   'Evet, ettim.'
'Did you thank your (maternal) uncle *for* the gift, Miray?'   'Yes, I did.'

'*Yardımınız için* size çok teşekkür ederiz. Gerçekten.'   'Bir şey değil./Rica ederiz.'
'Thank you so much *for your help.* Really.'   'No problem./Sure etc.'

word forms and phrases	
içten teşekkür etmek	to thank warmly
teşekkürler	thanks
müteşekkir	thankful
Allah'a şükür.	Thank God.
Şimdiden teşekkür ederim.	Thank you *in advance.*

	Simple Present	Present Continuous	-di Past	-miş Past	Future
Ben	teşekkür ederim	teşekkür ediyorum	teşekkür ettim	teşekkür etmişim	teşekkür edeceğim
	... etmem	... etmiyorum	... etmedim	... etmemişim	... etmeyeceğim
	... eder miyim	... ediyor muyum	... ettim mi	... etmiş miyim	... edecek miyim
Sen	... edersin	... ediyorsun	... ettin	... etmişsin	... edeceksin
	... etmezsin	... etmiyorsun	... etmedin	... etmemişsin	... etmeyeceksin
	... eder misin	... ediyor musun	... ettin mi	... etmiş misin	... edecek misin
O	... eder	... ediyor	... etti	... etmiş	... edecek
	... etmez	... etmiyor	... etmedi	... etmemiş	... etmeyecek
	... eder mi	... ediyor mu	... etti mi	... etmiş mi	... edecek mi
Biz	... ederiz	... ediyoruz	... ettik	... etmişiz	... edeceğiz
	... etmeyiz	... etmiyoruz	... etmedik	... etmemişiz	... etmeyeceğiz
	... eder miyiz	... ediyor muyuz	... ettik mi	... etmiş miyiz	... edecek miyiz
Siz	... edersiniz	... ediyorsunuz	... ettiniz	... etmişsiniz	... edeceksiniz
	... etmezsiniz	... etmiyorsunuz	... etmediniz	... etmemişsiniz	... etmeyeceksiniz
	... eder misiniz	... ediyor musunuz	... ettiniz mi	... etmiş misiniz	... edecek misiniz
Onlar	... ederler	... ediyorlar	... ettiler	... etmişler	... edecekler
	... etmezler	... etmiyorlar	... etmediler	... etmemişler	... etmeyecekler
	... ederler mi	... ediyorlar mı	... ettiler mi	... etmişler mi	... edecekler mi

	Simple Present	Present Continuous	-di Past	-miş Past	Future
Ben	nefret et				
Sen					
O					
Biz					
Siz					
Onlar					

44. -den özür dilemek   to apologise

İrem'**den** özür dileme**yecek** misin? Dün gece onu çok kırdın. Biliyorsun, değil mi?
Won't you apologise to İrem? You hurt her so much last night. You know that,
don't you?

On**dan** özür dile**dim** ama özrümü kabul etmedi. Bana hâlâ çok kızgın.
I told her I was sorry, but she didn't accept my apology. She is still very angry
with me.

Kaan sen**den** özür dile**miş** fakat özrü**nü** kabul etmemişsin. Çok pişman. *
Kaan apologised to you, but you didn't accept his apology. He's very regretful.

　　bir şey **için** özür dilemek   to apologise **for** something

Sayın yolcularımız, gecikme **için** özür dileriz.
Dear passengers, we apologise **for** the delay.

Dünkü davranışım **için** özür dilerim, aşkım. Bir daha olmayacak. Söz veriyorum.
I'm sorry **for** my behaviour yesterday, love. It won't happen again. I promise you that.

	* spelling
	When we add a suffix to the noun **özür** that begins with a vowel, we omit the **ü**. Some other nouns that behave in the same way are: is**im** - is**mi**; res**im** - res**mi**; fik**ir** - fik**ri**; vak**it** - vak**ti** and ak**ıl** - ak**lı**.

word forms and phrases	
özür	apology
birinden özür beklemek	to expect an apology *from* someone
özür**lü**	1. disabled 2. faulty
özür**süz**	without excuse

	Simple Present	Present Continuous	-di Past	-miş Past	Future
	özür dilerim	özür diliyorum	özür diledim	özür dilemişim	özür dileyeceğim
Ben	... dilemem	... dilemiyorum	... dilemedim	... dilememişim	... dilemeyeceğim
	... diler miyim	... diliyor muyum	... diledim mi	... dilemiş miyim	... dileyecek miyim
	... dilersin	... diliyorsun	... diledin	... dilemişsin	... dileyeceksin
Sen	... dilemezsin	... dilemiyorsun	... dilemedin	... dilememişsin	... dilemeyeceksin
	... diler misin	... diliyor musun	... diledin mi	... dilemiş misin	... dileyecek misin
	... diler	... diliyor	... diledi	... dilemiş	... dileyecek
O	... dilemez	... dilemiyor	... dilemedi	... dilememiş	... dilemeyecek
	... diler mi	... diliyor mu	... diledi mi	... dilemiş mi	... dileyecek mi
	... dileriz	... diliyoruz	... diledik	... dilemişiz	... dileyeceğiz
Biz	... dilemeyiz	... dilemiyoruz	... dilemedik	... dilememişiz	... dilemeyeceğiz
	... diler miyiz	... diliyor muyuz	... diledik mi	... dilemiş miyiz	... dileyecek miyiz
	... dilersiniz	... diliyorsunuz	... dilediniz	... dilemişsiniz	... dileyeceksiniz
Siz	... dilemezsiniz	... dilemiyorsunuz	... dilemediniz	... dilememişsiniz	... dilemeyeceksiniz
	... diler misiniz	... diliyor musunuz	... dilediniz mi	... dilemiş misiniz	... dileyecek misiniz
	... dilerler	... diliyorlar	... dilediler	... dilemişler	... dileyecekler
Onlar	... dilemezler	... dilemiyorlar	... dilemediler	... dilememişler	... dilemeyecekler
	... dilerler mi	... diliyorlar mı	... dilediler mi	... dilemişler mi	... dileyecekler mi

	Simple Present	Present Continuous	-di Past	-miş Past	Future
Ben	teşekkür et				
Sen					
O					
Biz					
Siz					
Onlar					

45. -i affetmek   to forgive

Cem'i asla affetmey**eceğ**im. Ofiste herkesin önünde bana bağırdı.
I'll never forgive *Cem*. He shouted at me in front of everyone at the office.

Bizim gıcık patron *en küçük bir hatayı bile* asla affetme**z**.
Our annoying boss (employer) never forgives *even a small mistake*.

Ceren'den defalarca özür diledim ama *beni* affetme**di**.
I apologised to Ceren many times, but she didn't forgive *me*.

Seni affe**diyor**uz, ama okulunu bir daha asmayacaksın, oldu mu?
We forgive *you*, but you won't cut your school again, all right?

   kendimi/kendini affetmek   to forgive myself/yourself

O adamın yalanlarına aptal gibi inandım. *Kendimi* hâlâ affed**emiyor**um.
I believed that man's lies like an idiot. I still cannot forgive *myself*.

note
This verb is a combination of: af + etmek

word forms and phrases	
af	1. forgiveness 2. amnesty
affedilebilir	forgivable
affedilmez	unforgivable
affedici	forgiving
Affedersiniz.	1. I beg your pardon/Excuse me.
	2. Forgive me.
	3. Excuse me (to politely get someone's attention).

	Simple Present	Present Continuous	-di Past	-miş Past	Future
Ben	affed**er**im	affe**diyor**um	affet**ti**m	affet**miş**im	affed**eceğ**im
	affetme**m**	affetmi**yor**um	affetme**di**m	affetme**miş**im	affetmey**eceğ**im
	affed**er** miyim	affe**diyor** muyum	affet**ti**m mi	affet**miş** miyim	affed**ecek** miyim
Sen	affed**er**sin	affe**diyor**sun	affet**ti**n	affet**miş**sin	affed**ecek**sin
	affetme**z**sin	affetmi**yor**sun	affetme**di**n	affetme**miş**sin	affetmey**ecek**sin
	affed**er** misin	affe**diyor** musun	affet**ti**n mi	affet**miş** misin	affed**ecek** misin
O	affed**er**	affe**diyor**	affet**ti**	affet**miş**	affed**ecek**
	affetme**z**	affetmi**yor**	affetme**di**	affetme**miş**	affetmey**ecek**
	affed**er** mi	affe**diyor** mu	affet**ti** mi	affet**miş** mi	affed**ecek** mi
Biz	affed**er**iz	affe**diyor**uz	affet**ti**k	affet**miş**iz	affed**eceğ**iz
	affetme**y**iz	affetmi**yor**uz	affetme**di**k	affetme**miş**iz	affetmey**eceğ**iz
	affed**er** miyiz	affe**diyor** muyuz	affet**ti**k mi	affet**miş** miyiz	affed**ecek** miyiz
Siz	affed**er**siniz	affe**diyor**sunuz	affet**ti**niz	affet**miş**siniz	affed**ecek**siniz
	affetme**z**siniz	affetmi**yor**sunuz	affetme**di**niz	affetme**miş**siniz	affetmey**ecek**siniz
	affed**er** misiniz	affe**diyor** musunuz	affet**ti**niz mi	affet**miş** misiniz	affed**ecek** misiniz
Onlar	affed**er**ler	affe**diyor**lar	affet**ti**ler	affet**miş**ler	affed**ecek**ler
	affetme**z**ler	affetmi**yor**lar	affetme**di**ler	affetme**miş**ler	affetmey**ecek**ler
	affed**er**ler mi	affe**diyor**lar mı	affet**ti**ler mi	affet**miş**ler mi	affed**ecek**ler mi

	Simple Present	Present Continuous	-di Past	-miş Past	Future
Ben	özür dile				
Sen					
O					
Biz					
Siz					
Onlar					

46. doğmak   1. to be born 2. to rise (sun/moon/star)

Ben Ankara'**da** doğ**du**m. Sen nere**de** doğ**du**n?
I was born in Ankara. Where were you born?

Atatürk 1881'**de** Selanik'**te** doğ**du**.
Atatürk was born in Thessalonica [in Greece] in 1881.

Doğ**ar**ız, yaşarız ve öl**ür**üz. Hayat dediğin bu.
We are born, we live and we die. That's what you call life.

Güneş *doğudan* doğ**ar** ve *batıdan* bat**ar**.
The sun rises *in the east* and sets *in the west*.

  doğurmak   to give birth (to somebody)

Benim babaannem 12 çocuk doğur**muş**.
My (paternal) grandmother gave birth to 12 babies.

note
Doğmak is not a passive verb, it is an active verb.

word forms and phrases	
doğ**um**	birth
doğum tarihi/yeri	date/place of birth
doğum günü	birthday
doğum günü *partisi/pastası/ hediyesi*	birthday *party/cake/ present*
doğum günü kutlamak	to celebrate birthday
hamile kalmak	to become pregnant
gün doğumu x gün batımı	sunrise x sunset
doğu x batı	east x west

	Simple Present	Present Continuous	-di Past	-miş Past	Future
Ben	doğ**ar**ım	doğ**uy**orum	doğ**du**m	doğ**muş**um	doğ**acağ**ım
	doğmam	doğmuy**or**um	doğmadım	doğmamışım	doğmay**acağ**ım
	doğ**ar** mıyım	doğ**uyor** muyum	doğ**du**m mu	doğ**muş** muyum	doğ**acak** mıyım
Sen	doğ**ar**sın	doğ**uy**orsun	doğ**du**n	doğ**muş**sun	doğ**acak**sın
	doğmazsın	doğmuy**or**sun	doğmadın	doğmamışsın	doğmay**acak**sın
	doğ**ar** mısın	doğ**uyor** musun	doğ**du**n mu	doğ**muş** musun	doğ**acak** mısın
O	doğ**ar**	doğ**uy**or	doğ**du**	doğ**muş**	doğ**acak**
	doğmaz	doğmuy**or**	doğmadı	doğmamış	doğmay**acak**
	doğ**ar** mı	doğ**uyor** mu	doğ**du** mu	doğ**muş** mu	doğ**acak** mı
Biz	doğ**ar**ız	doğ**uy**oruz	doğ**du**k	doğ**muş**uz	doğ**acağ**ız
	doğmayız	doğmuy**or**uz	doğmadık	doğmamışız	doğmay**acağ**ız
	doğ**ar** mıyız	doğ**uyor** muyuz	doğ**du**k mu	doğ**muş** muyuz	doğ**acak** mıyız
Siz	doğ**ar**sınız	doğ**uy**orsunuz	doğ**du**nuz	doğ**muş**sunuz	doğ**acak**sınız
	doğmazsınız	doğmuy**or**sunuz	doğmadınız	doğmamışsınız	doğmay**acak**sınız
	doğ**ar** mısınız	doğ**uyor** musunuz	doğ**du**nuz mu	doğ**muş** musunuz	doğ**acak** mısınız
Onlar	doğ**ar**lar	doğ**uy**orlar	doğ**du**lar	doğ**muş**lar	doğ**acak**lar
	doğmazlar	doğmuy**or**lar	doğmadılar	doğmamışlar	doğmay**acak**lar
	doğ**ar**lar mı	doğ**uyor**lar mı	doğ**du**lar mı	doğ**muş**lar mı	doğ**acak**lar mı

	Simple Present	Present Continuous	-di Past	-miş Past	Future
Ben	affet				
Sen					
O					
Biz					
Siz					
Onlar					

47. -e/-de oturmak   to sit (1. in a chair etc 2. do nothing) **-de oturmak**   to live (in a place/home)

Biz bugün *sahilde* otur**duk**. Gün batımını seyrettik. Çok güzeldi.
We sat *on the shore* today. We watched the sunset. It was so beautiful.

Esra, gel *benim yanıma* otur. Sana bir şey söyleyeceğim.
Esra, come sit *beside me*. I'll tell you something.

Ora**da** otur**uyor**sun ve şikâyet ediyorsun. Gelip bana yardım et.
You are sitting there and complaining. Come and help me.

Büyükanne ve babam 50 yıl *bu ev***de** otur**muş**lar. Satamam.
My grandparents lived *in this house* for 50 years. I can't sell it.

'Nere**de** otur**uyor**sunuz?' 'Ben Kavaklıdere'**de** otur**uyor**um, ya siz?'
'Where do you live?'   'I live **in** Kavaklıdere [in Ankara], and you?'

word forms and phrases	
boş boş oturmak	to do nothing useful
sofraya oturmak	to sit down to a meal

	Simple Present	Present Continuous	-di Past	-miş Past	Future
Ben	otururum oturmam otur**ur** muyum	otur**uyor**um oturmu**yor**um otur**uyor** muyum	otur**dum** oturma**dım** otur**dum** mu	otur**muş**um oturma**mış**ım otur**muş** muyum	otur**acağ**ım oturma**yacağ**ım otur**acak** mıyım
Sen	otur**ur**sun oturmazsın otur**ur** musun	otur**uyor**sun oturmu**yor**sun otur**uyor** musun	otur**dun** oturma**dın** otur**dun** mu	otur**muş**sun oturma**mış**sın otur**muş** musun	otur**acak**sın oturma**yacak**sın otur**acak** mısın
O	otur**ur** oturmaz otur**ur** mu	otur**uyor** oturmu**yor** otur**uyor** mu	otur**du** oturma**dı** otur**du** mu	otur**muş** oturma**mış** otur**muş** mu	otur**acak** oturma**yacak** otur**acak** mı
Biz	otur**ur**uz oturmayız otur**ur** muyuz	otur**uyor**uz oturmu**yor**uz otur**uyor** muyuz	otur**duk** oturma**dık** otur**duk** mu	otur**muş**uz oturma**mış**ız otur**muş** muyuz	otur**acağ**ız oturma**yacağ**ız otur**acak** mıyız
Siz	otur**ur**sunuz oturmazsınız otur**ur** musunuz	otur**uyor**sunuz oturmu**yor**sunuz otur**uyor** musunuz	otur**dun**uz oturma**dın**ız otur**dun**uz mu	otur**muş**sunuz oturma**mış**sınız otur**muş** musunuz	otur**acak**sınız oturma**yacak**sınız otur**acak** mısınız
Onlar	otur**ur**lar oturmazlar otur**ur**lar mı	otur**uyor**lar oturmu**yor**lar otur**uyor**lar mı	otur**dular** oturma**dılar** otur**dular** mı	otur**muş**lar oturma**mış**lar otur**muş**lar mı	otur**acak**lar oturma**yacak**lar otur**acak**lar mı

	Simple Present	Present Continuous	-di Past	-miş Past	Future
Ben	doğ				
Sen					
O					
Biz					
Siz					
Onlar					

48. yaşamak   1. to live 2. to be alive

Biz 20 sene *yurt dışında,* Almanya'da, yaşadık. Türkiye'ye geçen yaz döndük.
We lived *abroad,* in Germany, for 20 years. We returned to Turkey last summer.

Kadınlar erkekler**den** daha uzun yaşı**yor**lar, dünyanın her yerinde.
Women live longer than men, in all parts of the world.

Annemin babası yaşı**yor** (= sağ). 82 yaşında. Babamın babası iki yıl önce öldü.
My mother's father is alive. He's 82. My father's father died two years ago.

   As we learned on the previous page, we use **oturmak** (almost always) when we talk about the place or house we live in. Look at this example too:

Beni burada bırakabilirsin. Yolun *karşısında*, *o beyaz ev***de** otur**uyor**um.
You can drop me off here. I live *across* the road, *in that white house over there.*

word forms and phrases	
yaşam (= hayat)	life
yaşam süresi	lifespan
yaşam döngüsü	life cycle
yaş	age (how old)
yaş (sesteş)	wet (homonym)
yaşlı x genç	old x young
anı yaşamak	to live for/in the moment
hayatını yaşamak	to live **your** life freely
Yaşasın!	Hooray!

	Simple Present	Present Continuous	-di Past	-miş Past	Future
Ben	yaşarım	yaşıyorum	yaşadım	yaşamışım	yaşayacağım
	yaşamam	yaşamıyorum	yaşamadım	yaşamamışım	yaşamayacağım
	yaşar mıyım	yaşıyor muyum	yaşadım mı	yaşamış mıyım	yaşayacak mıyım
Sen	yaşarsın	yaşıyorsun	yaşadın	yaşamışsın	yaşayacaksın
	yaşamazsın	yaşamıyorsun	yaşamadın	yaşamamışsın	yaşamayacaksın
	yaşar mısın	yaşıyor musun	yaşadın mı	yaşamış mısın	yaşayacak mısın
O	yaşar	yaşıyor	yaşadı	yaşamış	yaşayacak
	yaşamaz	yaşamıyor	yaşamadı	yaşamamış	yaşamayacak
	yaşar mı	yaşıyor mu	yaşadı mı	yaşamış mı	yaşayacak mı
Biz	yaşarız	yaşıyoruz	yaşadık	yaşamışız	yaşayacağız
	yaşamayız	yaşamıyoruz	yaşamadık	yaşamamışız	yaşamayacağız
	yaşar mıyız	yaşıyor muyuz	yaşadık mı	yaşamış mıyız	yaşayacak mıyız
Siz	yaşarsınız	yaşıyorsunuz	yaşadınız	yaşamışsınız	yaşayacaksınız
	yaşamazsınız	yaşamıyorsunuz	yaşamadınız	yaşamamışsınız	yaşamayacaksınız
	yaşar mısınız	yaşıyor musunuz	yaşadınız mı	yaşamış mısınız	yaşayacak mısınız
Onlar	yaşarlar	yaşıyorlar	yaşadılar	yaşamışlar	yaşayacaklar
	yaşamazlar	yaşamıyorlar	yaşamadılar	yaşamamışlar	yaşamayacaklar
	yaşarlar mı	yaşıyorlar mı	yaşadılar mı	yaşamışlar mı	yaşayacaklar mı

	Simple Present	Present Continuous	-di Past	-miş Past	Future
Ben	otur				
Sen					
O					
Biz					
Siz					
Onlar					

49. ölmek   to die

Sabahki *trafik kazasında* iki kişi ölmüş. Az önce haberlerde duydum.
Two people died *in the traffic accident* in the morning. I have just heard it on the news.

-den ölmek   to die of/from

Serdar'ın babası sağ değil. Geçen kış *Çin virüsünden* öldü.
Serdar's father isn't alive. He died **from** *the Chinese virus* last winter.

We use **vefat etmek** when we want to avoid saying the word **ölmek**.

Annem geçen kasımda vefat etti. 75 yaşındaydı.
My mother passed away last November. She was 75 years old.

-i öldürmek   to kill; to murder

word forms and phrases	
ölü (adj; n)	dead (not living)
ölüm	death
ölümlü x ölümsüz	mortal x immortal
genç ölmek	to die young
30/55 yaşında ölmek	to die aged 30/55
vakit (=zaman) öldürmek	to kill time
intihar etmek	to commit suicide
gebermek	to die like a dog
gebertmek	to kill

Ekrandaki *lanet olası* katil *karısını* öldürmüş. İnşallah hapiste geberir.
The *damn* murderer on the screen killed *his wife*. I hope he'll die like a dog in prison.

	Simple Present	Present Continuous	-di Past	-miş Past	Future
Ben	ölürüm ölmem ölür müyüm	ölüyorum ölmüyorum ölüyor muyum	öldüm ölmedim öldüm mü	ölmüşüm ölmemişim ölmüş müyüm	öleceğim ölmeyeceğim ölecek miyim
Sen	ölürsün ölmezsin ölür müsün	ölüyorsun ölmüyorsun ölüyor musun	öldün ölmedin öldün mü	ölmüşsün ölmemişsin ölmüş müsün	öleceksin ölmeyeceksin ölecek misin
O	ölür ölmez ölür mü	ölüyor ölmüyor ölüyor mu	öldü ölmedi öldü mü	ölmüş ölmemiş ölmüş mü	ölecek ölmeyecek ölecek mi
Biz	ölürüz ölmeyiz ölür müyüz	ölüyoruz ölmüyoruz ölüyor muyuz	öldük ölmedik öldük mü	ölmüşüz ölmemişiz ölmüş müyüz	öleceğiz ölmeyeceğiz ölecek miyiz
Siz	ölürsünüz ölmezsiniz ölür müsünüz	ölüyorsunuz ölmüyorsunuz ölüyor musunuz	öldünüz ölmediniz öldünüz mü	ölmüşsünüz ölmemişsiniz ölmüş müsünüz	öleceksiniz ölmeyeceksiniz ölecek misiniz
Onlar	ölürler ölmezler ölürler mi	ölüyorlar ölmüyorlar ölüyorlar mı	öldüler ölmediler öldüler mi	ölmüşler ölmemişler ölmüşler mi	ölecekler ölmeyecekler ölecekler mi

	Simple Present	Present Continuous	-di Past	-miş Past	Future
Ben	yaşa				
Sen					
O					
Biz					
Siz					
Onlar					

50. -e/-i anlatmak   to tell, relate

Gel otur ve bana *her şeyi* anlat. Ama sakın yalan söyleme.
Come sit and tell me *everything*. But don't you ever tell lies.

Dede, bize *bir masal* anlatır mısın?
Grandpa, can you tell us *a (bedtime) story?*

Bize *kazayı* anlatacak mısın? Ne zaman ve nasıl oldu?
Will you tell us about *the accident?* When and how did it happen?

Metin dün gece bana *bütün hayat hikâyesini* anlattı.
Metin related *his whole life story* to me last night.

Bak, bu kitap *İngilizce gramerini* çok iyi anlatıyor.
Look, this book tells (explains) *English grammar* very well.

note
Compare **anlatmak** with **söylemek** #40.

word forms and phrases	
anlatıcı	narrator
-i kısaca anlatmak	to tell/explain briefly
-i detaylıca anlatmak	to tell/explain in detail
birine problemini anlatmak	to tell **your** problem **to** sb
birine sırrını söylemek	to tell **your** secret **to** sb
Sen ne anlatıyorsun?	What are you talking about?
Bana hikâye anlatma.	Don't give me that story.

	Simple Present	Present Continuous	-di Past	-miş Past	Future
Ben	anlatırım	anlatıyorum	anlattım	anlatmışım	anlatacağım
	anlatmam	anlatmıyorum	anlatmadım	anlatmamışım	anlatmayacağım
	anlatır mıyım	anlatıyor muyum	anlattım mı	anlatmış mıyım	anlatacak mıyım
Sen	anlatırsın	anlatıyorsun	anlattın	anlatmışsın	anlatacaksın
	anlatmazsın	anlatmıyorsun	anlatmadın	anlatmamışsın	anlatmayacaksın
	anlatır mısın	anlatıyor musun	anlattın mı	anlatmış mısın	anlatacak mısın
O	anlatır	anlatıyor	anlattı	anlatmış	anlatacak
	anlatmaz	anlatmıyor	anlatmadı	anlatmamış	anlatmayacak
	anlatır mı	anlatıyor mu	anlattı mı	anlatmış mı	anlatacak mı
Biz	anlatırız	anlatıyoruz	anlattık	anlatmışız	anlatacağız
	anlatmayız	anlatmıyoruz	anlatmadık	anlatmamışız	anlatmayacağız
	anlatır mıyız	anlatıyor muyuz	anlattık mı	anlatmış mıyız	anlatacak mıyız
Siz	anlatırsınız	anlatıyorsunuz	anlattınız	anlatmışsınız	anlatacaksınız
	anlatmazsınız	anlatmıyorsunuz	anlatmadınız	anlatmamışsınız	anlatmayacaksınız
	anlatır mısınız	anlatıyor musunuz	anlattınız mı	anlatmış mısınız	anlatacak mısınız
Onlar	anlatırlar	anlatıyorlar	anlattılar	anlatmışlar	anlatacaklar
	anlatmazlar	anlatmıyorlar	anlatmadılar	anlatmamışlar	anlatmayacaklar
	anlatırlar mı	anlatıyorlar mı	anlattılar mı	anlatmışlar mı	anlatacaklar mı

	Simple Present	Present Continuous	-di Past	-miş Past	Future
Ben	öl				
Sen					
O					
Biz					
Siz					
Onlar					

EXERCISES — Verbs **41-50**

1. Match (1-8 to a-g; 9-16 to ğ-m).

1.	**-den** nefret etmek	a.	1. to be born 2. to rise (sun/moon/star)
2.	doğmak	b.	to pass away
3.	**-e** teşekkür etmek	c.	to apologise
4.	yaşamak	ç.	1. to live 2. to be alive
5.	**-e** gülümsemek	d.	to live (in a place/home)
6.	vefat etmek	e.	to hate
7.	**-den** özür dilemek	f.	to thank
8.	**-de** oturmak	g.	to smile
9.	**-e** gülmek	ğ.	to hate to do/doing
10.	**-den** ölmek	h.	to commit suicide
11.	**-i** affetmek	ı.	to kill; to murder
12.	**-i/-e** anlatmak	i.	to laugh
13.	**-ten/tan** nefret etmek	j.	to tell, relate
14.	**-i** öldürmek	k.	to forgive
15.	intihar etmek	l.	to die of/from
16.	**-e/-de** oturmak	m.	to sit (1. in a chair etc 2. do nothing)

2. Complete the sentences with possible answers to the questions on the right.

1. Yan komşum**dan**/Patronum**dan**/Büyük şehirler**den** nefret ediyorum. — Kim**den** veya ne**den**?

2. Onlar .... oturuyorlar. — Hangi daire**de** veya kat**ta**?

3. .... asla affetmeyeceğim. — Kim**i**?

4. .... ölmüş. — Kim, ne**den**?

5. .... yaşıyor. — Kim, hangi şehir**de** veya ülke**de**?

6. .... özür diledin mi? — Kim**den**?

7. Ben .... doğdum. — Ne zaman, nere**de**?

8. Size bir .... anlatayım mı? — Ne?

9. .... nefret ediyorum. — Ne yapmak**tan**?

10. .... önce vefat etti. — Kim, ne kadar zaman önce?

3. Answer about yourself in complete sentences.

1. Doğum günlerinizi kutlar mısınız? Kimlerle? ....

2. **Şehir, kasaba** veya **köyde** mi yaşıyorsunuz? ....

3. **Yalnız** mı yaşıyorsunuz veya kiminle yaşıyorsunuz? ....

4. **Kolay** affeder misiniz? ....

5. Güler yüzlü ve **neşeli** bir insan mısınız? ....

şehir, kasaba, köy city, town, village; **yalnız** alone/by yourself; **kolay** easily; **neşeli** cheerful

4. Write the Turkish equivalents.

1. amiable, pleasant (people) ....

2. ridiculous ....

3. laughter ....

4. hate crime/speech ....

5. Thank God. ....

6. Thank you in advance. ....

7. apology ....

8. disabled; faulty ....

9. forgivable x unforgivable ....

10. I beg your pardon/Excuse me. ....

11. date/place of birth ....

12. east x west ....

13. dead (not living); death ....

14. Hooray! ....

15. Don't give me that story. ....

Answers

1. 1e 2a 3f 4ç 5g 6b 7c 8d 9i 10l 11k 12j 13ğ 14ı 15h 16m

2. Örneğin: 1 Yan komşum**dan**/Patronum**dan**/Büyük şehirler**den** 2 yan daire**de**/beş numara**da**/beşinci kat**ta**/alt x üst kat**ta**
3 Onu**/**Eski erkek arkadaşımı 4 Okan'ın babası, Çin virüsün**den**/kanser**den** 5 İzmir'**de**/Almanya'**da** 6 Hakan'**dan**
7 1971'**de** Ankara'**da** 8 fıkra/hikâye/masal 9 Beklemek**ten**/Çalışmak**tan**/Erken kalkmak**tan** 10 Annem, iki yıl

3. Örneğin: 1 Evet, kutlarım. Ailemle ve arkadaşlarımla. 2 Şehirde yaşıyorum. 3 Yalnız/Ailemle/Bir arkadaşımla yaşıyorum.
4 Bazen, her zaman değil (sometimes, not always). 5 Pek sayılmaz (not really).

4. 1 güler yüzlü 2 gülünç (can also translate as *saçma: nonsense*) 3 kahkaha 4 nefret suçu/söylemi 5 Allah'a şükür.
6 Şimdiden teşekkür ederim. 7 özür 8 özürlü 9 affedilebilir x affedilmez 10 Affedersiniz. 11 doğum tarihi/yeri 12 doğu x batı
13 ölü; ölüm 14 Yaşasın! 15 Bana hikâye anlatma.

Can you write down the verbs you have learned in this set (verbs 41-50)?

....

....

....

....

....

51. -e/-de kalmak   to stay   **kalmak**   to remain, be left   **-den kalmak**   to fail (exam/test)

Bu hafta sonu *bende* kal. Çocuklar *babalarında* kal**acak**lar.
Stay *at my place* this weekend. The kids will stay *with their father*.

Niye *akşam yemeğine* kalmı**yor**sun? Birazdan hazır olur.
Why don't you stay *for dinner*? It will be ready soon.

Biz boşandık ama *arkadaş* kaldık.
We have got divorced, but we have remained *friends*.

Buzdolabı**n**da *ne kadar süt* kal**dı**? Kahvaltıya krep yapacağım.
How much milk is left in the fridge? I'll make crepes for breakfast.

Muhammed *kimyadan* kal**mış** fakat diğer bütün derslerini geçmiş.
Muhammed failed *chemistry,* but he passed all his other subjects.

word forms and phrases	
kalıcı	permanent
Hoşça kal.	Goodbye.
Sağlıcakla kal.	Stay healthy.
formda kalmak	to stay fit
uyanık kalmak	to stay awake
biriyle irtibatta kalmak	to stay in touch with sb
(-e) geç kalmak	to be late (for)
hayatta kalmak	to survive
hamile kalmak	to become pregnant
kalacak yer	place to stay

	Simple Present	Present Continuous	-di Past	-miş Past	Future
Ben	kalırım kalmam kalır mıyım	kalıyorum kalmıyorum kalıyor muyum	kaldım kalmadım kaldım mı	kalmışım kalmamışım kalmış mıyım	kalacağım kalmayacağım kalacak mıyım
Sen	kalırsın kalmazsın kalır mısın	kalıyorsun kalmıyorsun kalıyor musun	kaldın kalmadın kaldın mı	kalmışsın kalmamışsın kalmış mısın	kalacaksın kalmayacaksın kalacak mısın
O	kalır kalmaz kalır mı	kalıyor kalmıyor kalıyor mu	kaldı kalmadı kaldı mı	kalmış kalmamış kalmış mı	kalacak kalmayacak kalacak mı
Biz	kalırız kalmayız kalır mıyız	kalıyoruz kalmıyoruz kalıyor muyuz	kaldık kalmadık kaldık mı	kalmışız kalmamışız kalmış mıyız	kalacağız kalmayacağız kalacak mıyız
Siz	kalırsınız kalmazsınız kalır mısınız	kalıyorsunuz kalmıyorsunuz kalıyor musunuz	kaldınız kalmadınız kaldınız mı	kalmışsınız kalmamışsınız kalmış mısınız	kalacaksınız kalmayacaksınız kalacak mısınız
Onlar	kalırlar kalmazlar kalırlar mı	kalıyorlar kalmıyorlar kalıyorlar mı	kaldılar kalmadılar kaldılar mı	kalmışlar kalmamışlar kalmışlar mı	kalacaklar kalmayacaklar kalacaklar mı

	Simple Present	Present Continuous	-di Past	-miş Past	Future
Ben	anlat				
Sen					
O					
Biz					
Siz					
Onlar					

52. -i geçmek to pass (1. go past 2. succeed in an exam/test) **-den geçmek** to go along/through **geçmek** to go by [time]

Düz gidin sonra *süpermarketi* geçin. Eczane sağda.
Go straight ahead and then go past *the supermarket*. The chemist's is on the right.

'Yasemin *direksiyon sınavını* geçmiş mi?' 'Bilmiyorum. Henüz aramadı.'
'Has Yasemin passed *the driving test?*' 'I don't know. She hasn't called yet.'

Biz bu sokaktan geçmedik mi? En iyisi adresi birine soralım.
Haven't we passed *along this street?* It's better to ask someone for the address.

Kışın *günler* yavaş geçiyor. Çok sıkıcı, değil mi?
In winter *the days* pass slowly. It's too boring, isn't it?

   -i geçirmek   to use time doing a particular thing, or in a particular place

Efe *tüm hafta sonunu* bilgisayarın karşısında geçirdi. Ödevlerini yapmadı.
Efe spent *the whole weekend* in front of the computer. He didn't do his homework.

word forms and phrases	
geçici	temporary
geçmiş x gelecek	past x future
öz geçmiş	resume/CV
geçen hafta/ay/yıl	last week/month/year
geçenlerde	the other day; lately
Geçmiş olsun.	Get well soon (said to sb who is sick, or had an accident).
karşıya geçmek	to cross (the road, etc)
iyi zaman geçirmek	to have a good time
biriyle zaman geçirmek	to spend time **with** sb

	Simple Present	Present Continuous	-di Past	-miş Past	Future
Ben	geçerim geçmem geçer miyim	geçiyorum geçmiyorum geçiyor muyum	geçtim geçmedim geçtim mi	geçmişim geçmemişim geçmiş miyim	geçeceğim geçmeyeceğim geçecek miyim
Sen	geçersin geçmezsin geçer misin	geçiyorsun geçmiyorsun geçiyor musun	geçtin geçmedin geçtin mi	geçmişsin geçmemişsin geçmiş misin	geçeceksin geçmeyeceksin geçecek misin
O	geçer geçmez geçer mi	geçiyor geçmiyor geçiyor mu	geçti geçmedi geçti mi	geçmiş geçmemiş geçmiş mi	geçecek geçmeyecek geçecek mi
Biz	geçeriz geçmeyiz geçer miyiz	geçiyoruz geçmiyoruz geçiyor muyuz	geçtik geçmedik geçtik mi	geçmişiz geçmemişiz geçmiş miyiz	geçeceğiz geçmeyeceğiz geçecek miyiz
Siz	geçersiniz geçmezsiniz geçer misiniz	geçiyorsunuz geçmiyorsunuz geçiyor musunuz	geçtiniz geçmediniz geçtiniz mi	geçmişsiniz geçmemişsiniz geçmiş misiniz	geçeceksiniz geçmeyeceksiniz geçecek misiniz
Onlar	geçerler geçmezler geçerler mi	geçiyorlar geçmiyorlar geçiyorlar mı	geçtiler geçmediler geçtiler mi	geçmişler geçmemişler geçmişler mi	geçecekler geçmeyecekler geçecekler mi

	Simple Present	Present Continuous	-di Past	-miş Past	Future
Ben	kal				
Sen					
O					
Biz					
Siz					
Onlar					

53. -e saymak   to count (say the numbers)   -i saymak   to count (1. find the total 2. consider)

Kızım İngilizce *10'a kadar* sayabil**iyor**. Anaokulunda öğrenmiş.
My daughter can count *up to 10* in English. She learned it in kindergarten.

Hazır olun, millet. 10'**dan** *geri***y**e say**acağ**ım.
Be ready, guys. I'll count *backwards* from 10.

'Kutudaki *biletleri* say**ar** mısın, Ezgi?' … '79 bilet say**dım**.'
'Can you count *the tickets* in the box, Ezgi?' … 'I counted 79 tickets.'

'Senin kaç ayakkabın var?'   'Bilmiyorum. Saymadım.'
'How many shoes do you have?'   'I don't know. I haven't counted.'

Biz *onu* artık arkadaş olarak saymı**yor**uz. Bize yalan söyledi.
We no longer count *him/her* as one of our friends. S/he has lied to us.

word forms and phrases	
sayı	number
sayılı	limited in number
sayısız	limitless; countless
sayaç	counter
koyunları saymak	to count sheep
saygı	respect
-e saygı duymak	to respect
saygılı	respectful
saygısız	disrespectful
saygısızlık	disrespect
-e saygısızlık yapmak	to disrespect

	Simple Present	Present Continuous	-di Past	-miş Past	Future
Ben	sayarım	sayıyorum	saydım	saymışım	sayacağım
	saymam	saymıyorum	saymadım	saymamışım	saymayacağım
	sayar mıyım	sayıyor muyum	saydım mı	saymış mıyım	sayacak mıyım
Sen	sayarsın	sayıyorsun	saydın	saymışsın	sayacaksın
	saymazsın	saymıyorsun	saymadın	saymamışsın	saymayacaksın
	sayar mısın	sayıyor musun	saydın mı	saymış mısın	sayacak mısın
O	sayar	sayıyor	saydı	saymış	sayacak
	saymaz	saymıyor	saymadı	saymamış	saymayacak
	sayar mı	sayıyor mu	saydı mı	saymış mı	sayacak mı
Biz	sayarız	sayıyoruz	saydık	saymışız	sayacağız
	saymayız	saymıyoruz	saymadık	saymamışız	saymayacağız
	sayar mıyız	sayıyor muyuz	saydık mı	saymış mıyız	sayacak mıyız
Siz	sayarsınız	sayıyorsunuz	saydınız	saymışsınız	sayacaksınız
	saymazsınız	saymıyorsunuz	saymadınız	saymamışsınız	saymayacaksınız
	sayar mısınız	sayıyor musunuz	saydınız mı	saymış mısınız	sayacak mısınız
Onlar	sayarlar	sayıyorlar	saydılar	saymışlar	sayacaklar
	saymazlar	saymıyorlar	saymadılar	saymamışlar	saymayacaklar
	sayarlar mı	sayıyorlar mı	saydılar mı	saymışlar mı	sayacaklar mı

	Simple Present	Present Continuous	-di Past	-miş Past	Future
Ben	geç				
Sen					
O					
Biz					
Siz					
Onlar					

54. sürmek   1. to drive (car/bus) 2. to last (for a particular length of time)

Ben yorgunum. Biraz kestireceğim. Beş saat araba sür**dü**m.
I'm tired. I'll have a short nap. I have been driving for five hours.

   We also use **-i kullanmak** in the sense of driving.

Karımın arabasını kullanı**yor**um. Benimkini sattım.
I drive my wife's car. I have sold mine.

Dikkatli sür/kullan. Kaza yapacaksın yine.
Drive carefully. You are going to have an accident again.

Dil kursunda her ders 40 dakika sür**üyor**.
Each lesson at the language school lasts 40 minutes.

Ateşkes uzun sürme**di**. İki taraf da barış istemiyor.
The ceasefire hasn't lasted long. Both sides don't want peace.

word forms and phrases	
sür**ücü** (= şoför)	driver
sürücü**süz** araba	driverless car
süre	length of time
süreli	periodic
süre**siz**	indefinitely
süreç	process

	Simple Present	Present Continuous	-di Past	-miş Past	Future
Ben	sürerim	sürüyorum	sürdüm	sürmüşüm	süreceğim
	sürmem	sürmüyorum	sürmedim	sürmemişim	sürmeyeceğim
	sürer miyim	sürüyor muyum	sürdüm mü	sürmüş müyüm	sürecek miyim
Sen	sürersin	sürüyorsun	sürdün	sürmüşsün	süreceksin
	sürmezsin	sürmüyorsun	sürmedin	sürmemişsin	sürmeyeceksin
	sürer misin	sürüyor musun	sürdün mü	sürmüş müsün	sürecek misin
O	sürer	sürüyor	sürdü	sürmüş	sürecek
	sürmez	sürmüyor	sürmedi	sürmemiş	sürmeyecek
	sürer mi	sürüyor mu	sürdü mü	sürmüş mü	sürecek mi
Biz	süreriz	sürüyoruz	sürdük	sürmüşüz	süreceğiz
	sürmeyiz	sürmüyoruz	sürmedik	sürmemişiz	sürmeyeceğiz
	sürer miyiz	sürüyor muyuz	sürdük mü	sürmüş müyüz	sürecek miyiz
Siz	sürersiniz	sürüyorsunuz	sürdünüz	sürmüşsünüz	süreceksiniz
	sürmezsiniz	sürmüyorsunuz	sürmediniz	sürmemişsiniz	sürmeyeceksiniz
	sürer misiniz	sürüyor musunuz	sürdünüz mü	sürmüş müsünüz	sürecek misiniz
Onlar	sürerler	sürüyorlar	sürdüler	sürmüşler	sürecekler
	sürmezler	sürmüyorlar	sürmediler	sürmemişler	sürmeyecekler
	sürerler mi	sürüyorlar mı	sürdüler mi	sürmüşler mi	sürecekler mi

	Simple Present	Present Continuous	-di Past	-miş Past	Future
Ben	say				
Sen					
O					
Biz					
Siz					
Onlar					

55. -e binmek — 1. to get into/on (car/bus/train/plane) 2. to ride a bike/horse

Bu bizim otobüsümüz değil. Biz *bir sonraki otobüs*e bineceğiz.
This is not our bus. We are going to get *on the next bus.*

Şimdi *tren*e bin**dim**. Eve gidiyorum.
I have just got *on the train.* I'm going home.

Hafta sonları biz çocuklarla sahilde *bisiklet*e bineriz.
At weekends, we ride *bikes* along the coast with the children.

-de/-den inmek — to get off/out of

Hanımefendi, siz *gelecek durak*ta ineceksiniz.
Miss, you will get off *at the next stop.*

*Tren*den yanlış istasyonda in**miş**im. Eve taksiyle döndüm.
I got *off the train* at the wrong station. I returned home by taxi.

note
We have conjugated **binmek** and **inmek** in the same table. They take the same vowels in the suffixes:
binerim/**in**erim, **bin**mem/**in**mem, **bin**er **miyim**/**in**er **miyim**, etc.

word forms and phrases	
biniş salonu	boarding lounge
biniş kartı	boarding card/pass
inen yolcu	embarking passengers
binen yolcu	disembarking passengers
attan inip eşeğe binmek	to come down in the world (*lit* to get off a horse and get on a donkey)

	Simple Present	Present Continuous	-di Past	-miş Past	Future
Ben	bin/in**erim**	bin/in**iyor**um	bin/in**dim**	bin/in**miş**im	bin/in**eceğim**
	bin/in**mem**	bin/in**miyor**um	bin/in**medim**	bin/in**memiş**im	bin/in**meyeceğim**
	bin/in**er** miyim	bin/in**iyor** muyum	bin/in**dim** mi	bin/in**miş** miyim	bin/in**ecek** miyim
Sen	bin/in**ersin**	bin/in**iyor**sun	bin/in**din**	bin/in**miş**sin	bin/in**ecek**sin
	bin/in**mezsin**	bin/in**miyor**sun	bin/in**medin**	bin/in**memiş**sin	bin/in**meyecek**sin
	bin/in**er** misin	bin/in**iyor** musun	bin/in**din** mi	bin/in**miş** misin	bin/in**ecek** misin
O	bin/in**er**	bin/in**iyor**	bin/in**di**	bin/in**miş**	bin/in**ecek**
	bin/in**mez**	bin/in**miyor**	bin/in**medi**	bin/in**memiş**	bin/in**meyecek**
	bin/in**er** mi	bin/in**iyor** mu	bin/in**di** mi	bin/in**miş** mi	bin/in**ecek** mi
Biz	bin/in**eriz**	bin/in**iyor**uz	bin/in**dik**	bin/in**miş**iz	bin/in**eceğiz**
	bin/in**meyiz**	bin/in**miyor**uz	bin/in**medik**	bin/in**memiş**iz	bin/in**meyeceğiz**
	bin/in**er** miyiz	bin/in**iyor** muyuz	bin/in**dik** mi	bin/in**miş** miyiz	bin/in**ecek** miyiz
Siz	bin/in**ersiniz**	bin/in**iyor**sunuz	bin/in**diniz**	bin/in**miş**siniz	bin/in**ecek**siniz
	bin/in**mezsiniz**	bin/in**miyor**sunuz	bin/in**mediniz**	bin/in**memiş**siniz	bin/in**meyecek**siniz
	bin/in**er** misiniz	bin/in**iyor** musunuz	bin/in**diniz** mi	bin/in**miş** misiniz	bin/in**ecek** misiniz
Onlar	bin/in**erler**	bin/in**iyor**lar	bin/in**diler**	bin/in**mişler**	bin/in**ecekler**
	bin/in**mezler**	bin/in**miyor**lar	bin/in**mediler**	bin/in**memişler**	bin/in**meyecek**ler
	bin/in**erler** mi	bin/in**iyor**lar mı	bin/in**diler** mi	bin/in**mişler** mi	bin/in**ecekler** mi

	Simple Present	Present Continuous	-di Past	-miş Past	Future
Ben	sür				
Sen					
O					
Biz					
Siz					
Onlar					

56. -i kesmek   to cut

Suzan soğan doğrarken *parmağını* kes**miş**.
Suzan has cut *her finger* while she was chopping an onion.

'Pastayı sen kes**er** misin, aşkım?'   'Zevkle, aşkım.'
'Would you cut *the cake,* love?'   'With pleasure, my love.'

Diyetisyenim, *'Yağ ve şekeri* kes**meli**siniz.' dedi. *
My dietician said, 'You must cut *fat and sugar.'*

Bu paragrafı kes ve yeni bir *dosyaya* yapıştır, oldu mu?
Cut and paste *this paragraph* into a new file, okay?

   -i kestirmek   to have something cut

Ben öğleden sonra berbere gideceğim. *Saçımı* kestir**eceğim**.
I'll go the barber's in the afternoon. I'll have *my hair* cut.

* grammar
The suffix **-meli** (or **-malı**) expresses advice. It is also used to express necessity or obligation. It is followed by the personal suffixes, for which we use the simple present tense.

word forms and phrases	
kes**ici**	cutter
kes**kin**	sharp
kes**ik**	cut (skin wound)
kes**inti**	cut (reduction)
kestir**me**	short cut
Kısa kes.	Cut it short.
Kes saçmalamayı.	Cut the crap.
Kafa ütülemeyi kes.	Stop ironing my head.

	Simple Present	Present Continuous	-di Past	-miş Past	Future
Ben	kes**erim**	kes**iyorum**	kes**tim**	kes**miş**im	kes**eceğim**
	kes**mem**	kes**miyorum**	kes**medim**	kes**memiş**im	kes**meyeceğim**
	kes**er** miyim	kes**iyor** muyum	kes**tim** mi	kes**miş** miyim	kes**ecek** miyim
Sen	kes**ersin**	kes**iyorsun**	kes**tin**	kes**miş**sin	kes**eceksin**
	kes**mezsin**	kes**miyorsun**	kes**medin**	kes**memiş**sin	kes**meyeceksin**
	kes**er** misin	kes**iyor** musun	kes**tin** mi	kes**miş** misin	kes**ecek** misin
O	kes**er**	kes**iyor**	kes**ti**	kes**miş**	kes**ecek**
	kes**mez**	kes**miyor**	kes**medi**	kes**memiş**	kes**meyecek**
	kes**er** mi	kes**iyor** mu	kes**ti** mi	kes**miş** mi	kes**ecek** mi
Biz	kes**eriz**	kes**iyoruz**	kes**tik**	kes**miş**iz	kes**eceğiz**
	kes**meyiz**	kes**miyoruz**	kes**medik**	kes**memiş**iz	kes**meyeceğiz**
	kes**er** miyiz	kes**iyor** muyuz	kes**tik** mi	kes**miş** miyiz	kes**ecek** miyiz
Siz	kes**ersiniz**	kes**iyor**sunuz	kes**tiniz**	kes**miş**siniz	kes**ecek**siniz
	kes**mezsiniz**	kes**miyorsunuz**	kes**mediniz**	kes**memiş**siniz	kes**meyecek**siniz
	kes**er** misiniz	kes**iyor** musunuz	kes**tiniz** mi	kes**miş** misiniz	kes**ecek** misiniz
Onlar	kes**erler**	kes**iyorlar**	kes**tiler**	kes**miş**ler	kes**ecekler**
	kes**mezler**	kes**miyorlar**	kes**mediler**	kes**memiş**ler	kes**meyecekler**
	kes**erler** mi	kes**iyorlar** mı	kes**tiler** mi	kes**miş**ler mi	kes**ecekler** mi

	Simple Present	Present Continuous	-di Past	-miş Past	Future
Ben	bin/in				
Sen					
O					
Biz					
Siz					
Onlar					

57. -i getirmek   to bring

Partide içecek olmayacak, arkadaşlar. Herkes *kendi içeceğini* getir**ecek**.
There will be no drinks at the party, guys. Everyone will bring *their own drinks*.

Bakar mısınız, *hesabı* getir**ir** misiniz, lütfen?
Excuse me, would you bring *the bill/check, please?*

    birin**e** *bir şey(i)* getirmek   to bring someone *something*

Sana *kitap/bugünkü gazeteyi* getir**dim**, okumak istersen.
I have brought you a *book/today's newspaper* if you want to read.

    bir yer**e** *birini* getirmek   to bring *someone* to a place

word forms and phrases	
getiri	1. profit 2. advantage
-i gidip getirmek	to fetch
-i yanında getirmek	to bring sth/sb along
-i yerine getirmek	to fulfil
-e şans getirmek	to bring good luck
-i oyuna getirmek	to deceive someone
-i dile getirmek	to voice
-i gündeme getirmek	to bring up (a subject)

Berk eve *kız arkadaşını* getir**miş**. Daha önce hiç eve *kız* getir**memiş**ti.
Berk has brought *his girlfriend* home. He had never brought *a girl* home before.

	Simple Present	Present Continuous	-di Past	-miş Past	Future
Ben	getiririm	getiriyorum	getirdim	getirmişim	getireceğim
	getirmem	getirmiyorum	getirmedim	getirmemişim	getirmeyeceğim
	getirir miyim	getiriyor muyum	getirdim mi	getirmiş miyim	getirecek miyim
Sen	getirirsin	getiriyorsun	getirdin	getirmişsin	getireceksin
	getirmezsin	getirmiyorsun	getirmedin	getirmemişsin	getirmeyeceksin
	getirir misin	getiriyor musun	getirdin mi	getirmiş misin	getirecek misin
O	getirir	getiriyor	getirdi	getirmiş	getirecek
	getirmez	getirmiyor	getirmedi	getirmemiş	getirmeyecek
	getirir mi	getiriyor mu	getirdi mi	getirmiş mi	getirecek mi
Biz	getiririz	getiriyoruz	getirdik	getirmişiz	getireceğiz
	getirmeyiz	getirmiyoruz	getirmedik	getirmemişiz	getirmeyeceğiz
	getirir miyiz	getiriyor muyuz	getirdik mi	getirmiş miyiz	getirecek miyiz
Siz	getirirsiniz	getiriyorsunuz	getirdiniz	getirmişsiniz	getireceksiniz
	getirmezsiniz	getirmiyorsunuz	getirmediniz	getirmemişsiniz	getirmeyeceksiniz
	getirir misiniz	getiriyor musunuz	getirdiniz mi	getirmiş misiniz	getirecek misiniz
Onlar	getirirler	getiriyorlar	getirdiler	getirmişler	getirecekler
	getirmezler	getirmiyorlar	getirmediler	getirmemişler	getirmeyecekler
	getirirler mi	getiriyorlar mı	getirdiler mi	getirmişler mi	getirecekler mi

	Simple Present	Present Continuous	-di Past	-miş Past	Future
Ben	kes				
Sen					
O					
Biz					
Siz					
Onlar					

58. -i/-e götürmek   to take (from one place to another)

Yarın *cep telefonumu* tamirciye götüreceğim. Yine bozuldu.
I'll take *my mobile phone* to a repair shop tomorrow. It's broken again.

'*Sizi* havaalanına kim götürecek?'   'Sen götürebilir misin?'
'Who will take *you* to the airport?'   'Can you?'

Annem evde değil. *Kardeşimi* hastaneye götürdü.
My mother isn't at home. She has taken *my sibling* to the hospital.

Pia, baban balkonda. *Gazeteyi* ona götürür müsün?
Pia, your father is on the balcony. Can you take *the newspaper* to him?

Eski kocam hafta sonu *çocukları* lunaparka götürmüş.
My ex-husband took *the kids* to the amusement park at the weekend.

word forms and phrases	
götürü	disadvantage
-i geri götürmek	to take sth/sb back
-i yanında götürmek	to take sth/sb along
getir götür işi	errand
getir götür işi yapmak	to run errands

	Simple Present	Present Continuous	-di Past	-miş Past	Future
Ben	götürürüm	götürüyorum	götürdüm	götürmüşüm	götüreceğim
	götürmem	götürmüyorum	götürmedim	götürmemişim	götürmeyeceğim
	götürür müyüm	götürüyor muyum	götürdüm mü	götürmüş müyüm	götürecek miyim
Sen	götürürsün	götürüyorsun	götürdün	götürmüşsün	götüreceksin
	götürmezsin	götürmüyorsun	götürmedin	götürmemişsin	götürmeyeceksin
	götürür müsün	götürüyor musun	götürdün mü	götürmüş müsün	götürecek misin
O	götürür	götürüyor	götürdü	götürmüş	götürecek
	götürmez	götürmüyor	götürmedi	götürmemiş	götürmeyecek
	götürür mü	götürüyor mu	götürdü mü	götürmüş mü	götürecek mi
Biz	götürürüz	götürüyoruz	götürdük	götürmüşüz	götüreceğiz
	götürmeyiz	götürmüyoruz	götürmedik	götürmemişiz	götürmeyeceğiz
	götürür müyüz	götürüyor muyuz	götürdük mü	götürmüş müyüz	götürecek miyiz
Siz	götürürsünüz	götürüyorsunuz	götürdünüz	götürmüşsünüz	götüreceksiniz
	götürmezsiniz	götürmüyorsunuz	götürmediniz	götürmemişsiniz	götürmeyeceksiniz
	götürür müsünüz	götürüyor musunuz	götürdünüz mü	götürmüş müsünüz	götürecek misiniz
Onlar	götürürler	götürüyorlar	götürdüler	götürmüşler	götürecekler
	götürmezler	götürmüyorlar	götürmediler	götürmemişler	götürmeyecekler
	götürürler mi	götürüyorlar mı	götürdüler mi	götürmüşler mi	götürecekler mi

	Simple Present	Present Continuous	-di Past	-miş Past	Future
Ben	getir				
Sen					
O					
Biz					
Siz					
Onlar					

59. -i çekmek   1. to pull 2. to tug 3. to tow 4. to attract

Kız herkesin içinde *oğlanı* kendine (doğru) çek**ti** ve öptü.
The girl pulled *the boy* towards her in public and kissed him.

Anne! Metehan yine *saçımı* çek**iyor**! Ona bir şey söyle.
Mum! Metehan is pulling *my hair* again! Tell him something.

Kolumu çek**me**, kızım. Bak, telefonda konuşuyorum.
Don't tug *at my arm*, girl. Look, I'm talking on the phone.

Polis *arabamı* çek**miş**. Bana taksi çağırır mısın?
The police have towed *my car* away. Can you call me a taxi?

O kız benim *ilgimi* çek**miyor**. Hiç benim tipim değil.
That girl doesn't attract *my interest.* She isn't my type at all.

word forms and phrases	
Çekiniz	Pull (on doors)
çekici	1. tow truck 2. attractive
çekmece	drawer
çekyat	sofa bed
yer çekimi	gravity
dikkat çekmek	to attract/draw attention
(bankadan) para çekmek	to take/get money out
fotoğraf çekmek	to take photos
tepki çekmek	to get reaction
kopya çekmek	to cheat (in exam)
acı çekmek	to suffer

	Simple Present	Present Continuous	-di Past	-miş Past	Future
Ben	çek**er**im	çek**iyor**um	çek**ti**m	çek**miş**im	çek**eceğ**im
	çek**me**m	çek**miyor**um	çek**me**dim	çek**memiş**im	çek**meyeceğ**im
	çek**er** miyim	çek**iyor** muyum	çek**ti**m mi	çek**miş** miyim	çek**ecek** miyim
Sen	çek**er**sin	çek**iyor**sun	çek**ti**n	çek**miş**sin	çek**ecek**sin
	çek**mez**sin	çek**miyor**sun	çek**me**din	çek**memiş**sin	çek**meyecek**sin
	çek**er** misin	çek**iyor** musun	çek**ti**n mi	çek**miş** misin	çek**ecek** misin
O	çek**er**	çek**iyor**	çek**ti**	çek**miş**	çek**ecek**
	çek**mez**	çek**miyor**	çek**me**di	çek**memiş**	çek**meyecek**
	çek**er** mi	çek**iyor** mu	çek**ti** mi	çek**miş** mi	çek**ecek** mi
Biz	çek**er**iz	çek**iyor**uz	çek**ti**k	çek**miş**iz	çek**eceğ**iz
	çek**me**yiz	çek**miyor**uz	çek**me**dik	çek**memiş**iz	çek**meyeceğ**iz
	çek**er** miyiz	çek**iyor** muyuz	çek**ti**k mi	çek**miş** miyiz	çek**ecek** miyiz
Siz	çek**er**siniz	çek**iyor**sunuz	çek**ti**niz	çek**miş**siniz	çek**ecek**siniz
	çek**mez**siniz	çek**miyor**sunuz	çek**me**diniz	çek**memiş**siniz	çek**meyecek**siniz
	çek**er** misiniz	çek**iyor** musunuz	çek**ti**niz mi	çek**miş** misiniz	çek**ecek** misiniz
Onlar	çek**er**ler	çek**iyor**lar	çek**ti**ler	çek**miş**ler	çek**ecek**ler
	çek**mez**ler	çek**miyor**lar	çek**me**diler	çek**memiş**ler	çek**meyecek**ler
	çek**er**ler mi	çek**iyor**lar mı	çek**ti**ler mi	çek**miş**ler mi	çek**ecek**ler mi

	Simple Present	Present Continuous	-di Past	-miş Past	Future
Ben	götür				
Sen					
O					
Biz					
Siz					
Onlar					

60. -i itmek   to push

Kapıyı tüm gücümle it**iyor**um fakat açılmıyor. Çok fena sıkışmış.
I'm pushing *the door* with all my might, but it won't open. It's stuck very badly.

'Arkadaşını niye it**ti**n, Hasan?'   'Ama önce o it**ti**, öğretmenim.'
'Why did you push *your friend,* Hasan?'   'But s/he pushed first, Sir/Miss.'

Niye it**iyor**sunuz? Niye sıranızı beklemiyorsunuz?
Why are you pushing? Why don't you wait for your turn?

  bir şeyi/birini *bir yere* itmek   to push sth/sb *into/towards a place*

'Masayı şu köşeye iter misin?'   'Ben it**eyim**, sen çek.'
'Would you push the table *into that corner?'*   'I'll push, you pull.'

Duydun mu dün gece metroda bir adamı *raylara* it**miş**ler.
Did you hear that last night they pushed a man *onto the tracks* in the metro.

word forms and phrases	
İtiniz	Push (on doors)
itici	unlikeable
itiş kakış	scuffle

	Simple Present	Present Continuous	-di Past	-miş Past	Future
Ben	iterim	itiyorum	ittim	itmişim	iteceğim
	itmem	itmiyorum	itmedim	itmemişim	itmeyeceğim
	iter miyim	itiyor muyum	ittim mi	itmiş miyim	itecek miyim
Sen	itersin	itiyorsun	ittin	itmişsin	iteceksin
	itmezsin	itmiyorsun	itmedin	itmemişsin	itmeyeceksin
	iter misin	itiyor musun	ittin mi	itmiş misin	itecek misin
O	iter	itiyor	itti	itmiş	itecek
	itmez	itmiyor	itmedi	itmemiş	itmeyecek
	iter mi	itiyor mu	itti mi	itmiş mi	itecek mi
Biz	iteriz	itiyoruz	ittik	itmişiz	iteceğiz
	itmeyiz	itmiyoruz	itmedik	itmemişiz	itmeyeceğiz
	iter miyiz	itiyor muyuz	ittik mi	itmiş miyiz	itecek miyiz
Siz	itersiniz	itiyorsunuz	ittiniz	itmişsiniz	iteceksiniz
	itmezsiniz	itmiyorsunuz	itmediniz	itmemişsiniz	itmeyeceksiniz
	iter misiniz	itiyor musunuz	ittiniz mi	itmiş misiniz	itecek misiniz
Onlar	iterler	itiyorlar	ittiler	itmişler	itecekler
	itmezler	itmiyorlar	itmediler	itmemişler	itmeyecekler
	iterler mi	itiyorlar mı	ittiler mi	itmişler mi	itecekler mi

	Simple Present	Present Continuous	-di Past	-miş Past	Future
Ben	çek				
Sen					
O					
Biz					
Siz					
Onlar					

EXERCISES — Verbs **51-60**

1. Match (1-8 to a-g; 9-16 to ğ-m).

1.	**-i** geçmek	a.	1. to get into/on (car/bus/train/plane) 2. to ride a bike/horse
2.	**-e/-de** kalmak	b.	to bring
3.	**-e** saymak	c.	to count (say the numbers)
4.	**-i** kesmek	ç.	to cross (the road, etc)
5.	**-e** binmek	d.	1. to pull 2. to tug 3. to tow 4. to attract
6.	karşıya geçmek	e.	to cut
7.	**-i** getirmek	f.	to stay
8.	**-i** çekmek	g.	to pass (1. go past 2. succeed in an exam/test)
9.	**-de/-den** inmek	ğ.	to take (from one place to another)
10.	**-den** kalmak	h.	to respect
11.	sürmek	ı.	to attract/draw attention
12.	**-e** saygı duymak	i.	to fail (exam/test)
13.	biri**le** zaman geçirmek	j.	to push
14.	**-i/-e** götürmek	k.	to get off/out of
15.	**-i** itmek	l.	to spend time with somebody
16.	dikkat çekmek	m.	1. to drive (car/bus) 2. to last (for a particular length of time)

2. Match the beginnings to the ends (1-6 to a-e; 7-12 to f-i).

1.	Siz Bodrum'da hangi otel**de**	a.	bineceğiz.
2.	Kanepey**i** sen it,	b.	kadar sayacağım.
3.	Eczaney**i** geçin sonra	c.	dümdüz devam edin.
4.	Biz hangi otobüs**e**	ç.	geçmiş.
5.	Bir**den** on**a**	d.	ben çekeyim.
6.	Yasemin tüm derslerin**i**	e.	kaldınız?
7.	Hafta sonu çocukları	f.	ban**a** getirir misin?
8.	Tüm yol boyunca arabay**ı**	g.	hiç saygı duymam.
9.	Siz gelecek durak**ta**	ğ.	yine kalmış.
10.	Ben yalancı insanlar**a**	h.	sen mi sürdün?
11.	Oğlum, gazetey**i**	ı.	ineceksiniz.
12.	Mert İngilizce dersin**den**	i.	havuz**a** götüreceğiz.

3. Answer about yourself in complete sentences.

1. Araba sürmeyi/kullanmayı seviyor musunuz? ....

2. Hiç bisiklete biner misiniz? ....

3. Türkçe **kaça kadar** sayabiliyorsunuz? ....

4. Çocuğunuz var mı? Onu okula kim götürüyor? ....

5. Boş vakitlerinizi genellikle kiminle geçirirsiniz? ....

   Birlikte ne yaparsınız? ....

kaça kadar how high; **birlikte** together

4. Write the Turkish equivalents.

1. temporary x permanent
2. Stay healthy.
3. place to stay
4. past x future
5. resume/CV
6. the other day; lately
7. cutter; sharp
8. respect; respectful x disrespectful
9. length of time; process
10. drawer; sofa bed
11. attractive
12. boarding lounge/card
13. advantage x disadvantage
14. number; limited x countless
15. Get well soon.

Answers

1. 1g 2f 3c 4e 5a 6ç 7b 8d 9k 10i 11m 12h 13l 14ğ 15j 16ı

2. 1e 2d 3c 4a 5b 6ç 7i 8h 9ı 10g 11f 12ğ

3. Örneğin: 1 Evet, seviyorum. / Bazen. 2 Hayır, hiç binmem. / Ara sıra/Hafta sonları binerim. / Her gün. İşe/Okula bisikletle gidiyorum. 3 100'e kadar sayabiliyorum. / Hiç durmaksızın (nonstop) sayabilirim. 4 Hayır, yok. / 8 yaşında bir kızım var. Ben götürüyorum. / Çocuklarım okula kendileri (by themselves) gidiyor. / Okul servisiyle (by school bus) gidiyorlar. / Çocuklarım okula henüz başlamadılar. 5 Ailemle/Çocuklarımla/Arkadaşlarımla/Kız arkadaşımla geçiririm. Sinemaya/Alışverişe/Yemeğe gideriz.

4. 1 geçici x kalıcı 2 Sağlıcakla kal. 3 kalacak yer 4 geçmiş x gelecek 5 öz geçmiş (We also say CV.) 6 geçenlerde
7 kesici; keskin 8 saygı; saygılı x saygısız 9 süre; süreç 10 çekmece; çekyat 11 çekici 12 biniş salonu/kartı 13 getiri x götürü
(We also say *avantaj x dezavantaj*) 14 sayı; sayılı x sayısız (limited x unlimited: sınırlı x sınır**sız**) 15 Geçmiş olsun.

Can you write down the verbs you have learned in this set (verbs 51-60)?

61. -e katılmak   1. to agree with 2. to join (do together) 3. to participate

Siz *bu görüşe* katılıyor musunuz? Ben katılmıyorum. Hiç gerçekçi değil.
Do you agree *with this view?* I don't. It isn't realistic at all.

Ben *Nermin'e* yüzde yüz katılıyorum. Bence haklı.
I agree *with Nermin* one hundred percent. I think she is right.

Orada yalnız oturma, dostum. Burada yerimiz var. Gel *bize* katıl.
Don't sit there alone, mate. We have seats here. Come join *us.*

Ben öğle yemeğine çıkıyorum. *Bana* katılır mısın?
I'm going out for lunch. Would you like to join *me?*

Kulübümüzün faaliyetlerine katılabilirsin. Üye olmana gerek yok.
You can take part *in our club's activities.* You don't have to be a member.

word forms and phrases	
katılım	participation
katılımcı	participant; participatory
aktif katılımcı	active participant
katılımcı demokrasi	participatory democracy

	Simple Present	Present Continuous	-di Past	-miş Past	Future
Ben	katılırım	katılıyorum	katıldım	katılmışım	katılacağım
	katılmam	katılmıyorum	katılmadım	katılmamışım	katılmayacağım
	katılır mıyım	katılıyor muyum	katıldım mı	katılmış mıyım	katılacak mıyım
Sen	katılırsın	katılıyorsun	katıldın	katılmışsın	katılacaksın
	katılmazsın	katılmıyorsun	katılmadın	katılmamışsın	katılmayacaksın
	katılır mısın	katılıyor musun	katıldın mı	katılmış mısın	katılacak mısın
O	katılır	katılıyor	katıldı	katılmış	katılacak
	katılmaz	katılmıyor	katılmadı	katılmamış	katılmayacak
	katılır mı	katılıyor mu	katıldı mı	katılmış mı	katılacak mı
Biz	katılırız	katılıyoruz	katıldık	katılmışız	katılacağız
	katılmayız	katılmıyoruz	katılmadık	katılmamışız	katılmayacağız
	katılır mıyız	katılıyor muyuz	katıldık mı	katılmış mıyız	katılacak mıyız
Siz	katılırsınız	katılıyorsunuz	katıldınız	katılmışsınız	katılacaksınız
	katılmazsınız	katılmıyorsunuz	katılmadınız	katılmamışsınız	katılmayacaksınız
	katılır mısınız	katılıyor musunuz	katıldınız mı	katılmış mısınız	katılacak mısınız
Onlar	katılırlar	katılıyorlar	katıldılar	katılmışlar	katılacaklar
	katılmazlar	katılmıyorlar	katılmadılar	katılmamışlar	katılmayacaklar
	katılırlar mı	katılıyorlar mı	katıldılar mı	katılmışlar mı	katılacaklar mı

	Simple Present	Present Continuous	-di Past	-miş Past	Future
Ben	it				
Sen					
O					
Biz					
Siz					
Onlar					

62. -i seçmek   to choose, select, pick

Ankaralılar bu pazar sandığa gidiyorlar. *Yeni belediye başkanlarını* seçecekler.
Ankarans are going to the polls this Sunday. They will select *their new mayor*.

'Bak, *kelimelerini* dikkatli seç. Yoksa …'   'Yoksa ne? Hadi, söyle.'
'Look, choose *your words* carefully. Or …'   'Or what? Come on, say it.'

'Sen bu dönem *hangi dersleri* seçtin?' 'Henüz seçmedim.'
'*Which classes* have you picked this term?' 'I haven't yet.'

Deniz, ben *bu kırmızı elbiseyi* seçiyorum. Çok şık, değil mi?
Deniz, I choose *this red dress*. It is so elegant, isn't it?

   birini *bir şeye* seçmek   to choose someone *for something*

'Ayhan'ın nesi var?' 'Antrenörü yine onu *takıma* seçmemiş.'
'What's wrong with Ayhan?'   'His coach hasn't picked him *for the team* again.'

word forms and phrases	
seçim	election
seçmen	voter
seçenek	option, choice
çoktan seçmeli	multiple choice
seçici	picky
seçkin	distinguished

	Simple Present	Present Continuous	-di Past	-miş Past	Future
Ben	seçerim	seçiyorum	seçtim	seçmişim	seçeceğim
	seçmem	seçmiyorum	seçmedim	seçmemişim	seçmeyeceğim
	seçer miyim	seçiyor muyum	seçtim mi	seçmiş miyim	seçecek miyim
Sen	seçersin	seçiyorsun	seçtin	seçmişsin	seçeceksin
	seçmezsin	seçmiyorsun	seçmedin	seçmemişsin	seçmeyeceksin
	seçer misin	seçiyor musun	seçtin mi	seçmiş misin	seçecek misin
O	seçer	seçiyor	seçti	seçmiş	seçecek
	seçmez	seçmiyor	seçmedi	seçmemiş	seçmeyecek
	seçer mi	seçiyor mu	seçti mi	seçmiş mi	seçecek mi
Biz	seçeriz	seçiyoruz	seçtik	seçmişiz	seçeceğiz
	seçmeyiz	seçmiyoruz	seçmedik	seçmemişiz	seçmeyeceğiz
	seçer miyiz	seçiyor muyuz	seçtik mi	seçmiş miyiz	seçecek miyiz
Siz	seçersiniz	seçiyorsunuz	seçtiniz	seçmişsiniz	seçeceksiniz
	seçmezsiniz	seçmiyorsunuz	seçmediniz	seçmemişsiniz	seçmeyeceksiniz
	seçer misiniz	seçiyor musunuz	seçtiniz mi	seçmiş misiniz	seçecek misiniz
Onlar	seçerler	seçiyorlar	seçtiler	seçmişler	seçecekler
	seçmezler	seçmiyorlar	seçmediler	seçmemişler	seçmeyecekler
	seçerler mi	seçiyorlar mı	seçtiler mi	seçmişler mi	seçecekler mi

	Simple Present	Present Continuous	-di Past	-miş Past	Future
Ben	katıl				
Sen					
O					
Biz					
Siz					
Onlar					

63. -i açıklamak   1. to explain 2. to announce (officially tell people about sth)

Dün geceki davranışını nasıl açıkla**yacak**sın? Hiç hoş değildi.
How will you explain *your behaviour last night?* It wasn't nice at all.

Sınav kurallarını açıkla**r** mısınız, öğretmenim?
Would you explain *the rules for the exam,* Sir/Miss?

Bekle, aşkım! *Her şeyi* açıklayabilirim.
Wait, love! I can explain *everything.*

Cumhurbaşkanı akşam *yeni vergileri* açıkla**yacak**.
The President will announce *the new taxes* in the evening.

  bir şeyi *birine* açıklamak   to explain sth *to sb*

Sistemi bana kısaca açıklar mısınız? Nasıl çalışıyor?
Could you briefly explain the system ***to** me?* How does it work?

	word forms and phrases	
	açıkla**ma**	explanation
	mantıklı/makul bir açıklama	a reasonable explanation
	bir açıklama yapmak	to give an explanation
	bir açıklama beklemek	to wait for/expect an explanation
	açıkla**yıcı**	explanatory
	Açıklamak zor.	It's hard to explain.
	Bu her şeyi açıklıyor.	This explains everything.
	Açıklamak zorunda değilsin.	You don't have to explain.
	Bana bir açıklama borçlusun.	You owe me an explanation.

	Simple Present	Present Continuous	-di Past	-miş Past	Future
Ben	açıklarım	açıklı**yorum**	açıkla**dım**	açıkla**mışım**	açıkla**yacağım**
	açıklamam	açıklamı**yorum**	açıkla**madım**	açıkla**mamışım**	açıklama**yacağım**
	açıkla**r** mıyım	açıklı**yor** muyum	açıkla**dım** mı	açıkla**mış** mıyım	açıkla**yacak** mıyım
Sen	açıklarsın	açıklı**yorsun**	açıkla**dın**	açıkla**mışsın**	açıkla**yacaksın**
	açıklamazsın	açıklamı**yorsun**	açıkla**madın**	açıkla**mamışsın**	açıklama**yacaksın**
	açıkla**r** mısın	açıklı**yor** musun	açıkla**dın** mı	açıkla**mış** mısın	açıkla**yacak** mısın
O	açıklar	açıklı**yor**	açıkla**dı**	açıkla**mış**	açıkla**yacak**
	açıklamaz	açıklamı**yor**	açıkla**madı**	açıkla**mamış**	açıklama**yacak**
	açıkla**r** mı	açıklı**yor** mu	açıkla**dı** mı	açıkla**mış** mı	açıkla**yacak** mı
Biz	açıklarız	açıklı**yoruz**	açıkla**dık**	açıkla**mışız**	açıkla**yacağız**
	açıklamayız	açıklamı**yoruz**	açıkla**madık**	açıkla**mamışız**	açıklama**yacağız**
	açıkla**r** mıyız	açıklı**yor** muyuz	açıkla**dık** mı	açıkla**mış** mıyız	açıkla**yacak** mıyız
Siz	açıklarsınız	açıklı**yorsunuz**	açıkla**dınız**	açıkla**mışsınız**	açıkla**yacaksınız**
	açıklamazsınız	açıklamı**yorsunuz**	açıkla**madınız**	açıkla**mamışsınız**	açıklama**yacaksınız**
	açıkla**r** mısınız	açıklı**yor** musunuz	açıkla**dınız** mı	açıkla**mış** mısınız	açıkla**yacak** mısınız
Onlar	açıklarlar	açıklı**yorlar**	açıkla**dılar**	açıkla**mışlar**	açıkla**yacaklar**
	açıklamazlar	açıklamı**yorlar**	açıkla**madılar**	açıkla**mamışlar**	açıklama**yacaklar**
	açıklarlar mı	açıklı**yorlar** mı	açıkla**dılar** mı	açıkla**mışlar** mı	açıkla**yacaklar** mı

	Simple Present	Present Continuous	-di Past	-miş Past	Future
Ben	seç				
Sen					
O					
Biz					
Siz					
Onlar					

64. -i yemek   to eat

Bütün bir pastayı yemişler. Çocuklar siz yemediniz, değil mi?
They have eaten *a whole cake.* Kids, you haven't eaten it, have you?

Ben az önce *büyük bir sandviç* yedim. Aç değilim, gerçekten.
I have just had *a big sandwich.* I'm not hungry, really.

Çok *taze sebze ve meyve* yiyiniz, özellikle kış aylarında.
Eat a lot of *fresh vegetables and fruit,* especially in winter months.

Sen sürekli *abur cubur* yiyorsun. Çok sağlıksız.
You always eat *fast food.* It's too unhealthy.

Bugün bizim evlilik yıldönümümüz. *Akşam yemeğini* dışarıda yiyeceğiz.
It's our wedding anniversary today. We will have *dinner* out.

word forms and phrases	
yemek	meal
yiyecek	food
yemek tarifi	recipe
yemek yapmak/pişirmek	to cook
öğle/akşam yemeği	lunch/dinner
yemekhane	cafeteria/canteen
fil gibi yemek	to eat like a horse
kuş gibi yemek	to eat like a bird
dayak yemek	to be beaten
azar yemek	to be rebuked
Yemezler.	I don't buy it.

	Simple Present	Present Continuous	-di Past	-miş Past	Future
Ben	yerim	yiyorum	yedim	yemişim	yiyeceğim
	yemem	yemiyorum	yemedim	yememişim	yemeyeceğim
	yer miyim	yiyor muyum	yedim mi	yemiş miyim	yiyecek miyim
Sen	yersin	yiyorsun	yedin	yemişsin	yiyeceksin
	yemezsin	yemiyorsun	yemedin	yememişsin	yemeyeceksin
	yer misin	yiyor musun	yedin mi	yemiş misin	yiyecek misin
O	yer	yiyor	yedi	yemiş	yiyecek
	yemez	yemiyor	yemedi	yememiş	yemeyecek
	yer mi	yiyor mu	yedi mi	yemiş mi	yiyecek mi
Biz	yeriz	yiyoruz	yedik	yemişiz	yiyeceğiz
	yemeyiz	yemiyoruz	yemedik	yememişiz	yemeyeceğiz
	yer miyiz	yiyor muyuz	yedik mi	yemiş miyiz	yiyecek miyiz
Siz	yersiniz	yiyorsunuz	yediniz	yemişsiniz	yiyeceksiniz
	yemezsiniz	yemiyorsunuz	yemediniz	yememişsiniz	yemeyeceksiniz
	yer misiniz	yiyor musunuz	yediniz mi	yemiş misiniz	yiyecek misiniz
Onlar	yerler	yiyorlar	yediler	yemişler	yiyecekler
	yemezler	yemiyorlar	yemediler	yememişler	yemeyecekler
	yerler mi	yiyorlar mı	yediler mi	yemişler mi	yiyecekler mi

	Simple Present	Present Continuous	-di Past	-miş Past	Future
Ben	açıkla				
Sen					
O					
Biz					
Siz					
Onlar					

65. -i içmek   to drink

'Ne içiyorsun?' 'Kahve. Sana da yapayım mı?'
'What are you drinking?' 'Coffee. Shall I make one for you too?'

Benim portakal suyumu kim içti? Sen mi içtin, Merve?
Who has drunk *my orange juice?* Have you drunk it, Merve?

Sen yine içmişsin. Nefesin kokuyor.
You have been drinking again. Your breath smells.

   We also say **çorba/sigara/ilaç içmek**.

Yeni erkek arkadaşım sporcu. Sigara ve içki içmiyor.
My new boyfriend is a sportsman. He doesn't smoke or drink.

Babaanne, *bu ilacı* günde üç defa içeceksin/alacaksın, oldu mu?
Grandma, you will take *this medicine* three times a day, okay?

word forms and phrases	
içecek	drink (non-alcoholic)
içki	alcoholic drink
sıcak/soğuk içecek	hot/cold drink
yiyip içmek	to eat and drink

	Simple Present	Present Continuous	-di Past	-miş Past	Future
Ben	içerim	içiyorum	içtim	içmişim	içeceğim
	içmem	içmiyorum	içmedim	içmemişim	içmeyeceğim
	içer miyim	içiyor muyum	içtim mi	içmiş miyim	içecek miyim
Sen	içersin	içiyorsun	içtin	içmişsin	içeceksin
	içmezsin	içmiyorsun	içmedin	içmemişsin	içmeyeceksin
	içer misin	içiyor musun	içtin mi	içmiş misin	içecek misin
O	içer	içiyor	içti	içmiş	içecek
	içmez	içmiyor	içmedi	içmemiş	içmeyecek
	içer mi	içiyor mu	içti mi	içmiş mi	içecek mi
Biz	içeriz	içiyoruz	içtik	içmişiz	içeceğiz
	içmeyiz	içmiyoruz	içmedik	içmemişiz	içmeyeceğiz
	içer miyiz	içiyor muyuz	içtik mi	içmiş miyiz	içecek miyiz
Siz	içersiniz	içiyorsunuz	içtiniz	içmişsiniz	içeceksiniz
	içmezsiniz	içmiyorsunuz	içmediniz	içmemişsiniz	içmeyeceksiniz
	içer misiniz	içiyor musunuz	içtiniz mi	içmiş misiniz	içecek misiniz
Onlar	içerler	içiyorlar	içtiler	içmişler	içecekler
	içmezler	içmiyorlar	içmediler	içmemişler	içmeyecekler
	içerler mi	içiyorlar mı	içtiler mi	içmişler mi	içecekler mi

	Simple Present	Present Continuous	-di Past	-miş Past	Future
Ben	ye				
Sen					
O					
Biz					
Siz					
Onlar					

66. -i açmak   1. to open 2. to turn on

Affedersiniz, *pencereyi* açar mısınız? İçeri çok sıcak.
Excuse me, would you open *the window?* It's too hot inside.

'*Hediyeni* açma**yacak** mısın?'   'Sonra açarım.'
'Won't you open *your present?*'   'I'll open it later.'

Ben *bu kavanozu* açamıyorum. Sen açabilir misin?
I can't open *this jar.* Can you open it?

Televizyonu niye açtın? Ben ev ödevimi yapıyorum.
Why did you turn on *the television?* I'm doing my homework.

   açılmak   to open up (shops/banks etc)

'Bankalar saat kaçta açılıyor?'   'Saat 9.00'da açılıyor.'
'What time do the banks open?'   'They open at 9.00 o'clock.'

	word forms and phrases	
açık	open; on
açacak	opener
konserve açacağı	tin/can opener
açılış	opening
hesap açmak	to open an account
-e savaş açmak	to wage war
-e dava açmak	to press charges
çiçek açmak	to bloom (plants/flowers)
-e kucak açmak	to receive with open arms
gözleri**ni** dört açmak	to keep **your** eyes wide open

	Simple Present	Present Continuous	-di Past	-miş Past	Future
Ben	açarım	açıyorum	açtım	açmışım	açacağım
	açmam	açmıyorum	açmadım	açmamışım	açmayacağım
	açar mıyım	açıyor muyum	açtım mı	açmış mıyım	açacak mıyım
Sen	açarsın	açıyorsun	açtın	açmışsın	açacaksın
	açmazsın	açmıyorsun	açmadın	açmamışsın	açmayacaksın
	açar mısın	açıyor musun	açtın mı	açmış mısın	açacak mısın
O	açar	açıyor	açtı	açmış	açacak
	açmaz	açmıyor	açmadı	açmamış	açmayacak
	açar mı	açıyor mu	açtı mı	açmış mı	açacak mı
Biz	açarız	açıyoruz	açtık	açmışız	açacağız
	açmayız	açmıyoruz	açmadık	açmamışız	açmayacağız
	açar mıyız	açıyor muyuz	açtık mı	açmış mıyız	açacak mıyız
Siz	açarsınız	açıyorsunuz	açtınız	açmışsınız	açacaksınız
	açmazsınız	açmıyorsunuz	açmadınız	açmamışsınız	açmayacaksınız
	açar mısınız	açıyor musunuz	açtınız mı	açmış mısınız	açacak mısınız
Onlar	açarlar	açıyorlar	açtılar	açmışlar	açacaklar
	açmazlar	açmıyorlar	açmadılar	açmamışlar	açmayacaklar
	açarlar mı	açıyorlar mı	açtılar mı	açmışlar mı	açacaklar mı

	Simple Present	Present Continuous	-di Past	-miş Past	Future
Ben	iç				
Sen					
O					
Biz					
Siz					
Onlar					

67. -i kapatmak (*or* kapamak)   1. to close 2. to turn off

'Pencereyi kim kapattı? İçeri çok sıcak.'   'Kendi kapandı.'
'Who closed *the window?* It's too hot inside.'   'It closed itself.'

Şimdi *gözlerini* kapa ve uyu, tatlım.
Now shut *your eyes* and go to sleep, sweetie.

Seyretmiyorsan *televizyonu* kapatır mısın?
If you aren't watching, could you turn off *the television?*

Ofisten çıkmadan *ışıkları* kapatmamışsın.
Before you left the office, you didn't turn off *the lights.*

   kapanmak   to close up (shops/banks etc)

word forms and phrases	
kapalı	closed; off
telefonu kapatmak	to hang up
telefonu *birinin yüzüne* kapatmak	to hang up *on someone*
konuyu kapatmak	to drop the subject
bir şeyi ucuza kapatmak	to buy something dirt cheap
bir şeyi sıkı/sıkıca kapatmak	to close something tightly
Kapa çeneni!	Shut up!

'Alışveriş merkezlerI 10.00'da kapanıyor, değil mi?'   'Sanırım.'
'Shopping centres close at 10.00, don't they?'   'I think so.'

	Simple Present	Present Continuous	-di Past	-miş Past	Future
Ben	kapatırım kapatmam kapatır mıyım	kapatıyorum kapatmıyorum kapatıyor muyum	kapattım kapatmadım kapattım mı	kapatmışım kapatmamışım kapatmış mıyım	kapatacağım kapatmayacağım kapatacak mıyım
Sen	kapatırsın kapatmazsın kapatır mısın	kapatıyorsun kapatmıyorsun kapatıyor musun	kapattın kapatmadın kapattın mı	kapatmışsın kapatmamışsın kapatmış mısın	kapatacaksın kapatmayacaksın kapatacak mısın
O	kapatır kapatmaz kapatır mı	kapatıyor kapatmıyor kapatıyor mu	kapattı kapatmadı kapattı mı	kapatmış kapatmamış kapatmış mı	kapatacak kapatmayacak kapatacak mı
Biz	kapatırız kapatmayız kapatır mıyız	kapatıyoruz kapatmıyoruz kapatıyor muyuz	kapattık kapatmadık kapattık mı	kapatmışız kapatmamışız kapatmış mıyız	kapatacağız kapatmayacağız kapatacak mıyız
Siz	kapatırsınız kapatmazsınız kapatır mısınız	kapatıyorsunuz kapatmıyorsunuz kapatıyor musunuz	kapattınız kapatmadınız kapattınız mı	kapatmışsınız kapatmamışsınız kapatmış mısınız	kapatacaksınız kapatmayacaksınız kapatacak mısınız
Onlar	kapatırlar kapatmazlar kapatırlar mı	kapatıyorlar kapatmıyorlar kapatıyorlar mı	kapattılar kapatmadılar kapattılar mı	kapatmışlar kapatmamışlar kapatmışlar mı	kapatacaklar kapatmayacaklar kapatacaklar mı

	Simple Present	Present Continuous	-di Past	-miş Past	Future
Ben	aç				
Sen					
O					
Biz					
Siz					
Onlar					

68. -i kullanmak   to use

Uygurlara yaptıklarından dolayı ben *Çinlilerin mallarını* kullanmıyorum.
Because what they do to the Uyghurs, I don't use *the Chinese products*.

Telefonumun şarjı bitmiş. *Seninkini* kullanabilir miyim, Cemre?
My phone has gone flat. Can I use *yours,* Cemre?

Benim bilgisayarımı yine kim kullandı? Bir yakalarsam, …
Who used *my computer* again? If I catch them, …

Göremiyor musun, sevgili arkadaşım? Adam *seni* resmen kullanıyor.
Can't you see, my dear friend? The man is actually using *you.*

Tolga uzun süre *uyuşturucu* kullanmış. Bana eski bir arkadaşı söyledi.
Tolga used *drugs* for a long time. An old friend of his told me.

word forms and phrases	
kullanım	use
kullanıcı	user
kullanışlı	handy, useful
kullanışsız	useless
kullan-at (çakmak)	throwaway, disposable (lighter)
kullan-at telefon	burner phone
-i yanlış kullanmak	to use in the wrong way
-i kötüye kullanmak	to use for the wrong purpose
oy kullanmak	to vote
alkol kullanmak	to use alcohol
sigara kullanmak/içmek	to smoke

	Simple Present	Present Continuous	-di Past	-miş Past	Future
Ben	kullanırım	kullanıyorum	kullandım	kullanmışım	kullanacağım
	kullanmam	kullanmıyorum	kullanmadım	kullanmamışım	kullanmayacağım
	kullanır mıyım	kullanıyor muyum	kullandım mı	kullanmış mıyım	kullanacak mıyım
Sen	kullanırsın	kullanıyorsun	kullandın	kullanmışsın	kullanacaksın
	kullanmazsın	kullanmıyorsun	kullanmadın	kullanmamışsın	kullanmayacaksın
	kullanır mısın	kullanıyor musun	kullandın mı	kullanmış mısın	kullanacak mısın
O	kullanır	kullanıyor	kullandı	kullanmış	kullanacak
	kullanmaz	kullanmıyor	kullanmadı	kullanmamış	kullanmayacak
	kullanır mı	kullanıyor mu	kullandı mı	kullanmış mı	kullanacak mı
Biz	kullanırız	kullanıyoruz	kullandık	kullanmışız	kullanacağız
	kullanmayız	kullanmıyoruz	kullanmadık	kullanmamışız	kullanmayacağız
	kullanır mıyız	kullanıyor muyuz	kullandık mı	kullanmış mıyız	kullanacak mıyız
Siz	kullanırsınız	kullanıyorsunuz	kullandınız	kullanmışsınız	kullanacaksınız
	kullanmazsınız	kullanmıyorsunuz	kullanmadınız	kullanmamışsınız	kullanmayacaksınız
	kullanır mısınız	kullanıyor musunuz	kullandınız mı	kullanmış mısınız	kullanacak mısınız
Onlar	kullanırlar	kullanıyorlar	kullandılar	kullanmışlar	kullanacaklar
	kullanmazlar	kullanmıyorlar	kullanmadılar	kullanmamışlar	kullanmayacaklar
	kullanırlar mı	kullanıyorlar mı	kullandılar mı	kullanmışlar mı	kullanacaklar mı

	Simple Present	Present Continuous	-di Past	-miş Past	Future
Ben	kapat				
Sen					
O					
Biz					
Siz					
Onlar					

69. -i taşımak   to carry (1. lift and take 2. have with you)

Bu kutuyu sen taşır mısın, Levent? Çok ağır. Ben kaldıramadım.
Would you carry *this box,* Levent? It's too heavy. I couldn't lift it.

Sandalyeleri kim taşı**yacak**? Ben taşı**yamam**. Omzum ağrıyor.
Who will carry *the chairs?* I can't do it. My shoulder hurts.

Tüm valizleri tek başına mı taşı**dın**? Niye yardım istemedin?
Did you carry *all the suitcases* by yourself? Why didn't you ask for help?

Ben üzerimde *nakit* taşı**mıyor**um. Kredi kartı kullanıyorum.
I don't carry *cash* on me. I use a credit card.

Suzan her zaman *biber gazı* taşır. İki kez kullanmış bile.
Suzan always carries *pepper spray.* She has already used it twice.

word forms and phrases	
taşıyıcı (=portör)	porter
taşınabilir	portable (radio)
ev taşımak	to move house
hastalık taşımak	to carry a disease
laf taşımak	to spread gossip, secrets, etc

	Simple Present	Present Continuous	-di Past	-miş Past	Future
Ben	taşırım	taşıyorum	taşıdım	taşımışım	taşıyacağım
	taşımam	taşımıyorum	taşımadım	taşımamışım	taşımayacağım
	taşır mıyım	taşıyor muyum	taşıdım mı	taşımış mıyım	taşıyacak mıyım
Sen	taşırsın	taşıyorsun	taşıdın	taşımışsın	taşıyacaksın
	taşımazsın	taşımıyorsun	taşımadın	taşımamışsın	taşımayacaksın
	taşır mısın	taşıyor musun	taşıdın mı	taşımış mısın	taşıyacak mısın
O	taşır	taşıyor	taşıdı	taşımış	taşıyacak
	taşımaz	taşımıyor	taşımadı	taşımamış	taşımayacak
	taşır mı	taşıyor mu	taşıdı mı	taşımış mı	taşıyacak mı
Biz	taşırız	taşıyoruz	taşıdık	taşımışız	taşıyacağız
	taşımayız	taşımıyoruz	taşımadık	taşımamışız	taşımayacağız
	taşır mıyız	taşıyor muyuz	taşıdık mı	taşımış mıyız	taşıyacak mıyız
Siz	taşırsınız	taşıyorsunuz	taşıdınız	taşımışsınız	taşıyacaksınız
	taşımazsınız	taşımıyorsunuz	taşımadınız	taşımamışsınız	taşımayacaksınız
	taşır mısınız	taşıyor musunuz	taşıdınız mı	taşımış mısınız	taşıyacak mısınız
Onlar	taşırlar	taşıyorlar	taşıdılar	taşımışlar	taşıyacaklar
	taşımazlar	taşımıyorlar	taşımadılar	taşımamışlar	taşımayacaklar
	taşırlar mı	taşıyorlar mı	taşıdılar mı	taşımışlar mı	taşıyacaklar mı

	Simple Present	Present Continuous	-di Past	-miş Past	Future
Ben	kullan				
Sen					
O					
Biz					
Siz					
Onlar					

70. -e/-den taşınmak   to move (change place)

Daha büyük bir eve taşın**acağ**ız. Çocuklar ayrı odalar istiyor.
We will move ***into*** *a bigger house.* The children want separate rooms.

Eski müdürüm emekli olmuş ve *Alanya'ya* taşın**mış**.
My old boss retired and moved ***to*** *Alanya.*

Biz *o mahalleye* yeni taşın**dık**. Henüz kimseyi tanımıyoruz.
We've just moved ***to*** *that neighbourhood.* We don't know anyone yet.

Ben bir veya iki haftaya *bu bina**dan*** taşınıyorum. Çok eski.
I'm moving ***out of*** *this building* in one week or two. It's too old.

bir yer**den** *bir yere* taşınmak   to move from one place *to another*

Dayımlar geçen yaz *İstanbul'**dan** Ankara'ya* taşın**dılar**. *
My uncle (and his family) moved ***from*** *Istanbul **to** Ankara* last summer.

	* note
	The plural suffix in *Dayımlar* refers to the whole family.

word forms and phrases	
birinin evi**ne** taşınmak	to move in with sb
ev**den** eve nakliyat	door to door mover

	Simple Present	Present Continuous	-di Past	-miş Past	Future
Ben	taşınırım	taşınıyorum	taşındım	taşınmışım	taşınacağım
	taşınmam	taşınmıyorum	taşınmadım	taşınmamışım	taşınmayacağım
	taşınır mıyım	taşınıyor muyum	taşındım mı	taşınmış mıyım	taşınacak mıyım
Sen	taşınırsın	taşınıyorsun	taşındın	taşınmışsın	taşınacaksın
	taşınmazsın	taşınmıyorsun	taşınmadın	taşınmamışsın	taşınmayacaksın
	taşınır mısın	taşınıyor musun	taşındın mı	taşınmış mısın	taşınacak mısın
O	taşınır	taşınıyor	taşındı	taşınmış	taşınacak
	taşınmaz	taşınmıyor	taşınmadı	taşınmamış	taşınmayacak
	taşınır mı	taşınıyor mu	taşındı mı	taşınmış mı	taşınacak mı
Biz	taşınırız	taşınıyoruz	taşındık	taşınmışız	taşınacağız
	taşınmayız	taşınmıyoruz	taşınmadık	taşınmamışız	taşınmayacağız
	taşınır mıyız	taşınıyor muyuz	taşındık mı	taşınmış mıyız	taşınacak mıyız
Siz	taşınırsınız	taşınıyorsunuz	taşındınız	taşınmışsınız	taşınacaksınız
	taşınmazsınız	taşınmıyorsunuz	taşınmadınız	taşınmamışsınız	taşınmayacaksınız
	taşınır mısınız	taşınıyor musunuz	taşındınız mı	taşınmış mısınız	taşınacak mısınız
Onlar	taşınırlar	taşınıyorlar	taşındılar	taşınmışlar	taşınacaklar
	taşınmazlar	taşınmıyorlar	taşınmadılar	taşınmamışlar	taşınmayacaklar
	taşınırlar mı	taşınıyorlar mı	taşındılar mı	taşınmışlar mı	taşınacaklar mı

	Simple Present	Present Continuous	-di Past	-miş Past	Future
Ben	taşı				
Sen					
O					
Biz					
Siz					
Onlar					

EXERCISES   Verbs **61-70**

1. Match (1-8 to a-g; 9-16 to ğ-m).

1. -i kapatmak (*or* kapamak)
2. -i seçmek
3. -e katılmak
4. -i içmek
5. -i yemek
6. -i açmak
7. -i kullanmak
8. -i/-e açıklamak

a. 1. to agree with 2. to join (do together) 3. to participate
b. to drink
c. 1. to open 2. to turn on
ç. to choose, select, pick
d. to use
e. 1. to close 2. to turn off
f. to eat
g. 1. to explain 2. to announce (officially tell people about something)

9. -i taşımak
10. -e/-den taşınmak
11. açılmak
12. yiyip içmek
13. kapanmak
14. gözlerini dört açmak
15. bir şeyi birine açıklamak
16. sigara/alkol kullanmak/içmek

ğ. to keep your eyes wide open
h. to close up (shops/banks etc)
ı. to open up (shops/banks etc)
i. to explain something to someone
j. to move (change place)
k. to use alcohol/to smoke
l. to eat and drink
m. to carry (1. lift and take 2. have with you)

2. Complete the sentences with the English translations in *italics*.

1. .... Bence yanılıyorsunuz.   *I don't agree with you.* I think you are wrong.

2. Tarih ödevi için ....?   *Have you chosen a topic* for the history homework?

3. ....?   *Have you eaten dinner?*

4. Melih zili çalmış fakat ....   Melih rang the bell, but *they didn't open the door.*

5. ...., Zeynep?   *Can I use your dictionary,* Zeynep?

6. Bankalar ....?   *What time do* the banks *close?*

7. Onlar evlendikten sonra ....   After they get married, *they will move to Konya.*

8. Annem .... çantasında ....   My mother *carries all her medicines* in her handbag.

9. .... hiçbir şey .... zorunda değilim.   I don't have *to explain* anything *to you.*

10. ...., ve çok gürültü yapmışlar.   *They ate and drank all night* and made a lot of noise.

3. Answer about yourself in complete sentences.

1. Sigara veya içki kullanıyor musunuz/içiyor musunuz?   ....

2. Akşam yemeğini genellikle kaçta yersiniz?   ....

3. En son ne zaman **nereden nereye** taşındınız?   ....

4. Cebinizde veya çantanızda sürekli taşıdığınız bir şey var mı?   ....

5. **Yaşadığınız yerde** bankalar kaçta açılıyor ve kaçta kapanıyor?   ....

nere**den** nere**ye** from where to where; **yaşadığınız yerde** in where you live

4. Write the Turkish equivalents.

1. participation; participant ....

2. election; voter ....

3. option, choice ....

4. picky; distinguished ....

5. reasonable explanation ....

6. explanatory ....

7. food; meal; recipe ....

8. cafeteria/canteen ....

9. non-alcoholic/alcoholic drink ....

10. open, on x closed, off ....

11. tin/can opener ....

12. use; user ....

13. handy, useful x useless ....

14. porter; portable ....

15. You don't have to explain. ....

Answers

1. 1e 2ç 3a 4b 5f 6c 7d 8g 9m 10j 11ı 12l 13h 14ğ 15i 16k

2. 1 Ben size katılmıyorum 2 bir konu seçtin mi 3 Siz akşam yemeğini yediniz mi 4 kapıyı açmamışlar
5 Sözlüğünü kullanabilir miyim 6 (saat) kaçta kapanıyor 7 Konya'ya taşınacaklar 8 tüm ilaçlarını, taşır 9 Sana/Size, açıklamak
10 Tüm gece yiyip içmişler

3. Örneğin: 1 Sigara içiyorum. İçki içmiyorum. / İkisini de içiyorum/içmiyorum. (**İkisi** means **both** in the affirmative and **either** in the negative.) 2 Saat 7.30 gibi yerim. 3 İki yıl önce İstanbul'dan Ankara'ya taşındım. 4 Çantamda sürekli (=her zaman) su ve ağrı kesici taşırım. Başım sık ağrır. 5 Genellikle 9.00'da açılıyor ve 5.00'te kapanıyor.

4. 1 katılım; katılımcı 2 seçim; seçmen 3 seçenek 4 seçici; seçkin 5 mantıklı/makul açıklama 6 açıklayıcı 7 yiyecek; yemek; yemek tarifi 8 yemekhane 9 içecek; içki 10 açık x kapalı 11 konserve açacağı 12 kullanım; kullanıcı 13 kullanışlı x kullanışsız 14 taşıyıcı (=portör); taşınabilir 15 Açıklamak zorunda değilsin.

Can you write down the verbs you have learned in this set (verbs 61-70)?

....

....

....

....

....

71. endişelenmek (= endişe etmek)   to worry (be anxious)

Benim *için* endişelenme**y in**, arkadaşlar. Ben çok iyiyim. Gerçekten.
Don't worry *about* me, guys. I'm very well. Really.

Annemi aramalıyım, yoksa endişelen**ir**. Bugün henüz konuşmadık.
I must call my mum, or she will worry. Today we haven't talked yet.

Çocuklar *için* endişe edi**yor**um. Evde yalnızlar.
I'm worried *about* the children. They are alone at home.

-i endişelendirmek   to make someone anxious

Aileme henüz söylemedim. *Onları* endişelendir**mek** istemiyorum.
I haven't told my family yet. I don't want to worry *them*.

Ali, gün boyu telefonun kapalıydı. *Beni* çok endişelendir**din**.
Ali, your phone's been switched off all day. You've worried *me* a lot.

word forms and phrases	
endişe	worry
endişe**yle**	anxiously
endişe**li**	worried
endişe**siz**	carefree
endişe ver**ici**	worrying
(durum/gelişme)	(situation/development)

	Simple Present	Present Continuous	-di Past	-miş Past	Future
Ben	endişelen**ir**im	endişelen**iyor**um	endişelen**dim**	endişelen**miş**im	endişelen**eceğ**im
	endişelen**mem**	endişelen**miyor**um	endişelen**medim**	endişelen**memiş**im	endişelen**meyeceğ**im
	endişelen**ir** miyim	endişelen**iyor** muyum	endişelen**dim** mi	endişelen**miş** miyim	endişelen**ecek** miyim
Sen	endişelen**irsin**	endişelen**iyor**sun	endişelen**din**	endişelen**miş**sin	endişelen**ecek**sin
	endişelen**mezsin**	endişelen**miyor**sun	endişelen**medin**	endişelen**memiş**sin	endişelen**meyecek**sin
	endişelen**ir** misin	endişelen**iyor** musun	endişelen**din** mi	endişelen**miş** misin	endişelen**ecek** misin
O	endişelen**ir**	endişelen**iyor**	endişelen**di**	endişelen**miş**	endişelen**ecek**
	endişelen**mez**	endişelen**miyor**	endişelen**medi**	endişelen**memiş**	endişelen**meyecek**
	endişelen**ir** mi	endişelen**iyor** mu	endişelen**di** mi	endişelen**miş** mi	endişelen**ecek** mi
Biz	endişelen**ir**iz	endişelen**iyor**uz	endişelen**dik**	endişelen**miş**iz	endişelen**eceğ**iz
	endişelen**meyiz**	endişelen**miyor**uz	endişelen**medik**	endişelen**memiş**iz	endişelen**meyeceğ**iz
	endişelen**ir** miyiz	endişelen**iyor** muyuz	endişelen**dik** mi	endişelen**miş** miyiz	endişelen**ecek** miyiz
Siz	endişelen**ir**siniz	endişelen**iyor**sunuz	endişelen**diniz**	endişelen**miş**siniz	endişelen**ecek**siniz
	endişelen**mezsiniz**	endişelen**miyor**sunuz	endişelen**mediniz**	endişelen**memiş**siniz	endişelen**meyecek**siniz
	endişelen**ir** misiniz	endişelen**iyor** musunuz	endişelen**diniz** mi	endişelen**miş** misiniz	endişelen**ecek** misiniz
Onlar	endişelen**ir**ler	endişelen**iyor**lar	endişelen**diler**	endişelen**miş**ler	endişelen**ecek**ler
	endişelen**mezler**	endişelen**miyor**lar	endişelen**mediler**	endişelen**memiş**ler	endişelen**meyecek**ler
	endişelen**ir**ler mi	endişelen**iyor**lar mı	endişelen**diler** mi	endişelen**miş**ler mi	endişelen**ecek**ler mi

	Simple Present	Present Continuous	-di Past	-miş Past	Future
Ben	taşın				
Sen					
O					
Biz					
Siz					
Onlar					

72. -i/-e göstermek   to show [tr]

Buraya gelir misin, Özlem? Sana *çok ilginç bir şey* göster**ece**ğim.
Will you come here, Özlem? I will show you *something very interesting*.

Buket dün gece bize *tatil fotoğraflarını* göster**di**.
Buket showed us *her holiday photos* last night.

Hayır, öyle değil. Sana göster**eyim**. ... İşte böyle yap. Anladın mı?
No, it's not like that. Let me show you. ... Do it like this. You got it?

Herkes saygı ve sevgi ister. Ama göster**mez**.
Everyone wants respect and love. But they don't show it.

Sürekli çalışıyorsun. Çocuklarına *hiç ilgi* göster**miyor**sun.
You are always working. You don't show *any interest* in your children.

word forms and phrases	
gösteri	show; demonstration
gösteri yapmak	to demonstrate (protest)
gösteriş yapmak	to show off
gösteriş budalası	show-off
gösterişli	flamboyant
gösterişsiz	modest
gösterge	indicator
birine gününü göstermek	to let someone have it

	Simple Present	Present Continuous	-di Past	-miş Past	Future
Ben	gösteririm göstermem gösterir miyim	gösteriyorum göstermiyorum gösteriyor muyum	gösterdim göstermedim gösterdim mi	göstermişim göstermemişim göstermiş miyim	göstereceğim göstermeyeceğim gösterecek miyim
Sen	gösterirsin göstermezsin gösterir misin	gösteriyorsun göstermiyorsun gösteriyor musun	gösterdin göstermedin gösterdin mi	göstermişsin göstermemişsin göstermiş misin	göstereceksin göstermeyeceksin gösterecek misin
O	gösterir göstermez gösterir mi	gösteriyor göstermiyor gösteriyor mu	gösterdi göstermedi gösterdi mi	göstermiş göstermemiş göstermiş mi	gösterecek göstermeyecek gösterecek mi
Biz	gösteririz göstermeyiz gösterir miyiz	gösteriyoruz göstermiyoruz gösteriyor muyuz	gösterdik göstermedik gösterdik mi	göstermişiz göstermemişiz göstermiş miyiz	göstereceğiz göstermeyeceğiz gösterecek miyiz
Siz	gösterirsiniz göstermezsiniz gösterir misiniz	gösteriyorsunuz göstermiyorsunuz gösteriyor musunuz	gösterdiniz göstermediniz gösterdiniz mi	göstermişsiniz göstermemişsiniz göstermiş misiniz	göstereceksiniz göstermeyeceksiniz gösterecek misiniz
Onlar	gösterirler göstermezler gösterirler mi	gösteriyorlar göstermiyorlar gösteriyorlar mı	gösterdiler göstermediler gösterdiler mi	göstermişler göstermemişler göstermişler mi	gösterecekler göstermeyecekler gösterecekler mi

	Simple Present	Present Continuous	-di Past	-miş Past	Future
Ben	endişelen				
Sen					
O					
Biz					
Siz					
Onlar					

73. -i kaybetmek   to lose (1. cannot find 2. not win 3. die 4. stop having 5. money/time)

Ne arıyorsun, İbrahim? Sen yine *telefonunu* mu kaybettin?
What are you seeking, İbrahim? Have you lost *your phone* again?

Hiç kimse hükûmetten memnun değil. *Bu seçimi* kesin kaybeder.
Nobody is happy with the government. It will definitely lose *this election*.

Çin virüsünden milyonlarca kişi *hayatını* kaybetti.
Millions of people have lost *their lives* because of the Chinese virus.

Her gün işe geç kalıyorsun. Bir gün *işini* kaybedeceksin.
You are late for work every day. One day you will lose *your job*.

Cengiz arabasını satıyor. Borsada *çok para* kaybetmiş.
Cengiz is selling his car. He lost *a lot of money* on the stock market.

note
This verb is a combination of: kayıp + etmek

word forms and phrases	
kayıp	missing
kaybolmak	to go missing; to get lost
ilgini kaybetmek	to lose **your** interest
ümidini kaybetmek	to lose **your** hope
güvenini kaybetmek	to lose **your** trust/
öz güvenini kaybetmek	to lose **your** self-confidence

The **possessive** suffix changes according to person: ilg**imi**, ümid**imi**, etc.

	Simple Present	Present Continuous	-di Past	-miş Past	Future
Ben	kaybederim	kaybediyorum	kaybettim	kaybetmişim	kaybedeceğim
	kaybetmem	kaybetmiyorum	kaybetmedim	kaybetmemişim	kaybetmeyeceğim
	kaybeder miyim	kaybediyor muyum	kaybettim mi	kaybetmiş miyim	kaybedecek miyim
Sen	kaybedersin	kaybediyorsun	kaybettin	kaybetmişsin	kaybedeceksin
	kaybetmezsin	kaybetmiyorsun	kaybetmedin	kaybetmemişsin	kaybetmeyeceksin
	kaybeder misin	kaybediyor musun	kaybettin mi	kaybetmiş misin	kaybedecek misin
O	kaybeder	kaybediyor	kaybetti	kaybetmiş	kaybedecek
	kaybetmez	kaybetmiyor	kaybetmedi	kaybetmemiş	kaybetmeyecek
	kaybeder mi	kaybediyor mu	kaybetti mi	kaybetmiş mi	kaybedecek mi
Biz	kaybederiz	kaybediyoruz	kaybettik	kaybetmişiz	kaybedeceğiz
	kaybetmeyiz	kaybetmiyoruz	kaybetmedik	kaybetmemişiz	kaybetmeyeceğiz
	kaybeder miyiz	kaybediyor muyuz	kaybettik mi	kaybetmiş miyiz	kaybedecek miyiz
Siz	kaybedersiniz	kaybediyorsunuz	kaybettiniz	kaybetmişsiniz	kaybedeceksiniz
	kaybetmezsiniz	kaybetmiyorsunuz	kaybetmediniz	kaybetmemişsiniz	kaybetmeyeceksiniz
	kaybeder misiniz	kaybediyor musunuz	kaybettiniz mi	kaybetmiş misiniz	kaybedecek misiniz
Onlar	kaybederler	kaybediyorlar	kaybettiler	kaybetmişler	kaybedecekler
	kaybetmezler	kaybetmiyorlar	kaybetmediler	kaybetmemişler	kaybetmeyecekler
	kaybederler mi	kaybediyorlar mı	kaybettiler mi	kaybetmişler mi	kaybedecekler mi

	Simple Present	Present Continuous	-di Past	-miş Past	Future
Ben	göster				
Sen					
O					
Biz					
Siz					
Onlar					

74. -i bulmak   1. to find 2. to invent

'Anahtarlarını bul**du**n mu, Yunus Emre?' 'Hayır, henüz bul**a**madım.'
'Have you found *your keys*, Yunus Emre?' 'No, I couldn't find them yet.'

Bir gün bilim insanları kansere de *bir tedavi* bul**acak**lar.
One day scientist will also find *a cure* for cancer.

   bir şeyi/birini *sıkıcı/ilginç vb* bulmak   to find sth/sb *boring/interesting etc*

Ben o kızı *çok sıkıcı* bul**uyor**um. Çok konuşuyor.
I find that girl *too boring*. She talks too much.

'İstanbul'**u** nasıl bul**du**nuz?' 'Harika bir şehir. Çok sevdim.'
'How do you like Istanbul?' 'It's a great city. I like it so much.'

Graham Bell diyorlar, ama *telefonu* aslında kim bul**du** (= icat etti)?
They say it was Graham Bell, but who really invented *the telephone?*

word forms and phrases	
bul**gu**	finding
bulu**ş** (= icat)	invention
buluş yapmak	to make an invention
bul**maca**	crossword
kafayı bulmak	to get drunk
bir yolunu bulmak	to find a way

	Simple Present	Present Continuous	-di Past	-miş Past	Future
	bul**ur**um	bul**uyor**um	bul**dum**	bul**muş**um	bul**acağ**ım
Ben	bul**mam**	bul**muyor**um	bul**madım**	bul**mamış**ım	bul**mayacağ**ım
	bul**ur** muyum	bul**uyor** muyum	bul**dum** mu	bul**muş** muyum	bul**acak** mıyım
	bul**ur**sun	bul**uyor**sun	bul**dun**	bul**muş**sun	bul**acak**sın
Sen	bul**mazsın**	bul**muyor**sun	bul**madın**	bul**mamış**sın	bul**mayacak**sın
	bul**ur** musun	bul**uyor** musun	bul**dun** mu	bul**muş** musun	bul**acak** mısın
	bul**ur**	bul**uyor**	bul**du**	bul**muş**	bul**acak**
O	bul**maz**	bul**muyor**	bul**madı**	bul**mamış**	bul**mayacak**
	bul**ur** mu	bul**uyor** mu	bul**du** mu	bul**muş** mu	bul**acak** mı
	bul**ur**uz	bul**uyor**uz	bul**duk**	bul**muş**uz	bul**acağ**ız
Biz	bul**mayız**	bul**muyor**uz	bul**madık**	bul**mamış**ız	bul**mayacağ**ız
	bul**ur** muyuz	bul**uyor** muyuz	bul**duk** mu	bul**muş** muyuz	bul**acak** mıyız
	bul**ur**sunuz	bul**uyor**sunuz	bul**dunuz**	bul**muş**sunuz	bul**acak**sınız
Siz	bul**mazsınız**	bul**muyor**sunuz	bul**madınız**	bul**mamış**sınız	bul**mayacak**sınız
	bul**ur** musunuz	bul**uyor** musunuz	bul**dunuz** mu	bul**muş** musunuz	bul**acak** mısınız
	bul**ur**lar	bul**uyor**lar	bul**dular**	bul**muş**lar	bul**acak**lar
Onlar	bul**mazlar**	bul**muyor**lar	bul**madılar**	bul**mamış**lar	bul**mayacak**lar
	bul**ur**lar mı	bul**uyor**lar mı	bul**dular** mı	bul**muş**lar mı	bul**acak**lar mı

	Simple Present	Present Continuous	-di Past	-miş Past	Future
Ben	kaybet				
Sen					
O					
Biz					
Siz					
Onlar					

75. -i kazanmak   1. to win 2. to earn (i. money for work ii. sth deserved)

'Sence *gelecek seçimi* kim kazanır?'   'Ben siyasetle ilgilenmiyorum.'
'Who do you think will win *the next election?*'   'I'm not interested in politics.'

FIFA 2018'**i** Fransa kazandı. 2022'yi kim kazan**acak** acaba?
France won FIFA 2018. I wonder who will win the 2022?

Gamze, Milli Piyango'dan ₺100.000 kazan**mış**.
Gamze has won ₺100.000 on the National Lottery.

Ben ayda *yaklaşık* ₺9.000 kazan**ıyor**um. Karım benden *çok* kazan**ıyor**.
I earn *around* ₺9.000 a month. My wife earns *more* than me.

Yeni yöneticimiz kısa sürede bütün çalışanların *saygısını* kazandı.
Our new manager has earned *the respect* of all the staff in a short time.

word forms and phrases	
kazanç	gain; profit; income
kazançlı	profitable
kazançsız	unprofitable
kazan kazan	win-win
kazan**an** x kaybed**en**	winner x loser
bir yarışmada/yarışta	to come first
birinci gelmek/olmak	*in a competition/race*

	Simple Present	Present Continuous	-di Past	-miş Past	Future
Ben	kazanırım	kazanıyorum	kazandım	kazanmışım	kazan**acağ**ım
	kazanmam	kazanmıyorum	kazanmadım	kazanmamışım	kazanmay**acağ**ım
	kazan**ır** mıyım	kazan**ıyor** muyum	kazandım mı	kazan**mış** mıyım	kazan**acak** mıyım
Sen	kazanırsın	kazanıyorsun	kazandın	kazanmışsın	kazan**acak**sın
	kazanmazsın	kazanmıyorsun	kazanmadın	kazanmamışsın	kazanmay**acak**sın
	kazan**ır** mısın	kazan**ıyor** musun	kazandın mı	kazan**mış** mısın	kazan**acak** mısın
O	kazanır	kazanıyor	kazandı	kazanmış	kazan**acak**
	kazanmaz	kazanmıyor	kazanmadı	kazanmamış	kazanmay**acak**
	kazan**ır** mı	kazan**ıyor** mu	kazandı mı	kazan**mış** mı	kazan**acak** mı
Biz	kazanırız	kazanıyoruz	kazandık	kazanmışız	kazan**acağ**ız
	kazanmayız	kazanmıyoruz	kazanmadık	kazanmamışız	kazanmay**acağ**ız
	kazan**ır** mıyız	kazan**ıyor** muyuz	kazandık mı	kazan**mış** mıyız	kazan**acak** mıyız
Siz	kazanırsınız	kazanıyorsunuz	kazandınız	kazanmışsınız	kazan**acak**sınız
	kazanmazsınız	kazanmıyorsunuz	kazanmadınız	kazanmamışsınız	kazanmay**acak**sınız
	kazan**ır** mısınız	kazan**ıyor** musunuz	kazandınız mı	kazan**mış** mısınız	kazan**acak** mısınız
Onlar	kazanırlar	kazanıyorlar	kazandılar	kazanmışlar	kazan**acak**lar
	kazanmazlar	kazanmıyorlar	kazanmadılar	kazanmamışlar	kazanmay**acak**lar
	kazanırlar mı	kazanıyorlar mı	kazandılar mı	kazanmışlar mı	kazan**acak**lar mı

	Simple Present	Present Continuous	-di Past	-miş Past	Future
Ben	bul				
Sen					
O					
Biz					
Siz					
Onlar					

76. -i harcamak   to spend (money/energy/force/time)

Tüm cep harçlığını harca**dın** mı? Daha iki gün oldu, Pelin Su.
Have you spent *all your pocket money?* It's been only two days, Pelin Su.

Ben bu hafta *çok para* harca**dım**. Daha fazla harcaya**mam**.
I have spent *a lot of money* this week. I can't spend any more.

    bir şeye para/energy vb harcamak   to spend money/energy etc *on sth*

İlk aylığımı *ayakkabı ve çantalara* harcay**acağım**.
I will spend my first salary *on shoes and handbags.*

Umut *bilgisayar oyunlarına* yüzlerce lira harca**mış** yine.
Umut has spent hundred of liras *on video games* again.

Bu *kitaba* çok zaman ve enerji harca**dım**. Umarım beğenirsiniz.
I have spent a lot of time and energy *into this book.* I hope you will like it.

	note
	For the verb **spend** in the meaning of using time doing a particular thing, or in a particular place, see **geçirmek** #52.

word forms and phrases

harca**ma**	expense, spending
gereksiz harcama	unnecessary spending
su gibi para harcamak	to spend money like water
hesapsızca harcamak	to spend extravagantly
idareli harcamak	to spend carefully

	Simple Present	Present Continuous	-di Past	-miş Past	Future
Ben	harcarım	harcıyorum	harcadım	harcamışım	harcayacağım
	harcamam	harcamıyorum	harcamadım	harcamamışım	harcamayacağım
	harcar mıyım	harcıyor muyum	harcadım mı	harcamış mıyım	harcayacak mıyım
Sen	harcarsın	harcıyorsun	harcadın	harcamışsın	harcayacaksın
	harcamazsın	harcamıyorsun	harcamadın	harcamamışsın	harcamayacaksın
	harcar mısın	harcıyor musun	harcadın mı	harcamış mısın	harcayacak mısın
O	harcar	harcıyor	harcadı	harcamış	harcayacak
	harcamaz	harcamıyor	harcamadı	harcamamış	harcamayacak
	harcar mı	harcıyor mu	harcadı mı	harcamış mı	harcayacak mı
Biz	harcarız	harcıyoruz	harcadık	harcamışız	harcayacağız
	harcamayız	harcamıyoruz	harcamadık	harcamamışız	harcamayacağız
	harcar mıyız	harcıyor muyuz	harcadık mı	harcamış mıyız	harcayacak mıyız
Siz	harcarsınız	harcıyorsunuz	harcadınız	harcamışsınız	harcayacaksınız
	harcamazsınız	harcamıyorsunuz	harcamadınız	harcamamışsınız	harcamayacaksınız
	harcar mısınız	harcıyor musunuz	harcadınız mı	harcamış mısınız	harcayacak mısınız
Onlar	harcarlar	harcıyorlar	harcadılar	harcamışlar	harcayacaklar
	harcamazlar	harcamıyorlar	harcamadılar	harcamamışlar	harcamayacaklar
	harcarlar mı	harcıyorlar mı	harcadılar mı	harcamışlar mı	harcayacaklar mı

	Simple Present	Present Continuous	-di Past	-miş Past	Future
Ben	kazan				
Sen					
O					
Biz					
Siz					
Onlar					

77. **tanışmak**   to meet (for the first time)

'Pardon, tanış**ıyor** muyuz?'   'Evet. Birkaç hafta önce Starbucks'ta tanış**mış**tık.'
'Excuse me, have we met before?'   'Yes. We met at Starbucks a few weeks ago.'

   biriy**le** tanışmak   to meet someone

'*Yeni müdürle* tanış**tın** mı?'   'Hayır, henüz tanışma**dım**. Nasıl biri?'
'Have you met *the new boss?*'   'No, I haven't met yet. What's s/he like?'

Ali, annem *seninle* tanış**mak** istiyor. Bu akşam *yemeğe* davetlisin.
Ali, my mother wants to meet *you*. You are invited *to dinner* this evening.

   birini *biriyle* tanış**tır**mak   to introduce someone *to another person*

'Beni *kız arkadaşınla* tanıştırmay**acak** mısın, Alp?'   'Bu Ece. Bu da Aslıgül.'
'Wont you introduce me *to your girlfriend,* Alp?'   'This is Ece. This is Aslıgül.'

word forms and phrases	
tanış (= tanıdık)	acquaintance (someone you have met, but do not know well
tanışma aşaması	dating phase
tanışma toplantısı	acquaintance meeting

	Simple Present	Present Continuous	-di Past	-miş Past	Future
Ben	tanışırım	tanışıyorum	tanıştım	tanışmışım	tanışacağım
	tanışmam	tanışmıyorum	tanışmadım	tanışmamışım	tanışmayacağım
	tanışır mıyım	tanışıyor muyum	tanıştım mı	tanışmış mıyım	tanışacak mıyım
Sen	tanışırsın	tanışıyorsun	tanıştın	tanışmışsın	tanışacaksın
	tanışmazsın	tanışmıyorsun	tanışmadın	tanışmamışsın	tanışmayacaksın
	tanışır mısın	tanışıyor musun	tanıştın mı	tanışmış mısın	tanışacak mısın
O	tanışır	tanışıyor	tanıştı	tanışmış	tanışacak
	tanışmaz	tanışmıyor	tanışmadı	tanışmamış	tanışmayacak
	tanışır mı	tanışıyor mu	tanıştı mı	tanışmış mı	tanışacak mı
Biz	tanışırız	tanışıyoruz	tanıştık	tanışmışız	tanışacağız
	tanışmayız	tanışmıyoruz	tanışmadık	tanışmamışız	tanışmayacağız
	tanışır mıyız	tanışıyor muyuz	tanıştık mı	tanışmış mıyız	tanışacak mıyız
Siz	tanışırsınız	tanışıyorsunuz	tanıştınız	tanışmışsınız	tanışacaksınız
	tanışmazsınız	tanışmıyorsunuz	tanışmadınız	tanışmamışsınız	tanışmayacaksınız
	tanışır mısınız	tanışıyor musunuz	tanıştınız mı	tanışmış mısınız	tanışacak mısınız
Onlar	tanışırlar	tanışıyorlar	tanıştılar	tanışmışlar	tanışacaklar
	tanışmazlar	tanışmıyorlar	tanışmadılar	tanışmamışlar	tanışmayacaklar
	tanışırlar mı	tanışıyorlar mı	tanıştılar mı	tanışmışlar mı	tanışacaklar mı

	Simple Present	Present Continuous	-di Past	-miş Past	Future
Ben	harca				
Sen					
O					
Biz					
Siz					
Onlar					

78. -i tanımak — to know (someone); to recognise

Sen *şu kızı* tanıyorsun, değil mi? Beni *onunla* tanıştırır mısın?
You know *that girl over there*, don't you? Would you introduce me *to her?*

Sen *beni* hiç tanımamışsın. Ben sana hiç yalan söyledim mi?
You never knew *me*. Have I ever lied to you?

Nil 5 yıldır burada çalışıyor. *Herkesi* tanır. Ona sorun.
Nil has been working here for 5 years. She knows *everybody*. Ask her.

Dün liseden Özge'yi gördüm. *Beni* tanıyamadı.
I saw Özge from high school yesterday. She couldn't recognise *me*.

birini *bir yerden* tanımak — to know sb *from* somewhere

Ben sizi *bir yerden* tanıyorum. … Starbucks'ta çalışıyorsunuz, değil mi?
I know you *from* somewhere. … You work at Starbucks, right?

word forms and phrases	
tanıdık (= tanış)	acquaintance
tanınmış	recognized
birini iyi/yakından tanımak	to know sb well
birini ismen tanımak	to know sb by name
birini şahsen tanımak	to know sb personally
birini tanımazdan gelmek	to pretend not to know sb

	Simple Present	Present Continuous	-di Past	-miş Past	Future
Ben	tanırım	tanıyorum	tanıdım	tanımışım	tanıyacağım
	tanımam	tanımıyorum	tanımadım	tanımamışım	tanımayacağım
	tanır mıyım	tanıyor muyum	tanıdım mı	tanımış mıyım	tanıyacak mıyım
Sen	tanırsın	tanıyorsun	tanıdın	tanımışsın	tanıyacaksın
	tanımazsın	tanımıyorsun	tanımadın	tanımamışsın	tanımayacaksın
	tanır mısın	tanıyor musun	tanıdın mı	tanımış mısın	tanıyacak mısın
O	tanır	tanıyor	tanıdı	tanımış	tanıyacak
	tanımaz	tanımıyor	tanımadı	tanımamış	tanımayacak
	tanır mı	tanıyor mu	tanıdı mı	tanımış mı	tanıyacak mı
Biz	tanırız	tanıyoruz	tanıdık	tanımışız	tanıyacağız
	tanımayız	tanımıyoruz	tanımadık	tanımamışız	tanımayacağız
	tanır mıyız	tanıyor muyuz	tanıdık mı	tanımış mıyız	tanıyacak mıyız
Siz	tanırsınız	tanıyorsunuz	tanıdınız	tanımışsınız	tanıyacaksınız
	tanımazsınız	tanımıyorsunuz	tanımadınız	tanımamışsınız	tanımayacaksınız
	tanır mısınız	tanıyor musunuz	tanıdınız mı	tanımış mısınız	tanıyacak mısınız
Onlar	tanırlar	tanıyorlar	tanıdılar	tanımışlar	tanıyacaklar
	tanımazlar	tanımıyorlar	tanımadılar	tanımamışlar	tanımayacaklar
	tanırlar mı	tanıyorlar mı	tanıdılar mı	tanımışlar mı	tanıyacaklar mı

	Simple Present	Present Continuous	-di Past	-miş Past	Future
Ben	tanış				
Sen					
O					
Biz					
Siz					
Onlar					

79. buluşmak   to get together at an arranged place

Biz dün işten sonra Kahve Dünyası'nda buluş**tuk**.
Yesterday we met in Kahve Dünyası [a coffee shop] after work.

Onlar her cuma akşamı buluş**ur**lar ve kâğıt oynarlar.
They meet every Friday evening and play cards.

İlişkileri varmış. Yıllarca gizlice buluş**muş**lar.
They have an affair. They have been meeting secretly for years.

   biri**yle** buluşmak   to meet someone

'Nisan'**la** nerede buluş**acak**sınız?'   'Henüz konuşmadık.'
'Where will you meet Nisan?'   'We haven't talked about that yet.'

Dün işten sonra *erkek arkadaşım***la** buluş**tum**. Kahve içtik.
Yesterday I met *my boyfriend* after work. We had coffee.

word forms and phrases	
buluş**ma**	meeting
buluşma yeri/noktası	meeting place/point
bir ortak noktada	to meet
buluşmak	*on a common ground*

	Simple Present	Present Continuous	-di Past	-miş Past	Future
Ben	buluş**ur**um buluş**ma**m buluş**ur** muyum	buluş**uyor**um buluş**muyor**um buluş**uyor** muyum	buluş**tum** buluş**ma**dım buluş**tum** mu	buluş**muş**um buluş**ma**mışım buluş**muş** muyum	buluş**acağ**ım buluş**ma**yacağım buluş**acak** mıyım
Sen	buluş**ur**sun buluş**ma**zsın buluş**ur** musun	buluş**uyor**sun buluş**muyor**sun buluş**uyor** musun	buluş**tun** buluş**ma**dın buluş**tun** mu	buluş**muş**sun buluş**ma**mışsın buluş**muş** musun	buluş**acak**sın buluş**ma**yacaksın buluş**acak** mısın
O	buluş**ur** buluş**ma**z buluş**ur** mu	buluş**uyor** buluş**muyor** buluş**uyor** mu	buluş**tu** buluş**ma**dı buluş**tu** mu	buluş**muş** buluş**ma**mış buluş**muş** mu	buluş**acak** buluş**ma**yacak buluş**acak** mı
Biz	buluş**ur**uz buluş**ma**yız buluş**ur** muyuz	buluş**uyor**uz buluş**muyor**uz buluş**uyor** muyuz	buluş**tuk** buluş**ma**dık buluş**tuk** mu	buluş**muş**uz buluş**ma**mışız buluş**muş** muyuz	buluş**acağ**ız buluş**ma**yacağız buluş**acak** mıyız
Siz	buluş**ur**sunuz buluş**ma**zsınız buluş**ur** musunuz	buluş**uyor**sunuz buluş**muyor**sunuz buluş**uyor** musunuz	buluş**tun**uz buluş**ma**dınız buluş**tun**uz mu	buluş**muş**sunuz buluş**ma**mışsınız buluş**muş** musunuz	buluş**acak**sınız buluş**ma**yacaksınız buluş**acak** mısınız
Onlar	buluş**ur**lar buluş**ma**zlar buluş**ur**lar mı	buluş**uyor**lar buluş**muyor**lar buluş**uyor**lar mı	buluş**tu**lar buluş**ma**dılar buluş**tu**lar mı	buluş**muş**lar buluş**ma**mışlar buluş**muş**lar mı	buluş**acak**lar buluş**ma**yacaklar buluş**acak**lar mı

	Simple Present	Present Continuous	-di Past	-miş Past	Future
Ben	tanı				
Sen					
O					
Biz					
Siz					
Onlar					

80. -i aramak   1. to look for; to search 2. to call (telephone)

Biz şehir merkezinde *kiralık eşyalı bir daire* arı**yor**uz.
We are looking for *a furnished flat/apartment to rent* in the city centre.

Ozan'ı mı arı**yor**sun? Ofisten 5 veya 10 dakika önce çıktı.
Are you looking for *Ozan?* He left the office 5 or 10 minutes ago.

Polis her yerde *kayıp çocuğu* ara**dı** fakat bulamadı.
The police searched everywhere for *the missing child* but couldn't find him.

Şimdi biraz meşgulüm, hayatım. *Seni* sonra aray**acağ**ım, tamam mı?
I'm a bit busy now, honey. I'll call *you* later, all right?

Telefonumda cevapsız bir çağrı var. ... Talip ara**mış**. Geri aramay**acağ**ım.
There is a missed call on my phone. ... Talip called. I won't call him back.

word forms and phrases	
arama	search (n)
arama kurtarma	search and rescue
iş aramak	to look for work
çözüm aramak	to look for a solution
bahane aramak	to look for an excuse
çare aramak	to look for a remedy
didik didik aramak	to search thoroughly
bela aramak	to look for trouble
samanlıkta	to look for a needle
iğne aramak	*in a haystack*

	Simple Present	Present Continuous	-di Past	-miş Past	Future
Ben	ararım	arıyorum	aradım	aramışım	arayacağım
	aramam	aramıyorum	aramadım	aramamışım	aramayacağım
	arar mıyım	arıyor muyum	aradım mı	aramış mıyım	arayacak mıyım
Sen	ararsın	arıyorsun	aradın	aramışsın	arayacaksın
	aramazsın	aramıyorsun	aramadın	aramamışsın	aramayacaksın
	arar mısın	arıyor musun	aradın mı	aramış mısın	arayacak mısın
O	arar	arıyor	aradı	aramış	arayacak
	aramaz	aramıyor	aramadı	aramamış	aramayacak
	arar mı	arıyor mu	aradı mı	aramış mı	arayacak mı
Biz	ararız	arıyoruz	aradık	aramışız	arayacağız
	aramayız	aramıyoruz	aramadık	aramamışız	aramayacağız
	arar mıyız	arıyor muyuz	aradık mı	aramış mıyız	arayacak mıyız
Siz	ararsınız	arıyorsunuz	aradınız	aramışsınız	arayacaksınız
	aramazsınız	aramıyorsunuz	aramadınız	aramamışsınız	aramayacaksınız
	arar mısınız	arıyor musunuz	aradınız mı	aramış mısınız	arayacak mısınız
Onlar	ararlar	arıyorlar	aradılar	aramışlar	arayacaklar
	aramazlar	aramıyorlar	aramadılar	aramamışlar	aramayacaklar
	ararlar mı	arıyorlar mı	aradılar mı	aramışlar mı	arayacaklar mı

	Simple Present	Present Continuous	-di Past	-miş Past	Future
Ben	buluş				
Sen					
O					
Biz					
Siz					
Onlar					

EXERCISES   Verbs **71-80**

1. Match (**1-8** to **a-g**; **9-16** to **ğ-m**).

1. **-i** tanımak
2. endişelenmek (= endişe etmek)
3. **-i/-e** göstermek
4. **-i** bulmak
5. **-i** aramak
6. **-i** kaybetmek
7. **-i** harcamak
8. **-ile** tanışmak

a. to lose (1. cannot find 2. not win 3. die 4. stop having 5. money/time)
b. 1. to find 2. to invent
c. to show [tr]
ç. to worry (be anxious)
d. to meet (for the first time)
e. to know (someone); to recognise
f. to spend (money/energy/force/time)
g. 1. to look for; to search 2. to call (telephone)

9. **-i** kazanmak
10. **-i** endişelendirmek
11. kaybolmak
12. biri**yle** buluşmak
13. kafayı bulmak
14. **-e** para/vakit harcamak
15. bahane/bela aramak
16. biri**ni** şahsen/ismen tanımak

ğ. to know someone personally/by name
h. to get drunk
ı. to look for an excuse/trouble
i. to spend money/time on something
j. to go missing; to get lost
k. to make someone anxious
l. to see somebody at an arranged place
m. 1. to win 2. to earn (i. money for work ii. something deserved)

2. Fill in the gaps with the correct case suffixes and forms of the verbs on the right.

1. Ev arkadaşım yine ev anahtarlarını kaybetmiş. Şimdi her yerde onları *arıyor.*   aramak

2. Emlakçı biz..... kiralık daire..... yarın ....   göstermek

3. Biz dün alışverişte çok para ....   harcamak

4. İnternet'..... kim ....?   bulmak

5. Hayır, ben Selin'in erkek arkadaşı...... henüz ....   tanışmak (-)

6. Dünkü maç..... kim ....?   kazanmak

7. Ben çıkıyorum. Bir arkadaşım..... ....   buluşmak

8. Ahsen sabah sen..... .... ama cevap vermemişsin.   aramak

9. Ben o..... sadece ismen .... Hiç karşılaşmadık.   tanımak

10. Türkiye ve Suriye depremlerinde on binlerce insan hayatı..... ....   kaybetmek

11. Hatanı hiç kabul etmiyorsun. Sürekli ....   bahane aramak

12. Kitabım..... nasıl ....? Umarım yararlı bulmuşsunuzdur.   bulmak

3. Answer about yourself in complete sentences.

1. **Ayda** veya **yılda** ne kadar kazanıyorsunuz?   ....

2. Hiç kayboldunuz mu? Nerede?   ....

3. Hiç **ünlü biriyle** tanıştınız mı? Kiminle?   ....

4. Paranızı en çok neye harcarsınız?   ....

5. **Yakınlarda** hiç **bir şeyinizi** kaybettiniz mi?   ....

ayda/yılda a month/year; **ünlü biri** someone famous; **yakınlarda** recently; **bir şeyinizi** your phone, keys, wallet etc

4. Write the Turkish equivalents.

1. worry; worried x carefree ....
2. worrying ....
3. show; demonstration ....
4. indicator ....
5. flamboyant x modest ....
6. missing ....
7. finding; invention ....
8. crossword ....
9. gain; profit; income ....
10. profitable x unprofitable ....
11. expense, spending ....
12. acquaintance ....
13. winner x loser ....
14. meeting ....
15. search and rescue ....

Answers

1. 1e 2ç 3c 4b 5g 6a 7f 8d 9m 10k 11j 12l 13h 14i 15ı 16ğ

2. 1 -nı, -ı, arıyor 2 -e, -yi, gösterecek 3 harcadık 4 -i, buldu 5 -yla tanışmadım 6 -ı, kazandı 7 -la buluşacağım 8 -i, aramış
9 -nu tanıyorum 10 -nı kaybetti 11 bahane arıyorsun 12 -ı, buldunuz

3. Örneğin: 1 Ayda yaklaşık (around) 20 bin lira kazanıyorum. 2 Evet, bir kez kayboldum. Roma'da. 3 Hayır, tanışmadım.
4 Paramı en çok *spor ayakkabılarına/çantalara/gezmeye/yiyip içmeye* harcarım. 5 Geçen hafta kulaklığımı (earphone)
kaybettim.

4. 1 endişe; endişeli x endişesiz 2 endişe verici 3 gösteri 4 gösterge 5 gösterişli x gösterişsiz 6 kayıp 7 bulgu; buluş (=icat)
8 bulmaca 9 kazanç 10 kazançlı x kazançsız (can also translate as *kârlı x kârsız*) 11 harcama 12 tanıdık (=tanış)
13 kazanan x kaybeden 14 buluşma (can also translate as *toplantı: an event at which people discuss and decide things*)
15 arama kurtarma

Can you write down the verbs you have learned in this set (verbs 71-80)?

....
....
....
....
....

81. -i kırmak   1. to break [tr] 2. to hurt (make someone upset, sad, etc)

Ümit hastanede. Sabah bisikletten düştü ve *kolunu* kırdı.
Ümit is in hospital. He fell off the bike in the morning and broke *his arm*.

Benim vazomu kim kırdı? Benim *için* çok değerliydi.
Who has broken *my vase?* It was very important *to* me.

O herifi bu sokakta bir daha görürsem yemin ederim *kafasını* kıra**cağ**ım.
If I see that guy in this street again, I swear I'll knock *his head* off.

Seni kır**mak** istemiyorum, aşkım. Bu tartışmaya bir son verelim.
I don't want to hurt *you*, love. Let's put an end to this quarrel.

Osman, dün *Selin'i* çok kır**mış**sın. Senden bir özür bekliyor.
Osman, you hurt *Selin* badly yesterday. She expects an apology from you.

word forms and phrases	
kırık	broken (bone/object)
kırılır x kırılmaz	breakable x unbreakable
kırılgan	1. fragile (situation)
	2. touchy (people)
kırıcı	offensive
pot kırmak	to make a faux pas
okulu kırmak	to play truant/hooky
birinin kalbini kırmak	to break someone's heart
birinin cesaretini kırmak	to dishearten someone
kırılmak	1. to break [intr]
	2. to be offended

	Simple Present	Present Continuous	-di Past	-miş Past	Future
Ben	kırarım	kırıyorum	kırdım	kırmışım	kıracağım
	kırmam	kırmıyorum	kırmadım	kırmamışım	kırmayacağım
	kırar mıyım	kırıyor muyum	kırdım mı	kırmış mıyım	kıracak mıyım
Sen	kırarsın	kırıyorsun	kırdın	kırmışsın	kıracaksın
	kırmazsın	kırmıyorsun	kırmadın	kırmamışsın	kırmayacaksın
	kırar mısın	kırıyor musun	kırdın mı	kırmış mısın	kıracak mısın
O	kırar	kırıyor	kırdı	kırmış	kıracak
	kırmaz	kırmıyor	kırmadı	kırmamış	kırmayacak
	kırar mı	kırıyor mu	kırdı mı	kırmış mı	kıracak mı
Biz	kırarız	kırıyoruz	kırdık	kırmışız	kıracağız
	kırmayız	kırmıyoruz	kırmadık	kırmamışız	kırmayacağız
	kırar mıyız	kırıyor muyuz	kırdık mı	kırmış mıyız	kıracak mıyız
Siz	kırarsınız	kırıyorsunuz	kırdınız	kırmışsınız	kıracaksınız
	kırmazsınız	kırmıyorsunuz	kırmadınız	kırmamışsınız	kırmayacaksınız
	kırar mısınız	kırıyor musunuz	kırdınız mı	kırmış mısınız	kıracak mısınız
Onlar	kırarlar	kırıyorlar	kırdılar	kırmışlar	kıracaklar
	kırmazlar	kırmıyorlar	kırmadılar	kırmamışlar	kırmayacaklar
	kırarlar mı	kırıyorlar mı	kırdılar mı	kırmışlar mı	kıracaklar mı

	Simple Present	Present Continuous	-di Past	-miş Past	Future
Ben	ara				
Sen					
O					
Biz					
Siz					
Onlar					

82. -i hazırlamak   to prepare

Bu sabah *kahvaltıyı* kocam hazırla**mış**. Çok şaşırdım.
My husband made *breakfast* this morning. I was really surprised.

Leyla Hanım, cumaya kadar biz**e** *bir sunum* hazırlar mısınız?
Ms Leyla, would you prepare *a presentation* for us by Friday?

Bizim okulumuz öğrencilerimiz**i** *geleceğe* hazırlı**yor**.
Our school is preparing our children *for the future.*

hazırlanmak   to get ready

Rabia banyoda, hazırlanı**yor**. Arkadaşlarıyla buluşacakmış.
Rabia is in the bathroom getting ready. She will meet her friends.

'*İş görüşmen*e hazırland**ın** mı, Su?' 'Hemen hemen hazırım.'
'Have you prepared *for your job interview, Su?* 'I'm almost ready.'

		word forms and phrases
	hazır	ready
	hazır gıda	ready-made food
	hazırlık	preparation; preparatory
	hazırlıklı	prepared
	hazırlık**sız**	unprepared

	Simple Present	Present Continuous	-di Past	-miş Past	Future
Ben	hazırlarım	hazırlı**yorum**	hazırladım	hazırlamışım	hazırlay**acağ**ım
	hazırlamam	hazırlamı**yorum**	hazırlamadım	hazırlamamışım	hazırlamay**acağ**ım
	hazırlar mıyım	hazırlı**yor** muyum	hazırladım mı	hazırlamış mıyım	hazırlay**acak** mıyım
Sen	hazırlarsın	hazırlı**yorsun**	hazırladın	hazırlamışsın	hazırlay**acak**sın
	hazırlamazsın	hazırlamı**yorsun**	hazırlamadın	hazırlamamışsın	hazırlamay**acak**sın
	hazırlar mısın	hazırlı**yor** musun	hazırladın mı	hazırlamış mısın	hazırlay**acak** mısın
O	hazırlar	hazırlı**yor**	hazırladı	hazırlamış	hazırlay**acak**
	hazırlamaz	hazırlamı**yor**	hazırlamadı	hazırlamamış	hazırlamay**acak**
	hazırlar mı	hazırlı**yor** mu	hazırladı mı	hazırlamış mı	hazırlay**acak** mı
Biz	hazırlarız	hazırlı**yoruz**	hazırladık	hazırlamışız	hazırlay**acağ**ız
	hazırlamayız	hazırlamı**yoruz**	hazırlamadık	hazırlamamışız	hazırlamay**acağ**ız
	hazırlar mıyız	hazırlı**yor** muyuz	hazırladık mı	hazırlamış mıyız	hazırlay**acak** mıyız
Siz	hazırlarsınız	hazırlı**yorsunuz**	hazırladınız	hazırlamışsınız	hazırlay**acak**sınız
	hazırlamazsınız	hazırlamı**yor**sunuz	hazırlamadınız	hazırlamamışsınız	hazırlamay**acak**sınız
	hazırlar mısınız	hazırlı**yor** musunuz	hazırladınız mı	hazırlamış mısınız	hazırlay**acak** mısınız
Onlar	hazırlarlar	hazırlı**yorlar**	hazırladılar	hazırlamışlar	hazırlay**acak**lar
	hazırlamazlar	hazırlamı**yor**lar	hazırlamadılar	hazırlamamışlar	hazırlamay**acak**lar
	hazırlarlar mı	hazırlı**yor**lar mı	hazırladılar mı	hazırlamışlar mı	hazırlay**acak**lar mı

	Simple Present	Present Continuous	-di Past	-miş Past	Future
Ben	kır				
Sen					
O					
Biz					
Siz					
Onlar					

83. -i yönetmek   1. to manage (business) 2. to be in charge 3. to govern, rule 4. to direct (film/play)

Bu adayın iyi bir öz geçmişi var. *Büyük inşaat projeleri* yönet**miş**.
This applicant has a good CV. S/he managed *large construction projects.*

Bundan sonra *finans departmanımızı* Aysun Hanım yönet**ecek**.
From now on, Ms Aysun will head up *our finance department.*

Yeni müdür çok genç. *Çalışanları* pek yönet**emiyor**.
The new manager is too young. S/he can't manage *the staff* effectively.

Hükûmetten hiç kimse memnun değil. *Ülkeyi* çok kötü yönet**iyor**.
Nobody is happy with the government. It governs *the country* very badly.

Kartal Tibet iyi bir sinema oyuncuydu. Kendisi *birçok dizi ve film* de yönetti.
Kartal Tibet was a good film actor. He also directed *many series and films.*

word forms and phrases	
yönetim	management
yönetici	manager
yönetmen	director (film/play)

	Simple Present	Present Continuous	-di Past	-miş Past	Future
Ben	yönetirim yönetmem yönetir miyim	yönetiyorum yönetmiyorum yönetiyor muyum	yönettim yönetmedim yönettim mi	yönetmişim yönetmemişim yönetmiş miyim	yöneteceğim yönetmeyeceğim yönetecek miyim
Sen	yönetirsin yönetmezsin yönetir misin	yönetiyorsun yönetmiyorsun yönetiyor musun	yönettin yönetmedin yönettin mi	yönetmişsin yönetmemişsin yönetmiş misin	yöneteceksin yönetmeyeceksin yönetecek misin
O	yönetir yönetmez yönetir mi	yönetiyor yönetmiyor yönetiyor mu	yönetti yönetmedi yönetti mi	yönetmiş yönetmemiş yönetmiş mi	yönetecek yönetmeyecek yönetecek mi
Biz	yönetiriz yönetmeyiz yönetir miyiz	yönetiyoruz yönetmiyoruz yönetiyor muyuz	yönettik yönetmedik yönettik mi	yönetmişiz yönetmemişiz yönetmiş miyiz	yöneteceğiz yönetmeyeceğiz yönetecek miyiz
Siz	yönetirsiniz yönetmezsiniz yönetir misiniz	yönetiyorsunuz yönetmiyorsunuz yönetiyor musunuz	yönettiniz yönetmediniz yönettiniz mi	yönetmişsiniz yönetmemişsiniz yönetmiş misiniz	yöneteceksiniz yönetmeyeceksiniz yönetecek misiniz
Onlar	yönetirler yönetmezler yönetirler mi	yönetiyorlar yönetmiyorlar yönetiyorlar mı	yönettiler yönetmediler yönettiler mi	yönetmişler yönetmemişler yönetmişler mi	yönetecekler yönetmeyecekler yönetecekler mi

	Simple Present	Present Continuous	-di Past	-miş Past	Future
Ben	hazırla				
Sen					
O					
Biz					
Siz					
Onlar					

84. düşmek   to fall

Kuzenim Ece bugün *merdivenlerden* düş**müş**. Kolunu kırmış.
My cousin Ece has fallen *down the stairs* today. She has broken her arm.

Gelecek hafta sıcaklıklar ülke genelinde *hissedilir derecede* düş**ecek**.
Next week temperatures will drop *significantly* across the country.

-i düşürmek   to drop (let something fall)

Beyefendi, bir saniye. *Anahtarlarınızı* düşür**dü**nüz.
Sir, just a second. You have dropped *your keys*.

Ben spor salonuna gidiyorum. Sabah *kolyemi* düşür**müş**üm.
I'm going to the gym. I dropped *my necklace* in the morning.

Sen masanın altında ne arıyorsun? *Bir şey* mi düşür**dü**n?
What are you looking for under the table? Have you dropped *something?*

word forms and phrases	
düş**üş**	fall (n)
düş**ük** (gelir/fiyat)	low (income/price)
gözden düşmek	to fall from grace/favour
küçük düşmek	to look/feel small
birini küçük düşürmek	to make sb look/feel small

	Simple Present	Present Continuous	-di Past	-miş Past	Future
Ben	düş**er**im	düş**üyor**um	düş**tüm**	düş**müş**üm	düş**eceğ**im
	düş**mem**	düş**müyor**um	düş**medim**	düş**memiş**im	düş**meyeceğ**im
	düş**er** miyim	düş**üyor** muyum	düş**tüm** mü	düş**müş** müyüm	düş**ecek** miyim
Sen	düş**er**sin	düş**üyor**sun	düş**tün**	düş**müş**sün	düş**ecek**sin
	düş**mez**sin	düş**müyor**sun	düş**medin**	düş**memiş**sin	düş**meyecek**sin
	düş**er** misin	düş**üyor** musun	düş**tün** mü	düş**müş** müsün	düş**ecek** misin
O	düş**er**	düş**üyor**	düş**tü**	düş**müş**	düş**ecek**
	düş**mez**	düş**müyor**	düş**medi**	düş**memiş**	düş**meyecek**
	düş**er** mi	düş**üyor** mu	düş**tü** mü	düş**müş** mü	düş**ecek** mi
Biz	düş**er**iz	düş**üyor**uz	düş**tük**	düş**müş**üz	düş**eceğ**iz
	düş**meyiz**	düş**müyor**uz	düş**medik**	düş**memiş**iz	düş**meyeceğ**iz
	düş**er** miyiz	düş**üyor** muyuz	düş**tük** mü	düş**müş** müyüz	düş**ecek** miyiz
Siz	düş**er**siniz	düş**üyor**sunuz	düş**tünüz**	düş**müş**sünüz	düş**ecek**siniz
	düş**mez**siniz	düş**müyor**sunuz	düş**mediniz**	düş**memiş**siniz	düş**meyecek**siniz
	düş**er** misiniz	düş**üyor** musunuz	düş**tünüz** mü	düş**müş** müsünüz	düş**ecek** misiniz
Onlar	düş**er**ler	düş**üyor**lar	düş**tüler**	düş**müş**ler	düş**ecek**ler
	düş**mez**ler	düş**müyor**lar	düş**mediler**	düş**memiş**ler	düş**meyecek**ler
	düş**er**ler mi	düş**üyor**lar mı	düş**tüler** mi	düş**müş**ler mi	düş**ecek**ler mi

	Simple Present	Present Continuous	-di Past	-miş Past	Future
Ben	yönet				
Sen					
O					
Biz					
Siz					
Onlar					

85. oynamak   to play (1. children 2. games/sports 3. theatre/film)   **-i oynamak**   to play (pretend)

Çocuklar salonda oyna**yor**lar. Bebek de uyuyor.
The kids are playing in the living room. And the baby's asleep.

Biz dersten sonra *satranç* oyna**acağ**ız. Gelip izleyebilirsin.
We will play *chess* after class. You can come and watch.

Berna'yla ben her cuma işten sonra *tenis* oynarız.
Berna and I play *tennis* every Friday after work.

Kemal Sunal 82 filmde oyna**mış**.
Kemal Sunal [was a famous comedian] appeared in 82 films.

Aptalı oyna**ma**. Neden bahsettiğimi çok iyi biliyorsun.
Don't play *dumb*. You know very well what I'm talking about.

word forms and phrases	
oyun	game; play
oyun alanı	playground
oyun**cu**	player; actor
oyuncu**luk**	acting
oyun**cak**	toy
çocuk oyuncağı	a piece of cake
satranç/tavla/kağıt	to play
oynamak	*chess/backgammon/cards*

	Simple Present	Present Continuous	-di Past	-miş Past	Future
Ben	oynarım oynamam oynar mıyım	oynu**yor**um oynamı**yor**um oynu**yor** muyum	oynadım oynamadım oynadım mı	oynamışım oynamamışım oynamış mıyım	oyna**yacağ**ım oynama**yacağ**ım oyna**yacak** mıyım
Sen	oynarsın oynamazsın oynar mısın	oynu**yor**sun oynamı**yor**sun oynu**yor** musun	oynadın oynamadın oynadın mı	oynamışsın oynamamışsın oynamış mısın	oyna**yacak**sın oynama**yacak**sın oyna**yacak** mısın
O	oynar oynamaz oynar mı	oynu**yor** oynamı**yor** oynu**yor** mu	oynadı oynamadı oynadı mı	oynamış oynamamış oynamış mı	oyna**yacak** oynama**yacak** oyna**yacak** mı
Biz	oynarız oynamayız oynar mıyız	oynu**yor**uz oynamı**yor**uz oynu**yor** muyuz	oynadık oynamadık oynadık mı	oynamışız oynamamışız oynamış mıyız	oyna**yacağ**ız oynama**yacağ**ız oyna**yacak** mıyız
Siz	oynarsınız oynamazsınız oynar mısınız	oynu**yor**sunuz oynamı**yor**sunuz oynu**yor** musunuz	oynadınız oynamadınız oynadınız mı	oynamışsınız oynamamışsınız oynamış mısınız	oyna**yacak**sınız oynama**yacak**sınız oyna**yacak** mısınız
Onlar	oynarlar oynamazlar oynarlar mı	oynu**yor**lar oynamı**yor**lar oynu**yor**lar mı	oynadılar oynamadılar oynadılar mı	oynamışlar oynamamışlar oynamışlar mı	oyna**yacak**lar oynama**yacak**lar oyna**yacak**lar mı

	Simple Present	Present Continuous	-di Past	-miş Past	Future
Ben	düş				
Sen					
O					
Biz					
Siz					
Onlar					

86. çalmak   1. to play (i. instrument ii. radio/CD) 2. to ring (phone/bell)   **-i çalmak**   to steal

Yasemin çok güzel *gitar* çalabil**iyor**. Sesi *de* çok güzel.
Yasemin can play *the guitar* very well. Her voice is also very beautiful.

Radyoda *çok güzel bir şarkı* çal**ıyor**. Dinlemek ister misin?
A very nice song is playing on the radio. Do you want to listen to it?

Sen duştayken telefonun *uzun uzun* çal**dı**.
When you were in the shower, your phone rang *for a long time*.

Arabamdan *dizüstü bilgisayarımı* çal**mış**lar. Kahrolası hırsızlar!
They have stolen *my laptop computer* from my car. Damn thieves!

   -i çaldırmak   to have something stolen

Bugün pazarda *telefonumu* çaldır**dım**. Daha geçen ay almıştım.
I had *my phone* stolen at the market today. I only bought it last month.

word forms and phrases	
zili çalmak	to ring the bell
kapıyı çalmak	to knock the door
korna çalmak	to honk car horn
ıslık çalmak	to whistle
çalıntı (araba/telefon)	stolen (car/phone)

	Simple Present	Present Continuous	-di Past	-miş Past	Future
Ben	çalarım	çalıyorum	çaldım	çalmışım	çalacağım
	çalmam	çalmıyorum	çalmadım	çalmamışım	çalmayacağım
	çalar mıyım	çalıyor muyum	çaldım mı	çalmış mıyım	çalacak mıyım
Sen	çalarsın	çalıyorsun	çaldın	çalmışsın	çalacaksın
	çalmazsın	çalmıyorsun	çalmadın	çalmamışsın	çalmayacaksın
	çalar mısın	çalıyor musun	çaldın mı	çalmış mısın	çalacak mısın
O	çalar	çalıyor	çaldı	çalmış	çalacak
	çalmaz	çalmıyor	çalmadı	çalmamış	çalmayacak
	çalar mı	çalıyor mu	çaldı mı	çalmış mı	çalacak mı
Biz	çalarız	çalıyoruz	çaldık	çalmışız	çalacağız
	çalmayız	çalmıyoruz	çalmadık	çalmamışız	çalmayacağız
	çalar mıyız	çalıyor muyuz	çaldık mı	çalmış mıyız	çalacak mıyız
Siz	çalarsınız	çalıyorsunuz	çaldınız	çalmışsınız	çalacaksınız
	çalmazsınız	çalmıyorsunuz	çalmadınız	çalmamışsınız	çalmayacaksınız
	çalar mısınız	çalıyor musunuz	çaldınız mı	çalmış mısınız	çalacak mısınız
Onlar	çalarlar	çalıyorlar	çaldılar	çalmışlar	çalacaklar
	çalmazlar	çalmıyorlar	çalmadılar	çalmamışlar	çalmayacaklar
	çalarlar mı	çalıyorlar mı	çaldılar mı	çalmışlar mı	çalacaklar mı

	Simple Present	Present Continuous	-di Past	-miş Past	Future
Ben	oyna				
Sen					
O					
Biz					
Siz					
Onlar					

87. büyümek [intr]   to grow (1. increase 2. person/animal/plants)

Biz pazarda henüz yeniyiz fakat işimiz günden güne büyü**yor**.
We are still new to the market, but our business is growing day by day.

Türkiye ekonomisi geçen yıl sadece %2 büyü**müş**. *
Turkey's economy grew by only 2% last year.

Çocuklar çok hızlı büyü**yor**lar. Zamanı hiç fark etmiyorsunuz.
Children grow really fast. You don't notice the time at all.

Bu ağaçlar her iklimde ve toprakta büyü**r**.
These trees grow in all climates and soils.

-i büyütmek   1. to raise, bring up (children) 2. to enlarge sth

Beni anneannem ve dedem büyü**ttü**. Anne ve babam bir kazada ölmüş.
My grandparents raised *me*. My parents died in an accident.

word forms and phrases	
büyü**k**	big
büyük/küçük harf	upper/lower case
hızlı/yavaş büyümek	to grow rapidly/slowly
uzamak	to grow taller
sebze/meyve yetiştirmek	to grow vegetables/fruit [tr]
bıyık/sakal bırakmak	to grow moustache/beard [tr]
tırnak/saç uzatmak	to grow nails/hair [tr]
Para ağaçta yetişmiyor.	Money doesn't grow on trees.

	Simple Present	Present Continuous	-di Past	-miş Past	Future
Ben	büyürüm	büyü**yorum**	büyü**düm**	büyü**müş**üm	büyü**yeceğim**
	büyümem	büyümü**yorum**	büyüme**dim**	büyüme**miş**im	büyümeyeceğim
	büyür müyüm	büyü**yor** muyum	büyü**düm** mü	büyü**müş** müyüm	büyü**yecek** miyim
Sen	büyürsün	büyü**yorsun**	büyü**dün**	büyü**müş**sün	büyü**yecek**sin
	büyümezsin	büyümü**yorsun**	büyüme**din**	büyüme**miş**sin	büyümeyeceksin
	büyür müsün	büyü**yor** musun	büyü**dün** mü	büyü**müş** müsün	büyü**yecek** misin
O	büyür	büyü**yor**	büyü**dü**	büyü**müş**	büyü**yecek**
	büyümez	büyümü**yor**	büyüme**di**	büyüme**miş**	büyümeyecek
	büyür mü	büyü**yor** mu	büyü**dü** mü	büyü**müş** mü	büyü**yecek** mi
Biz	büyürüz	büyü**yoruz**	büyü**dük**	büyü**müş**üz	büyü**yeceğiz**
	büyümeyiz	büyümü**yoruz**	büyüme**dik**	büyüme**miş**iz	büyümeyeceğiz
	büyür müyüz	büyü**yor** muyuz	büyü**dük** mü	büyü**müş** müyüz	büyü**yecek** miyiz
Siz	büyürsünüz	büyü**yorsunuz**	büyü**dünüz**	büyü**müş**sünüz	büyü**yecek**siniz
	büyümezsiniz	büyümü**yorsunuz**	büyüme**diniz**	büyüme**miş**siniz	büyümeyeceksiniz
	büyür müsünüz	büyü**yor** musunuz	büyü**dünüz** mü	büyü**müş** müsünüz	büyü**yecek** misiniz
Onlar	büyürler	büyü**yorlar**	büyü**dü**ler	büyü**müş**ler	büyü**yecek**ler
	büyümezler	büyümü**yorlar**	büyüme**diler**	büyüme**miş**ler	büyümeyecekler
	büyürler mi	büyü**yorlar** mı	büyü**dü**ler mi	büyü**müş**ler mi	büyü**yecek**ler mi

	Simple Present	Present Continuous	-di Past	-miş Past	Future
Ben	çal				
Sen					
O					
Biz					
Siz					
Onlar					

88. -i ödemek   to pay

'Elektrik faturasını ödedin mi, Mesut?'   'Yarın ödeyeceğim.'
'Have you paid *the electricity bill,* Mesut?'   'I'll pay it tomorrow.'

Ben *bütün borçlarımı* ödedim, Allah'a şükür.
I have paid off *all my debts*, thank God.

'İçecekleri kim ödüyor, beyler?'   'Ben öderim.'
'Who is paying *for the drinks*, guys?'   'I'll pay.'

Nakit ödemek zorunda değilsiniz. *Kredi kartıyla* ödeyebilirsiniz.
You don't have *to pay in cash*. You can pay *by credit card*.

   birine *bir miktar* ödemek   to pay someone *an amount*

Buzdolabı bozulmuş. Ev arkadaşım *tamirciye* ₺300 ödemiş.
The fridge was broken. My flatmate paid *the repairman* ₺300.

word forms and phrases	
ödeme	payment
haftalık/aylık/yıllık ödeme	weekly/monthly/yearly payment
peşin ödemek	to pay upfront
taksitle ödemek	to pay in instalments
geri ödemek	to pay back

	Simple Present	Present Continuous	-di Past	-miş Past	Future
Ben	öderim	ödüyorum	ödedim	ödemişim	ödeyeceğim
	ödemem	ödemiyorum	ödemedim	ödememişim	ödemeyeceğim
	öder miyim	ödüyor muyum	ödedim mi	ödemiş miyim	ödeyecek miyim
Sen	ödersin	ödüyorsun	ödedin	ödemişsin	ödeyeceksin
	ödemezsin	ödemiyorsun	ödemedin	ödememişsin	ödemeyeceksin
	öder misin	ödüyor musun	ödedin mi	ödemiş misin	ödeyecek misin
O	öder	ödüyor	ödedi	ödemiş	ödeyecek
	ödemez	ödemiyor	ödemedi	ödememiş	ödemeyecek
	öder mi	ödüyor mu	ödedi mi	ödemiş mi	ödeyecek mi
Biz	öderiz	ödüyoruz	ödedik	ödemişiz	ödeyeceğiz
	ödemeyiz	ödemiyoruz	ödemedik	ödememişiz	ödemeyeceğiz
	öder miyiz	ödüyor muyuz	ödedik mi	ödemiş miyiz	ödeyecek miyiz
Siz	ödersiniz	ödüyorsunuz	ödediniz	ödemişsiniz	ödeyeceksiniz
	ödemezsiniz	ödemiyorsunuz	ödemediniz	ödememişsiniz	ödemeyeceksiniz
	öder misiniz	ödüyor musunuz	ödediniz mi	ödemiş misiniz	ödeyecek misiniz
Onlar	öderler	ödüyorlar	ödediler	ödemişler	ödeyecekler
	ödemezler	ödemiyorlar	ödemediler	ödememişler	ödemeyecekler
	öderler mi	ödüyorlar mı	ödediler mi	ödemişler mi	ödeyecekler mi

	Simple Present	Present Continuous	-di Past	-miş Past	Future
Ben	büyü				
Sen					
O					
Biz					
Siz					
Onlar					

89. sormak   to ask (question)

Çok soru soruyorsun. Sıkıldım ben. Başka soru sorma, tamam mı?
You ask *too many questions*. I'm bored. Don't ask any more questions, okay?

'*Sana* özel bir soru sorabilir miyim?'   'Ben özel soruları sevmiyorum.'
'May I ask *you* a personal question?'   'I don't like personal questions.'

Melih aradı. 'Bir şeye ihtiyacınız var mı?' diye sordu.
Melih called. He asked, 'Do you need anything?'

Çocuklar bazen *tuhaf sorular* sorarlar. Sabırlı olmalısınız.
Children sometimes ask *awkward questions*. You should be patient.

   bir şeyi *birine* sormak   to ask *somebody* for something

Ben adresi *birine* soracağım. Kendimiz bulamayacağız.
I will ask *someone* for the address. We won't be able to find it ourselves.

word forms and phrases	
soru	question
sorun	problem (difficulty)
sorunlu	problematic; troubled
sorunsuz	smooth
sorgu	interrogation
sorgulamak	to interrogate; to question
Bana sorarsan.	If you ask me.
Kendine sor.	Ask yourself.
Sorma.	Don't ask.

	Simple Present	Present Continuous	-di Past	-miş Past	Future
Ben	sorarım	soruyorum	sordum	sormuşum	soracağım
	sormam	sormuyorum	sormadım	sormamışım	sormayacağım
	sorar mıyım	soruyor muyum	sordum mu	sormuş muyum	soracak mıyım
Sen	sorarsın	soruyorsun	sordun	sormuşsun	soracaksın
	sormazsın	sormuyorsun	sormadın	sormamışsın	sormayacaksın
	sorar mısın	soruyor musun	sordun mu	sormuş musun	soracak mısın
O	sorar	soruyor	sordu	sormuş	soracak
	sormaz	sormuyor	sormadı	sormamış	sormayacak
	sorar mı	soruyor mu	sordu mu	sormuş mu	soracak mı
Biz	sorarız	soruyoruz	sorduk	sormuşuz	soracağız
	sormayız	sormuyoruz	sormadık	sormamışız	sormayacağız
	sorar mıyız	soruyor muyuz	sorduk mu	sormuş muyuz	soracak mıyız
Siz	sorarsınız	soruyorsunuz	sordunuz	sormuşsunuz	soracaksınız
	sormazsınız	sormuyorsunuz	sormadınız	sormamışsınız	sormayacaksınız
	sorar mısınız	soruyor musunuz	sordunuz mu	sormuş musunuz	soracak mısınız
Onlar	sorarlar	soruyorlar	sordular	sormuşlar	soracaklar
	sormazlar	sormuyorlar	sormadılar	sormamışlar	sormayacaklar
	sorarlar mı	soruyorlar mı	sordular mı	sormuşlar mı	soracaklar mı

	Simple Present	Present Continuous	-di Past	-miş Past	Future
Ben	öde				
Sen					
O					
Biz					
Siz					
Onlar					

90. -i cevaplamak (= yanıtlamak)   to answer

Kusura bakma ama *bu soruyu* cevaplamay**acağ**ım. Özel bir soru.
I'm sorry, but I won't answer *this question*. It's a personal question.

Yazılıda *bütün soruları* yanıtla**dın** mı? … Tebrikler!
Have you answered *all the questions* in the exam? … Congrats!

Paragrafı okuyunuz ve *aşağıdaki soruları* cevapla**y**ınız.
Read the paragraph and answer *the following questions*.

   biri**n**e/bir şey**e** cevap vermek   to give an answer to sb/sth

Soruna çok kısa bir cevap ver**eceğ**im. Hayır! Bir daha sorma.
I'll give a very short answer *to your question*. No! Don't ask it again.

'Serkan'a henüz bir cevap verme**din** mi?' 'Sanırım evet diyeceğim.'
'Have you given *Serkan* an answer yet?' 'I think I'll say yes.'

word forms and phrases	
cevap (= yanıt)	answer; reply
doğru cevap	right/correct answer
yanlış cevap	wrong/incorrect answer
cevap aramak	to look for an answer
cevap**sız**	unanswered
cevap**sız** arama	missed call

	Simple Present	Present Continuous	-di Past	-miş Past	Future
Ben	cevaplarım	cevaplıyorum	cevapladım	cevaplamışım	cevaplayacağım
	cevaplamam	cevaplamıyorum	cevaplamadım	cevaplamamışım	cevaplamayacağım
	cevaplar mıyım	cevaplıyor muyum	cevapladım mı	cevaplamış mıyım	cevaplayacak mıyım
Sen	cevaplarsın	cevaplıyorsun	cevapladın	cevaplamışsın	cevaplayacaksın
	cevaplamazsın	cevaplamıyorsun	cevaplamadın	cevaplamamışsın	cevaplamayacaksın
	cevaplar mısın	cevaplıyor musun	cevapladın mı	cevaplamış mısın	cevaplayacak mısın
O	cevaplar	cevaplıyor	cevapladı	cevaplamış	cevaplayacak
	cevaplamaz	cevaplamıyor	cevaplamadı	cevaplamamış	cevaplamayacak
	cevaplar mı	cevaplıyor mu	cevapladı mı	cevaplamış mı	cevaplayacak mı
Biz	cevaplarız	cevaplıyoruz	cevapladık	cevaplamışız	cevaplayacağız
	cevaplamayız	cevaplamıyoruz	cevaplamadık	cevaplamamışız	cevaplamayacağız
	cevaplar mıyız	cevaplıyor muyuz	cevapladık mı	cevaplamış mıyız	cevaplayacak mıyız
Siz	cevaplarsınız	cevaplıyorsunuz	cevapladınız	cevaplamışsınız	cevaplayacaksınız
	cevaplamazsınız	cevaplamıyorsunuz	cevaplamadınız	cevaplamamışsınız	cevaplamayacaksınız
	cevaplar mısınız	cevaplıyor musunuz	cevapladınız mı	cevaplamış mısınız	cevaplayacak mısınız
Onlar	cevaplarlar	cevaplıyorlar	cevapladılar	cevaplamışlar	cevaplayacaklar
	cevaplamazlar	cevaplamıyorlar	cevaplamadılar	cevaplamamışlar	cevaplamayacaklar
	cevaplarlar mı	cevaplıyorlar mı	cevapladılar mı	cevaplamışlar mı	cevaplayacaklar mı

	Simple Present	Present Continuous	-di Past	-miş Past	Future
Ben	sor				
Sen					
O					
Biz					
Siz					
Onlar					

EXERCISES   Verbs **81-90**

1. Match (1-8 to a-g; 9-16 to ğ-m).

1. -i hazırlamak
2. -i yönetmek
3. -i kırmak
4. büyümek
5. çalmak
6. -i ödemek
7. sormak
8. düşmek

a. 1. to manage 2. to be in charge 3. to govern, rule 4. to direct (film)
b. to prepare
c. to fall
ç. to pay
d. to ask (question)
e. to grow (1. increase 2. person/animal/plants)
f. 1. to play (i. instrument ii. radio/CD) 2. to ring (phone/bell)
g. 1. to break [tr] 2. to hurt (make someone upset, sad, etc)

9. -i çalmak; -i çaldırmak
10. oynamak
11. -i düşürmek
12. kırılmak
13. hazırlanmak
14. -i büyütmek
15. peşin/nakit/taksitle ödemek
16. -i cevaplamak (= yanıtlamak)

ğ. 1. to raise, bring up (children) 2. to enlarge something
h. to answer
ı. to get ready
i. 1. to break [intr] 2. to be offended
j. to drop (let something fall)
k. to pay upfront/in cash/in instalments
l. to steal; to have something stolen
m. to play (1. children 2. games/sports 3. theatre/film)

2. Match the beginnings to the ends (1-6 to a-e; 7-12 to f-i).

1. Ayhan ağaçtan düşüp (=düşmüş ve)
2. Hayatım, açsan
3. Sen banyodayken kapı
4. Biz işten sonra arkadaşlarla basketbol
5. Senin her sorunu
6. Haydi, hazırlanıp çıkalım

a. oynayacağız. Sen de gelmek ister misin?
b. çaldı. Açmadım.
c. yiyecek bir şeyler hazırlayabilirim.
ç. kolunu kırmış.
d. yoksa trenimizi kaçıracağız.
e. yanıtlayamam. Çok soru soruyorsun.

7. Yeni ekonomi bakanı ekonomiyi
8. Furkan metroda cüzdanını
9. Yine aynı şeyi tartışamayalım, aşkım.
10. Yeni bir dizüstü aldım.
11. Ben görmeyeli yeğenim
12. Garson servis tepsisini düşürdü.

f. Bütün tabaklar ve bardaklar kırıldı.
g. çok büyümüş. En son geçen yıl görmüştüm.
ğ. Seni kırmak istemiyorum.
h. çaldırmış. Polise rapor tutturuyor.
ı. 12 taksitle ödeyeceğim.
i. hiç iyi yönetemiyor. Ekonomiden anlamıyor.

3. Answer about yourself in complete sentences.

1. **Herhangi bir** müzik enstrümanı çalabiliyor musunuz?   ....

2. Hiç düşüp **bir yerinizi** kırdınız mı?   ....

3. Hiç **bir şeyinizi** çaldırdınız mı?   ....

4. Herhangi bir **masa oyunu** veya **kâğıt** oynar mısınız?   ....

5. Alışverişlerinizi **nakit** mi, kredi kartıyla mı yaparsınız?   ....

herhangi bir any; **bir yerinizi** your arm, leg etc; **bir şeyinizi** your phone, wallet, car etc; **masa oyunu** board games; **kâğıt** cards; **nakit** cash

4. Write the Turkish equivalents.

1. broken; breakable x unbreakable

2. fragile (situation); touchy (people)

3. offensive, offending

4. ready; preparation

5. prepared x unprepared

6. management; manager; director (film)

7. low (income/price)

8. play; player; actor

9. toy; a piece of cake

10. weekly/monthly/yearly payment

11. question; problem (difficulty)

12. problematic x smooth

13. If you ask me.

14. answer; reply

15. unanswered; missed call

Answers

1. 1b 2a 3g 4e 5f 6ç 7d 8c 9l 10m 11j 12i 13ı 14ğ 15k 16h

2. 1ç 2c 3b 4a 5e 6d 7i 8h 9ğ 10ı 11g 12f

3. Örneğin: 1 Hayır, çalamıyorum. / Evet, biraz gitar çalabiliyorum. 2 Kolumu kırdım. Kaykaydan (skateboard) düştüm. 3 Dizüstü bilgisayarımı ve cep telefonumu çaldırdım. 4 Ara sıra satranç (chess) ve dama (checkers/draughts) oynarım. Kâğıt oynamam. 5 Bazen nakit, bazen de (sometimes and sometimes) kredi kartıyla yaparım.

4. 1 kırık; kırılır x kırılmaz 2 kırılgan 3 kırıcı 4 hazır; hazırlık 5 hazırlıklı x hazırlıksız 6 yönetim; yönetici; yönetmen 7 düşük (gelir/fiyat) 8 oyun; oyuncu 9 oyuncak; çocuk oyuncağı 10 haftalık/aylık/yıllık ödeme 11 soru; sorun (=problem) 12 sorunlu x sorunsuz (=problemli x problemsiz) 13 Bana sorarsan. 14 cevap (=yanıt) 15 cevapsız; cevapsız arama

Can you write down the verbs you have learned in this set (verbs 81-90)?

91. -i giymek   to put on; to wear (clothes, shoes)

Dışarı çok soğuk, çocuklar. *Montlarınızı* giy**in**, yoksa hasta olursunuz.
It's too cold outside, children. Put on *your coats*, or else you will get sick.

Takım elbise giy**miş**sin. İş görüşmen *filan* mı var?
You are wearing *a suit.* Do you have a job interview *or something?*

giyinmek   to get dressed

Giyin**iyor**um, hayatım. Bir dakikaya geliyorum. Sen bir şeyler iç.
I'm getting dressed, honey. Coming in a minute. You have a drink.

-i takmak   to put on/to wear (glasses/jewellery)

Alt yazılar çok küçük, okuyamıyorum. *Gözlüğümü* tak**acağ**ım.
The subtitles are too small, I can't read them. I will put *my glasses on.*

word forms and phrases	
giy**si** (= elbise)	clothes
iyi giy**imli**	well-dressed
şık giyimli	elegantly/smartly dressed
giy**inik**	dressed (having your clothes on)
yarı giyinik	half dressed
alelacele giyinmek	to quickly put on your clothes
tak**ı**	jewellery
tak**ıp** tak**ıştır**mak	to put on your best clothes

	Simple Present	Present Continuous	-di Past	-miş Past	Future
Ben	giy**er**im giy**mem** giy**er** miyim	giy**iyor**um giy**miyor**um giy**iyor** muyum	giy**dim** giy**medim** giy**dim** mi	giy**miş**im giy**memiş**im giy**miş** miyim	giy**eceğ**im giy**meyeceğ**im giy**ecek** miyim
Sen	giy**er**sin giy**mez**sin giy**er** misin	giy**iyor**sun giy**miyor**sun giy**iyor** musun	giy**din** giy**medin** giy**din** mi	giy**miş**sin giy**memiş**sin giy**miş** misin	giy**ecek**sin giy**meyecek**sin giy**ecek** misin
O	giy**er** giy**mez** giy**er** mi	giy**iyor** giy**miyor** giy**iyor** mu	giy**di** giy**medi** giy**di** mi	giy**miş** giy**memiş** giy**miş** mi	giy**ecek** giy**meyecek** giy**ecek** mi
Biz	giy**er**iz giy**meyiz** giy**er** miyiz	giy**iyor**uz giy**miyor**uz giy**iyor** muyuz	giy**dik** giy**medik** giy**dik** mi	giy**miş**iz giy**memiş**iz giy**miş** miyiz	giy**eceğ**iz giy**meyeceğ**iz giy**ecek** miyiz
Siz	giy**er**siniz giy**mez**siniz giy**er** misiniz	giy**iyor**sunuz giy**miyor**sunuz giy**iyor** musunuz	giy**diniz** giy**mediniz** giy**diniz** mi	giy**miş**siniz giy**memiş**siniz giy**miş** misiniz	giy**ecek**siniz giy**meyecek**siniz giy**ecek** misiniz
Onlar	giy**er**ler giy**mez**ler giy**er**ler mi	giy**iyor**lar giy**miyor**lar giy**iyor**lar mı	giy**di**ler giy**medi**ler giy**di**ler mi	giy**miş**ler giy**memiş**ler giy**miş**ler mi	giy**ecek**ler giy**meyecek**ler giy**ecek**ler mi

	Simple Present	Present Continuous	-di Past	-miş Past	Future
Ben	cevapla				
Sen					
O					
Biz					
Siz					
Onlar					

92. -i çıkarmak   to remove (1. clothes/shoes/jewellery 2. stain/rubbish) -den çıkarmak   to remove from job

Genç bir adam *giysilerini* yırtar gibi çıkar**dı** ve parktaki havuza atladı.
A young man tore off *his clothes* and jumped into the pool in the park.

Lütfen girmeden *botlarınızı* çıkar**ır** mısınız?
Would you please take *your boots* off before you come in?

Yüzüğünü çıkar**mış**sın. Nişanlından ayrıldın mı?
You have taken *your ring* off. Have you broken up with your fiancé?

Bu deterjan *her türlü lekeyi* çıkar**ıyor**. Dene istersen.
This detergent removes *all kinds of stains*. Try it out if you like.

birini *işten* çıkar**mak**   to remove someone *from their job*

word forms and phrases	
yırtar gibi çıkarmak	to quickly remove your clothes
giyinmek x soyunmak	to get dressed x to get undressed
giyinik x çıplak	dressed x naked
yarı çıplak	half naked
çırılçıplak	stark/buck naked
leke çıkarıcı	stain remover

Yusuf'u işten çıkar**mış**lar. Adam müdürüyle sürekli kavga ediyormuş.
They sacked Yusuf. The man was arguing with his boss all the time.

	Simple Present	Present Continuous	-di Past	-miş Past	Future
Ben	çıkarırım	çıkarıyorum	çıkardım	çıkarmışım	çıkaracağım
	çıkarmam	çıkarmıyorum	çıkarmadım	çıkarmamışım	çıkarmayacağım
	çıkarır mıyım	çıkarıyor muyum	çıkardım mı	çıkarmış mıyım	çıkaracak mıyım
Sen	çıkarırsın	çıkarıyorsun	çıkardın	çıkarmışsın	çıkaracaksın
	çıkarmazsın	çıkarmıyorsun	çıkarmadın	çıkarmamışsın	çıkarmayacaksın
	çıkarır mısın	çıkarıyor musun	çıkardın mı	çıkarmış mısın	çıkaracak mısın
O	çıkarır	çıkarıyor	çıkardı	çıkarmış	çıkaracak
	çıkarmaz	çıkarmıyor	çıkarmadı	çıkarmamış	çıkarmayacak
	çıkarır mı	çıkarıyor mu	çıkardı mı	çıkarmış mı	çıkaracak mı
Biz	çıkarırız	çıkarıyoruz	çıkardık	çıkarmışız	çıkaracağız
	çıkarmayız	çıkarmıyoruz	çıkarmadık	çıkarmamışız	çıkarmayacağız
	çıkarır mıyız	çıkarıyor muyuz	çıkardık mı	çıkarmış mıyız	çıkaracak mıyız
Siz	çıkarırsınız	çıkarıyorsunuz	çıkardınız	çıkarmışsınız	çıkaracaksınız
	çıkarmazsınız	çıkarmıyorsunuz	çıkarmadınız	çıkarmamışsınız	çıkarmayacaksınız
	çıkarır mısınız	çıkarıyor musunuz	çıkardınız mı	çıkarmış mısınız	çıkaracak mısınız
Onlar	çıkarırlar	çıkarıyorlar	çıkardılar	çıkarmışlar	çıkaracaklar
	çıkarmazlar	çıkarmıyorlar	çıkarmadılar	çıkarmamışlar	çıkarmayacaklar
	çıkarırlar mı	çıkarıyorlar mı	çıkardılar mı	çıkarmışlar mı	çıkaracaklar mı

	Simple Present	Present Continuous	-di Past	-miş Past	Future
Ben	giy				
Sen					
O					
Biz					
Siz					
Onlar					

93. -i yıkamak   to wash (something/yourself)

Bulaşıkları sen yıka**r** mısın, canım? Benim dizim başladı.
Will you wash *the dishes*, dear? My TV show has begun.

'Ben *saçımı* her gün yıka**r**ım.'   'Ben gün aşırı yıkı**yor**um.'
'I wash *my hair* every day.'   'I wash (it) every other day.'

Çocuklar, yemekten önce *ellerinizi* yıka**d**ınız, değil mi?
Kids, you have washed *your hands* before the meal, haven't you?

Arabayı çok iyi yıka**mış**sın. Aferin sana, oğlum.
You have washed *the car* very well. Well done to you, my son.

Salata için *birkaç domates ve salatalık* yıkayabi**lir** misin?
Can you wash *some tomatoes and cucumbers* for the salad?

word forms and phrases	
çamaşır yıkamak	to do the washing/laundry
elde yıkamak	to handwash
beyin yıkamak	to brainwash
yıkanmak (= banyo yapmak)	to have a bath

	Simple Present	Present Continuous	-di Past	-miş Past	Future
Ben	yıkarım	yıkıyorum	yıkadım	yıkamışım	yıkayacağım
	yıkamam	yıkamıyorum	yıkamadım	yıkamamışım	yıkamayacağım
	yıkar mıyım	yıkıyor muyum	yıkadım mı	yıkamış mıyım	yıkayacak mıyım
Sen	yıkarsın	yıkıyorsun	yıkadın	yıkamışsın	yıkayacaksın
	yıkamazsın	yıkamıyorsun	yıkamadın	yıkamamışsın	yıkamayacaksın
	yıkar mısın	yıkıyor musun	yıkadın mı	yıkamış mısın	yıkayacak mısın
O	yıkar	yıkıyor	yıkadı	yıkamış	yıkayacak
	yıkamaz	yıkamıyor	yıkamadı	yıkamamış	yıkamayacak
	yıkar mı	yıkıyor mu	yıkadı mı	yıkamış mı	yıkayacak mı
Biz	yıkarız	yıkıyoruz	yıkadık	yıkamışız	yıkayacağız
	yıkamayız	yıkamıyoruz	yıkamadık	yıkamamışız	yıkamayacağız
	yıkar mıyız	yıkıyor muyuz	yıkadık mı	yıkamış mıyız	yıkayacak mıyız
Siz	yıkarsınız	yıkıyorsunuz	yıkadınız	yıkamışsınız	yıkayacaksınız
	yıkamazsınız	yıkamıyorsunuz	yıkamadınız	yıkamamışsınız	yıkamayacaksınız
	yıkar mısınız	yıkıyor musunuz	yıkadınız mı	yıkamış mısınız	yıkayacak mısınız
Onlar	yıkarlar	yıkıyorlar	yıkadılar	yıkamışlar	yıkayacaklar
	yıkamazlar	yıkamıyorlar	yıkamadılar	yıkamamışlar	yıkamayacaklar
	yıkarlar mı	yıkıyorlar mı	yıkadılar mı	yıkamışlar mı	yıkayacaklar mı

	Simple Present	Present Continuous	-di Past	-miş Past	Future
Ben	çıkar				
Sen					
O					
Biz					
Siz					
Onlar					

94. -i temizlemek   to clean

Biz bu hafta sonu dışarı çıkmayacağız. *Evi* temizley**eceğ**iz.
We won't go out this weekend. We will clean *the house*.

Sen *masanı* hiç temizlemi**yor** musun? Çok pis.
Don't you ever clean *your desk?* It's too dirty.

Benim karım *balık temizlemeyi* sevmiyor. Dışarıda yiyoruz.
My wife doesn't like *cleaning fish*. I eat out.

Hırsız direksiyon**dan** *parmak izlerini* temizle**miş**.
The thief cleaned *his/her fingerprints* off the wheel.

temizlenmek   to clean yourself up

Bahçede çalışıyordum. Gidip temizlen**eceğ**im.
I've been working in the garden. I'll go and clean myself up.

word forms and phrases	
temiz x kirli	clean x dirty
tertemiz	spotless
temiz**lik**	cleaning
temizlik**çi**	cleaner/cleaning lady
bahar temizliği	spring-cleaning
kuru temizleme	dry cleaning
temiz tutmak	to keep clean
temizlik yapmak	to do the cleaning
pencereleri silmek	to clean the windows

	Simple Present	Present Continuous	-di Past	-miş Past	Future
Ben	temizlerim	temizli**yor**um	temizle**dim**	temizle**miş**im	temizley**eceğ**im
	temizlemem	temizlemi**yor**um	temizleme**dim**	temizleme**miş**im	temizlemey**eceğ**im
	temizler miyim	temizli**yor** muyum	temizle**dim** mi	temizle**miş** miyim	temizley**ecek** miyim
Sen	temizlersin	temizli**yor**sun	temizle**din**	temizle**miş**sin	temizley**ecek**sin
	temizlemezsin	temizlemi**yor**sun	temizleme**din**	temizleme**miş**sin	temizlemey**ecek**sin
	temizler misin	temizli**yor** musun	temizle**din** mi	temizle**miş** misin	temizley**ecek** misin
O	temizler	temizli**yor**	temizle**di**	temizle**miş**	temizley**ecek**
	temizlemez	temizlemi**yor**	temizleme**di**	temizleme**miş**	temizlemey**ecek**
	temizler mi	temizli**yor** mu	temizle**di** mi	temizle**miş** mi	temizley**ecek** mi
Biz	temizleriz	temizli**yor**uz	temizle**dik**	temizle**miş**iz	temizley**eceğ**iz
	temizlemeyiz	temizlemi**yor**uz	temizleme**dik**	temizleme**miş**iz	temizlemey**eceğ**iz
	temizler miyiz	temizli**yor** muyuz	temizle**dik** mi	temizle**miş** miyiz	temizley**ecek** miyiz
Siz	temizlersiniz	temizli**yor**sunuz	temizle**diniz**	temizle**miş**siniz	temizley**ecek**siniz
	temizlemezsiniz	temizlemi**yor**sunuz	temizleme**diniz**	temizleme**miş**siniz	temizlemey**ecek**siniz
	temizler misiniz	temizli**yor** musunuz	temizle**diniz** mi	temizle**miş** misiniz	temizley**ecek** misiniz
Onlar	temizlerler	temizli**yor**lar	temizle**diler**	temizle**miş**ler	temizley**ecek**ler
	temizlemezler	temizlemi**yor**lar	temizleme**diler**	temizleme**miş**ler	temizlemey**ecek**ler
	temizlerler mi	temizli**yor**lar mı	temizle**diler** mi	temizle**miş**ler mi	temizley**ecek**ler mi

	Simple Present	Present Continuous	-di Past	-miş Past	Future
Ben	yıka				
Sen					
O					
Biz					
Siz					
Onlar					

95. -i unutmak   to forget

Sürekli *bir şeyleri* unut**uyor**sun. Bu defa neyi unut**tun**?
You always forget *something*. What have you forgotten this time?

Ebru Hanım *cep telefonunu* masasında unut**muş**.
Ms Ebru has left *her mobile phone* on her desk.

Senin iyiliğini yaşadığım sürece asla unutmay**acağ**ım.
I will never forget *your favour* as long as I live.

verb+**meyi/mayı** unutmak   to forget **to** verb

Babaanne, *ilaçlarını içmeyi* unut**ma**, oldu mu?
Grandpa, don't forget *to take your medicine*, all right?

'Dün *beni aramayı* unut**tun** mu?'   'Evet, unut**tum**. Özür dilerim '
'Did you forget *to call me* yesterday?'   'Yes, I did. I'm sorry.'

word forms and phrases	
unut**kan**	forgetful
unutkan**lık**	forgetfulness
unutul**maz**	unforgettable
Unutma.	Don't forget.
Unut gitsin.	Forget it.
neredeyse unutmak	to almost forget

	Simple Present	Present Continuous	-di Past	-miş Past	Future
Ben	unut**ur**um	unut**uyor**um	unut**tum**	unut**muş**um	unut**acağ**ım
	unutmam	unutmu**yor**um	unutmadım	unutmamışım	unutmay**acağ**ım
	unut**ur** muyum	unut**uyor** muyum	unut**tum** mu	unut**muş** muyum	unut**acak** mıyım
Sen	unut**ur**sun	unut**uyor**sun	unut**tun**	unut**muş**sun	unut**acak**sın
	unutmazsın	unutmu**yor**sun	unutmadın	unutmamışsın	unutmay**acak**sın
	unut**ur** musun	unut**uyor** musun	unut**tun** mu	unut**muş** musun	unut**acak** mısın
O	unut**ur**	unut**uyor**	unut**tu**	unut**muş**	unut**acak**
	unutmaz	unutmu**yor**	unutmadı	unutmamış	unutmay**acak**
	unut**ur** mu	unut**uyor** mu	unut**tu** mu	unut**muş** mu	unut**acak** mı
Biz	unut**ur**uz	unut**uyor**uz	unut**tuk**	unut**muş**uz	unut**acağ**ız
	unutmayız	unutmu**yor**uz	unutmadık	unutmamışız	unutmay**acağ**ız
	unut**ur** muyuz	unut**uyor** muyuz	unut**tuk** mu	unut**muş** muyuz	unut**acak** mıyız
Siz	unut**ur**sunuz	unut**uyor**sunuz	unut**tunuz**	unut**muş**sunuz	unut**acak**sınız
	unutmazsınız	unutmu**yor**sunuz	unutmadınız	unutmamışsınız	unutmay**acak**sınız
	unut**ur** musunuz	unut**uyor** musunuz	unut**tunuz** mu	unut**muş** musunuz	unut**acak** mısınız
Onlar	unut**ur**lar	unut**uyor**lar	unut**tular**	unut**muş**lar	unut**acak**lar
	unutmazlar	unutmu**yor**lar	unutmadılar	unutmamışlar	unutmay**acak**lar
	unut**ur**lar mı	unut**uyor**lar mı	unut**tular** mı	unut**muş**lar mı	unut**acak**lar mı

	Simple Present	Present Continuous	-di Past	-miş Past	Future
Ben	temizle				
Sen					
O					
Biz					
Siz					
Onlar					

96. -i hatırlamak   to remember

Ben *annemi* hayal meyal hatırl**ıyor**um. Ben 5 yaşındayken vefat etmiş.
I can vaguely remember *my mother*. She passed away when I was 5.

Liseden Melisa'yı gördüm. *Beni* zar zor hatırla**dı**.
I saw Melisa from high school. She could hardly remember *me*.

Özge telefonda bir adamla konuşmuş ama *adını* hatırlam**ıyor**.
Özge spoke to a man on the phone, but she doesn't remember *his name*.

Seni her zaman hatırlay**acağ**ım. Sen de beni unutma.
I will always remember *you*. You won't forget me either.

word forms and phrases	
hayal meyal hatırlamak	to remember vaguely
zar zor hatırlamak	to remember hardly/barely
doğru x yanlış hatırlamak	to remember (in)correctly
iyi hatırlamak	to remember well
net hatırlamak	to remember clearly/vividly
hatırladığım kadarıyla	as far as I can remember
hatıra	memory
hatırat	memoir

   birin**e** *bir şeyi* **hatırlatmak**   to remind somebody *of something*

Bu şarkı ban**a** hep *ilk randevumuzu* hatırlat**ıyor**. Çok romantikti.
This song always reminds me of *our first date*. It was so romantic.

	Simple Present	Present Continuous	-di Past	-miş Past	Future
Ben	hatırlarım	hatırlıyorum	hatırladım	hatırlamışım	hatırlayacağım
	hatırlamam	hatırlamıyorum	hatırlamadım	hatırlamamışım	hatırlamayacağım
	hatırlar mıyım	hatırlıyor muyum	hatırladım mı	hatırlamış mıyım	hatırlayacak mıyım
Sen	hatırlarsın	hatırlıyorsun	hatırladın	hatırlamışsın	hatırlayacaksın
	hatırlamazsın	hatırlamıyorsun	hatırlamadın	hatırlamamışsın	hatırlamayacaksın
	hatırlar mısın	hatırlıyor musun	hatırladın mı	hatırlamış mısın	hatırlayacak mısın
O	hatırlar	hatırlıyor	hatırladı	hatırlamış	hatırlayacak
	hatırlamaz	hatırlamıyor	hatırlamadı	hatırlamamış	hatırlamayacak
	hatırlar mı	hatırlıyor mu	hatırladı mı	hatırlamış mı	hatırlayacak mı
Biz	hatırlarız	hatırlıyoruz	hatırladık	hatırlamışız	hatırlayacağız
	hatırlamayız	hatırlamıyoruz	hatırlamadık	hatırlamamışız	hatırlamayacağız
	hatırlar mıyız	hatırlıyor muyuz	hatırladık mı	hatırlamış mıyız	hatırlayacak mıyız
Siz	hatırlarsınız	hatırlıyorsunuz	hatırladınız	hatırlamışsınız	hatırlayacaksınız
	hatırlamazsınız	hatırlamıyorsunuz	hatırlamadınız	hatırlamamışsınız	hatırlamayacaksınız
	hatırlar mısınız	hatırlıyor musunuz	hatırladınız mı	hatırlamış mısınız	hatırlayacak mısınız
Onlar	hatırlarlar	hatırlıyorlar	hatırladılar	hatırlamışlar	hatırlayacaklar
	hatırlamazlar	hatırlamıyorlar	hatırlamadılar	hatırlamamışlar	hatırlamayacaklar
	hatırlarlar mı	hatırlıyorlar mı	hatırladılar mı	hatırlamışlar mı	hatırlayacaklar mı

	Simple Present	Present Continuous	-di Past	-miş Past	Future
Ben	unut				
Sen					
O					
Biz					
Siz					
Onlar					

97. -e inanmak   to believe

Emre ve Can polise her şeyi anlatmışlar fakat *onlara* inanmamışlar.
Emre and Can told the police everything, but they didn't believe *them*.

'Sen *Allah'a* inan**ıyor** musun?'   'Evet. Ben inançlı bir insanım.'
'Do you believe *in God?'*   'Yes, I do. I'm a faithful person.'

'Ben *mucizelere* inanırım.'   'Ben öyle şeylere inanm**ıyor**um.'
'I believe *in miracles.'*   'I don't believe in those things.'

Biz *Ayhan'a* inandık fakat o bize yalan söylemiş. Bizi kandırmış.
We believed *Ayhan,* but he lied to us. He deceived us.

'Şimdi ben *buna* inan**mak** zorunda mıyım?'   'İster inan, ister inan**ma**.'
'Now do I have to believe *this?'*   'Believe it or not.'

word forms and phrases	
inanç	faith, belief
inan**çlı**	faithful
inan**çsız**	beliefless
inanan/imanlı	believer
inanmayan/imansız	unbeliever
inanılır	credible, believable
inanılmaz	incredible, unbelievable
İnanması zor.	It's hard to believe.
Gözlerime/Kulaklarıma	I can't believe
inanamıyorum.	*my eyes/ears.*

	Simple Present	Present Continuous	-di Past	-miş Past	Future
Ben	inanırım	inanıyorum	inandım	inanmışım	inanacağım
	inanmam	inanmıyorum	inanmadım	inanmamışım	inanmayacağım
	inanır mıyım	inanıyor muyum	inandım mı	inanmış mıyım	inanacak mıyım
Sen	inanırsın	inanıyorsun	inandın	inanmışsın	inanacaksın
	inanmazsın	inanmıyorsun	inanmadın	inanmamışsın	inanmayacaksın
	inanır mısın	inanıyor musun	inandın mı	inanmış mısın	inanacak mısın
O	inanır	inanıyor	inandı	inanmış	inanacak
	inanmaz	inanmıyor	inanmadı	inanmamış	inanmayacak
	inanır mı	inanıyor mu	inandı mı	inanmış mı	inanacak mı
Biz	inanırız	inanıyoruz	inandık	inanmışız	inanacağız
	inanmayız	inanmıyoruz	inanmadık	inanmamışız	inanmayacağız
	inanır mıyız	inanıyor muyuz	inandık mı	inanmış mıyız	inanacak mıyız
Siz	inanırsınız	inanıyorsunuz	inandınız	inanmışsınız	inanacaksınız
	inanmazsınız	inanmıyorsunuz	inanmadınız	inanmamışsınız	inanmayacaksınız
	inanır mısınız	inanıyor musunuz	inandınız mı	inanmış mısınız	inanacak mısınız
Onlar	inanırlar	inanıyorlar	inandılar	inanmışlar	inanacaklar
	inanmazlar	inanmıyorlar	inanmadılar	inanmamışlar	inanmayacaklar
	inanırlar mı	inanıyorlar mı	inandılar mı	inanmışlar mı	inanacaklar mı

	Simple Present	Present Continuous	-di Past	-miş Past	Future
Ben	hatırla				
Sen					
O					
Biz					
Siz					
Onlar					

98. yürümek   to walk

Benim annemle babam her sabah 3 veya 4 km yürürler. 59 ve 63 yaşındalar.
My parents walk 3 or 4 km every morning. They are 59 and 63 years old.

Emir bacağını kırdı. Bir ay **yürüyemeyecek**.
Emir has broken his leg. He **won't** be able to walk for a month.

Bir saattir **yürüyor**uz. Şurada biraz dinlenelim mi?
We have been walking for an hour. Shall we rest for a while over there?

   (bir yer**den**) *bir yere* yürümek   to walk from one place *to another*

(Kasa**ban**) *Köye* yürü**müş**ler. Araç bulamamışlar.
They walked *to the village* (**from** the town). There couldn't find a vehicle.

Ben bu akşam *işten eve* (kadar) yürü**düm**. Yaklaşık 10 km. Hiç durmadım.
I walked *home from work* this evening. That's about 10 km. I never stopped.

word forms and phrases	
yürüy**üş**	walk
yürüyüşe gitmek/çıkmak	to go for a walk
yürüyerek/yayan gitmek	to go on foot

	Simple Present	Present Continuous	-di Past	-miş Past	Future
Ben	yürürüm	yürüyorum	yürüdüm	yürümüşüm	yürüyeceğim
	yürümem	yürümüyorum	yürümedim	yürümemişim	yürümeyeceğim
	yürür müyüm	yürüyor muyum	yürüdüm mü	yürümüş müyüm	yürüyecek miyim
Sen	yürürsün	yürüyorsun	yürüdün	yürümüşsün	yürüyeceksin
	yürümezsin	yürümüyorsun	yürümedin	yürümemişsin	yürümeyeceksin
	yürür müsün	yürüyor musun	yürüdün mü	yürümüş müsün	yürüyecek misin
O	yürür	yürüyor	yürüdü	yürümüş	yürüyecek
	yürümez	yürümüyor	yürümedi	yürümemiş	yürümeyecek
	yürür mü	yürüyor mu	yürüdü mü	yürümüş mü	yürüyecek mi
Biz	yürürüz	yürüyoruz	yürüdük	yürümüşüz	yürüyeceğiz
	yürümeyiz	yürümüyoruz	yürümedik	yürümemişiz	yürümeyeceğiz
	yürür müyüz	yürüyor muyuz	yürüdük mü	yürümüş müyüz	yürüyecek miyiz
Siz	yürürsünüz	yürüyorsunuz	yürüdünüz	yürümüşsünüz	yürüyeceksiniz
	yürümezsiniz	yürümüyorsunuz	yürümediniz	yürümemişsiniz	yürümeyeceksiniz
	yürür müsünüz	yürüyor musunuz	yürüdünüz mü	yürümüş müsünüz	yürüyecek misiniz
Onlar	yürürler	yürüyorlar	yürüdüler	yürümüşler	yürüyecekler
	yürümezler	yürümüyorlar	yürümediler	yürümemişler	yürümeyecekler
	yürürler mi	yürüyorlar mı	yürüdüler mi	yürümüşler mi	yürüyecekler mi

	Simple Present	Present Continuous	-di Past	-miş Past	Future
Ben	inan				
Sen					
O					
Biz					
Siz					
Onlar					

99. koşmak   to run; to jog

Koştum fakat treni yakalayamadım. Sigarayı bırakmam lâzım.
I ran, but I couldn't catch the train. I have to stop smoking.

Sibel eskiden atletmiş. Defalarca maraton koş**muş**.
Sibel used to be an athlete. She ran a marathon many times.

Hepimiz *hırsızın arkasından* koştuk ama adi herif çok hızlıydı.
We all ran *after the thief,* but the fucking guy was too fast.

Karımla ben her sabah sahil *boyunca* koş**arız**.
My wife and I jog *along* the coast every morning.

Ders bitince bütün çocuklar *oyun alanına* koştular.
When class was over, all the children ran *to the playground.*

word forms and phrases	
koşu	running, jogging
koşu ayakkabısı	running shoes
koşucu	runner, jogger
koşuya gitmek/çıkmak	to go running, jogging

	Simple Present	Present Continuous	-di Past	-miş Past	Future
Ben	koşarım koşmam koşar mıyım	koşuyorum koşmuyorum koşuyor muyum	koştum koşmadım koştum mu	koşmuşum koşmamışım koşmuş muyum	koşacağım koşmayacağım koşacak mıyım
Sen	koşarsın koşmazsın koşar mısın	koşuyorsun koşmuyorsun koşuyor musun	koştun koşmadın koştun mu	koşmuşsun koşmamışsın koşmuş musun	koşacaksın koşmayacaksın koşacak mısın
O	koşar koşmaz koşar mı	koşuyor koşmuyor koşuyor mu	koştu koşmadı koştu mu	koşmuş koşmamış koşmuş mu	koşacak koşmayacak koşacak mı
Biz	koşarız koşmayız koşar mıyız	koşuyoruz koşmuyoruz koşuyor muyuz	koştuk koşmadık koştuk mu	koşmuşuz koşmamışız koşmuş muyuz	koşacağız koşmayacağız koşacak mıyız
Siz	koşarsınız koşmazsınız koşar mısınız	koşuyorsunuz koşmuyorsunuz koşuyor musunuz	koştunuz koşmadınız koştunuz mu	koşmuşsunuz koşmamışsınız koşmuş musunuz	koşacaksınız koşmayacaksınız koşacak mısınız
Onlar	koşarlar koşmazlar koşarlar mı	koşuyorlar koşmuyorlar koşuyorlar mı	koştular koşmadılar koştular mı	koşmuşlar koşmamışlar koşmuşlar mı	koşacaklar koşmayacaklar koşacaklar mı

	Simple Present	Present Continuous	-di Past	-miş Past	Future
Ben	yürü				
Sen					
O					
Biz					
Siz					
Onlar					

100. yüzmek   to swim

Oğlum yüz**meyi** seviyor. 5 yaşından beri yüz**üyor**.
My son loves swimming. He's been swimming since he was 5 years old.

Hafta sonu ne yapıyorsun, Duygu? Yüz**meye** gidelim mi?
What are you doing at the weekend, Duygu? Shall we go swimming?

Yüz**mek** eğlenceli bir spor. Ben haftada üç kez yüz**er**im.
Swimming is a fun sport. I swim three times a week.

Cenk çok iyi bir yüzücü. Bu gölü *boydan boya* yüzebil**ir**.
Cenk is a very good swimmer. He can swim *across* this lake.

word forms and phrases	
yüz**ücü**	swimmer
yüz**me** havuzu	swimming pool
yüzmey**e** gitmek	to go swimming
yüz (sesteş)	1. face 2. hundred (homonyms)

Biz hafta sonu havuza gittik ama ben yüzme**dim**. Sadece güneşlendim.
We went to the pool at the weekend, but I didn't swim. I only sunbathed.

	Simple Present	Present Continuous	-di Past	-miş Past	Future
Ben	yüz**er**im yüz**mem** yüz**er** miyim	yüz**üyor**um yüz**müyor**um yüz**üyor** muyum	yüz**düm** yüz**medim** yüz**düm** mü	yüz**müş**üm yüz**memiş**im yüz**müş** müyüm	yüz**eceğim** yüz**meyeceğim** yüz**ecek** miyim
Sen	yüz**er**sin yüz**mezsin** yüz**er** misin	yüz**üyor**sun yüz**müyor**sun yüz**üyor** musun	yüz**dün** yüz**medin** yüz**dün** mü	yüz**müş**sün yüz**memiş**sin yüz**müş** müsün	yüz**ecek**sin yüz**meyecek**sin yüz**ecek** misin
O	yüz**er** yüz**mez** yüz**er** mi	yüz**üyor** yüz**müyor** yüz**üyor** mu	yüz**dü** yüz**medi** yüz**dü** mü	yüz**müş** yüz**memiş** yüz**müş** mü	yüz**ecek** yüz**meyecek** yüz**ecek** mi
Biz	yüz**er**iz yüz**meyiz** yüz**er** miyiz	yüz**üyor**uz yüz**müyor**uz yüz**üyor** muyuz	yüz**dük** yüz**medik** yüz**dük** mü	yüz**müş**üz yüz**memiş**iz yüz**müş** müyüz	yüz**eceğiz** yüz**meyeceğiz** yüz**ecek** miyiz
Siz	yüz**er**siniz yüz**mezsiniz** yüz**er** misiniz	yüz**üyor**sunuz yüz**müyor**sunuz yüz**üyor** musunuz	yüz**dünüz** yüz**mediniz** yüz**dünüz** mü	yüz**müş**sünüz yüz**memiş**siniz yüz**müş** müsünüz	yüz**ecek**siniz yüz**meyecek**siniz yüz**ecek** misiniz
Onlar	yüz**er**ler yüz**mezler** yüz**er**ler mi	yüz**üyor**lar yüz**müyor**lar yüz**üyor**lar mı	yüz**düler** yüz**mediler** yüz**düler** mi	yüz**müş**ler yüz**memiş**ler yüz**müş**ler mi	yüz**ecek**ler yüz**meyecek**ler yüz**ecek**ler mi

	Simple Present	Present Continuous	-di Past	-miş Past	Future
Ben	koş				
Sen					
O					
Biz					
Siz					
Onlar					

EXERCISES   Verbs **91-100**

1. Match (1-8 to a-g; 9-16 to ğ-m).

1. yürüyerek/yayan gitmek	a. to put on; to wear (clothes, shoes)
2. -i temizlemek	b. to forget
3. -i çıkarmak	c. to remember
4. -i unutmak	ç. to clean
5. -i giymek	d. to wash (something/yourself)
6. -i yıkamak	e. to go on foot
7. -i hatırlamak	f. to remove (1. clothes/shoes/jewellery 2. stain/rubbish)
8. yüzmek	g. to swim
9. birini işten çıkarmak	ğ. to remember correctly x incorrectly
10. doğru x yanlış hatırlamak	h. to get dressed x to get undressed
11. -i takmak	ı. to remind somebody of something
12. -e inanmak	i. to run; to jog
13. -meyi/mayı unutmak	j. to forget to do something
14. koşmak	k. to believe
15. birine bir şeyi hatırlatmak	l. to put on/to wear (glasses/jewellery)
16. giyinmek x soyunmak	m. to dismiss (force someone to leave their job)

2. Complete the sentences with possible answers to the questions. Use the above list for the omitted verbs.

1. Sen *Mehmet'e/ona* inanmıyor musun? Sence o yalan mı söylüyor?   Kim**e**?

2. .... geçen ay işten çıkarmışlar. İş arıyor.   Kim**i**?

3. Beril'in okulu evimize çok yakın. .... gidiyor.   Nasıl?

4. Yemeği ben yaptım. .... da sen yıka.   Neleri?

5. Ben ceketimi .... İçeri soğuk. Üşüdüm.   Ne yapacağım?

6. .... unuttum.   Ne yap**mayı**?

7. Onunla tanıştık ama şu an .... hatırlayamıyorum.   Neyi?

8. Ev arkadaşım duştan sonra banyo**u** yine ....   Ne yapmamış?

9. Bana .... hatırlatıyorsun. Onun gibi konuşuyorsun.   Kim**i**?

10. Beyefendi, ... masada unutulmuşsunuz.   N**e**yi?

11. .... her sabah parkta ..... kilometre ....   Kim, kaç, ne yapar?

12. Miray odasında .... Birlikte dışarı çıkacağız.   Ne yapıyor?

3. Answer about yourself in complete sentences.

1. İsimleri ve yüzleri kolay hatırlar mısınız?   ....

2. **Kolye, yüzük** veya **başka bir** takı takar mısınız?   ....

3. Evinizi kim temizliyor? Temizlikçiniz mi var?   ....

4. Hiç işten çıkarıldınız mı?   ....

5. Yapmayı sık sık unuttuğunuz bir şey var mı?   ....

kolye necklace; **yüzük** ring; **başka bir** any other

4. Write the Turkish equivalents.

1. clothes; well-/elegantly dressed

2. dressed x naked

3. clean; spotless

4. cleaning; cleaner/cleaning lady

5. forgetful; forgetfulness

6. unforgettable

7. Forget it.

8. faith, belief; faithful x beliefless

9. believable x unbelievable

10. It's hard to believe.

11. I can't believe my eyes.

12. memory; memoir

13. walk

14. running, jogging; runner, jogger

15. swimmer; swimming pool

Answers

1. 1e 2ç 3f 4b 5a 6d 7c 8g 9m 10ğ 11l 12k 13j 14i 15ı 16h

2. 1 Mehmet'e/ona 2 Melisa'yı/Kardeşimi 3 Yürüyerek/Yayan/Bisikletle 4 bulaşıkları/tabakları 5 giyeceğim 6 Ev ödevimi
yapmayı/Seni aramayı/Sana söylemeyi 7 adını/yüzünü 8 temizlememiş 9 eski karımı/bir arkadaşımı
10 cep telefonunuzu/anahtarlarınızı/cüzdanınızı 11 Ben, üç, koşarım/Ev arkadaşım, altı, koşar/Karımla ben, iki, koşarız
12 giyiniyor

3. Örneğin: 1 Yüzleri kolay hatırlarım. İsimleri pek hatırlayamam. 2 Bazen yüzük takarım. 3 Kendim temizliyorum.
Temizlikçim yok. 4 Evet, çıkarıldım. Birkaç kez. / Hayır, hiç çıkarılmadım. 5 Arabamı kilitlemeyi (lock) /Cep telefonumu
şarj (charge up) etmeyi çok sık unuturum.

4. 1 giysi (=elbise); iyi/şık giyimli 2 giyinik x çıplak 3 temiz; tertemiz 4 temizlik; temizlikçi 5 unutkan; unutkanlık 6 unutulmaz
7 Unut gitsin. 8 inanç; inançlı x inançsız 9 inanılır x inanılmaz 10 İnanması zor. 11 Gözlerime inanamıyorum. 12 hatıra;
hatırat 13 yürüyüş 14 koşu; koşucu 15 yüzücü; yüzme havuzu

Can you write down the verbs you have learned in this set (verbs 91-100)?

101. acıkmak   to be hungry (wanting to eat something)

Oğlum, eğer kahvaltını bitirmezsen okulda acıkırsın.
Son, if you don't finish your breakfast, you will get hungry at school.

Saatlerce yürüdük. Çok susadık ve acıktık.
We walked for hours. We got very thirsty and hungry.

Ben çok acıktım (= açım). Bugün öğle yemeğini kaçırdım.
I'm starving. I missed lunch today.

Çocuklar acıkmış (= açmış). Onlara sandviç yapacağım.
The children are hungry. I will make sandwiches for them.

   karnım/karnın aç/acıktı   (lit) my/your stomach is hungry

Bizim karnımız aç (= acıktı), anne. Buzdolabında yiyecek bir şey var mı?
We are hungry, Mum. Is there anything to eat in the fridge?

note
As you can see in the third and the following examples, we use **acıkmak** in the past tense when we talk about our feeling of hunger at the time of speaking. And it can be replaced by the adjective **aç** (hungry).
We can also say: *Karnım* (from *karın*) *aç/acıktı.*
The possessive suffix changes according to person.
We use the adjective **tok** in the following meaning:
Ben tok**um** (= aç değilim). Öğle yemeğine çıkmayacağım. I'm not hungry. I won't go out for lunch.
And we use the verb **doymak** in the following meaning:
Ben doy**dum**. Daha fazla yemeyeceğim. I'm full. I won't eat any more.

	Simple Present	Present Continuous	-di Past	-miş Past	Future
Ben	acıkırım	acıkıyorum	acıktım	acıkmışım	acıkacağım
	acıkmam	acıkmıyorum	acıkmadım	acıkmamışım	acıkmayacağım
	acıkır mıyım	acıkıyor muyum	acıktım mı	acıkmış mıyım	acıkacak mıyım
Sen	acıkırsın	acıkıyorsun	acıktın	acıkmışsın	acıkacaksın
	acıkmazsın	acıkmıyorsun	acıkmadın	acıkmamışsın	acıkmayacaksın
	acıkır mısın	acıkıyor musun	acıktın mı	acıkmış mısın	acıkacak mısın
O	acıkır	acıkıyor	acıktı	acıkmış	acıkacak
	acıkmaz	acıkmıyor	acıkmadı	acıkmamış	acıkmayacak
	acıkır mı	acıkıyor mu	acıktı mı	acıkmış mı	acıkacak mı
Biz	acıkırız	acıkıyoruz	acıktık	acıkmışız	acıkacağız
	acıkmayız	acıkmıyoruz	acıkmadık	acıkmamışız	acıkmayacağız
	acıkır mıyız	acıkıyor muyuz	acıktık mı	acıkmış mıyız	acıkacak mıyız
Siz	acıkırsınız	acıkıyorsunuz	acıktınız	acıkmışsınız	acıkacaksınız
	acıkmazsınız	acıkmıyorsunuz	acıkmadınız	acıkmamışsınız	acıkmayacaksınız
	acıkır mısınız	acıkıyor musunuz	acıktınız mı	acıkmış mısınız	acıkacak mısınız
Onlar	acıkırlar	acıkıyorlar	acıktılar	acıkmışlar	acıkacaklar
	acıkmazlar	acıkmıyorlar	acıkmadılar	acıkmamışlar	acıkmayacaklar
	acıkırlar mı	acıkıyorlar mı	acıktılar mı	acıkmışlar mı	acıkacaklar mı

	Simple Present	Present Continuous	-di Past	-miş Past	Future
Ben	yüz				
Sen					
O					
Biz					
Siz					
Onlar					

102. susamak   to be thirsty (needing drink)

Ramazan'da ben çok acıkmıyorum veya susamıyorum.
During Ramadan, I don't feel particularly hungry or thirsty.

Köpek çok susamış. Neredeyse bir kova su içti.
The dog was very thirsty. It drank almost a bucket of water.

Susadın mı? Su veya meyve suyu ister misin?
Are you thirsty? Do you want water or fruit juice?

Ben çok susadım. Bir bardak su alabilir miyim, lütfen?
I'm really thirsty. Can I have a glass of water, please?

-i susatmak   to make someone thirsty

Sıcakta tepelerde yürümek hepimizi çok susattı.
Hiking in the hills in the heat made us extremely thirsty.

note
As you can see in the third and the following example, we use **susamak** in the past tense when we talk about our thirst at the time of speaking. Remember that the same applies to the verb **acıkmak**.

word forms and phrases	
sulu	watery
su**suz**	waterless
susuz**luk**; açlık	thirst; hunger
-i sulamak	to water

	Simple Present	Present Continuous	-di Past	-miş Past	Future
Ben	susarım susamam susar mıyım	susuyorum susamıyorum susuyor muyum	susadım susamadım susadım mı	susamışım susamamışım susamış mıyım	susayacağım susamayacağım susayacak mıyım
Sen	susarsın susamazsın susar mısın	susuyorsun susamıyorsun susuyor musun	susadın susamadın susadın mı	susamışsın susamamışsın susamış mısın	susayacaksın susamayacaksın susayacak mısın
O	susar susamaz susar mı	susuyor susamıyor susuyor mu	susadı susamadı susadı mı	susamış susamamış susamış mı	susayacak susamayacak susayacak mı
Biz	susarız susamayız susar mıyız	susuyoruz susamıyoruz susuyor muyuz	susadık susamadık susadık mı	susamışız susamamışız susamış mıyız	susayacağız susamayacağız susayacak mıyız
Siz	susarsınız susamazsınız susar mısınız	susuyorsunuz susamıyorsunuz susuyor musunuz	susadınız susamadınız susadınız mı	susamışsınız susamamışsınız susamış mısınız	susayacaksınız susamayacaksınız susayacak mısınız
Onlar	susarlar susamazlar susarlar mı	susuyorlar susamıyorlar susuyorlar mı	susadılar susamadılar susadılar mı	susamışlar susamamışlar susamışlar mı	susayacaklar susamayacaklar susayacaklar mı

	Simple Present	Present Continuous	-di Past	-miş Past	Future
Ben	acık				
Sen					
O					
Biz					
Siz					
Onlar					

103. **pişmek**   to cook (be prepared)

Balık fırında pi**ş**i**yor**. Bu arada, sen de salata yapabilir misin?
The fish is cooking in the oven. In the meantime, can you make a salad?

Yemek henüz piş**medi**. Açsan buzdolabında bir sandviç var.
The meal hasn't cooked yet. If you are hungry, there's a sandwich in the fridge.

-i pişirmek   to cook (prepare food by using heat)

Balık sever misin? Akşam yemeğine fırında *balık* pişir**ece**ğim.
Do you like fish? I'm going to cook *fish* in the oven for dinner.

Sosu kısık ateşte beş dakika pişi**rin**.
Cook *the sauce* over a low heat for five minutes.

Öğle yemeğine ne pişir**i**y**orsun**, anneciğim? Ben inanılmaz acıktım.
What are you cooking *for lunch,* Mummy? I'm incredibly hungry.

note
In everyday Turkish, we usually use **(yemek) yapmak** instead of **pişirmek**:
Akşam yemeğini sen mi yaptın? Have you cooked dinner?
Ben yemek yap**mayı** sevmiyorum. Dışarıda yiyiyorum. I don't like cooking. I eat out.
Akşam yemeğine balık yap**aca**ğım. I'm going to cook fish for dinner.
Makarnayı çok güzel yap**mış**sın. You have cooked the pasta very well.

word forms and phrases
piş**miş** x çiğ   cooked x raw

	Simple Present	Present Continuous	-di Past	-miş Past	Future
Ben	pişiririm pişirmem pişirir miyim	pişiriyorum pişirmiyorum pişiriyor muyum	pişirdim pişirmedim pişirdim mi	pişirmişim pişirmemişim pişirmiş miyim	pişireceğim pişirmeyeceğim pişirecek miyim
Sen	pişirirsin pişirmezsin pişirir misin	pişiriyorsun pişirmiyorsun pişiriyor musun	pişirdin pişirmedin pişirdin mi	pişirmişsin pişirmemişsin pişirmiş misin	pişireceksin pişirmeyeceksin pişirecek misin
O	pişirir pişirmez pişirir mi	pişiriyor pişirmiyor pişiriyor mu	pişirdi pişirmedi pişirdi mi	pişirmiş pişirmemiş pişirmiş mi	pişirecek pişirmeyecek pişirecek mi
Biz	pişiririz pişirmeyiz pişirir miyiz	pişiriyoruz pişirmiyoruz pişiriyor muyuz	pişirdik pişirmedik pişirdik mi	pişirmişiz pişirmemişiz pişirmiş miyiz	pişireceğiz pişirmeyeceğiz pişirecek miyiz
Siz	pişirirsiniz pişirmezsiniz pişirir misiniz	pişiriyorsunuz pişirmiyorsunuz pişiriyor musunuz	pişirdiniz pişirmediniz pişirdiniz mi	pişirmişsiniz pişirmemişsiniz pişirmiş misiniz	pişireceksiniz pişirmeyeceksiniz pişirecek misiniz
Onlar	pişirirler pişirmezler pişirirler mi	pişiriyorlar pişirmiyorlar pişiriyorlar mı	pişirdiler pişirmediler pişirdiler mi	pişirmişler pişirmemişler pişirmişler mi	pişirecekler pişirmeyecekler pişirecekler mi

	Simple Present	Present Continuous	-di Past	-miş Past	Future
Ben	susa				
Sen					
O					
Biz					
Siz					
Onlar					

104. -i hissetmek   to feel (1. experience sth physical or emotional 2. notice)

Bugün ofiste sol göğsümde *keskin bir ağrı* hissettim.
I felt *a sharp pain* in my left chest today in the office.

   iyi/suçlu hissetmek   to feel good/guilty *

Bugün nasılsın? *Kendini* daha iyi hissediyor musun?
How are you feeling today? Are you feeling better?

Ben kalabalıkta *kendimi* rahat hissetmiyorum.
I don't feel comfortable in the crowd.

Pia bana yalan söylediği için *kendini* suçlu hissetmiş.
Pia felt guilty because she had lied to me.

Dün gece depremi Ankara'da siz de hissettiniz mi?
Did you also feel *the earthquake* in Ankara *last night?*

* grammar
We always use it with the reflexive pronouns in the accusative case (myself, yourself, etc):
singular: 1 kendimi   2 kendini   3 kendini (= kendisini) plural: 1 kendimizi 2 kendinizi 3 kendilerini
As you can see in the examples, they remain untranslated.
By the way, **hissetmek** is a combination of: his + etmek

word forms and phrases	
his	sense, feeling
altıncı his	sixth sense
his**li** x his**siz**	emotional x unemotional

	Simple Present	Present Continuous	-di Past	-miş Past	Future
Ben	hissederim	hissediyorum	hissettim	hissetmişim	hissedeceğim
	hissetmem	hissetmiyorum	hissetmedim	hissetmemişim	hissetmeyeceğim
	hisseder miyim	hissediyor muyum	hissettim mi	hissetmiş miyim	hissedecek miyim
Sen	hissedersin	hissediyorsun	hissettin	hissetmişsin	hissedeceksin
	hissetmezsin	hissetmiyorsun	hissetmedin	hissetmemişsin	hissetmeyeceksin
	hisseder misin	hissediyor musun	hissettin mi	hissetmiş misin	hissedecek misin
O	hisseder	hissediyor	hissetti	hissetmiş	hissedecek
	hissetmez	hissetmiyor	hissetmedi	hissetmemiş	hissetmeyecek
	hisseder mi	hissediyor mu	hissetti mi	hissetmiş mi	hissedecek mi
Biz	hissederiz	hissediyoruz	hissettik	hissetmişiz	hissedeceğiz
	hissetmeyiz	hissetmiyoruz	hissetmedik	hissetmemişiz	hissetmeyeceğiz
	hisseder miyiz	hissediyor muyuz	hissettik mi	hissetmiş miyiz	hissedecek miyiz
Siz	hissedersiniz	hissediyorsunuz	hissettiniz	hissetmişsiniz	hissedeceksiniz
	hissetmezsiniz	hissetmiyorsunuz	hissetmediniz	hissetmemişsiniz	hissetmeyeceksiniz
	hisseder misiniz	hissediyor musunuz	hissettiniz mi	hissetmiş misiniz	hissedecek misiniz
Onlar	hissederler	hissediyorlar	hissettiler	hissetmişler	hissedecekler
	hissetmezler	hissetmiyorlar	hissetmediler	hissetmemişler	hissetmeyecekler
	hissederler mi	hissediyorlar mı	hissettiler mi	hissetmişler mi	hissedecekler mi

	Simple Present	Present Continuous	-di Past	-miş Past	Future
Ben	pişir				
Sen					
O					
Biz					
Siz					
Onlar					

105. sevinmek   to feel happy

Tüm sınavlarımı geçtim. Anne ve babam çok sevinecekler.
I have passed all my exams. My parents will be very happy.

   birinin adına sevinmek   to be happy *for someone*

İş bulmuşsun. *Senin adına* çok sevindim, kanka. *
You have found a job. I'm so happy *for you,* buddy.

   verb stem+**diğine** sevinmek   to be happy to/that

Bu konuda *hemfikir olduğumuza* sevindim, arkadaşım.
I'm pleased *we agree* on this subject, my friend.

Büyük anne ve baban *onları ziyaret ettiğine* çok sevinmişler.
Your grandparents were so happy *that you visited them.*

* grammar
As you can see, we use the **-di** past tense when we express how we feel at the time of speaking. The same applies to the verbs of feeling we will learn on the following pages.
For the suffix **-diğine**, see the grammar box in **#3**.

word forms and phrases	
sevinç	joy
sevinçli	joyful
sevinç**ten** havalara uçmak	to feel on top of the world
-i sevin**dir**mek	to make someone happy
sevindir**ici**	happy
(haber/hikâye/an)	(news/story/moment)

	Simple Present	Present Continuous	-di Past	-miş Past	Future
Ben	sevinirim	seviniyorum	sevindim	sevinmişim	sevineceğim
	sevinmem	sevinmiyorum	sevinmedim	sevinmemişim	sevinmeyeceğim
	sevinir miyim	seviniyor muyum	sevindim mi	sevinmiş miyim	sevinecek miyim
Sen	sevinirsin	seviniyorsun	sevindin	sevinmişsin	sevineceksin
	sevinmezsin	sevinmiyorsun	sevinmedin	sevinmemişsin	sevinmeyeceksin
	sevinir misin	seviniyor musun	sevindin mi	sevinmiş misin	sevinecek misin
O	sevinir	seviniyor	sevindi	sevinmiş	sevinecek
	sevinmez	sevinmiyor	sevinmedi	sevinmemiş	sevinmeyecek
	sevinir mi	seviniyor mu	sevindi mi	sevinmiş mi	sevinecek mi
Biz	seviniriz	seviniyoruz	sevindik	sevinmişiz	sevineceğiz
	sevinmeyiz	sevinmiyoruz	sevinmedik	sevinmemişiz	sevinmeyeceğiz
	sevinir miyiz	seviniyor muyuz	sevindik mi	sevinmiş miyiz	sevinecek miyiz
Siz	sevinirsiniz	seviniyorsunuz	sevindiniz	sevinmişsiniz	sevineceksiniz
	sevinmezsiniz	sevinmiyorsunuz	sevinmediniz	sevinmemişsiniz	sevinmeyeceksiniz
	sevinir misiniz	seviniyor musunuz	sevindiniz mi	sevinmiş misiniz	sevinecek misiniz
Onlar	sevinirler	seviniyorlar	sevindiler	sevinmişler	sevinecekler
	sevinmezler	sevinmiyorlar	sevinmediler	sevinmemişler	sevinmeyecekler
	sevinirler mi	seviniyorlar mı	sevindiler mi	sevinmişler mi	sevinecekler mi

	Simple Present	Present Continuous	-di Past	-miş Past	Future
Ben	hisset				
Sen					
O					
Biz					
Siz					
Onlar					

106. üzülmek   to feel sad

Benim için üzülme**yin**, anne. Ben iyiyim. Bir şeye ihtiyacım yok.
Don't be sad for me, Mum. I'm fine. I don't need anything.

Üniversiteyi bu sene bitiremezsem ailem çok üzül**ür**.
If I can't finish university this year, my family will be very sad.

İşinizi kaybetmişsiniz, Aslan Bey. Hepimiz çok üzül**dük**.
You have lost your job, Mr Aslan. We are all sorry for that.

-i üzmek   to make someone feel unhappy

Dün gece *Emel'i* üz**müş**sün. Gidip özür dile, derim.
You upset *Emel* last night. Go and apologise, I'd say.

Beni affedersen, *seni* bir daha üzme**yeceğ**im. Sana söz veriyorum.
If you forgive me, I won't upset *you* again. I promise you that.

word forms and phrases	
üz**gün**	sad (people)
üz**ücü** (haber/hikâye/an)	sad (news/story/moment)
üz**üntü**	sadness

	Simple Present	Present Continuous	-di Past	-miş Past	Future
Ben	üzül**ür**üm	üzül**üy**orum	üzül**düm**	üzül**müş**üm	üzül**eceğ**im
	üzülmem	üzülmüyorum	üzülmedim	üzülmemişim	üzülmeyeceğim
	üzül**ür** müyüm	üzül**üy**or muyum	üzül**düm** mü	üzül**müş** müyüm	üzülecek miyim
Sen	üzül**ür**sün	üzül**üy**orsun	üzül**dün**	üzül**müş**sün	üzüleceksin
	üzülmezsin	üzülmüyorsun	üzülmedin	üzülmemişsin	üzülmeyeceksin
	üzül**ür** müsün	üzül**üy**or musun	üzül**dün** mü	üzül**müş** müsün	üzülecek misin
O	üzül**ür**	üzül**üy**or	üzül**dü**	üzül**müş**	üzülecek
	üzülmez	üzülmüyor	üzülmedi	üzülmemiş	üzülmeyecek
	üzül**ür** mü	üzül**üy**or mu	üzül**dü** mü	üzül**müş** mü	üzülecek mi
Biz	üzül**ür**üz	üzül**üy**oruz	üzül**dük**	üzül**müş**üz	üzül**eceğ**iz
	üzülmeyiz	üzülmüyoruz	üzülmedik	üzülmemişiz	üzülmeyeceğiz
	üzül**ür** müyüz	üzül**üy**or muyuz	üzül**dük** mü	üzül**müş** müyüz	üzülecek miyiz
Siz	üzül**ür**sünüz	üzül**üy**orsunuz	üzül**dünüz**	üzül**müş**sünüz	üzül**ecek**siniz
	üzülmezsiniz	üzülmüyorsunuz	üzülmediniz	üzülmemişsiniz	üzülmeyeceksiniz
	üzül**ür** müsünüz	üzül**üy**or musunuz	üzül**dünüz** mü	üzül**müş** müsünüz	üzülecek misiniz
Onlar	üzül**ür**ler	üzül**üy**orlar	üzül**dü**ler	üzül**müş**ler	üzül**ecek**ler
	üzülmezler	üzülmüyorlar	üzülmediler	üzülmemişler	üzülmeyecekler
	üzül**ür**ler mi	üzül**üy**orlar mı	üzül**dü**ler mi	üzül**müş**ler mi	üzül**ecek**ler mi

	Simple Present	Present Continuous	-di Past	-miş Past	Future
Ben	sevin				
Sen					
O					
Biz					
Siz					
Onlar					

107. şaşırmak   to be surprised

Bu sabah kahvaltıyı ben hazırladım. Karım inanılmaz şaşırdı.
I made breakfast this morning. My wife was incredibly surprised.

Eğer Tolga vaktinde gelirse sahiden şaşırırım. *
If Tolga shows up on time, I will be really surprised.

  -e şaşırmak   to be surprised **at/by**

Gül'ün tepkisine çok şaşırdık. Çok sertti.
We were very surprised **by** *Gül's reaction.* It was too harsh.

  -i şaşırtmak   to surprise

Gül'ün tepkisi *bizi* çok şaşırttı. Öyle bir tepki beklemiyorduk.
Gül's reaction surprised *us.* We hadn't expected such a reaction.

	* punctuation
	Unlike in English, in Turkish we do not normally put a comma between the if-clause and the result clause.

word forms and phrases	
şaşırtıcı	surprising

	Simple Present	Present Continuous	-di Past	-miş Past	Future
Ben	şaşırırım şaşırmam şaşırır mıyım	şaşırıyorum şaşırmıyorum şaşırıyor muyum	şaşırdım şaşırmadım şaşırdım mı	şaşırmışım şaşırmamışım şaşırmış mıyım	şaşıracağım şaşırmayacağım şaşıracak mıyım
Sen	şaşırırsın şaşırmazsın şaşırır mısın	şaşırıyorsun şaşırmıyorsun şaşırıyor musun	şaşırdın şaşırmadın şaşırdın mı	şaşırmışsın şaşırmamışsın şaşırmış mısın	şaşıracaksın şaşırmayacaksın şaşıracak mısın
O	şaşırır şaşırmaz şaşırır mı	şaşırıyor şaşırmıyor şaşırıyor mu	şaşırdı şaşırmadı şaşırdı mı	şaşırmış şaşırmamış şaşırmış mı	şaşıracak şaşırmayacak şaşıracak mı
Biz	şaşırırız şaşırmayız şaşırır mıyız	şaşırıyoruz şaşırmıyoruz şaşırıyor muyuz	şaşırdık şaşırmadık şaşırdık mı	şaşırmışız şaşırmamışız şaşırmış mıyız	şaşıracağız şaşırmayacağız şaşıracak mıyız
Siz	şaşırırsınız şaşırmazsınız şaşırır mısınız	şaşırıyorsunuz şaşırmıyorsunuz şaşırıyor musunuz	şaşırdınız şaşırmadınız şaşırdınız mı	şaşırmışsınız şaşırmamışsınız şaşırmış mısınız	şaşıracaksınız şaşırmayacaksınız şaşıracak mısınız
Onlar	şaşırırlar şaşırmazlar şaşırırlar mı	şaşırıyorlar şaşırmıyorlar şaşırıyorlar mı	şaşırdılar şaşırmadılar şaşırdılar mı	şaşırmışlar şaşırmamışlar şaşırmışlar mı	şaşıracaklar şaşırmayacaklar şaşıracaklar mı

	Simple Present	Present Continuous	-di Past	-miş Past	Future
Ben	üzül				
Sen					
O					
Biz					
Siz					
Onlar					

108. heyecanlanmak — to get excited

İrem yazılılardan önce çok heyecanlanıyor. Çok hata yapıyor.
İrem gets too excited before the exams. She makes a lot of mistakes.

Sakin ol. Çok fazla heyecan **yapma**. Bu sadece bir yazılı. *
Keep calm. Don't get overly excited. This is just an exam.

Dün iş görüşmesinde çok heyecanlandım. Çok iyi geçmedi.
I got too excited at the job interview yesterday. It didn't go very well.

heyecanlı (+to be suffix)   be excited

Bu bizim ilk randevumuz. Ben aşırı heyecanlıyım, kızlar.
This is our first date. I'm extremely excited, girls.

Çocuklar çok **heyecanlılar**. İlk kez bir hayvanat bahçesine gidecekler.
The children are very excited. They are going to a zoo for the first time.

	* note
	In everyday Turkish, we also use **heyecan yapmak** for **heyecanlanmak**.
	word forms and phrases
	heyecan — excitement
	heyecan verici — exciting

	Simple Present	Present Continuous	-di Past	-miş Past	Future
Ben	heyecanlanırım	heyecanlanıyorum	heyecanlandım	heyecanlanmışım	heyecanlanacağım
	heyecanlanmam	heyecanlanmıyorum	heyecanlanmadım	heyecanlanmamışım	heyecanlanmayacağım
	heyecanlanır mıyım	heyecanlanıyor muyum	heyecanlandım mı	heyecanlanmış mıyım	heyecanlanacak mıyım
Sen	heyecanlanırsın	heyecanlanıyorsun	heyecanlandın	heyecanlanmışsın	heyecanlanacaksın
	heyecanlanmazsın	heyecanlanmıyorsun	heyecanlanmadın	heyecanlanmamışsın	heyecanlanmayacaksın
	heyecanlanır mısın	heyecanlanıyor musun	heyecanlandın mı	heyecanlanmış mısın	heyecanlanacak mısın
O	heyecanlanır	heyecanlanıyor	heyecanlandı	heyecanlanmış	heyecanlanacak
	heyecanlanmaz	heyecanlanmıyor	heyecanlanmadı	heyecanlanmamış	heyecanlanmayacak
	heyecanlanır mı	heyecanlanıyor mu	heyecanlandı mı	heyecanlanmış mı	heyecanlanacak mı
Biz	heyecanlanırız	heyecanlanıyoruz	heyecanlandık	heyecanlanmışız	heyecanlanacağız
	heyecanlanmayız	heyecanlanmıyoruz	heyecanlanmadık	heyecanlanmamışız	heyecanlanmayacağız
	heyecanlanır mıyız	heyecanlanıyor muyuz	heyecanlandık mı	heyecanlanmış mıyız	heyecanlanacak mıyız
Siz	heyecanlanırsınız	heyecanlanıyorsunuz	heyecanlandınız	heyecanlanmışsınız	heyecanlanacaksınız
	heyecanlanmazsınız	heyecanlanmıyorsunuz	heyecanlanmadınız	heyecanlanmamışsınız	heyecanlanmayacaksınız
	heyecanlanır mısınız	heyecanlanıyor musunuz	heyecanlandınız mı	heyecanlanmış mısınız	heyecanlanacak mısınız
Onlar	heyecanlanırlar	heyecanlanıyorlar	heyecanlandılar	heyecanlanmışlar	heyecanlanacaklar
	heyecanlanmazlar	heyecanlanmıyorlar	heyecanlanmadılar	heyecanlanmamışlar	heyecanlanmayacaklar
	heyecanlanırlar mı	heyecanlanıyorlar mı	heyecanlandılar mı	heyecanlanmışlar mı	heyecanlanacaklar mı

	Simple Present	Present Continuous	-di Past	-miş Past	Future
Ben	şaşır				
Sen					
O					
Biz					
Siz					
Onlar					

109. korkmak — to be afraid

Şule kaza yapmış. Ciddî bir şey değil fakat bayağı kork**muş**.
Şule had an accident. It's nothing serious, but she got quite a fright.

-den korkmak — to be afraid of someone/something

Köpeği dışarı çıkar. Yağmur *köpekler***den** kork**ar**. Ödü kopar.
Take the dog out. Yağmur is afraid *of dogs*. She is scared to death.

-i korkutmak — to frighten someone

*Siz***den** korkmu**yoruz**, tamam mı? *Bizi* korkut**amazsınız**.
We aren't afraid *of you*, okay? You can't frighten *us*.

Beni korkut**tun**, kanka. Seni fark etmedim. Ne zaman geldin?
You scared *me*, buddy. I didn't notice you. When did you come?

word forms and phrases	
korku	fear
korku**suz**	fearless
kork**ak**	coward
kork**unç**	terrible, awful
korkut**ucu**	frightening

	Simple Present	Present Continuous	-di Past	-miş Past	Future
Ben	kork**arım** korkmam kork**ar** mıyım	korku**yorum** korkmu**yorum** korku**yor** muyum	kork**tum** korkma**dım** kork**tum** mu	korkmu**şum** korkma**mışım** korkmu**ş** muyum	kork**acağım** korkma**yacağım** kork**acak** mıyım
Sen	kork**arsın** korkma**zsın** kork**ar** mısın	korku**yorsun** korkmu**yorsun** korku**yor** musun	kork**tun** korkma**dın** kork**tun** mu	korkmu**şsun** korkma**mışsın** korkmu**ş** musun	kork**acaksın** korkma**yacaksın** kork**acak** mısın
O	kork**ar** korkma**z** kork**ar** mı	korku**yor** korkmu**yor** korku**yor** mu	kork**tu** korkma**dı** kork**tu** mu	korkmu**ş** korkma**mış** korkmu**ş** mu	kork**acak** korkma**yacak** kork**acak** mı
Biz	kork**arız** korkma**yız** kork**ar** mıyız	korku**yoruz** korkmu**yoruz** korku**yor** muyuz	kork**tuk** korkma**dık** kork**tuk** mu	korkmu**şuz** korkma**mışız** korkmu**ş** muyuz	kork**acağız** korkma**yacağız** kork**acak** mıyız
Siz	kork**arsınız** korkma**zsınız** kork**ar** mısınız	korku**yorsunuz** korkmu**yorsunuz** korku**yor** musunuz	kork**tunuz** korkma**dınız** kork**tunuz** mu	korkmu**şsunuz** korkma**mışsınız** korkmu**ş** musunuz	kork**acaksınız** korkma**yacaksınız** kork**acak** mısınız
Onlar	kork**arlar** korkma**zlar** kork**arlar** mı	korku**yorlar** korkmu**yorlar** korku**yorlar** mı	kork**tular** korkma**dılar** kork**tular** mı	korkmu**şlar** korkma**mışlar** korkmu**şlar** mı	kork**acaklar** korkma**yacaklar** kork**acaklar** mı

	Simple Present	Present Continuous	-di Past	-miş Past	Future
Ben	heyecanlan				
Sen					
O					
Biz					
Siz					
Onlar					

110. kızmak   to get angry

Okulu niye astın? Bize doğruyu söyle. Kızma**yacağ**ız.
Why did you cut school? Tell us the truth. We won't get angry.

Bak, kız**ıyor**um. Saçma sapan konuşmayı bırak.
Look, I'm getting angry. Stop talking nonsense.

-e kızmak   to get angry **about/at** (sb/sth)

Annen *boynundaki dövme*y**e** kızmadı mı? *
Didn't your mother get angry *about the tattoo on your neck?*

kızgın (+to be suffix)   be angry

Sen *bana* hâlâ kızgın mı**sın**, arkadaşım? Tekrar özür dilerim.
Are you still angry *with me*, my friend? I apologise once again.

<table>
<tr><td colspan="2">* grammar</td></tr>
<tr><td colspan="2">In the negative interrogative, the negation suffix is placed before the tense suffix.</td></tr>
<tr><td colspan="2">Here is the conjugation of the 2nd person singular in the tenses in the table:</td></tr>
<tr><td colspan="2">kızmaz mısın, kızmıyor musun, kızmadın mı, kızmamış mısın, kızmayacak mısın</td></tr>
<tr><td colspan="2">In the simple present tense, the tense suffix changes to -z for all persons:</td></tr>
<tr><td>singular: 1 kızmaz mıyım 2 kızmaz mısın   3 kızmaz mı</td><td></td></tr>
<tr><td>plural: 1 kızmaz mıyız 2 kızmaz mısınız 3 kızmazlar mı</td><td></td></tr>
</table>

word forms and phrases	
kızgın**lık** (= öfke)	anger
öfke yönetimi	anger management

	Simple Present	Present Continuous	-di Past	-miş Past	Future
Ben	kızarım kızmam kız**ar** mıyım	kız**ıyor**um kız**mıyor**um kız**ıyor** muyum	kız**dım** kız**madım** kız**dım** mı	kız**mışım** kız**mamışım** kız**mış** mıyım	kız**acağ**ım kız**mayacağ**ım kız**acak** mıyım
Sen	kızarsın kızmazsın kız**ar** mısın	kız**ıyor**sun kız**mıyor**sun kız**ıyor** musun	kız**dın** kız**madın** kız**dın** mı	kız**mışsın** kız**mamışsın** kız**mış** mısın	kız**acaks**ın kız**mayacaks**ın kız**acak** mısın
O	kızar kızmaz kız**ar** mı	kız**ıyor** kız**mıyor** kız**ıyor** mu	kız**dı** kız**madı** kız**dı** mı	kız**mış** kız**mamış** kız**mış** mı	kız**acak** kız**mayacak** kız**acak** mı
Biz	kızarız kızmayız kız**ar** mıyız	kız**ıyor**uz kız**mıyor**uz kız**ıyor** muyuz	kız**dık** kız**madık** kız**dık** mı	kız**mışız** kız**mamışız** kız**mış** mıyız	kız**acağ**ız kız**mayacağ**ız kız**acak** mıyız
Siz	kızarsınız kızmazsınız kız**ar** mısınız	kız**ıyor**sunuz kız**mıyor**sunuz kız**ıyor** musunuz	kız**dınız** kız**madınız** kız**dınız** mı	kız**mışsınız** kız**mamışsınız** kız**mış** mısınız	kız**acaks**ınız kız**mayacaks**ınız kız**acak** mısınız
Onlar	kızarlar kızmazlar kızarlar mı	kız**ıyor**lar kız**mıyor**lar kız**ıyor**lar mı	kız**dılar** kız**madılar** kız**dılar** mı	kız**mışlar** kız**mamışlar** kız**mışlar** mı	kız**acak**lar kız**mayacak**lar kız**acak**lar mı

	Simple Present	Present Continuous	-di Past	-miş Past	Future
Ben	kork				
Sen					
O					
Biz					
Siz					
Onlar					

EXERCISES   Verbs **101-110**

1. Match (1-8 to a-g; 9-16 to ğ-m).

1. **-i** hissetmek
2. susamak
3. üzülmek
4. acıkmak
5. sevinmek
6. pişmek
7. şaşırmak
8. heyecanlanmak

a. to be hungry (wanting to eat something)
b. to be surprised
c. to cook (be prepared)
ç. to get excited
d. to feel happy
e. to feel sad
f. to be thirsty (needing drink)
g. to feel (1. experience something physical or emotional 2. notice)

9. **-diğine** sevinmek
10. **-i** sulamak
11. iyi/suçlu hissetmek
12. **-i** üzmek
13. **-den** korkmak
14. **-e** kızmak
15. **-i** pişirmek
16. **-i** korkutmak

ğ. to water
h. to cook (prepare food by using heat)
ı. to be happy to/that
i. to make someone feel unhappy
j. to be afraid of someone/something
k. to frighten someone
l. to feel good/guilty
m. to get angry about/at someone/something

2. Fill in the gaps with the correct suffixes and forms of the verbs from the lists.

hissetmek   susamak   korkmak   sevinmek   pişirmek

1. Bizim patron karısı....... çok .... Ondan izinsiz hiçbir şey yapamaz.

2. Anne, biz çok acıktık. Akşam yemeğine ne ....?

3. Köpek çok .... Neredeyse bir kova su içti.

4. Ben bugün inanılmaz mutluyum. Kendim..... harika ....

5. İş bulmuşsun. Senin adına çok ....

üzmek   sulamak   **-diğine** sevinmek   heyecan yapmak   kızmak

6. Biz tatile gideceğiz. Çiçeklerimiz..... yan komşumuz ....

7. Onu asla affetmeyeceğim. Dün ben..... çok ....

8. Sen niye bu kadar kızgınsın? Yine kim......, ne...... ....?

9. Melis direksiyon sınavını geçememiş. Çok ....

10. Biz nikâhımıza (sizin) gelebil............. çok .... Bizi çok mutlu ettiniz.

3. Answer about yourself in complete sentences.

1. Bugün kendinizi nasıl hissediyorsunuz?   ....

2. **En çok** neden korkarsınız?   ....

3. Yemek pişirmeyi/yapmayı sever misiniz?   ....

4. Sizi en çok **nasıl** insanlar kızdırır?   ....

5. **Çabuk** heyecanlanan bir insan mısınız?   ....

en çok most; **nasıl** what type of; **çabuk** quickly

4. Write the Turkish equivalents.

1. hungry x not hungry

2. hunger; thirst

3. watery x waterless

4. cooked x raw

5. sense, feeling

6. emotional x unemotional

7. joy; joyful

8. happy (news/story)

9. sad (people); sad (news/story)

10. sadness

11. angry; anger

12. surprising

13. excitement; excited; exciting

14. fear; fearless x coward

15. terrible, awful; frightening

Answers

1. 1g 2f 3e 4a 5d 6c 7b 8ç 9ı 10ğ 11l 12i 13j 14m 15h 16k

2. 1 **-ndan**, korkar/korkuyor 2 pişirdin/pişiriyorsun/pişireceksin 3 susamış 4 **-i** hissediyorum 5 sevindim 6 **-i**, sulayacak 7 **-i**, üzdü 8 **-e**, ye, kızdın 9 heyecan yapmış 10 **-diğinize**, sevindik

3. Örneğin: 1 Pek iyi hissetmiyorum. Başım ağrıyor. **/** Çok iyi/Harika/Mükemmel hissediyorum. 2 Sokak köpeklerinden çok korkarım. 3 Yemeklerimi kendim yapıyorum. Fakat yemek yapmayı çok sevmiyorum. 4 Beni en çok kaba, bencil ve saygısız insanlar kızdırır. 4 Her zaman değil ama bazen çabuk heyecanlanırım veya kızarım.

4. 1 aç x tok 2 açlık x susuzluk 3 sulu x susuz 4 pişmiş x çiğ 5 his (=duygu) 6 hisli x hissiz (=duygulu x duygusuz) 7 sevinç; sevinçli 8 sevindirici (haber/hikâye) 9 üzgün 10 üzücü (haber/hikâye) 10 üzüntü 11 kızgın (=öfkeli); kızgınlık (=öfke) 12 şaşırtıcı 13 heyecan; heyecanlı; heyecan verici 14 korku; korkusuz (=cesur) x korkak 15 korkunç; korkutucu

Can you write down the verbs you have learned in this set (verbs 101-110)?

111. ağlamak   to cry (produce tears)

Annem rahmetli babamı her hatırladığında ağla**r**.
My mother cries every time she remembers my late father.

Ne oldu, Furkan? Kardeşin niye ağlı**yor**?
What's happened, Furkan? Why is your sibling crying?

Sen ağla**mış**sın. Yine erkek arkadaşınla mı tartıştın?
You have been crying. Have you argued with your boyfriend again?

-i ağlatmak   to make somebody cry

Furkan, *kardeşini* sen ağlatma**dın**, değil mi?
Furkan, you haven't made *your sibling* cry, have you?

O filmin sonu çok dokunaklıydı. *Beni* hüngür hüngür ağlat**tı**.
The end of that film was so moving. It made my heart cry out.

word forms and phrases	
ağlak	crybaby
hıçkırarak ağlamak	to sob
hüngür hüngür ağlamak	to cry your eyes/heart out

	Simple Present	Present Continuous	-di Past	-miş Past	Future
Ben	ağlarım ağlamam ağlar mıyım	ağlıyorum ağlamıyorum ağlıyor muyum	ağladım ağlamadım ağladım mı	ağlamışım ağlamamışım ağlamış mıyım	ağlayacağım ağlamayacağım ağlayacak mıyım
Sen	ağlarsın ağlamazsın ağlar mısın	ağlıyorsun ağlamıyorsun ağlıyor musun	ağladın ağlamadın ağladın mı	ağlamışsın ağlamamışsın ağlamış mısın	ağlayacaksın ağlamayacaksın ağlayacak mısın
O	ağlar ağlamaz ağlar mı	ağlıyor ağlamıyor ağlıyor mu	ağladı ağlamadı ağladı mı	ağlamış ağlamamış ağlamış mı	ağlayacak ağlamayacak ağlayacak mı
Biz	ağlarız ağlamayız ağlar mıyız	ağlıyoruz ağlamıyoruz ağlıyor muyuz	ağladık ağlamadık ağladık mı	ağlamışız ağlamamışız ağlamış mıyız	ağlayacağız ağlamayacağız ağlayacak mıyız
Siz	ağlarsınız ağlamazsınız ağlar mısınız	ağlıyorsunuz ağlamıyorsunuz ağlıyor musunuz	ağladınız ağlamadınız ağladınız mı	ağlamışsınız ağlamamışsınız ağlamış mısınız	ağlayacaksınız ağlamayacaksınız ağlayacak mısınız
Onlar	ağlarlar ağlamazlar ağlarlar mı	ağlıyorlar ağlamıyorlar ağlıyorlar mı	ağladılar ağlamadılar ağladılar mı	ağlamışlar ağlamamışlar ağlamışlar mı	ağlayacaklar ağlamayacaklar ağlayacaklar mı

	Simple Present	Present Continuous	-di Past	-miş Past	Future
Ben	kız				
Sen					
O					
Biz					
Siz					
Onlar					

112. sıkılmak　　　　to get bored

Ben çok sıkıl**dım**. Dışarı çıkalım ve biraz temiz hava alalım.
I'm bored to death. Let's go outside and get some fresh air.

Biz filmi sonuna kadar seyretmedik. Sıkıl**dık** ve çıktık.
We didn't watch the film to the end. We got bored and left.

-den sıkılmak　　　to be bored **with** something

Gökçe *şu anki işin**den*** de sıkılmış. Ayrılmak istiyor.
Gökçe is bored *with her present job* too. She wants to quit.

-i sıkmak　　　to bore someone *

Soruların *beni* sıkıyor. Yeter! Başka bir şey sorma.
Your questions bore *me*. That's enough! Don't ask any more.

punctuation
Do not dot ı's in **sıkıl**. The meaning changes.

word forms and phrases	
sıkıcı	boring; uninteresting
sıkılgan	timid
-i sıkmak *	also means **to squeeze**: 1 press something firmly 2 to get liquid from something by pressing it

	Simple Present	Present Continuous	-di Past	-miş Past	Future
Ben	sıkılırım sıkılmam sıkılır mıyım	sıkılıyorum sıkılmıyorum sıkılıyor muyum	sıkıldım sıkılmadım sıkıldım mı	sıkılmışım sıkılmamışım sıkılmış mıyım	sıkılacağım sıkılmayacağım sıkılacak mıyım
Sen	sıkılırsın sıkılmazsın sıkılır mısın	sıkılıyorsun sıkılmıyorsun sıkılıyor musun	sıkıldın sıkılmadın sıkıldın mı	sıkılmışsın sıkılmamışsın sıkılmış mısın	sıkılacaksın sıkılmayacaksın sıkılacak mısın
O	sıkılır sıkılmaz sıkılır mı	sıkılıyor sıkılmıyor sıkılıyor mu	sıkıldı sıkılmadı sıkıldı mı	sıkılmış sıkılmamış sıkılmış mı	sıkılacak sıkılmayacak sıkılacak mı
Biz	sıkılırız sıkılmayız sıkılır mıyız	sıkılıyoruz sıkılmıyoruz sıkılıyor muyuz	sıkıldık sıkılmadık sıkıldık mı	sıkılmışız sıkılmamışız sıkılmış mıyız	sıkılacağız sıkılmayacağız sıkılacak mıyız
Siz	sıkılırsınız sıkılmazsınız sıkılır mısınız	sıkılıyorsunuz sıkılmıyorsunuz sıkılıyor musunuz	sıkıldınız sıkılmadınız sıkıldınız mı	sıkılmışsınız sıkılmamışsınız sıkılmış mısınız	sıkılacaksınız sıkılmayacaksınız sıkılacak mısınız
Onlar	sıkılırlar sıkılmazlar sıkılırlar mı	sıkılıyorlar sıkılmıyorlar sıkılıyorlar mı	sıkıldılar sıkılmadılar sıkıldılar mı	sıkılmışlar sıkılmamışlar sıkılmışlar mı	sıkılacaklar sıkılmayacaklar sıkılacaklar mı

	Simple Present	Present Continuous	-di Past	-miş Past	Future
Ben	ağla				
Sen					
O					
Biz					
Siz					
Onlar					

113. değişmek [intr]   to change (become different)

A! Çok değiş**miş**sin, Gamze. Yeni saçını sevdim. Kızıl sana yakışmış.
Ah! You have changed a lot, Gamze. I like your new hair. Red suits you.

O adam asla değiş**mez**. Bunu ne zaman kabul edeceksin?
That guy will never change. When are you going to accept that?

-i değiştirmek [tr]   to change (make sth different; replace sth)

Saç rengini değiştir**miş**sin. Çok hoş bir renk.
You have changed *your hair colour.* It's a very nice colour.

Karım yine *mobilyaları* değiştir**mek** istiyor. Aklımı kaçıracağım.
My wife wants to change *the furnitur*e again. I'm going to lose my mind.

Ben *telefon numaramı* değiştir**di**m. Yeni numaram 0535 964 …
I have changed *my phone number.* My new number is 0535 964 …

word forms and phrases	
değiş**ik**	different; unusual
değişik**lik**	change
değişiklik yapmak	to make a change
değişiklik olsun diye	for a change

	Simple Present	Present Continuous	-di Past	-miş Past	Future
Ben	değiş**ir**im değiş**mem** değiş**ir** miyim	değiş**iyor**um değiş**miyor**um değiş**iyor** muyum	değiş**tim** değiş**medim** değiş**tim** mi	değiş**miş**im değiş**memiş**im değiş**miş** miyim	değiş**eceğ**im değiş**meyeceğ**im değiş**ecek** miyim
Sen	değiş**ir**sin değiş**mezsin** değiş**ir** misin	değiş**iyor**sun değiş**miyor**sun değiş**iyor** musun	değiş**tin** değiş**medin** değiş**tin** mi	değiş**miş**sin değiş**memiş**sin değiş**miş** misin	değiş**ecek**sin değiş**meyecek**sin değiş**ecek** misin
O	değiş**ir** değiş**mez** değiş**ir** mi	değiş**iyor** değiş**miyor** değiş**iyor** mu	değiş**ti** değiş**medi** değiş**ti** mi	değiş**miş** değiş**memiş** değiş**miş** mi	değiş**ecek** değiş**meyecek** değiş**ecek** mi
Biz	değiş**ir**iz değiş**meyiz** değiş**ir** miyiz	değiş**iyor**uz değiş**miyor**uz değiş**iyor** muyuz	değiş**tik** değiş**medik** değiş**tik** mi	değiş**miş**iz değiş**memiş**iz değiş**miş** miyiz	değiş**eceğ**iz değiş**meyeceğ**iz değiş**ecek** miyiz
Siz	değiş**ir**siniz değiş**mezsiniz** değiş**ir** misiniz	değiş**iyor**sunuz değiş**miyor**sunuz değiş**iyor** musunuz	değiş**tiniz** değiş**mediniz** değiş**tiniz** mi	değiş**miş**siniz değiş**memiş**siniz değiş**miş** misiniz	değiş**ecek**siniz değiş**meyecek**siniz değiş**ecek** misiniz
Onlar	değiş**ir**ler değiş**mezler** değiş**ir**ler mi	değiş**iyor**lar değiş**miyor**lar değiş**iyor**lar mı	değiş**tiler** değiş**mediler** değiş**tiler** mi	değiş**miş**ler değiş**memiş**ler değiş**miş**ler mi	değiş**ecek**ler değiş**meyecek**ler değiş**ecek**ler mi

	Simple Present	Present Continuous	-di Past	-miş Past	Future
Ben	sıkıl				
Sen					
O					
Biz					
Siz					
Onlar					

114. -i fark etmek   to notice; to realize (understand)

Sen bende bir değişiklik fark etmedin mi? Saçımı yaptırdım.
Haven't you noticed any change in me? I have my hair done.

Caner'e biraz zaman ver. *Hatasını* fark edecektir. *
Give Caner some time. He will realize *his mistake.*

Pazarda bizi kandırmışlar. Eve geldiğimizde fark ettik.
They cheated us at the market. We noticed that when we came home.

Beni fena korkuttun, kanka. *Seni* fark etmedim.
You scared me to death, buddy. I didn't notice *you.*

   Look at this example too:

'Çay mı, kahve mi istersin?' 'Fark etmez. İkisi de olur.'
'Do you want tea or coffee?' 'It doesn't matter. Either will do.'

* grammar
The **-tir** at the end is not a personal suffix. It is only used for emphasis.

word forms and phrases	
fark	difference
farklı	different
farksız	same
Fark eder mi?	Does it matter?
Ne fark eder?	What difference does it make?

	Simple Present	Present Continuous	-di Past	-miş Past	Future
Ben	fark ederim ... etmem ... eder miyim	fark ediyorum ... etmiyorum ... ediyor muyum	fark ettim ... etmedim ... ettim mi	fark etmişim ... etmemişim ... etmiş miyim	fark edeceğim ... etmeyeceğim ... edecek miyim
Sen	... edersin ... etmezsin ... eder misin	... ediyorsun ... etmiyorsun ... ediyor musun	... ettin ... etmedin ... ettin mi	... etmişsin ... etmemişsin ... etmiş misin	... edeceksin ... etmeyeceksin ... edecek misin
O	... eder ... etmez ... eder mi	... ediyor ... etmiyor ... ediyor mu	... etti ... etmedi ... etti mi	... etmiş ... etmemiş ... etmiş mi	... edecek ... etmeyecek ... edecek mi
Biz	... ederiz ... etmeyiz ... eder miyiz	... ediyoruz ... etmiyoruz ... ediyor muyuz	... ettik ... etmedik ... ettik mi	... etmişiz ... etmemişiz ... etmiş miyiz	... edeceğiz ... etmeyeceğiz ... edecek miyiz
Siz	... edersiniz ... etmezsiniz ... eder misiniz	... ediyorsunuz ... etmiyorsunuz ... ediyor musunuz	... ettiniz ... etmediniz ... ettiniz mi	... etmişsiniz ... etmemişsiniz ... etmiş misiniz	... edeceksiniz ... etmeyeceksiniz ... edecek misiniz
Onlar	... ederler ... etmezler ... ederler mi	... ediyorlar ... etmiyorlar ... ediyorlar mı	... ettiler ... etmediler ... ettiler mi	... etmişler ... etmemişler ... etmişler mi	... edecekler ... etmeyecekler ... edecekler mi

	Simple Present	Present Continuous	-di Past	-miş Past	Future
Ben	değiş				
Sen					
O					
Biz					
Siz					
Onlar					

115. -i öğrenmek   to learn (1. subject/skill 2. find out)

Sevda Hanım *İngilizceyi* İngiltere'de dil kursunda öğren**miş**.
Ms Sevda learned *English* at a language school in England.

Siz ne kadar zamandır *Türkçe* öğren**iyor**sunuz?
How long have you been learning *Turkish?*

Melis'le Akın bir süredir ayrı yaşıyorlarmış. Ben de yeni öğren**dim**.
Melis and Akın have been living apart for some time. I have just learned it.

verb+**meyi/mayı** öğrenmek   to learn **to** (do something)

Bizim patron *bilgisayar kullanmayı* yeni öğren**iyor**.
Our boss is learning *to use a computer* for the first time.

Çok kabasın. *Biraz kibar olmayı* öğren. Hâlâ öğrenebil**irsin**.
You are too rude. Learn *to be a little polite.* You still can learn it.

word forms and phrases	
öğrenci	student
öğrenim	education; learning
yüksek öğrenim	higher education
öğrenim durumu	state of education
uzaktan öğrenim	distance learning

	Simple Present	Present Continuous	-di Past	-miş Past	Future
Ben	öğren**ir**im öğren**mem** öğren**ir** miyim	öğren**iyor**um öğren**miyor**um öğren**iyor** muyum	öğren**dim** öğren**medim** öğren**dim** mi	öğren**miş**im öğren**memiş**im öğren**miş** miyim	öğren**eceğ**im öğren**meyeceğ**im öğren**ecek** miyim
Sen	öğren**ir**sin öğren**mezsin** öğren**ir** misin	öğren**iyor**sun öğren**miyor**sun öğren**iyor** musun	öğren**din** öğren**medin** öğren**din** mi	öğren**miş**sin öğren**memiş**sin öğren**miş** misin	öğren**ecek**sin öğren**meyecek**sin öğren**ecek** misin
O	öğren**ir** öğren**mez** öğren**ir** mi	öğren**iyor** öğren**miyor** öğren**iyor** mu	öğren**di** öğren**medi** öğren**di** mi	öğren**miş** öğren**memiş** öğren**miş** mi	öğren**ecek** öğren**meyecek** öğren**ecek** mi
Biz	öğren**ir**iz öğren**meyiz** öğren**ir** miyiz	öğren**iyor**uz öğren**miyor**uz öğren**iyor** muyuz	öğren**dik** öğren**medik** öğren**dik** mi	öğren**miş**iz öğren**memiş**iz öğren**miş** miyiz	öğren**eceğ**iz öğren**meyeceğ**iz öğren**ecek** miyiz
Siz	öğren**ir**siniz öğren**mezsiniz** öğren**ir** misiniz	öğren**iyor**sunuz öğren**miyor**sunuz öğren**iyor** musunuz	öğren**diniz** öğren**mediniz** öğren**diniz** mi	öğren**miş**siniz öğren**memiş**siniz öğren**miş** misiniz	öğren**ecek**siniz öğren**meyecek**siniz öğren**ecek** misiniz
Onlar	öğren**ir**ler öğren**mezler** öğren**ir**ler mi	öğren**iyor**lar öğren**miyor**lar öğren**iyor**lar mı	öğren**diler** öğren**mediler** öğren**diler** mi	öğren**miş**ler öğren**memiş**ler öğren**miş**ler mi	öğren**ecek**ler öğren**meyecek**ler öğren**ecek**ler mi

	Simple Present	Present Continuous	-di Past	-miş Past	Future
Ben	fark et				
Sen					
O					
Biz					
Siz					
Onlar					

116. -e öğretmek   to teach

Ben öğretmenim. Ankara'da *yabancılara* Türkçe öğret**iyor**um.
I'm a teacher. I teach Turkish *to foreigners* in Ankara.

Ban**a** *birkaç kâğıt numarası* öğret**ir** misin, Umut?
Can you teach me *some card tricks,* Umut?

'Sana hiç kimse terbiye öğret**medi** mi?'   'Yo. Beni goriller büyüttü.'   *
'Didn't anyone teach *you* manners?'   'No. Gorillas raised me.'

   verb+**meyi/mayı** öğretmek   to teach sb **to** (do something)

Çok heyecanlıyım. Babam ban**a** *araba kullanmayı* öğret**ecek.**
I'm very excited. My father is going to teach me *how **to** drive.*

Her ebeyn çocuklar**ı**n**a** *büyüklere saygı göster**meyi** öğret**meli.**
All parents should teach their children **to** *show respect to elders.*

* note
Yo (or **yok**) is an informal way of saying **hayır** (no).

word forms and phrases	
öğret**ici**	informative
öğret**men**	(school) teacher
öğret**im**	education
yüksek öğret**im**	higher education
öğret**im** üyesi	university teacher

	Simple Present	Present Continuous	-di Past	-miş Past	Future
Ben	öğret**ir**im öğretmem öğret**ir** miyim	öğret**iyor**um öğretm**iyor**um öğret**iyor** muyum	öğret**tim** öğret**medim** öğret**tim** mi	öğret**miş**im öğretme**miş**im öğret**miş** miyim	öğret**eceğ**im öğretme**yeceğ**im öğret**ecek** miyim
Sen	öğret**ir**sin öğretmezsin öğret**ir** misin	öğret**iyor**sun öğretm**iyor**sun öğret**iyor** musun	öğret**tin** öğret**medin** öğret**tin** mi	öğret**miş**sin öğretme**miş**sin öğret**miş** misin	öğret**ecek**sin öğretme**yecek**sin öğret**ecek** misin
O	öğret**ir** öğretmez öğret**ir** mi	öğret**iyor** öğretm**iyor** öğret**iyor** mu	öğret**ti** öğret**medi** öğret**ti** mi	öğret**miş** öğretme**miş** öğret**miş** mi	öğret**ecek** öğretme**yecek** öğret**ecek** mi
Biz	öğret**ir**iz öğretmeyiz öğret**ir** miyiz	öğret**iyor**uz öğretm**iyor**uz öğret**iyor** muyuz	öğret**tik** öğret**medik** öğret**tik** mi	öğret**miş**iz öğretme**miş**iz öğret**miş** miyiz	öğret**eceğ**iz öğretme**yeceğ**iz öğret**ecek** miyiz
Siz	öğret**ir**siniz öğretmezsiniz öğret**ir** misiniz	öğret**iyor**sunuz öğretm**iyor**sunuz öğret**iyor** musunuz	öğret**tiniz** öğret**mediniz** öğret**tiniz** mi	öğret**miş**siniz öğretme**miş**siniz öğret**miş** misiniz	öğret**ecek**siniz öğretme**yecek**siniz öğret**ecek** misiniz
Onlar	öğret**ir**ler öğretmezler öğret**ir**ler mi	öğret**iyor**lar öğretm**iyor**lar öğret**iyor**lar mı	öğret**tiler** öğret**mediler** öğret**tiler** mi	öğret**miş**ler öğretme**miş**ler öğret**miş**ler mi	öğret**ecek**ler öğretme**yecek**ler öğret**ecek**ler mi

	Simple Present	Present Continuous	-di Past	-miş Past	Future
Ben	öğren				
Sen					
O					
Biz					
Siz					
Onlar					

117. -e teklif etmek   to offer (agree to do/give etc)

Duydun mu İstanbul'da büyük bir hukuk bürosu Ceren'**e** iş teklif et**miş**?
Have you heard that a big law firm in İstanbul has offered Ceren a job?

-meyi/mayı teklif etmek   to offer **to** (do sth)

Taner işten sonra *eve bırakmayı* teklif etti. Reddettim.
Taner offered *to take me home* after work. I declined.

Millet, bu hafta sonu *evde oturup film seyretmeyi* teklif edi**yor**um.
Guys, I offer *to sit at home and watch movies* this weekend.

-e evlenme teklif etmek   to propose (marriage)

Çok heyecanlıyım. Akşam *kız arkadaşıma* evlenme teklif ed**eceğ**im.
I'm very excited. I'm going to propose *to my girlfriend* in the evening.

word forms and phrases	
teklif	offer
iş teklifi	job offer
çıkma teklifi	dating offer
evlenme teklifi	proposal
bir teklifte bulunmak	to make an offer

	Simple Present	Present Continuous	-di Past	-miş Past	Future
Ben	teklif ed**erim**	teklif edi**yor**um	teklif et**tim**	teklif et**miş**im	teklif ed**eceğ**im
	... etmem	... etmi**yor**um	... etme**dim**	... etme**miş**im	... etme**yeceğ**im
	... ed**er** miyim	... edi**yor** muyum	... et**tim** mi	... et**miş** miyim	... ed**ecek** miyim
Sen	... ed**ersin**	... edi**yor**sun	... et**tin**	... et**miş**sin	... ed**ecek**sin
	... etme**zsin**	... etmi**yor**sun	... etme**din**	... etme**miş**sin	... etme**yecek**sin
	... ed**er** misin	... edi**yor** musun	... et**tin** mi	... et**miş** misin	... ed**ecek** misin
O	... ed**er**	... edi**yor**	... et**ti**	... et**miş**	... ed**ecek**
	... etm**ez**	... etmi**yor**	... etme**di**	... etme**miş**	... etme**yecek**
	... ed**er** mi	... edi**yor** mu	... et**ti** mi	... et**miş** mi	... ed**ecek** mi
Biz	... ed**eriz**	... edi**yor**uz	... et**tik**	... et**miş**iz	... ed**eceğ**iz
	... etme**yiz**	... etmi**yor**uz	... etme**dik**	... etme**miş**iz	... etme**yeceğ**iz
	... ed**er** miyiz	... edi**yor** muyuz	... et**tik** mi	... et**miş** miyiz	... ed**ecek** miyiz
Siz	... ed**ersiniz**	... edi**yor**sunuz	... et**tiniz**	... et**miş**siniz	... ed**ecek**siniz
	... etme**zsiniz**	... etmi**yor**sunuz	... etme**diniz**	... etme**miş**siniz	... etme**yecek**siniz
	... ed**er** misiniz	... edi**yor** musunuz	... et**tiniz** mi	... et**miş** misiniz	... ed**ecek** misiniz
Onlar	... ed**erler**	... edi**yor**lar	... et**tiler**	... et**miş**ler	... ed**ecek**ler
	... etme**zler**	... etmi**yor**lar	... etme**diler**	... etme**miş**ler	... etme**yecek**ler
	... ed**erler** mi	... edi**yor**lar mı	... et**tiler** mi	... et**miş**ler mi	... ed**ecek**ler mi

	Simple Present	Present Continuous	-di Past	-miş Past	Future
Ben	öğret				
Sen					
O					
Biz					
Siz					
Onlar					

118. -i kabul etmek   to accept; to admit

Ece Su *çıkma teklifini* kabul **etmiş**. Ne zaman çıkıyorsunuz?
Ece Su has accepted *your dating offer*. When are you going out?

Bir yazılım şirketi bana iş teklif etti. Sanırım kabul ed**eceğ**im.
A software company has offered me a job. I think I'll take it.

Hükûmet kabul et**mek** istemiyor fakat ekonomi kötü.
The government doesn't want to admit it, but the economy is doing badly.

Biz okulumuzda *böyle davranışları* asla kabul etmi**yor**uz.
We never accept *such behaviour* in our school.

Senin hatandı. *Hatanı* bir kez olsun kabul ed**emez** misin sen?
It was your mistake. Can't you admit *your mistake* just once?

word forms and phrases	
hediye kabul etmek	to accept gift/present
yardım kabul etmek	to accept help
bir daveti kabul etmek	to accept an invitation
hemen kabul etmek	to accept readily
memnuniyetle kabul etmek	to accept gladly
kabul edilebilir	acceptable
kabul edilemez	unacceptable

	Simple Present	Present Continuous	-di Past	-miş Past	Future
Ben	kabul ed**er**im	kabul ed**iy**orum	kabul ettim	kabul et**miş**im	kabul ed**eceğ**im
	... etmem	... etmi**yor**um	... etme**dim**	... etme**miş**im	... etme**yeceğ**im
	... ed**er** miyim	... ed**iyor** muyum	... et**tim** mi	... et**miş** miyim	... ed**ecek** miyim
Sen	... ed**er**sin	... ed**iyor**sun	... ettin	... et**miş**sin	... ed**ecek**sin
	... etmezsin	... etmi**yor**sun	... etme**din**	... etme**miş**sin	... etme**yecek**sin
	... ed**er** misin	... ed**iyor** musun	... ettin mi	... et**miş** misin	... ed**ecek** misin
O	... ed**er**	... ed**iyor**	... et**ti**	... et**miş**	... ed**ecek**
	... etmez	... etmi**yor**	... etme**di**	... etme**miş**	... etme**yecek**
	... ed**er** mi	... ed**iyor** mu	... et**ti** mi	... et**miş** mi	... ed**ecek** mi
Biz	... ed**er**iz	... ed**iy**oruz	... ett**ik**	... et**miş**iz	... ed**eceğ**iz
	... etmeyiz	... etmi**yor**uz	... etme**dik**	... etme**miş**iz	... etme**yeceğ**iz
	... ed**er** miyiz	... ed**iyor** muyuz	... ett**ik** mi	... et**miş** miyiz	... ed**ecek** miyiz
Siz	... ed**er**siniz	... ed**iyor**sunuz	... ett**iniz**	... et**miş**siniz	... ed**ecek**siniz
	... etmezsiniz	... etmi**yor**sunuz	... etme**diniz**	... etme**miş**siniz	... etme**yecek**siniz
	... ed**er** misiniz	... ed**iyor** musunuz	... ett**iniz** mi	... et**miş** misiniz	... ed**ecek** misiniz
Onlar	... ed**er**ler	... ed**iyor**lar	... et**tiler**	... et**miş**ler	... ed**ecek**ler
	... etmezler	... etmi**yor**lar	... etme**diler**	... etme**miş**ler	... etme**yecek**ler
	... ed**er**ler mi	... ed**iyor**lar mı	... et**tiler** mi	... et**miş**ler mi	... ed**ecek**ler mi

	Simple Present	Present Continuous	-di Past	-miş Past	Future
Ben	teklif et				
Sen					
O					
Biz					
Siz					
Onlar					

119. -i reddetmek   to refuse; to decline

Alp büyük şirketlerden iş teklifleri almış ama *hepsini* reddet**miş**.
Alp received job offers from big companies, but he turned *them all* down.

Bu çok iyi bir teklif. Reddetmey**eceğ**im, kabul edeceğim.
This is a very good offer. I won't refuse it, I will accept it.

Özge *evlenme teklifimi* reddet**ti**. 'Evlenmeyi düşünmüyorum.' dedi.
Özge declined *my proposal.* She said, 'I'm not thinking of getting married.'

   -meyi/mayı reddetmek   to refuse to (do something)

Babaannem *ilaçlarını içmeyi* yine reddediyor. Babamı arayacağım.
My grandmother refuses *to take her medicine* again. I will call my father.

Bakan *kişisel servetiyle ilgili soruları* cevaplamayı reddet**ti**.
The minister refused to answer *the questions about his personal wealth.*

note
This verb is a combination of: ret + etmek

word forms and phrases	
ret	refusal
inatla reddetmek	to stubbornly refuse
kararlıkla reddetmek	to adamantly refuse
nazikçe/kibarca reddetmek	to politely decline

	Simple Present	Present Continuous	-di Past	-miş Past	Future
Ben	redded**er**im	reddedi**yor**um	reddet**tim**	reddet**miş**im	reddede**ceğ**im
	reddet**mem**	reddetmi**yor**um	reddet**medim**	reddetme**miş**im	reddetmey**eceğ**im
	redded**er** miyim	reddedi**yor** muyum	reddet**tim** mi	reddet**miş** miyim	reddede**cek** miyim
Sen	redded**er**sin	reddedi**yor**sun	reddet**tin**	reddet**miş**sin	reddede**cek**sin
	reddet**mez**sin	reddetmi**yor**sun	reddet**medin**	reddetme**miş**sin	reddetmey**ecek**sin
	redded**er** misin	reddedi**yor** musun	reddet**tin** mi	reddet**miş** misin	reddede**cek** misin
O	redded**er**	reddedi**yor**	reddet**ti**	reddet**miş**	reddede**cek**
	reddet**mez**	reddetmi**yor**	reddet**medi**	reddetme**miş**	reddetmey**ecek**
	redded**er** mi	reddedi**yor** mu	reddet**ti** mi	reddet**miş** mi	reddede**cek** mi
Biz	redded**er**iz	reddedi**yor**uz	reddet**tik**	reddet**miş**iz	reddede**ceğ**iz
	reddet**mey**iz	reddetmi**yor**uz	reddet**medik**	reddetme**miş**iz	reddetmey**eceğ**iz
	redded**er** miyiz	reddedi**yor** muyuz	reddet**tik** mi	reddet**miş** miyiz	reddede**cek** miyiz
Siz	redded**er**siniz	reddedi**yor**sunuz	reddet**tiniz**	reddet**miş**siniz	reddede**cek**siniz
	reddet**mez**siniz	reddetmi**yor**sunuz	reddet**mediniz**	reddetme**miş**siniz	reddetmey**ecek**siniz
	redded**er** misiniz	reddedi**yor** musunuz	reddet**tiniz** mi	reddet**miş** misiniz	reddede**cek** misiniz
Onlar	redded**er**ler	reddedi**yor**lar	reddet**tiler**	reddet**miş**ler	reddede**cek**ler
	reddet**mez**ler	reddetmi**yor**lar	reddet**mediler**	reddetme**miş**ler	reddetmey**ecek**ler
	redded**er**ler mi	reddedi**yor**lar mı	reddet**tiler** mi	reddet**miş**ler mi	reddede**cek**ler mi

	Simple Present	Present Continuous	-di Past	-miş Past	Future
Ben	kabul et				
Sen					
O					
Biz					
Siz					
Onlar					

120. -e yardım etmek   to help

Ben bu hafta sonu *anneme* yardım ed**ece**ğim. Sizinle gelemem.
I'm going to help *my mother* this weekend. I can't come with you.

'Birisi yardım et**sin**, n'olur!'   'Ne oldu, hanımefendi?'
'Somebody help, please!'   'What's wrong, miss?'

   birin**e** bir şey**de** yardım etmek   to help sb with sth

Benim kocam ban**a** *ev işlerin***de** hiç mi hiç yardım et**mez**.
My husband never helps me *with the housework*.

   birin**den** yardım istemek   to ask sb for help

Evi tek başına mı temizledin? Neden ben**den** yardım isteme**din**?
Did you clean the house yourself? Why did you not ask me for help?

note
In Turkish, there is no single word for **unhelpful**, which is used for people. For example, we say:
Tezgâhtar yardımcı olmadı/yardım etmedi. The shop assistant wasn't helpful.
We use **faydalı** or **yararlı** when we talk about things or situations:
faydalı/yararlı bir tavsiye   a helpful piece of advice fayda**sız**/yarar**sız**   unhelpful

word forms and phrases	
yardımcı	helper, assistant
yardım**sever**	helpful (people)
ilk yardım	first aid
İmdat!	Help!

	Simple Present	Present Continuous	-di Past	-miş Past	Future
Ben	yardım ed**erim** … et**mem** … ed**er** miyim	yardım ed**iyor**um … et**mi**yorum … ed**iyor** muyum	yardım et**tim** … et**medim** … et**tim** mi	yardım et**mişim** … et**memişim** … et**miş** miyim	yardım ed**eceğim** … et**meyeceğim** … ed**ecek** miyim
Sen	… ed**ersin** … et**mezsin** … ed**er** misin	… ed**iyor**sun … et**mi**yorsun … ed**iyor** musun	… et**tin** … et**medin** … et**tin** mi	… et**mişsin** … et**memişsin** … et**miş** misin	… ed**eceksin** … et**meyeceksin** … ed**ecek** misin
O	… ed**er** … et**mez** … ed**er** mi	… ed**iyor** … et**mi**yor … ed**iyor** mu	… et**ti** … et**medi** … et**ti** mi	… et**miş** … et**memiş** … et**miş** mi	… ed**ecek** … et**meyecek** … ed**ecek** mi
Biz	… ed**eriz** … et**meyiz** … ed**er** miyiz	… ed**iyor**uz … et**mi**yoruz … ed**iyor** muyuz	… et**tik** … et**medik** … et**tik** mi	… et**mişiz** … et**memişiz** … et**miş** miyiz	… ed**eceğiz** … et**meyeceğiz** … ed**ecek** miyiz
Siz	… ed**ersiniz** … et**mezsiniz** … ed**er** misiniz	… ed**iyor**sunuz … et**mi**yorsunuz … ed**iyor** musunuz	… et**tiniz** … et**mediniz** … et**tiniz** mi	… et**mişsiniz** … et**memişsiniz** … et**miş** misiniz	… ed**eceksiniz** … et**meyeceksiniz** … ed**ecek** misiniz
Onlar	… ed**erler** … et**mezler** … ed**erler** mi	… ed**iyor**lar … et**mi**yorlar … ed**iyor**lar mı	… et**tiler** … et**mediler** … et**tiler** mi	… et**mişler** … et**memişler** … et**mişler** mi	… ed**ecekler** … et**meyecekler** … ed**ecekler** mi

	Simple Present	Present Continuous	-di Past	-miş Past	Future
Ben	reddet				
Sen					
O					
Biz					
Siz					
Onlar					

EXERCISES   Verbs **111-120**

1. Match (1-8 to a-g; 9-16 to ğ-m).

1. **-i** kabul etmek
2. sıkılmak
3. değişmek
4. **-i** öğrenmek
5. **-e** öğretmek
6. **-i** fark etmek
7. ağlamak
8. **-i** reddetmek

a. to learn (1. subject/skill 2. find out)
b. to refuse; to decline; to turn down
c. to get bored
ç. to cry (produce tears)
d. to change (become different)
e. to teach
f. to notice; to realize (understand)
g. to accept; to admit

9. **-meyi/mayı** öğrenmek
10. birine bir şcydc yardım etmek
11. **-e** evlenme teklif etmek
12. **-e** teklif etmek
13. **-i** sıkmak
14. **-meyi/mayı** öğretmek
15. **-i** değiştirmek
16. **-meyi/mayı** reddetmek

ğ. to change (make something different; replace something)
h. to bore someone
ı. to teach someone to do something
i. to learn to do something
j. to propose (marriage)
k. to offer (agree to do/give, etc)
l. to refuse to do something
m. to help someone with something

2. Complete the sentences with the English translations in *italics*.

1. Sen .... istemiyorsun ama Selim haklıydı.   You don't want *to admit* it, but Selim was right.

2. .... Yürüyüşe çıktım.   *I got bored at home.* I went for a walk.

3. Hava birden .... Yağmur yağmaya başladı.   The weather suddenly *changed.* It started to rain.

4. .... bebek bezi ....   *I'm teaching my husband how to change* diapers.

5. Aşkım, ...?   Love, *when are you going to propose to me?*

6. Pelin .... En sevdiği oyuncağı kırılmış.   Pelin *is crying.* Her favourite toy was broken.

7. ....?   *Can you help me with my maths homework?*

8. Sen kendi sorunlarını ....   *You should learn to solve* your own problems.

9. Saçımı boyadım. ....   I dyed my hair. *You didn't even notice that.*

10. Ece .... Maaşı iyi değilmiş.   (Reportedly) Ece *turned down that job offer.* Its salary wasn't good.

3. Answer about yourself in complete sentences.

1. Araba sürmeyi kaç yaşınızda öğrendiniz?   ....

2. Sıkıldığınızda genellikle ne yaparsınız?   ....

3. Sık ağlar mısınız?   ....

4. Hayatınızda neyi değiştirmek istersiniz?   ....

5. **Ev işlerinde** size yardım eden biri var mı?   ....

ev işleri housework

4. Write the Turkish equivalents.

1. boring, uninteresting

2. timid

3. different; unusual

4. change; for a change

5. difference; different x same

6. help; helper; helpful (people)

7. first aid; Help!

8. acceptable x unacceptable

9. education

10. state of education

11. informative

12. dating offer; proposal

13. refusal

14. Does it matter?

15. What difference does it make?

Answers

1. 1g 2c 3d 4a 5e 6f 7ç 8b 9i 10m 11j 12k 13h 14ı 15ğ 16l

2. 1 kabul et**mek** 2 Evde sıkıldım 3 değişti 4 Kocam**a**, değiştir**meyi** öğretiyorum 5 sen ban**a** evlenme teklif edeceksin
6 ağlıyor 7 Ban**a** matematik ödevim**de** yardım eder misin/edebilir misin 8 çöz**meyi** öğrenmelisin
9 Sen on**u** bile fark etmedin 10 o iş teklifi**ni** reddetmiş

3. Örneğin: 1 Ben araba sürmeyi 21 yaşımda öğrendim. 2 Sıkıldığımda genellikle yürüyüşe çıkarım.
3 Çok sık ağlamam. 4 Hayatımda en çok yaşadığım yeri/işimi değiştirmek isterim. 5 Hayır, yok. Yalnız yaşıyorum ve
tüm ev işlerini kendim yapıyorum.

4. 1 sıkıcı 2 sıkılgan 3 değişik 4 değişiklik; değişiklik olsun diye 5 fark; farklı x farksız (=aynı) 6 yardım; yardımcı;
yardımsever 7 ilk yardım; İmdat! 8 kabul edilebilir x kabul edilemez 9 öğrenim (related to learning); öğretim (related to
teaching) 10 öğrenim durumu 11 öğretici 12 çıkma teklifi; evlenme teklifi 13 ret 14 Fark eder mi? 15 Ne fark eder?

Can you write down the verbs you have learned in this set (verbs 111-120)?

121. evlenmek — to marry

Benim anne ve babam 1963'te evlen**miş**ler.
My mother and father got married in 1963.

ile evlenmek — to marry someone

'Mustafa Ayça'nın kız kardeşi**yle** evlen**di**.' 'Ya, ne zaman evlen**diler**?'
'Mustafa has married Ayça's sister.' 'Oh, when did they get married?'

Seni çok seviyorum. Benim**le** evlen**ir** misin?
I love you so much. Will you marry me?

ile evli (+to be suffix) — be married **to** someone

Mustafa Ayça'nın kız kardeşi Zeynep'**le** evli.
Mustafa is married **to** Ayça's sister Zeynep.

word forms and phrases	
evli x bekâr	married x single
evli**lik**	marriage
nişanlı	1. engaged to be married
	2. fiancé/fiancée
(**ile**) nişanlanmak	to get engaged (**to**)
dul	widow/widower

	Simple Present	Present Continuous	-di Past	-miş Past	Future
Ben	evlen**ir**im	evleni**y**orum	evlen**dim**	evlen**miş**im	evlen**eceğ**im
	evlen**mem**	evlen**mi**yorum	evlen**medim**	evlen**memiş**im	evlen**meyeceğ**im
	evlen**ir** miyim	evleni**y**or muyum	evlen**dim** mi	evlen**miş** miyim	evlen**ecek** miyim
Sen	evlen**ir**sin	evleni**y**orsun	evlen**din**	evlen**miş**sin	evlen**ecek**sin
	evlen**mez**sin	evlen**mi**yorsun	evlen**medin**	evlen**memiş**sin	evlen**meyecek**sin
	evlen**ir** misin	evleni**y**or musun	evlen**din** mi	evlen**miş** misin	evlen**ecek** misin
O	evlen**ir**	evleni**y**or	evlen**di**	evlen**miş**	evlen**ecek**
	evlen**mez**	evlen**mi**yor	evlen**medi**	evlen**memiş**	evlen**meyecek**
	evlen**ir** mi	evleni**y**or mu	evlen**di** mi	evlen**miş** mi	evlen**ecek** mi
Biz	evlen**ir**iz	evleni**y**oruz	evlen**dik**	evlen**miş**iz	evlen**eceğ**iz
	evlen**mey**iz	evlen**mi**yoruz	evlen**medik**	evlen**memiş**iz	evlen**meyeceğ**iz
	evlen**ir** miyiz	evleni**y**or muyuz	evlen**dik** mi	evlen**miş** miyiz	evlen**ecek** miyiz
Siz	evlen**ir**siniz	evleni**y**orsunuz	evlen**diniz**	evlen**miş**siniz	evlen**ecek**siniz
	evlen**mez**siniz	evlen**mi**yorsunuz	evlen**mediniz**	evlen**memiş**siniz	evlen**meyecek**siniz
	evlen**ir** misiniz	evleni**y**or musunuz	evlen**diniz** mi	evlen**miş** misiniz	evlen**ecek** misiniz
Onlar	evlen**ir**ler	evleni**y**orlar	evlen**diler**	evlen**miş**ler	evlen**ecek**ler
	evlen**mez**ler	evlen**mi**yorlar	evlen**mediler**	evlen**memiş**ler	evlen**meyecek**ler
	evlen**ir**ler mi	evleni**y**orlar mı	evlen**diler** mi	evlen**miş**ler mi	evlen**ecek**ler mi

	Simple Present	Present Continuous	-di Past	-miş Past	Future
Ben	yardım et				
Sen					
O					
Biz					
Siz					
Onlar					

122. (-den) boşanmak   to get divorced

Hülya'yla Yusuf boşanıyorlar. Daha geçen yıl evlendiler.
Hülya and Yusuf are getting a divorce. They only got married last year.

Benim annemle babam ben 5 yaşındayken boşanmışlar.
My mother and father got divorced when I was 5 years old.

Amcam *ikinci karısından* da boşandı.
My uncle has also got divorced *from his second wife.*

-i boşamak   to divorce [tr]

O geri zekâlıyı boşadım. Tek başıma çok daha mutluyum, kızlar.
I have divorced *that idiot.* I'm much happier on my own, girls.

Karısını, 'Seni boşarım.' diye tehdit edip duruyormuş lanet olası herif.
'I will divorce you,' the damned guy keeps threatening *his wife.*

note
We also use the verb **boşanmak** for the English adjective **divorced**: 'Evli misin?' 'Boşandım.' 'Are you married?' 'I'm divorced.'

word forms and phrases	
boşanma	divorce
boşanma davası	divorce suit
boşanma avukatı	divorce lawyer

	Simple Present	Present Continuous	-di Past	-miş Past	Future
Ben	boşanırım boşanmam boşanır mıyım	boşanıyorum boşanmıyorum boşanıyor muyum	boşandım boşanmadım boşandım mı	boşanmışım boşanmamışım boşanmış mıyım	boşanacağım boşanmayacağım boşanacak mıyım
Sen	boşanırsın boşanmazsın boşanır mısın	boşanıyorsun boşanmıyorsun boşanıyor musun	boşandın boşanmadın boşandın mı	boşanmışsın boşanmamışsın boşanmış mısın	boşanacaksın boşanmayacaksın boşanacak mısın
O	boşanır boşanmaz boşanır mı	boşanıyor boşanmıyor boşanıyor mu	boşandı boşanmadı boşandı mı	boşanmış boşanmamış boşanmış mı	boşanacak boşanmayacak boşanacak mı
Biz	boşanırız boşanmayız boşanır mıyız	boşanıyoruz boşanmıyoruz boşanıyor muyuz	boşandık boşanmadık boşandık mı	boşanmışız boşanmamışız boşanmış mıyız	boşanacağız boşanmayacağız boşanacak mıyız
Siz	boşanırsınız boşanmazsınız boşanır mısınız	boşanıyorsunuz boşanmıyorsunuz boşanıyor musunuz	boşandınız boşanmadınız boşandınız mı	boşanmışsınız boşanmamışsınız boşanmış mısınız	boşanacaksınız boşanmayacaksınız boşanacak mısınız
Onlar	boşanırlar boşanmazlar boşanırlar mı	boşanıyorlar boşanmıyorlar boşanıyorlar mı	boşandılar boşanmadılar boşandılar mı	boşanmışlar boşanmamışlar boşanmışlar mı	boşanacaklar boşanmayacaklar boşanacaklar mı

	Simple Present	Present Continuous	-di Past	-miş Past	Future
Ben	evlen				
Sen					
O					
Biz					
Siz					
Onlar					

123. anlaşmak   1. to get along (friendly relationship) 2. to have an agreement

Demet'**le** ben liseden beri yakın arkadaşız. Biz çok iyi anlaş**ıyor**uz.
Demet **and** I have been close friends since high school. We get along very well.

   ile anlaşmak   to get along **with** someone

'Hükûmet'**le** sendikalar anlaş**mış**.' 'Onlar her zaman anlaş**ır**!'
'The government **and** the unions have reached an agreement.' 'They always do!'

Ben Demet'**le** çok iyi anlaş**ıyor**um. Liseden beri benim en iyi arkadaşım.
I get along very well **with Demet**. She has been my best friend since high school.

Karım *annemle* anlaş**amıyor**. Sık sık tartışıyorlar.
My wife doesn't get along **with** *my mother*. They argue a lot.

İş teklifini reddettim. *Çalışma şartlarında* anlaş**amadık**.
I turned down the job offer. We didn't manage to agree *on the working conditions*.

grammar

The **-le** in Demet'**le** and Hükûmet'**le** in the first two examples is a *conjunction* and means **and**. In the following two examples, however, it functions as a *postposition* and means **with**.

In a negative verb, the suffix **-a** is placed before the negation suffix, as in the last two examples.

word forms and phrases

anlaş**ma**	agreement
bir anlaşmaya	to reach
varmak	*an agreement*

	Simple Present	Present Continuous	-di Past	-miş Past	Future
Ben	anlaşırım anlaşmam anlaşır mıyım	anlaşıyorum anlaşmıyorum anlaşıyor muyum	anlaştım anlaşmadım anlaştım mı	anlaşmışım anlaşmamışım anlaşmış mıyım	anlaşacağım anlaşmayacağım anlaşacak mıyım
Sen	anlaşırsın anlaşmazsın anlaşır mısın	anlaşıyorsun anlaşmıyorsun anlaşıyor musun	anlaştın anlaşmadın anlaştın mı	anlaşmışsın anlaşmamışsın anlaşmış mısın	anlaşacaksın anlaşmayacaksın anlaşacak mısın
O	anlaşır anlaşmaz anlaşır mı	anlaşıyor anlaşmıyor anlaşıyor mu	anlaştı anlaşmadı anlaştı mı	anlaşmış anlaşmamış anlaşmış mı	anlaşacak anlaşmayacak anlaşacak mı
Biz	anlaşırız anlaşmayız anlaşır mıyız	anlaşıyoruz anlaşmıyoruz anlaşıyor muyuz	anlaştık anlaşmadık anlaştık mı	anlaşmışız anlaşmamışız anlaşmış mıyız	anlaşacağız anlaşmayacağız anlaşacak mıyız
Siz	anlaşırsınız anlaşmazsınız anlaşır mısınız	anlaşıyorsunuz anlaşmıyorsunuz anlaşıyor musunuz	anlaştınız anlaşmadınız anlaştınız mı	anlaşmışsınız anlaşmamışsınız anlaşmış mısınız	anlaşacaksınız anlaşmayacaksınız anlaşacak mısınız
Onlar	anlaşırlar anlaşmazlar anlaşırlar mı	anlaşıyorlar anlaşmıyorlar anlaşıyorlar mı	anlaştılar anlaşmadılar anlaştılar mı	anlaşmışlar anlaşmamışlar anlaşmışlar mı	anlaşacaklar anlaşmayacaklar anlaşacaklar mı

	Simple Present	Present Continuous	-di Past	-miş Past	Future
Ben	boşan				
Sen					
O					
Biz					
Siz					
Onlar					

124. -i/ile tartışmak   1. to discuss 2. to argue

Kocamla ben *sorunlarımızı* çocukların önünde tartışmayız.
My husband and I don't discuss *our problems* in front of the children.

Bu konuyu yarınki derste tartış**acağ**ız. Bugünlük bu kadar.
We will discuss *this topic* in class tomorrow. That's all for today.

Seninle daha fazla tartışmay**acağ**ım. Seni kırmak istemiyorum.
I won't argue **with** *you* anymore. I don't want to hurt you.

İkisi dün ofiste çok ciddî tartış**mış**lar.
Two of them had a heated argument in the office yesterday.

Karımla annem ne zaman bir araya gelseler, sürekli tartış**ıyor**lar.
Every time my wife and my mother get together, they always argue.

word forms and phrases	
tartış**ma**	discussion; argument
tartış**malı**	disputable
tartış**masız**	indisputable

	Simple Present	Present Continuous	-di Past	-miş Past	Future
Ben	tartışırım	tartış**ıyor**um	tartış**tı**m	tartış**mış**ım	tartış**acağ**ım
	tartış**ma**m	tartış**mıyor**um	tartış**ma**dım	tartış**mamış**ım	tartışmay**acağ**ım
	tartış**ır** mıyım	tartış**ıyor** muyum	tartış**tı**m mı	tartış**mış** mıyım	tartış**acak** mıyım
Sen	tartış**ır**sın	tartış**ıyor**sun	tartış**tı**n	tartış**mış**sın	tartış**acak**sın
	tartış**maz**sın	tartış**mıyor**sun	tartış**ma**dın	tartış**mamış**sın	tartışmay**acak**sın
	tartış**ır** mısın	tartış**ıyor** musun	tartış**tı**n mı	tartış**mış** mısın	tartış**acak** mısın
O	tartış**ır**	tartış**ıyor**	tartış**tı**	tartış**mış**	tartış**acak**
	tartış**maz**	tartış**mıyor**	tartış**ma**dı	tartış**mamış**	tartışmay**acak**
	tartış**ır** mı	tartış**ıyor** mu	tartış**tı** mı	tartış**mış** mı	tartış**acak** mı
Biz	tartış**ır**ız	tartış**ıyor**uz	tartış**tı**k	tartış**mış**ız	tartış**acağ**ız
	tartış**ma**yız	tartış**mıyor**uz	tartış**ma**dık	tartış**mamış**ız	tartışmay**acağ**ız
	tartış**ır** mıyız	tartış**ıyor** muyuz	tartış**tı**k mı	tartış**mış** mıyız	tartış**acak** mıyız
Siz	tartış**ır**sınız	tartış**ıyor**sunuz	tartış**tı**nız	tartış**mış**sınız	tartış**acak**sınız
	tartış**maz**sınız	tartış**mıyor**sunuz	tartış**ma**dınız	tartış**mamış**sınız	tartışmay**acak**sınız
	tartış**ır** mısınız	tartış**ıyor** musunuz	tartış**tı**nız mı	tartış**mış** mısınız	tartış**acak** mısınız
Onlar	tartış**ır**lar	tartış**ıyor**lar	tartış**tı**lar	tartış**mış**lar	tartış**acak**lar
	tartış**maz**lar	tartış**mıyor**lar	tartış**ma**dılar	tartış**mamış**lar	tartışmay**acak**lar
	tartış**ır**lar mı	tartış**ıyor**lar mı	tartış**tı**lar mı	tartış**mış**lar mı	tartış**acak**lar mı

	Simple Present	Present Continuous	-di Past	-miş Past	Future
Ben	anlaş				
Sen					
O					
Biz					
Siz					
Onlar					

125. -i imzalamak   to sign (write your signature on sth)

Hükûmet Çin'le yine *bir ticaret anlaşması* imzala**mış**.
The government has again signed *a trade agreement* with China.

Beyefendi, lütfen bu formu doldurun ve *şurayı* imzala**yınız**.
Sir, please fill out this form and sign *there*.

Sözleşmeyi okumadan mı imzaladın? Sen ciddî misin?
Have you signed *the contract* without reading it? Are you serious?

Karakolda *ifadesini* imzala**mayı** reddetmiş.
S/he has refused to sign *his/her statement* at the police station.

Ben *böyle saçma bir belgeyi* kesinlikle imzalamam. Aptal değilim.
I will definitely not sign *such a stupid document.* I'm not stupid.

word formation
This verb is formed from the noun **imza** with the suffix **-la**. This suffix is one of the most common verb-forming suffixes in Turkish. It can be attached to nouns, adjectives and onomatopoeic words. You can find more common verb-forming suffixes as well as suffixes for forming nouns, adjectives and adverbs in another title by the author: Turkish Vocabulary Booster: Word formation in Turkish.

word forms and phrases	
imza /imza:/	signature
elektronik imza (e-imza)	e-signature
sahte imza	forged signature
imzalı x imzasız	signed x unsigned

	Simple Present	Present Continuous	di Past	-miş Past	Future
Ben	imzalarım	imzalıyorum	imzaladım	imzalamışım	imzalayacağım
	imzalamam	imzalamıyorum	imzalamadım	imzalamamışım	imzalamayacağım
	imzalar mıyım	imzalıyor muyum	imzaladım mı	imzalamış mıyım	imzalayacak mıyım
Sen	imzalarsın	imzalıyorsun	imzaladın	imzalamışsın	imzalayacaksın
	imzalamazsın	imzalamıyorsun	imzalamadın	imzalamamışsın	imzalamayacaksın
	imzalar mısın	imzalıyor musun	imzaladın mı	imzalamış mısın	imzalayacak mısın
O	imzalar	imzalıyor	imzaladı	imzalamış	imzalayacak
	imzalamaz	imzalamıyor	imzalamadı	imzalamamış	imzalamayacak
	imzalar mı	imzalıyor mu	imzaladı mı	imzalamış mı	imzalayacak mı
Biz	imzalarız	imzalıyoruz	imzaladık	imzalamışız	imzalayacağız
	imzalamayız	imzalamıyoruz	imzalamadık	imzalamamışız	imzalamayacağız
	imzalar mıyız	imzalıyor muyuz	imzaladık mı	imzalamış mıyız	imzalayacak mıyız
Siz	imzalarsınız	imzalıyorsunuz	imzaladınız	imzalamışsınız	imzalayacaksınız
	imzalamazsınız	imzalamıyorsunuz	imzalamadınız	imzalamamışsınız	imzalamayacaksınız
	imzalar mısınız	imzalıyor musunuz	imzaladınız mı	imzalamış mısınız	imzalayacak mısınız
Onlar	imzalarlar	imzalıyorlar	imzaladılar	imzalamışlar	imzalayacaklar
	imzalamazlar	imzalamıyorlar	imzalamadılar	imzalamamışlar	imzalamayacaklar
	imzalarlar mı	imzalıyorlar mı	imzaladılar mı	imzalamışlar mı	imzalayacaklar mı

	Simple Present	Present Continuous	-di Past	-miş Past	Future
Ben	tartış				
Sen					
O					
Biz					
Siz					
Onlar					

126. başarmak   to succeed (do what you tried or wanted to do)

Ayrıldıktan sonra Deniz'i unutmaya çalıştım ama başaramadım. *
After we broke up, I tried to forget Deniz, but I didn't succeed.

Lale'yi ikna etmek kolay olmayacak. Umarım sen başarırsın.
It won't be easy to persuade Lale. I hope you will succeed.

   -meyi/mayı başarmak   to succeed in (doing sth)/to manage to (do sth)

Onu unutmayı bir türlü başaramadım.
I didn't manage *to forget her* in any way.

Covid-19 aşısını geliştirmeyi ilk BioNTech başar**dı**, değil mi?
BioNTech succeeded in *developing the Covid-19 vaccine* first, right?

Bu hükûmet *bir seçim daha kazanmayı* başaramay**acak**, inşallah.
This government won't manage *to win another election,* God willing.

	* grammar
	In a negative verb, the suffix **-a** is placed before the negation suffix. This **-a** is the negative form of the suffix **-ebil/abil**.

word forms and phrases	
başarı	success
başarılı	successful
başarı**sız**	unsuccessful
başarısız**lık**	unsuccessfulness

	Simple Present	Present Continuous	-di Past	-miş Past	Future
Ben	başarırım	başarıyorum	başardım	başarmışım	başaracağım
	başarmam	başarmıyorum	başarmadım	başarmamışım	başarmayacağım
	başarır mıyım	başarıyor muyum	başardım mı	başarmış mıyım	başaracak mıyım
Sen	başarırsın	başarıyorsun	başardın	başarmışsın	başaracaksın
	başarmazsın	başarmıyorsun	başarmadın	başarmamışsın	başarmayacaksın
	başarır mısın	başarıyor musun	başardın mı	başarmış mısın	başaracak mısın
O	başarır	başarıyor	başardı	başarmış	başaracak
	başarmaz	başarmıyor	başarmadı	başarmamış	başarmayacak
	başarır mı	başarıyor mu	başardı mı	başarmış mı	başaracak mı
Biz	başarırız	başarıyoruz	başardık	başarmışız	başaracağız
	başarmayız	başarmıyoruz	başarmadık	başarmamışız	başarmayacağız
	başarır mıyız	başarıyor muyuz	başardık mı	başarmış mıyız	başaracak mıyız
Siz	başarırsınız	başarıyorsunuz	başardınız	başarmışsınız	başaracaksınız
	başarmazsınız	başarmıyorsunuz	başarmadınız	başarmamışsınız	başarmayacaksınız
	başarır mısınız	başarıyor musunuz	başardınız mı	başarmış mısınız	başaracak mısınız
Onlar	başarırlar	başarıyorlar	başardılar	başarmışlar	başaracaklar
	başarmazlar	başarmıyorlar	başarmadılar	başarmamışlar	başarmayacaklar
	başarırlar mı	başarıyorlar mı	başardılar mı	başarmışlar mı	başaracaklar mı

	Simple Present	Present Continuous	-di Past	-miş Past	Future
Ben	imzala				
Sen					
O					
Biz					
Siz					
Onlar					

127. gelişmek   to develop [intr]

İngiltere'de bir dil kursuna gittim. İngilizcem çok gelişti.
I went to a language school in England. My English improved a lot.

Bilişim teknolojisi *inanılmaz bir hızla* gelişiyor.
Information technology is developing *at breakneck speed*.

-i geliştirmek   to develop [tr] (1. new product/idea 2. skill/ability)

Biz bir yazılım şirketiyiz. Mobil uygulamalar geliştiriyoruz.
We are a software company. We develop mobile applications.

İngilizcemi geliştirmek için geçen yaz İngiltere'ye gittim.
I went to England last summer *to improve* my English.

Cumhurbaşkanı işsizliğe karşı *bir politika geliştirmeyi* başaramadı.
The president has failed *to develop a policy* against unemployment.

word forms and phrases	
gelişme	development
gelişen	developing
gelişmiş	developed
gelişmemiş	underdeveloped

	Simple Present	Present Continuous	-di Past	-miş Past	Future
Ben	geliştiririm	geliştiriyorum	geliştirdim	geliştirmişim	geliştireceğim
	geliştirmem	geliştirmiyorum	geliştirmedim	geliştirmemişim	geliştirmeyeceğim
	geliştirir miyim	geliştiriyor muyum	geliştirdim mi	geliştirmiş miyim	geliştirecek miyim
Sen	geliştirirsin	geliştiriyorsun	geliştirdin	geliştirmişsin	geliştireceksin
	geliştirmezsin	geliştirmiyorsun	geliştirmedin	geliştirmemişsin	geliştirmeyeceksin
	geliştirir misin	geliştiriyor musun	geliştirdin mi	geliştirmiş misin	geliştirecek misin
O	geliştirir	geliştiriyor	geliştirdi	geliştirmiş	geliştirecek
	geliştirmez	geliştirmiyor	geliştirmedi	geliştirmemiş	geliştirmeyecek
	geliştirir mi	geliştiriyor mu	geliştirdi mi	geliştirmiş mi	geliştirecek mi
Biz	geliştiririz	geliştiriyoruz	geliştirdik	geliştirmişiz	geliştireceğiz
	geliştirmeyiz	geliştirmiyoruz	geliştirmedik	geliştirmemişiz	geliştirmeyeceğiz
	geliştirir miyiz	geliştiriyor muyuz	geliştirdik mi	geliştirmiş miyiz	geliştirecek miyiz
Siz	geliştirirsiniz	geliştiriyorsunuz	geliştirdiniz	geliştirmişsiniz	geliştireceksiniz
	geliştirmezsiniz	geliştirmiyorsunuz	geliştirmediniz	geliştirmemişsiniz	geliştirmeyeceksiniz
	geliştirir misiniz	geliştiriyor musunuz	geliştirdiniz mi	geliştirmiş misiniz	geliştirecek misiniz
Onlar	geliştirirler	geliştiriyorlar	geliştirdiler	geliştirmişler	geliştirecekler
	geliştirmezler	geliştirmiyorlar	geliştirmediler	geliştirmemişler	geliştirmeyecekler
	geliştirirler mi	geliştiriyorlar mı	geliştirdiler mi	geliştirmişler mi	geliştirecekler mi

	Simple Present	Present Continuous	-di Past	-miş Past	Future
Ben	başar				
Sen					
O					
Biz					
Siz					
Onlar					

128. **artmak**   to increase [intr]

Ülkemizde işsizlik ve enflasyon günden güne art**ıyor**.
Unemployment and inflation in our country are increasing day by day.

Gelecek hafta sıcaklıklar bütün bölgelerde art**acak**.
Next week temperatures will rise in all regions.

İstanbul'da ev kiraları geçen yıldan bu yana çok art**mış**.
Housing rents in Istanbul have gone up dramatically since last year.

-i **artırmak**   to make something increase

Hükûmet *bütün vergileri* yine artır**dı**. Herkes öfkeli.
The government has raised *all the taxes* again. Everyone is pissed off.

Benim *harçlığımı* artırır mısınız? Altı aydır aynı.
Can you increase *my pocket money?* It's been the same for six months.

word forms and phrases	
artı x eksi	plus x minus
artış	increase

	Simple Present	Present Continuous	-di Past	-miş Past	Future
Ben	artırırım	artırıyorum	artırdım	artırmışım	artıracağım
	artırmam	artırmıyorum	artırmadım	artırmamışım	artırmayacağım
	artırır mıyım	artırıyor muyum	artırdım mı	artırmış mıyım	artıracak mıyım
Sen	artırırsın	artırıyorsun	artırdın	artırmışsın	artıracaksın
	artırmazsın	artırmıyorsun	artırmadın	artırmamışsın	artırmayacaksın
	artırır mısın	artırıyor musun	artırdın mı	artırmış mısın	artıracak mısın
O	artırır	artırıyor	artırdı	artırmış	artıracak
	artırmaz	artırmıyor	artırmadı	artırmamış	artırmayacak
	artırır mı	artırıyor mu	artırdı mı	artırmış mı	artıracak mı
Biz	artırırız	artırıyoruz	artırdık	artırmışız	artıracağız
	artırmayız	artırmıyoruz	artırmadık	artırmamışız	artırmayacağız
	artırır mıyız	artırıyor muyuz	artırdık mı	artırmış mıyız	artıracak mıyız
Siz	artırırsınız	artırıyorsunuz	artırdınız	artırmışsınız	artıracaksınız
	artırmazsınız	artırmıyorsunuz	artırmadınız	artırmamışsınız	artırmayacaksınız
	artırır mısınız	artırıyor musunuz	artırdınız mı	artırmış mısınız	artıracak mısınız
Onlar	artırırlar	artırıyorlar	artırdılar	artırmışlar	artıracaklar
	artırmazlar	artırmıyorlar	artırmadılar	artırmamışlar	artırmayacaklar
	artırırlar mı	artırıyorlar mı	artırdılar mı	artırmışlar mı	artıracaklar mı

	Simple Present	Present Continuous	-di Past	-miş Past	Future
Ben	geliştir				
Sen					
O					
Biz					
Siz					
Onlar					

129. azalmak   to decrease [intr]

Bazı anketlere göre cumhurbaşkanına destek azal**mış**.
According to some polls, support for the president has decreased.

Covid-19 vakaları son bir yıldır önemli ölçüde azal**dı**.
Covid-19 cases have declined significantly in the last year.

-i azaltmak   to make something decrease

Diyetisyenim, *'Şeker ve yağı* azalt**malı**sınız.' dedi.
My dietician said, 'You have to cut down on *sugar and fat.'*

Bu ilacı iç. *Ağrını* azalt**ır**. Güçlü bir ağrı kesicidir.
Take this medicine. It will relieve *your pain*. It's a strong painkiller.

Avrupa Rus petrol ve gazına *bağımlılığını* azalt**mak** istiyor.
Europe wants to reduce *her reliance* on Russian oil and gas.

word forms and phrases	
az	little; few
azalış	decrease

	Simple Present	Present Continuous	-di Past	-miş Past	Future
Ben	azaltırım	azaltıyorum	azalttım	azaltmışım	azaltacağım
	azaltmam	azaltmıyorum	azaltmadım	azaltmamışım	azaltmayacağım
	azaltır mıyım	azaltıyor muyum	azalttım mı	azaltmış mıyım	azaltacak mıyım
Sen	azaltırsın	azaltıyorsun	azalttın	azaltmışsın	azaltacaksın
	azaltmazsın	azaltmıyorsun	azaltmadın	azaltmamışsın	azaltmayacaksın
	azaltır mısın	azaltıyor musun	azalttın mı	azaltmış mısın	azaltacak mısın
O	azaltır	azaltıyor	azalttı	azaltmış	azaltacak
	azaltmaz	azaltmıyor	azaltmadı	azaltmamış	azaltmayacak
	azaltır mı	azaltıyor mu	azalttı mı	azaltmış mı	azaltacak mı
Biz	azaltırız	azaltıyoruz	azalttık	azaltmışız	azaltacağız
	azaltmayız	azaltmıyoruz	azaltmadık	azaltmamışız	azaltmayacağız
	azaltır mıyız	azaltıyor muyuz	azalttık mı	azaltmış mıyız	azaltacak mıyız
Siz	azaltırsınız	azaltıyorsunuz	azalttınız	azaltmışsınız	azaltacaksınız
	azaltmazsınız	azaltmıyorsunuz	azaltmadınız	azaltmamışsınız	azaltmayacaksınız
	azaltır mısınız	azaltıyor musunuz	azalttınız mı	azaltmış mısınız	azaltacak mısınız
Onlar	azaltırlar	azaltıyorlar	azalttılar	azaltmışlar	azaltacaklar
	azaltmazlar	azaltmıyorlar	azaltmadılar	azaltmamışlar	azaltmayacaklar
	azaltırlar mı	azaltıyorlar mı	azalttılar mı	azaltmışlar mı	azaltacaklar mı

	Simple Present	Present Continuous	-di Past	-miş Past	Future
Ben	artır				
Sen					
O					
Biz					
Siz					
Onlar					

130. -i/-e göndermek   to send (1. by post/e-mail, etc 2. someone to a place)

Sabah WhatsApp'tan sana *bir resim* gönderdim. Almadın mı?
I sent you *a picture* on WhatsApp in the morning. Didn't you receive it?

Çiçekleri kim göndermiş? Sevgilin mi? Çok güzeller.
Who sent *the flowers?* Your boyfriend? They are so beautiful.

Esra her ay kız kardeşine *para* gönderir. Kız kardeşi İzmir'de okuyor.
Esra wires *money* to her sister every month. Her sister is studying in İzmir.

Türkiye *kuzey Irak'a* asker gönderiyor yine.
Turkey is sending troops *to northern Iraq again.*

word forms and phrases	
gönderi	parcel, package
postayla göndermek	to send by mail
kuryeyle göndermek	to send by courier
ekte göndermek	to send in attachment

Biz kızımızı *özel okula* göndereceğiz. Devlet okulları iyi değil.
We'll send our daughter *to a private school.* The state schools aren't good.

	Simple Present	Present Continuous	-di Past	-miş Past	Future
Ben	gönderirim göndermem gönderir miyim	gönderiyorum göndermiyorum gönderiyor muyum	gönderdim göndermedim gönderdim mi	göndermişim göndermemişim göndermiş miyim	göndereceğim göndermeyeceğim gönderecek miyim
Sen	gönderirsin göndermezsin gönderir misin	gönderiyorsun göndermiyorsun gönderiyor musun	gönderdin göndermedin gönderdin mi	göndermişsin göndermemişsin göndermiş misin	göndereceksin göndermeyeceksin gönderecek misin
O	gönderir göndermez gönderir mi	gönderiyor göndermiyor gönderiyor mu	gönderdi göndermedi gönderdi mi	göndermiş göndermemiş göndermiş mi	gönderecek göndermeyecek gönderecek mi
Biz	göndeririz göndermeyiz gönderir miyiz	gönderiyoruz göndermiyoruz gönderiyor muyuz	gönderdik göndermedik gönderdik mi	göndermişiz göndermemişiz göndermiş miyiz	göndereceğiz göndermeyeceğiz gönderecek miyiz
Siz	gönderirsiniz göndermezsiniz gönderir misiniz	gönderiyorsunuz göndermiyorsunuz gönderiyor musunuz	gönderdiniz göndermediniz gönderdiniz mi	göndermişsiniz göndermemişsiniz göndermiş misiniz	göndereceksiniz göndermeyeceksiniz gönderecek misiniz
Onlar	gönderirler göndermezler gönderirler mi	gönderiyorlar göndermiyorlar gönderiyorlar mı	gönderdiler göndermediler gönderdiler mi	göndermişler göndermemişler göndermişler mi	gönderecekler göndermeyecekler gönderecekler mi

	Simple Present	Present Continuous	-di Past	-miş Past	Future
Ben	azalt				
Sen					
O					
Biz					
Siz					
Onlar					

EXERCISES   Verbs **121-130**

1. Match (1-8 to a-g; 9-16 to ğ-m).

1.	(**ile**) evlenmek	a.	1. to get along (with) 2. to have an agreement (with)
2.	(**ile**) anlaşmak	b.	to succeed (do what you tried or wanted to do)
3.	artmak	c.	to increase [intr]
4.	(**-den**) boşanmak	ç.	to marry someone
5.	başarmak	d.	to get divorced (from)
6.	azalmak	e.	to develop [intr]
7.	gelişmek	f.	to decrease [intr]
8.	**-i/ile** tartışmak	g.	1. to discuss 2. to argue
9.	**-i** imzalamak	ğ.	to sign (write your signature on something)
10.	**-i** boşamak	h.	to send (1. by post/e-mail, etc 2. someone to a place)
11.	(**ile**) nişanlanmak	ı.	to develop [tr] (1. new product/idea 2. skill/ability)
12.	**-meyi/mayı** başarmak	i.	to get engaged (to)
13.	**-i** artırmak	j.	to divorce [tr]
14.	**-i/-e** göndermek	k.	to make something decrease
15.	**-i** azaltmak	l.	to make something increase
16.	**-i** geliştirmek	m.	to succeed in doing something/to manage to do something

2. Complete the sentences with possible answers to the questions. Use the above list for the omitted verbs.

1. .... bir dil kursuna gideceğim.   Ne yapmak için?

2. Çok kilo aldım. Yağı ve şekeri ....   Ne yapmalıyım?

3. .... evlendi.   Kim, kim**le**?

4. .... göndermiş.   Kim, kim**e**, ne?

5. Patron maaşlarımızı .... reddediyor.   Maaşlarımızı ne yapmayı?

6. Benim**le** .... hiçbir konuda anlaşamıyoruz.   Kim?

7. Biz o evi kiralayacağız. Yarın kira kontratı ....   Kontratı ne yapacağız?

8. Bahar geldi. Hava sıcaklığı ....   Ne yapıyor?

9. Sabah .... Hâlâ çok kızgınım.   Kiminle, ne yaptım?

10. O şirketle anlaş**mayı** .... Teklifimizi kabul etmediler.   Anlaşmayı ne yapamadık?

3. Answer about yourself in complete sentences.

1. En son kime ne gönderdiniz? Ya da size kim ne gönderdi?   ....

2. Türkçenizi geliştirmek için neler yapıyorsunuz?   ....

3. En iyi kiminle anlaşıyorsunuz?   ....

4. Hiç evlendiniz mi veya boşandınız mı?   ....

5. Hayatınızda yapmayı başaramadığınız bir şey var mı?   ....

4. Write the Turkish equivalents.

1. single; engaged to be married ....

2. fiancé(e) ....

3. married; marriage; divorce ....

4. divorced; widow(er) ....

5. discussion; argument ....

6. disputable x indisputable ....

7. (e-) signature; forged signature ....

8. signed x unsigned ....

9. agreement ....

10. success; successful x unsuccessful ....

11. increase x decrease ....

12. plus x minus ....

13. parcel, package ....

14. development; developing ....

15. developed x underdeveloped ....

Answers

1. 1ç 2a 3c 4d 5b 6f 7e 8g 9ğ 10j 11i 12m 13l 14h 15k 16ı

2. 1 İngilizcemi/Türkçemi geliştir**mek için** 2 azalt**mal**ıyım 3 Kuzenim bir iş arkadaşı**yla** 4 Erkek arkadaşı Meltem'**e** çiçek 5 artır**mayı** 6 annem/kocam/karım 7 imzalayacağız 8 artıyor 9 müdürüm**le** tartıştım 10 başaramadık

3. Örneğin: 1 En son kız arkadaşıma çiçek gönderdim. Yakınlarda (recently) hiç kimse bana bir şey göndermedi.
2 Kitap okuyorum./Şarkı dinliyorum./Türk dizilerini seyrediyorum./İnternet'te Türk arkadaşlarımla konuşuyorum.
3 En iyi kocamla/karımla/kız arkadaşımla/arkadaşım Ömer'le anlaşıyorum. 4 Hayır, hiç evlenmedim. / Bir kez boşandım. İki kez evlendim. 5 Hayır, yok. / Kendi işimi kurmayı (start my own business) başaramadım.

4. 1 bekâr; nişanlı 2 nişanlı 3 evli; evlilik; boşanma 4 boşanmış; dul 5 tartışma 6 tartışmalı x tartışmasız 7 (elektronik) imza; sahte imza 8 imzalı x imzasız 9 anlaşma 10 başarı; başarılı x başarısız 11 artış x azalış 12 artı x eksi 13 gönderi (=kargo) 14 gelişme; gelişen 15 gelişmiş x gelişmemiş

Can you write down the verbs you have learned in this set (verbs 121-130)?

....

....

....

....

....

131. -i fırçalamak   1. to brush (clean/make tidy) 2. to chew someone out

Çocuklar, yatmadan önce *dişlerinizi* fırçala**mayı** unutmadınız, değil mi?
Kids, you didn't forget to brush *your teeth* before you went to bed, did you?

Saçı kıvırcık. Sabahları (saçını) fırçalamı**yor**muş.
Her hair is curly. She doesn't brush it in the mornings.

Banyo lavabosu çok kirli. (Lavabo**y**u) *Fırçalay**arak*** temizle, oldu mu?
The bathroom sink is too dirty. Clean it *by brushing (= with a brush)*, okay?

Bugün patron *herkesi* fırçaladı. Satışlardan memnun değilmiş.
Today the boss has chewed *everybody* out. He isn't satisfied with the sales.

Annem okulu astığımı öğrenmiş. *Beni* çok fena fırçalay**acak**.
My mum has found out that I had cut school. She will chew *me* out severely.

word forms and phrases	
fırça	brush
diş fırçası	tooth brush
saç fırçası	hair brush
temizlik fırçası	cleaning brush
-i taramak	to comb (hair)
tarak	comb

	Simple Present	Present Continuous	-di Past	-miş Past	Future
Ben	fırçalarım	fırçalıyorum	fırçaladım	fırçalamışım	fırçalayacağım
	fırçalamam	fırçalamıyorum	fırçalamadım	fırçalamamışım	fırçalamayacağım
	fırçalar mıyım	fırçalıyor muyum	fırçaladım mı	fırçalamış mıyım	fırçalayacak mıyım
Sen	fırçalarsın	fırçalıyorsun	fırçaladın	fırçalamışsın	fırçalayacaksın
	fırçalamazsın	fırçalamıyorsun	fırçalamadın	fırçalamamışsın	fırçalamayacaksın
	fırçalar mısın	fırçalıyor musun	fırçaladın mı	fırçalamış mısın	fırçalayacak mısın
O	fırçalar	fırçalıyor	fırçaladı	fırçalamış	fırçalayacak
	fırçalamaz	fırçalamıyor	fırçalamadı	fırçalamamış	fırçalamayacak
	fırçalar mı	fırçalıyor mu	fırçaladı mı	fırçalamış mı	fırçalayacak mı
Biz	fırçalarız	fırçalıyoruz	fırçaladık	fırçalamışız	fırçalayacağız
	fırçalamayız	fırçalamıyoruz	fırçalamadık	fırçalamamışız	fırçalamayacağız
	fırçalar mıyız	fırçalıyor muyuz	fırçaladık mı	fırçalamış mıyız	fırçalayacak mıyız
Siz	fırçalarsınız	fırçalıyorsunuz	fırçaladınız	fırçalamışsınız	fırçalayacaksınız
	fırçalamazsınız	fırçalamıyorsunuz	fırçalamadınız	fırçalamamışsınız	fırçalamayacaksınız
	fırçalar mısınız	fırçalıyor musunuz	fırçaladınız mı	fırçalamış mısınız	fırçalayacak mısınız
Onlar	fırçalarlar	fırçalıyorlar	fırçaladılar	fırçalamışlar	fırçalayacaklar
	fırçalamazlar	fırçalamıyorlar	fırçalamadılar	fırçalamamışlar	fırçalamayacaklar
	fırçalarlar mı	fırçalıyorlar mı	fırçaladılar mı	fırçalamışlar mı	fırçalayacaklar mı

	Simple Present	Present Continuous	-di Past	-miş Past	Future
Ben	gönder				
Sen					
O					
Biz					
Siz					
Onlar					

132. eğlenmek   to have fun

Çocuklar, eğleni**yor** musunuz? Biraz daha pasta ister misiniz?
Children, are you having fun? Do you want some more cake?

Hafta sonu biz partide çok eğlen**dik**. Her şey muhteşemdi.
We had a lot of fun at the party at the weekend. Everything was great.

Bu gece seni yeni bir kulübe götüreceğim. Çok eğlen**eceğ**iz.
I'm going to take you to a new club tonight. We are going to have a lot of fun.

-i eğlendirmek   to entertain (amuse)

Dün gece Tunç *bizi* çok eğlendir**di**. Ünlüleri taklit etti.
Last night Tunç entertained *us* so much. He mimicked celebrities.

Babam oturma odasında *kardeşim Arkın'ı* eğlendir**iyor**.
My father is entertaining *my brother Arkın* in the living room.

pronunciation
The **ğ** in **eğlenmek** is pronounced as **y** (eylenmek).
It is also pronounced as **y** when it is between two **e**'s (e**ğ**e), or between **e** and **i** (e**ğ**i), and vice versa (i**ğ**e), as in:
be**ğ**enmek (to like), de**ğ**er (value), e**ğ**er (if), de**ğ**il (not), and di**ğ**er (other).

word forms and phrases	
eğlence	fun; entertainment
eğlenceli	fun; entertaining
eğlencesiz	uninteresting, boring

	Simple Present	Present Continuous	-di Past	-miş Past	Future
Ben	eğlenirim	eğleniyorum	eğlendim	eğlenmişim	eğleneceğim
	eğlenmem	eğlenmiyorum	eğlenmedim	eğlenmemişim	eğlenmeyeceğim
	eğlenir miyim	eğleniyor muyum	eğlendim mi	eğlenmiş miyim	eğlenecek miyim
Sen	eğlenirsin	eğleniyorsun	eğlendin	eğlenmişsin	eğleneceksin
	eğlenmezsin	eğlenmiyorsun	eğlenmedin	eğlenmemişsin	eğlenmeyeceksin
	eğlenir misin	eğleniyor musun	eğlendin mi	eğlenmiş misin	eğlenecek misin
O	eğlenir	eğleniyor	eğlendi	eğlenmiş	eğlenecek
	eğlenmez	eğlenmiyor	eğlenmedi	eğlenmemiş	eğlenmeyecek
	eğlenir mi	eğleniyor mu	eğlendi mi	eğlenmiş mi	eğlenecek mi
Biz	eğleniriz	eğleniyoruz	eğlendik	eğlenmişiz	eğleneceğiz
	eğlenmeyiz	eğlenmiyoruz	eğlenmedik	eğlenmemişiz	eğlenmeyeceğiz
	eğlenir miyiz	eğleniyor muyuz	eğlendik mi	eğlenmiş miyiz	eğlenecek miyiz
Siz	eğlenirsiniz	eğleniyorsunuz	eğlendiniz	eğlenmişsiniz	eğleneceksiniz
	eğlenmezsiniz	eğlenmiyorsunuz	eğlenmediniz	eğlenmemişsiniz	eğlenmeyeceksiniz
	eğlenir misiniz	eğleniyor musunuz	eğlendiniz mi	eğlenmiş misiniz	eğlenecek misiniz
Onlar	eğlenirler	eğleniyorlar	eğlendiler	eğlenmişler	eğlenecekler
	eğlenmezler	eğlenmiyorlar	eğlenmediler	eğlenmemişler	eğlenmeyecekler
	eğlenirler mi	eğleniyorlar mı	eğlendiler mi	eğlenmişler mi	eğlenecekler mi

	Simple Present	Present Continuous	-di Past	-miş Past	Future
Ben	fırçala				
Sen					
O					
Biz					
Siz					
Onlar					

133. -i beğenmek   to like

Pastayı beğen**din**, değil mi, aşkım? Ben yaptım. … Vallahi! *
You liked *the cake,* didn't you, love? I made it. … I swear!

Elbiseni çok beğen**dim**, Yasemin. Sana çok yakışmış.
I like *your dress* so much, Yasemin. It looks really good on you.

Kitabımı beğen**din**iz mi? Umarım beğen**miş**sinizdir.
Did you like *my book?* I hope you did.

Kadın *hiçbir şeyi* beğenm**iyor**, hiçbir şeyden memnun olmuyor.
The woman likes *nothing*, she is satisfied with nothing.

Müdür *zor beğenen* biri. *Bu sunumu* beğen**mez**.
The director is a *choosy* person. He won't like *this presentation.*

* grammar
In Turkish, the question tag is always **değil mi**. It does not change according to tense, form and person.

word forms and phrases	
beğeni	liking
kolay beğen**en**	undemanding, unfussy

	Simple Present	Present Continuous	-di Past	-miş Past	Future
Ben	beğenirim beğenmem beğenir miyim	beğeniyorum beğenmiyorum beğeniyor muyum	beğendim beğenmedim beğendim mi	beğenmişim beğenmemişim beğenmiş miyim	beğeneceğim beğenmeyeceğim beğenecek miyim
Sen	beğenirsin beğenmezsin beğenir misin	beğeniyorsun beğenmiyorsun beğeniyor musun	beğendin beğenmedin beğendin mi	beğenmişsin beğenmemişsin beğenmiş misin	beğeneceksin beğenmeyeceksin beğenecek misin
O	beğenir beğenmez beğenir mi	beğeniyor beğenmiyor beğeniyor mu	beğendi beğenmedi beğendi mi	beğenmiş beğenmemiş beğenmiş mi	beğenecek beğenmeyecek beğenecek mi
Biz	beğeniriz beğenmeyiz beğenir miyiz	beğeniyoruz beğenmiyoruz beğeniyor muyuz	beğendik beğenmedik beğendik mi	beğenmişiz beğenmemişiz beğenmiş miyiz	beğeneceğiz beğenmeyeceğiz beğenecek miyiz
Siz	beğenirsiniz beğenmezsiniz beğenir misiniz	beğeniyorsunuz beğenmiyorsunuz beğeniyor musunuz	beğendiniz beğenmediniz beğendiniz mi	beğenmişsiniz beğenmemişsiniz beğenmiş misiniz	beğeneceksiniz beğenmeyeceksiniz beğenecek misiniz
Onlar	beğenirler beğenmezler beğenirler mi	beğeniyorlar beğenmiyorlar beğeniyorlar mı	beğendiler beğenmediler beğendiler mi	beğenmişler beğenmemişler beğenmişler mi	beğenecekler beğenmeyecekler beğenecekler mi

	Simple Present	Present Continuous	-di Past	-miş Past	Future
Ben	eğlen				
Sen					
O					
Biz					
Siz					
Onlar					

134. ağrımak — to ache; to hurt

Benim *başım* çok sık ağrı**r**. Yanımda her zaman ağrı kesici taşırım.
I have headaches quite often. I always have painkillers with me.

Duygu'nun tüm gece *dişi* ağrı**mış**. Hiç uyuyamamış.
Duygu had a toothache all night long. She couldn't find any sleep.

Benim *belim* yine ağrı**yor**. Sizinle dışarı çıkamayacağım.
My back is aching again. I can't go out with you.

Küçük hanım, *neren* ağrı**yor**? Bana gösterebilir misin?
Little lady, *where* does it hurt? Can you show me?

Gün boyu mobilya taşıdık. Gece *bütün vücudum* ağrı**yacak**.
We carried furniture all day long. My whole body will ache at night.

note

The conjugation of **ağrımak** only makes sense in the 3rd person singular.

Note also that the subject representing a part of the body always takes the possessive suffix depending on the person: baş**ım**, diş**i**, bel**im**, ner**en**, vücud**um**.

word forms and phrases

ağrı	pain
baş/diş/bel **ağrısı**	head-/tooth-/back**ache**
boğaz ağrısı	sore throat
ağrı**lı**	painful
ağrı**sız**	painless

	Simple Present	Present Continuous	-di Past	-miş Past	Future
Ben					
Sen					
O	ağrır ağrımaz ağrır mı	ağrıyor ağrımıyor ağrıyor mu	ağrıdı ağrımadı ağrıdı mı	ağrımış ağrımamış ağrımış mı	ağrıyacak ağrımayacak ağrıyacak mı
Biz					
Siz					
Onlar					

	Simple Present	Present Continuous	-di Past	-miş Past	Future
Ben	beğen				
Sen					
O					
Biz					
Siz					
Onlar					

135. hastalanmak   to become/get ill

Dün gece oğlumuz birden hastalandı. Acil servise götürdük.
Last night our son was taken ill. We took him to the casualty room.

Çok fazla dondurma yeme, tatlım. Hastalanırsın.
Don't eat too much ice cream, sweetie. You will get sick.

Annem tatil köyünde virüs kapıp hastalanmış.
My mother caught a virus in the holiday village and became ill.

Yasemin çok zayıf bir çocuk. Sık sık hastalanıyor.
Yasemin is a very weak child. She gets sick quite often.

-i hasta etmek *   to make someone ill

Ofiste klima *beni* hasta etti. Tüm gün açıktı.
The air conditioner in the office has made *me* ill. It's been on all day.

word forms and phrases	
hasta	1. ill 2. patient
hastalık	illness
hastane	hospital
hasta etmek *	also means to make someone angry or disgusted.

	Simple Present	Present Continuous	-di Past	-miş Past	Future
Ben	hastalanırım	hastalanıyorum	hastalandım	hastalanmışım	hastalanacağım
	hastalanmam	hastalanmıyorum	hastalanmadım	hastalanmamışım	hastalanmayacağım
	hastalanır mıyım	hastalanıyor muyum	hastalandım mı	hastalanmış mıyım	hastalanacak mıyım
Sen	hastalanırsın	hastalanıyorsun	hastalandın	hastalanmışsın	hastalanacaksın
	hastalanmazsın	hastalanmıyorsun	hastalanmadın	hastalanmamışsın	hastalanmayacaksın
	hastalanır mısın	hastalanıyor musun	hastalandın mı	hastalanmış mısın	hastalanacak mısın
O	hastalanır	hastalanıyor	hastalandı	hastalanmış	hastalanacak
	hastalanmaz	hastalanmıyor	hastalanmadı	hastalanmamış	hastalanmayacak
	hastalanır mı	hastalanıyor mu	hastalandı mı	hastalanmış mı	hastalanacak mı
Biz	hastalanırız	hastalanıyoruz	hastalandık	hastalanmışız	hastalanacağız
	hastalanmayız	hastalanmıyoruz	hastalanmadık	hastalanmamışız	hastalanmayacağız
	hastalanır mıyız	hastalanıyor muyuz	hastalandık mı	hastalanmış mıyız	hastalanacak mıyız
Siz	hastalanırsınız	hastalanıyorsunuz	hastalandınız	hastalanmışsınız	hastalanacaksınız
	hastalanmazsınız	hastalanmıyorsunuz	hastalanmadınız	hastalanmamışsınız	hastalanmayacaksınız
	hastalanır mısınız	hastalanıyor musunuz	hastalandınız mı	hastalanmış mısınız	hastalanacak mısınız
Onlar	hastalanırlar	hastalanıyorlar	hastalandılar	hastalanmışlar	hastalanacaklar
	hastalanmazlar	hastalanmıyorlar	hastalanmadılar	hastalanmamışlar	hastalanmayacaklar
	hastalanırlar mı	hastalanıyorlar mı	hastalandılar mı	hastalanmışlar mı	hastalanacaklar mı

	Simple Present	Present Continuous	-di Past	-miş Past	Future
Ben					
Sen					
O	ağrı				
Biz					
Siz					
Onlar					

136. iyileşmek   1. to recover (from illness) 2. to heal (become well again)

Oğlumuz sadece üşütmüş. Neyse ki, çabucak (= çabuk) iyileşti.
Our son has just caught a cold. Fortunately, he has recovered quickly.

Tatlım, ilaçlarını içmezsen iyileşemezsin. *
Honey, if you don't take your medicine, you can't get better.

Öğretmenimiz hastaymış. İnşallah, çabuk iyileşir.
Our teacher is sick. God willing, she will get well soon.

Birkaç gün önce ayak bileğimi burktum. Henüz tam iyileşmedi.
I sprained my ankle a few days ago. It hasn't healed properly yet.

Yaran çabuk iyileşmiş. Bandaja gerek yok.
Your wound has quickly healed up. There's no need for a bandage.

*** grammar**

When **iyileşmek** is used in the meaning of **to recover**, the suffix **-a** is placed before the negation suffix. Compare it with the fourth example.

word forms and phrases

iyi x kötü	good x bad
iyi**lik** x kötü**lük**	goodness x badness
iyileş**me** (süreci)	healing (process)
kötü**leş**mek	to get worse

	Simple Present	Present Continuous	-di Past	-miş Past	Future
Ben	iyileş**ir**im iyileş**mem** iyileş**ir** miyim	iyileş**iyor**um iyileş**miyor**um iyileş**iyor** muyum	iyileş**tim** iyileş**medim** iyileş**tim** mi	iyileş**miş**im iyileş**memiş**im iyileş**miş** miyim	iyileş**eceğ**im iyileş**meyeceğ**im iyileş**ecek** miyim
Sen	iyileş**ir**sin iyileş**mez**sin iyileş**ir** misin	iyileş**iyor**sun iyileş**miyor**sun iyileş**iyor** musun	iyileş**tin** iyileş**medin** iyileş**tin** mi	iyileş**miş**sin iyileş**memiş**sin iyileş**miş** misin	iyileş**ecek**sin iyileş**meyecek**sin iyileş**ecek** misin
O	iyileş**ir** iyileş**mez** iyileş**ir** mi	iyileş**iyor** iyileş**miyor** iyileş**iyor** mu	iyileş**ti** iyileş**medi** iyileş**ti** mi	iyileş**miş** iyileş**memiş** iyileş**miş** mi	iyileş**ecek** iyileş**meyecek** iyileş**ecek** mi
Biz	iyileş**ir**iz iyileş**meyiz** iyileş**ir** miyiz	iyileş**iyor**uz iyileş**miyor**uz iyileş**iyor** muyuz	iyileş**tik** iyileş**medik** iyileş**tik** mi	iyileş**miş**iz iyileş**memiş**iz iyileş**miş** miyiz	iyileş**eceğ**iz iyileş**meyeceğ**iz iyileş**ecek** miyiz
Siz	iyileş**ir**siniz iyileş**mez**siniz iyileş**ir** misiniz	iyileş**iyor**sunuz iyileş**miyor**sunuz iyileş**iyor** musunuz	iyileş**tiniz** iyileş**mediniz** iyileş**tiniz** mi	iyileş**miş**siniz iyileş**memiş**siniz iyileş**miş** misiniz	iyileş**ecek**siniz iyileş**meyecek**siniz iyileş**ecek** misiniz
Onlar	iyileş**ir**ler iyileş**mez**ler iyileş**ir**ler mi	iyileş**iyor**lar iyileş**miyor**lar iyileş**iyor**lar mı	iyileş**tiler** iyileş**mediler** iyileş**tiler** mi	iyileş**miş**ler iyileş**memiş**ler iyileş**miş**ler mi	iyileş**ecek**ler iyileş**meyecek**ler iyileş**ecek**ler mi

	Simple Present	Present Continuous	-di Past	-miş Past	Future
Ben	hastalan				
Sen					
O					
Biz					
Siz					
Onlar					

137. -i/-e atmak   to throw   atmak (slang)   to lie; to make up stories

Kirlilerini yere at**ma**. Sana defalarca söyledim.
Don't throw *your laundry* on the floor. I have told you many times.

Bak, protestocular polis**e** *taş* atı**yor**.
Look, the protestors are throwing *stones* at the police.

'Miray, *uzaktan kumandayı* ban**a** at**ar** mısın?'   'Bende değil.' *
'Miray, can you toss me *the remote control?'*   'I don't have it.'

Avcılar sürekli at**ar**lar. Fakat hikâyeleri eğlencelidir.
Hunters always make up stories. But their stories are entertaining.

'Cem dün gece barda çok güzel bir kızla tanışmış.'   'Yine at**mış**.'
'Cem met a very beautiful girl in the bar last night.'   'He lied again.'

	* grammar

The *definite* direct object (uzaktan kumandayı) and the *indirect* object (bana) and can exchange places:

Miray, *bana uzaktan kumandayı* atar mısın?

However, as in the previous example, the *indefinite* direct object (taş) must always come before the *verb* (t~~aş polise atıyor~~). In other words, there must be no words between the *indefinite* direct object and the *verb*. For more information about direct objects, see **#19**.

	Simple Present	Present Continuous	-di Past	-miş Past	Future
Ben	atarım	atıyorum	attım	atmışım	atacağım
	atmam	atmıyorum	atmadım	atmamışım	atmayacağım
	at**ar** mıyım	atı**yor** muyum	att**ım** mı	at**mış** mıyım	at**acak** mıyım
Sen	atarsın	atıyorsun	attın	atmışsın	atacaksın
	atmazsın	atmıyorsun	atmadın	atmamışsın	atmayacaksın
	at**ar** mısın	atı**yor** musun	att**ın** mı	at**mış** mısın	at**acak** mısın
O	atar	atıyor	attı	atmış	atacak
	atmaz	atmıyor	atmadı	atmamış	atmayacak
	at**ar** mı	atı**yor** mu	att**ı** mı	at**mış** mı	at**acak** mı
Biz	atarız	atıyoruz	attık	atmışız	atacağız
	atmayız	atmıyoruz	atmadık	atmamışız	atmayacağız
	at**ar** mıyız	atı**yor** muyuz	att**ık** mı	at**mış** mıyız	at**acak** mıyız
Siz	atarsınız	atıyorsunuz	attınız	atmışsınız	atacaksınız
	atmazsınız	atmıyorsunuz	atmadınız	atmamışsınız	atmayacaksınız
	at**ar** mısınız	atı**yor** musunuz	att**ınız** mı	at**mış** mısınız	at**acak** mısınız
Onlar	atarlar	atıyorlar	attılar	atmışlar	atacaklar
	atmazlar	atmıyorlar	atmadılar	atmamışlar	atmayacaklar
	atarlar mı	atıyorlar mı	attılar mı	atmışlar mı	atacaklar mı

	Simple Present	Present Continuous	-di Past	-miş Past	Future
Ben	iyileş				
Sen					
O					
Biz					
Siz					
Onlar					

138. -i yakalamak   to catch (1. take hold 2. find and stop sb/sth 3 see sb doing sth)

'Uzaktan kumandayı bana atar mısın, Miray?'   'Yakala!'
'Can you toss me the remote control, Miray?'   'Catch!'

'Polis *hırsızları* yakalayabil**miş** mi?'   'Hayır. Kaçmışlar.'
'Could the police catch *the thieves?'*   'No. They escaped.'

Koştum fakat *otobüsü* yakalayamadım. Son otobüstü.   *
I ran, but I couldn't catch *the bus.* It was the last bus.

Kartallar *avlarını* hep yakalarlar, hiç kaçırmazlar.
Eagles always catch *their prey,* they never miss.

Annem sigara içerken yakalarsa kesin gebertir beni.
If my mother catches me smoking, she'll definitely kill me.

> *** punctuation**
>
> In Turkish, we do not put a comma before, or after conjunctions.

	Simple Present	Present Continuous	-di Past	-miş Past	Future
Ben	yakalarım	yakalıyorum	yakaladım	yakalamışım	yakalayacağım
	yakalamam	yakalamıyorum	yakalamadım	yakalamamışım	yakalamayacağım
	yakalar mıyım	yakalıyor muyum	yakaladım mı	yakalamış mıyım	yakalayacak mıyım
Sen	yakalarsın	yakalıyorsun	yakaladın	yakalamışsın	yakalayacaksın
	yakalamazsın	yakalamıyorsun	yakalamadın	yakalamamışsın	yakalamayacaksın
	yakalar mısın	yakalıyor musun	yakaladın mı	yakalamış mısın	yakalayacak mısın
O	yakalar	yakalıyor	yakaladı	yakalamış	yakalayacak
	yakalamaz	yakalamıyor	yakalamadı	yakalamamış	yakalamayacak
	yakalar mı	yakalıyor mu	yakaladı mı	yakalamış mı	yakalayacak mı
Biz	yakalarız	yakalıyoruz	yakaladık	yakalamışız	yakalayacağız
	yakalamayız	yakalamıyoruz	yakalamadık	yakalamamışız	yakalamayacağız
	yakalar mıyız	yakalıyor muyuz	yakaladık mı	yakalamış mıyız	yakalayacak mıyız
Siz	yakalarsınız	yakalıyorsunuz	yakaladınız	yakalamışsınız	yakalayacaksınız
	yakalamazsınız	yakalamıyorsunuz	yakalamadınız	yakalamamışsınız	yakalamayacaksınız
	yakalar mısınız	yakalıyor musunuz	yakaladınız mı	yakalamış mısınız	yakalayacak mısınız
Onlar	yakalarlar	yakalıyorlar	yakaladılar	yakalamışlar	yakalayacaklar
	yakalamazlar	yakalamıyorlar	yakalamadılar	yakalamamışlar	yakalamayacaklar
	yakalarlar mı	yakalıyorlar mı	yakaladılar mı	yakalamışlar mı	yakalayacaklar mı

	Simple Present	Present Continuous	-di Past	-miş Past	Future
Ben	at				
Sen					
O					
Biz					
Siz					
Onlar					

139. kaçmak   to escape (leave a place)

Lanet saldırganın kafasına *çantamla* vurdum sonra kaç**t**ım.
I hit the damn attacker on the head *with my bag*, and then escaped.

Banka soyguncuları *polis gelmeden* çoktan kaç**mış**lar.
The bank robbers had already fled *before the police arrived*.

-i kaçırmak   1. to miss (i. not do sth ii. not catch) 2. to kidnap

Ben *ilk dersi* kaçır**d**ım. Senin notlarını alabilir miyim?
I missed *the first lesson*. Can I have your notes?

Hemen çıkalım, millet. Yoksa *trenimizi* kaçır**acağ**ız.
Let's leave now, guys. Otherwise we will miss *our train*.

Öğleden sonra çocuk parkından *bir çocuğu* kaçır**mış**lar.
They kidnapped *a child* from the children's park in the afternoon.

word forms and phrases	
kaçık	mental
kaçış	escape
kaçak	1. fugitive 2. contraband
kaçakçı	smuggler

	Simple Present	Present Continuous	-di Past	-miş Past	Future
Ben	kaçırırım	kaçırıyorum	kaçırdım	kaçırmışım	kaçıracağım
	kaçırmam	kaçırmıyorum	kaçırmadım	kaçırmamışım	kaçırmayacağım
	kaçırır mıyım	kaçırıyor muyum	kaçırdım mı	kaçırmış mıyım	kaçıracak mıyım
Sen	kaçırırsın	kaçırıyorsun	kaçırdın	kaçırmışsın	kaçıracaksın
	kaçırmazsın	kaçırmıyorsun	kaçırmadın	kaçırmamışsın	kaçırmayacaksın
	kaçırır mısın	kaçırıyor musun	kaçırdın mı	kaçırmış mısın	kaçıracak mısın
O	kaçırır	kaçırıyor	kaçırdı	kaçırmış	kaçıracak
	kaçırmaz	kaçırmıyor	kaçırmadı	kaçırmamış	kaçırmayacak
	kaçırır mı	kaçırıyor mu	kaçırdı mı	kaçırmış mı	kaçıracak mı
Biz	kaçırırız	kaçırıyoruz	kaçırdık	kaçırmışız	kaçıracağız
	kaçırmayız	kaçırmıyoruz	kaçırmadık	kaçırmamışız	kaçırmayacağız
	kaçırır mıyız	kaçırıyor muyuz	kaçırdık mı	kaçırmış mıyız	kaçıracak mıyız
Siz	kaçırırsınız	kaçırıyorsunuz	kaçırdınız	kaçırmışsınız	kaçıracaksınız
	kaçırmazsınız	kaçırmıyorsunuz	kaçırmadınız	kaçırmamışsınız	kaçırmayacaksınız
	kaçırır mısınız	kaçırıyor musunuz	kaçırdınız mı	kaçırmış mısınız	kaçıracak mısınız
Onlar	kaçırırlar	kaçırıyorlar	kaçırdılar	kaçırmışlar	kaçıracaklar
	kaçırmazlar	kaçırmıyorlar	kaçırmadılar	kaçırmamışlar	kaçırmayacaklar
	kaçırırlar mı	kaçırıyorlar mı	kaçırdılar mı	kaçırmışlar mı	kaçıracaklar mı

	Simple Present	Present Continuous	-di Past	-miş Past	Future
Ben	yakala				
Sen					
O					
Biz					
Siz					
Onlar					

140. -e karar vermek — to decide

Düğün tarihimize henüz karar vermedik. Bu hafta sonu karar vereceğiz.
We haven't decided *on our wedding date* yet. We'll decide this weekend.

Bir karar verdin mi, Özlem? İş teklifini kabul edecek misin?
Have you made a decision, Özlem? Will you accept the job offer?

Kendi geleceğime kendim karar vermek istiyorum.
I want to decide *my own future* myself.

-meye/maya karar vermek — to decide to (to do something)

Bu gece partiye *gelmeye karar verirsen,* ara beni.
If you decide to come to the party tonight, call me.

Ayşegül, dayınlar *Antalya'ya taşınmaya* karar vermişler.
Ayşegül, your uncle (and his family) have decided *to move to Antalya.*

	word forms and phrases
karar	decision
kararlı	decisive (people)
kararsız	indecisive
bir karar vermek	to make a decision

	Simple Present	Present Continuous	-di Past	-miş Past	Future
Ben	karar veririm ... vermem ... verir miyim	karar veriyorum ... vermiyorum ... veriyor muyum	karar verdim ... vermedim ... verdim mi	karar vermişim ... vermemişim ... vermiş miyim	karar vereceğim ... vermeyeceğim ... verecek miyim
Sen	... verirsin ... vermezsin ... verir misin	... veriyorsun ... vermiyorsun ... veriyor musun	... verdin ... vermedin ... verdin mi	... vermişsin ... vermemişsin ... vermiş misin	... vereceksin ... vermeyeceksin ... verecek misin
O	... verir ... vermez ... verir mi	... veriyor ... vermiyor ... veriyor mu	... verdi ... vermedi ... verdi mi	... vermiş ... vermemiş ... vermiş mi	... verecek ... vermeyecek ... verecek mi
Biz	... veririz ... vermeyiz ... verir miyiz	... veriyoruz ... vermiyoruz ... veriyor muyuz	... verdik ... vermedik ... verdik mi	... vermişiz ... vermemişiz ... vermiş miyiz	... vereceğiz ... vermeyeceğiz ... verecek miyiz
Siz	... verirsiniz ... vermezsiniz ... verir misiniz	... veriyorsunuz ... vermiyorsunuz ... veriyor musunuz	... verdiniz ... vermediniz ... verdiniz mi	... vermişsiniz ... vermemişsiniz ... vermiş misiniz	... vereceksiniz ... vermeyeceksiniz ... verecek misiniz
Onlar	... verirler ... vermezler ... verirler mi	... veriyorlar ... vermiyorlar ... veriyorlar mı	... verdiler ... vermediler ... verdiler mi	... vermişler ... vermemişler ... vermişler mi	... verecekler ... vermeyecekler ... verecekler mi

	Simple Present	Present Continuous	-di Past	-miş Past	Future
Ben	kaçır				
Sen					
O					
Biz					
Siz					
Onlar					

EXERCISES   Verbs **131-140**

1. Match (1-8 to a-g; 9-16 to ğ-m).

1.	hastalanmak	a.	1. to recover (from illness) 2. to heal (become well again)
2.	eğlenmek	b.	to ache; to hurt
3.	**-i** beğenmek	c.	to throw
4.	ağrımak	ç.	to escape (leave a place)
5.	iyileşmek	d.	to have fun
6.	**-i/-e** atmak	e.	to like
7.	kaçmak	f.	to become/get ill
8.	**-meye/maya** karar vermek	g.	to decide to to do something
9.	**-i** hasta etmek	ğ.	to catch (1. take hold 2. find and stop sb/sth 3 see sb doing sth)
10.	atmak (argo: slang)	h.	to get worse
11.	**-i** fırçalamak	ı.	1. to miss (I. not do something ii. not catch) 2. to kidnap
12.	**-i** yakalamak	i.	to lie; to make up stories
13.	**-i** taramak (saç)	j.	to comb (hair)
14.	**-i** kaçırmak	k.	to entertain (amuse)
15.	kötüleşmek	l.	to make someone ill
16.	**-i** eğlendirmek	m.	1. to brush (clean/make tidy) 2. to chew someone out

2. Translate into English and Turkish.

1. Bu sabah çok trafik var. İlk dersimi kaçıracağım. ....

2. Başın mı ağrıyor? Ağrı kesici ister misin? ....

3. O kız sürekli atar. Ona inanma. Biraz kaçıktır. ....

4. Tatlım, çok dondurma yedin ve hastalandın. ....

5. Ayşe üniversitede hukuk okumaya karar vermiş. ....

6. We have had a lot of fun at İzel's birthday party. ....

7. Stop talking nonsense! You make me sick. ....

8. Don't you ever comb your hair? ....

9. What have you decided to do? ....

10. I like your new hair colour very much, Özlem. ....

3. Answer about yourself in complete sentences.

1. En beğendiğiniz şarkıcı, oyuncu ve yazar kim? ....

2. Türkçe öğrenmeye nasıl karar verdiniz? ....

3. Eğlenmek için neler yaparsınız? ....

4. Sık hastalanır mısınız? ....

5. Hiç Türk yemeği yediniz mi? Beğendiniz mi? ....

4. Write the Turkish equivalents.

1. tooth/hair/cleaning brush ....

2. comb ....

3. fun; fun x uninteresting ....

4. liking; undemanding x choosy ....

5. head-/tooth-/backache; sore throat ....

6. painful x painless ....

7. ill; illness ....

8. patient; hospital ....

9. good x bad ....

10. mental ....

11. escape ....

12. fugitive; contraband ....

13. smuggler ....

14. decision ....

15. decisive (people) x indecisive ....

Answers

1. 1f 2d 3e 4b 5a 6c 7ç 8g 9l 10i 11m 12ğ 13j 14ı 15h 16k

2. 1 There is too much traffic this morning. I'm going to miss my first class. 2 Have you got a headache? Would you like a painkiller? 3 That girl always makes up stories. Don't believe her. She is a bit crazy. 4 Honey, you ate too much ice cream and got sick. 5 Ayşe has decided to study law at university. 6 Biz İzel'**in** doğum günü partisin**de** çok eğlendik.
7 Saçma sapan konuş**mayı** bırak! Ben**i** hasta ediyorsun. 8 Sen hiç saçını taramıyor musun/taramaz mısın? 9 Ne yap**maya** karar verdin(iz)? 10 Yeni saç rengin**i** çok beğendim (=sevdim), Özlem.

3. Örneğin: 1 En beğendiğim yazar Ahmet Altan, oyuncu Şener Şen ve şarkıcı Micheal Jackson. 2 Kocam/Karım Türk. **/** Türkiye'de yaşamayı düşünüyorum. **/** Türk arkadaşlarım var. 3 Sinemaya/Gece kulübüne/Bovling oynamaya giderim. 4 Çok sık üşütürüm (catch a cold). 5 Kebap ve döner yedim. Beğendim. **/** Çok beğenmedim. **/** Beğenmedim.

4. 1 diş/saç/temizlik fırçası 2 tarak 3 eğlence; eğlenceli x eğlencesiz (=sıkıcı) 4 beğeni; kolay x zor beğenen 5 baş/diş/bel ağrısı; boğaz ağrısı 6 ağrılı x ağrısız 7 hasta; hastalık 8 hasta; hastane 9 iyi x kötü 10 kaçık 11 kaçış 12 kaçak 13 kaçakçı 14 karar 15 kararlı x kararsız

Can you write down the verbs you have learned in this set (verbs 131-140)?

....

....

....

....

....

141. -i çözmek   1. to solve (find an answer to a problem) 2. to untie

Bu denklemi çözemiyorum. Bana yardım eder misin?
I can't solve *this equation.* Can you help me?

Polis *o cinayeti* hâlâ çöz**ememiş**.
The police haven't yet been able to solve *that murder.*

'Para *her problemi* çözmez.' diyorlar. Sizce çöz**er** mi?
They say, 'Money doesn't solve *every problem.'* Do you think it does?

Çocuklar *kendi sorunlarını* çöz**meyi** öğrenmeliler.
Children have to learn to solve *their own problems.*

Kızım, önce *bağcıklarını* çöz sonra ayakkabılarını çıkar.
Girl, first untie *your shoelaces*, then take off your shoes.

word forms and phrases	
çöz**üm**	solution
çözüm aramak/bulmak	to seek/find a solution
çöz**üm**süz	insolvable
bulmaca çözmek	to do a crossword

	Simple Present	Present Continuous	-di Past	-miş Past	Future
Ben	çöz**er**im çöz**mem** çöz**er** miyim	çöz**üyor**um çöz**müyor**um çöz**üyor** muyum	çöz**düm** çöz**medim** çöz**düm** mü	çöz**müş**üm çöz**memiş**im çöz**müş** müyüm	çöz**eceğim** çöz**meyeceğim** çöz**ecek** miyim
Sen	çöz**er**sin çöz**mez**sin çöz**er** misin	çöz**üyor**sun çöz**müyor**sun çöz**üyor** musun	çöz**dün** çöz**medin** çöz**dün** mü	çöz**müş**sün çöz**memiş**sin çöz**müş** müsün	çöz**ecek**sin çöz**meyecek**sin çöz**ecek** misin
O	çöz**er** çöz**mez** çöz**er** mi	çöz**üyor** çöz**müyor** çöz**üyor** mu	çöz**dü** çöz**medi** çöz**dü** mü	çöz**müş** çöz**memiş** çöz**müş** mü	çöz**ecek** çöz**meyecek** çöz**ecek** mi
Biz	çöz**er**iz çöz**mey**iz çöz**er** miyiz	çöz**üyor**uz çöz**müyor**uz çöz**üyor** muyuz	çöz**dük** çöz**medik** çöz**dük** mü	çöz**müş**üz çöz**memiş**iz çöz**müş** müyüz	çöz**eceğiz** çöz**meyeceğiz** çöz**ecek** miyiz
Siz	çöz**er**siniz çöz**mez**siniz çöz**er** misiniz	çöz**üyor**sunuz çöz**müyor**sunuz çöz**üyor** musunuz	çöz**dünüz** çöz**mediniz** çöz**dünüz** mü	çöz**müş**sünüz çöz**memiş**siniz çöz**müş** müsünüz	çöz**ecek**siniz çöz**meyecek**siniz çöz**ecek** misiniz
Onlar	çöz**er**ler çöz**mez**ler çöz**er**ler mi	çöz**üyor**lar çöz**müyor**lar çöz**üyor**lar mı	çöz**dü**ler çöz**medi**ler çöz**dü**ler mi	çöz**müş**ler çöz**memiş**ler çöz**müş**ler mi	çöz**ecek**ler çöz**meyecek**ler çöz**ecek**ler mi

	Simple Present	Present Continuous	-di Past	-miş Past	Future
Ben	karar ver				
Sen					
O					
Biz					
Siz					
Onlar					

142. -i ödünç almak   to borrow (get or receive sth from sb)

Sözlüğünü bir saniye ödünç alabilir miyim, arkadaşım?
Can I borrow *your dictionary* for a second, my friend?

Hafta sonu için *Adem'in arabasını* ödünç alacağım.
I'm going to borrow *Adem's car* for the weekend.

birinden bir şey ödünç almak   to borrow sth **from** sb

Araba benim değil. *Bir arkadaşımdan* ödünç aldım.
The car isn't mine. I have borrowed it **from** *a friend*.

Kütüphaneden bir seferde üç kitap ödünç alabilirsiniz.
You can borrow three books at a time **from** *the library*.

Gidip *yan komşudan* birkaç yumurta ödünç alır mısın?
Can you go and borrow *some eggs* **from** *the next-door*?

word forms and phrases	
ödünç	loan
-i iade etmek/geri vermek	to return (give back)
-i geri getirmek	to bring back

	Simple Present	Present Continuous	-di Past	-miş Past	Future
Ben	ödünç alırım ... almam ... alır mıyım	ödünç alıyorum ... almıyorum ... alıyor muyum	ödünç aldım ... almadım ... aldım mı	ödünç almışım ... almamışım ... almış mıyım	ödünç alacağım ... almayacağım ... alacak mıyım
Sen	... alırsın ... almazsın ... alır mısın	... alıyorsun ... almıyorsun ... alıyor musun	... aldın ... almadın ... aldın mı	... almışsın ... almamışsın ... almış mısın	... alacaksın ... almayacaksın ... alacak mısın
O	... alır ... almaz ... alır mı	... alıyor ... almıyor ... alıyor mu	... aldı ... almadı ... aldı mı	... almış ... almamış ... almış mı	... alacak ... almayacak ... alacak mı
Biz	... alırım ... almayız ... alır mıyız	... alıyoruz ... almıyoruz ... alıyor muyuz	... aldık ... almadık ... aldık mı	... almışız ... almamışız ... almış mıyız	... alacağız ... almayacağız ... alacak mıyız
Siz	... alırsınız ... almazsınız ... alır mısınız	... alıyorsunuz ... almıyorsunuz ... alıyor musunuz	... aldınız ... almadınız ... aldınız mı	... almışsınız ... almamışsınız ... almış mısınız	... alacaksınız ... almayacaksınız ... alacak mısınız
Onlar	... alırlar ... almazlar ... alırlar mı	... alıyorlar ... almıyorlar ... alıyorlar mı	... aldılar ... almadılar ... aldılar mı	... almışlar ... almamışlar ... almışlar mı	... alacaklar ... almayacaklar ... alacaklar mı

	Simple Present	Present Continuous	-di Past	-miş Past	Future
Ben	çöz				
Sen					
O					
Biz					
Siz					
Onlar					

143. -i ödünç vermek   to lend (let sb borrow sth)

Ben *kitaplarımı* ödünç vermi**yor**um çünkü geri getirmiyorlar.
I don't lend *my books* because they don't bring them back.

'Bisikleti nereden aldın?'   'Bir arkadaşım ödünç ver**di**.'
'Where did you get the bike?'   'A friend lent it to me.'

   biri**ne** bir şey ödünç vermek   to lend sth **to** sb

Yarın arabanı *bana* ödünç verebi**lir** misin?
Can you lend *me* your car tomorrow?

Metin arabası**nı** *Can'a* ödünç ver**miş**. Bugün işe taksiyle gitti.
Metin lent his car *to Can.* Today he went to work by taxi.

Sırt çantamı *Sibel'e* ödünç ver**dim**. Ama henüz geri vermedi.
I lent my backpack *to Sibel.* But she hasn't returned it yet.

note
We say **borç almak** when we borrow money from someone, and we say **borç vermek** when we lend money to someone:
Cüzdanımı evde unutmuşum. Ali'**den** ₺50 borç aldım. I left my wallet at home. I borrowed ₺50 **from** Ali.
Hafta sonuna kadar *bana* biraz borç verebilir misin? Can you lend *me* some money till the weekend?
When we borrow money from a bank, we say **kredi çekmek** or **kredi almak**:
Kocam benden habersiz ₺250.000 kredi çekmiş/almış. My husband borrowed ₺250.000 without telling me.
Birçok banka yeni işletmelere kredi vermiyor. Many banks don't lend money **to** new businesses.

	Simple Present	Present Continuous	-di Past	-miş Past	Future
Ben	ödünç ver**ir**im ... vermem ... ver**ir** miyim	ödünç veri**yor**um ... vermi**yor**um ... veri**yor** muyum	ödünç ver**dim** ... ver**medim** ... ver**dim** mi	ödünç ver**miş**im ... ver**memiş**im ... ver**miş** miyim	ödünç ver**eceğ**im ... ver**meyeceğ**im ... ver**ecek** miyim
Sen	... ver**ir**sin ... ver**mezsin** ... ver**ir** misin	... veri**yor**sun ... vermi**yor**sun ... veri**yor** musun	... ver**din** ... ver**medin** ... ver**din** mi	... ver**miş**sin ... ver**memiş**sin ... ver**miş** misin	... ver**ecek**sin ... ver**meyecek**sin ... ver**ecek** misin
O	... ver**ir** ... ver**mez** ... ver**ir** mi	... veri**yor** ... vermi**yor** ... veri**yor** mu	... ver**di** ... ver**medi** ... ver**di** mi	... ver**miş** ... ver**memiş** ... ver**miş** mi	... ver**ecek** ... ver**meyecek** ... ver**ecek** mi
Biz	... ver**ir**iz ... ver**meyiz** ... ver**ir** miyiz	... veri**yor**uz ... vermi**yor**uz ... veri**yor** muyuz	... ver**dik** ... ver**medik** ... ver**dik** mi	... ver**miş**iz ... ver**memiş**iz ... ver**miş** miyiz	... ver**eceğ**iz ... ver**meyeceğ**iz ... ver**ecek** miyiz
Siz	... ver**ir**siniz ... ver**mezsiniz** ... ver**ir** misiniz	... veri**yor**sunuz ... vermi**yor**sunuz ... veri**yor** musunuz	... ver**diniz** ... ver**mediniz** ... ver**diniz** mi	... ver**miş**siniz ... ver**memiş**siniz ... ver**miş** misiniz	... ver**ecek**siniz ... ver**meyecek**siniz ... ver**ecek** misiniz
Onlar	... ver**ir**ler ... ver**mezler** ... ver**ir**ler mi	... veri**yor**lar ... vermi**yor**lar ... veri**yor**lar mı	... ver**diler** ... ver**mediler** ... ver**diler** mi	... ver**miş**ler ... ver**memiş**ler ... ver**miş**ler mi	... ver**ecek**ler ... ver**meyecek**ler ... ver**ecek**ler mi

	Simple Present	Present Continuous	-di Past	-miş Past	Future
Ben	ödünç al				
Sen					
O					
Biz					
Siz					
Onlar					

144. -i tutmak   1. to hold (have sth in your hands/arms) 2. to catch (fish) 3. to support (sports team)

Çantamı bir saniye tut**ar** mısın, dostum? Ceketimi çıkartacağım.
Can you hold *my bag* for a second, mate? I will take off my jacket.

'Sen daha önce hiç *bebek* tutma**dın** mı?' 'Çok mu belli?'
'Have you never held *a baby* before?' 'Is it that obvious?'

  el ele **tutuşmak**   to hold hands

İki kardeş el ele tutuş**up** (= tutuş**tular** ve) oyun parkına gittiler. *
Two siblings held hands and went to the playground.

Orhan'la babası hafta sonu *bir sürü balık* tut**muş**lar.
Orhan and his father caught *a lot of fish* at the weekend.

Sen hangi *futbol takımını* tut**uyor**sun? Ben Beşiktaş'ı tut**uyor**um.
Which *football team* do you support? I support Beşiktaş.

	* grammar
	If an event follows or causes another and the two events happen in the same tense, and to the same person, we can join them with the verbal suffix -(y)ip, which functions like the conjunction **ve** (and). Here is another example: Ezgi bisikletten düş**üp** (= düş**müş** ve) kolunu kır**mış**. Ezgi has fallen off the bike **and** broken her arm.

	Simple Present	Present Continuous	-di Past	-miş Past	Future
Ben	tut**ar**ım tut**mam** tut**ar** mıyım	tut**uyor**um tut**muyor**um tut**uyor** muyum	tut**tum** tut**madım** tut**tum** mu	tut**muş**um tut**mamış**ım tut**muş** muyum	tut**acağ**ım tut**mayacağ**ım tut**acak** mıyım
Sen	tut**ar**sın tut**maz**sın tut**ar** mısın	tut**uyor**sun tut**muyor**sun tut**uyor** musun	tut**tun** tut**madın** tut**tun** mu	tut**muş**sun tut**mamış**sın tut**muş** musun	tut**acak**sın tut**mayacak**sın tut**acak** mısın
O	tut**ar** tut**maz** tut**ar** mı	tut**uyor** tut**muyor** tut**uyor** mu	tut**tu** tut**madı** tut**tu** mu	tut**muş** tut**mamış** tut**muş** mu	tut**acak** tut**mayacak** tut**acak** mı
Biz	tut**ar**ız tut**mayız** tut**ar** mıyız	tut**uyor**uz tut**muyor**uz tut**uyor** muyuz	tut**tuk** tut**madık** tut**tuk** mu	tut**muş**uz tut**mamış**ız tut**muş** muyuz	tut**acağ**ız tut**mayacağ**ız tut**acak** mıyız
Siz	tut**ar**sınız tut**maz**sınız tut**ar** mısınız	tut**uyor**sunuz tut**muyor**sunuz tut**uyor** musunuz	tut**tunuz** tut**madınız** tut**tunuz** mu	tut**muş**sunuz tut**mamış**sınız tut**muş** musunuz	tut**acak**sınız tut**mayacak**sınız tut**acak** mısınız
Onlar	tut**ar**lar tut**maz**lar tut**ar**lar mı	tut**uyor**lar tut**muyor**lar tut**uyor**lar mı	tut**tular** tut**madılar** tut**tular** mı	tut**muş**lar tut**mamış**lar tut**muş**lar mı	tut**acak**lar tut**mayacak**lar tut**acak**lar mı

	Simple Present	Present Continuous	-di Past	-miş Past	Future
Ben	ödünç ver				
Sen					
O					
Biz					
Siz					
Onlar					

145. -i bırakmak   1. to stop holding 2. to leave (i. let sth/sb stay ii. not change/move sth iii. message/thing) 3. to quit

Caddeyi geçerken *ablanın elini* bırak**ma**.
Don't let go of *your (older) sister's hand* when you cross the street.

Beni yalnız bırak**ın**. Yorgunum. Dinlenmek istiyorum.
Leave *me* alone. I'm tired. I want to rest.

Kapıyı açık bırak**ır** mısınız, lütfen? İçeri biraz havasız.
Could you please leave *the door* open? It's a bit airless inside.

   birin**e** bir şey bırakmak   to leave someone something

Bana biraz para bırakabil**ir** misin, hayatım? Alışverişe gideceğim. *
Can you leave *me* some money, honey? I will go shopping.

Kocam sonunda *sigarayı* bıraktı. Umarım tekrar başlamaz. **
My husband has finally quit *smoking*. I hope he won't start again.

note
* Here are some other common words we use to address someone we love:

aşkım	(lit) my love
sevgilim	… my girl-/boyfriend
bir tanem	… my one and only
canım	… my soul

** We say *sigaraya başlamak* and *sigarayı bırakmak,* literally translating as *to start cigarette* and *to quit cigarette.*

	Simple Present	Present Continuous	-di Past	-miş Past	Future
Ben	bırakırım bırakmam bırakır mıyım	bırakıyorum bırakmıyorum bırakıyor muyum	bıraktım bırakmadım bıraktım mı	bırakmışım bırakmamışım bırakmış mıyım	bırakacağım bırakmayacağım bırakacak mıyım
Sen	bırakırsın bırakmazsın bırakır mısın	bırakıyorsun bırakmıyorsun bırakıyor musun	bıraktın bırakmadın bıraktın mı	bırakmışsın bırakmamışsın bırakmış mısın	bırakacaksın bırakmayacaksın bırakacak mısın
O	bırakır bırakmaz bırakır mı	bırakıyor bırakmıyor bırakıyor mu	bıraktı bırakmadı bıraktı mı	bırakmış bırakmamış bırakmış mı	bırakacak bırakmayacak bırakacak mı
Biz	bırakırız bırakmayız bırakır mıyız	bırakıyoruz bırakmıyoruz bırakıyor muyuz	bıraktık bırakmadık bıraktık mı	bırakmışız bırakmamışız bırakmış mıyız	bırakacağız bırakmayacağız bırakacak mıyız
Siz	bırakırsınız bırakmazsınız bırakır mısınız	bırakıyorsunuz bırakmıyorsunuz bırakıyor musunuz	bıraktınız bırakmadınız bıraktınız mı	bırakmışsınız bırakmamışsınız bırakmış mısınız	bırakacaksınız bırakmayacaksınız bırakacak mısınız
Onlar	bırakırlar bırakmazlar bırakırlar mı	bırakıyorlar bırakmıyorlar bırakıyorlar mı	bıraktılar bırakmadılar bıraktılar mı	bırakmışlar bırakmamışlar bırakmışlar mı	bırakacaklar bırakmayacaklar bırakacaklar mı

	Simple Present	Present Continuous	-di Past	-miş Past	Future
Ben	tut				
Sen					
O					
Biz					
Siz					
Onlar					

146. -i koymak   to put (move to a place)

Sen *telefonunu* nereye koy**du**n? Hatırlamıyor musun?
Where have you put *your phone?* Don't you remember it?

    bir şey**i** bir yer**e** koymak   to put sth in/on/under a place

Çiçekler için teşekkür ederim. (Onları) *Vazoya* koy**ayım**.
Thank you for the flowers. Let me put them *in a vase.*

Sehpay**ı** *oraya*, kanepe**nin** önüne koy.
Put the coffee table *over there,* in front of the sofa.

Beyefendi, kişisel eşyalarınızı *bu dolaba* koyabil**ir**siniz.
Sir, you can put your personal belongings *into this locker.*

Öykü, okul çantan**ı** yine *kapının arkasına* koy**muş**sun.
Öykü, you have put your school bag *behind the door* again.

word forms and phrases	
bir şey**i** *bir şeyin üstüne* koymak	to put sth *on (top of)* sth
... *altına* koymak	to put sth *under sth*
... *yanına* koymak	to put sth *next to sth*

	Simple Present	Present Continuous	-di Past	-miş Past	Future
Ben	koy**ar**ım	koy**uyor**um	koy**dum**	koy**muş**um	koy**acağ**ım
	koy**mam**	koy**muyor**um	koy**madım**	koy**mamış**ım	koy**mayacağ**ım
	koy**ar** mıyım	koy**uyor** muyum	koy**dum** mu	koy**muş** muyum	koy**acak** mıyım
Sen	koy**ar**sın	koy**uyor**sun	koy**dun**	koy**muş**sun	koy**acak**sın
	koy**maz**sın	koy**muyor**sun	koy**madın**	koy**mamış**sın	koy**mayacak**sın
	koy**ar** mısın	koy**uyor** musun	koy**dun** mu	koy**muş** musun	koy**acak** mısın
O	koy**ar**	koy**uyor**	koy**du**	koy**muş**	koy**acak**
	koy**maz**	koy**muyor**	koy**madı**	koy**mamış**	koy**mayacak**
	koy**ar** mı	koy**uyor** mu	koy**du** mu	koy**muş** mu	koy**acak** mı
Biz	koy**ar**ız	koy**uyor**uz	koy**duk**	koy**muş**uz	koy**acağ**ız
	koy**mayız**	koy**muyor**uz	koy**madık**	koy**mamış**ız	koy**mayacağ**ız
	koy**ar** mıyız	koy**uyor** muyuz	koy**duk** mu	koy**muş** muyuz	koy**acak** mıyız
Siz	koy**ar**sınız	koy**uyor**sunuz	koy**dunuz**	koy**muş**sunuz	koy**acak**sınız
	koy**maz**sınız	koy**muyor**sunuz	koy**madınız**	koy**mamış**sınız	koy**mayacak**sınız
	koy**ar** mısınız	koy**uyor** musunuz	koy**dunuz** mu	koy**muş** musunuz	koy**acak** mısınız
Onlar	koy**ar**lar	koy**uyor**lar	koy**dular**	koy**muş**lar	koy**acak**lar
	koy**maz**lar	koy**muyor**lar	koy**madılar**	koy**mamış**lar	koy**mayacak**lar
	koy**ar**lar mı	koy**uyor**lar mı	koy**dular** mı	koy**muş**lar mı	koy**acak**lar mı

	Simple Present	Present Continuous	-di Past	-miş Past	Future
Ben	bırak				
Sen					
O					
Biz					
Siz					
Onlar					

147. -e güvenmek   to trust; to have confidence in somebody/something

Bizim bütün çalışanlarımız güvenilirdir. *Hepsine* çok güven**iyor**uz.
All our employees are trustworthy. We trust *them all* very much.

Ben artık *Yücel'e* güvenm**iyor**um. Bana yalan söyledi.
I don't trust *Yücel* anymore. He has lied to me.

Hakan söz verirse sözünde durur. *Ona* güvenebil**ir**sin.
When Hakan makes a promise, he keeps his promise. You can trust *him*.

Adam *polise* güven**ip** (= güven**miş** ve) her şeyi anlatmış.
The man trusted *the police* and told everything.

Benim ailem *bana* çok güven**ir**. Ben onları hayal kırıklığına uğratamam.
My family has great confidence *in me.* I can't disappoint them.

word forms and phrases	
güven	trust; confidence
güven**li**	safe
güven**lik**	safety; security
güven**ilir**	trustworthy
güven**ilmez**	untrustworthy
kendine güven	self-confidence

	Simple Present	Present Continuous	-di Past	-miş Past	Future
Ben	güven**ir**im güven**mem** güven**ir** miyim	güven**iyor**um güven**miyor**um güven**iyor** muyum	güven**dim** güven**medim** güven**dim** mi	güven**miş**im güven**memiş**im güven**miş** miyim	güven**eceğim** güven**meyeceğim** güven**ecek** miyim
Sen	güven**ir**sin güven**mezsin** güven**ir** misin	güven**iyor**sun güven**miyor**sun güven**iyor** musun	güven**din** güven**medin** güven**din** mi	güven**miş**sin güven**memiş**sin güven**miş** misin	güven**ecek**sin güven**meyecek**sin güven**ecek** misin
O	güven**ir** güven**mez** güven**ir** mi	güven**iyor** güven**miyor** güven**iyor** mu	güven**di** güven**medi** güven**di** mi	güven**miş** güven**memiş** güven**miş** mi	güven**ecek** güven**meyecek** güven**ecek** mi
Biz	güven**ir**iz güven**meyiz** güven**ir** miyiz	güven**iyor**uz güven**miyor**uz güven**iyor** muyuz	güven**dik** güven**medik** güven**dik** mi	güven**miş**iz güven**memiş**iz güven**miş** miyiz	güven**eceğiz** güven**meyeceğiz** güven**ecek** miyiz
Siz	güven**ir**siniz güven**mezsiniz** güven**ir** misiniz	güven**iyor**sunuz güven**miyor**sunuz güven**iyor** musunuz	güven**diniz** güven**mediniz** güven**diniz** mi	güven**miş**siniz güven**memiş**siniz güven**miş** misiniz	güven**ecek**siniz güven**meyecek**siniz güven**ecek** misiniz
Onlar	güven**ir**ler güven**mezler** güven**ir**ler mi	güven**iyor**lar güven**miyor**lar güven**iyor**lar mı	güven**diler** güven**mediler** güven**diler** mi	güven**miş**ler güven**memiş**ler güven**miş**ler mi	güven**ecek**ler güven**meyecek**ler güven**ecek**ler mi

	Simple Present	Present Continuous	-di Past	-miş Past	Future
Ben	koy				
Sen					
O					
Biz					
Siz					
Onlar					

148. -i korumak   to protect

Kişisel bilgilerimizi korumak gitgide zorlaşıyor.
It's becoming increasingly difficult *to protect our personal information.*

Tüm devletler *çevreyi* gelecek nesiller için koru**malı**.
All countries should protect *the environment* for future generations.

Türkiye *kültürel mirasını* yeterince iyi koruy**amıyor**.
Turkey cannot preserve *her cultural heritage* well enough.

birini/bir şeyi bir şey**den** korumak   to protect sb/sth **from** sth

'Allah herkesi *o çirkin adamın şerrin**den*** koru**sun**.'   'Amin.'   *
'May God protect everyone ***from*** *the evil of that ugly man.'*   'Amen.'

*Cildinizi güneş**ten** korumak* için yüksek faktörlü güneş kremi kullanınız.
*To protect your skin **from** the sun* use high-factor sun lotion.

	* grammar
	We use the suffix **-sun** to express a wish or a hope. Usually, we use it with the verb **olmak**.

Here are some other examples:

Afiyet ol**sun**.	Enjoy your meal.
Doğum günün kutlu ol**sun**.	Happy birthday.
Allah gösterme**sin**.	God forbid.
Allah yardımcın ol**sun**.	May God help you.

word forms and phrases

koru**ma**	1. protection 2. guard
koruma**sız**	1. unprotected 2. unguarded
koru**yucu**	protector

	Simple Present	Present Continuous	-di Past	-miş Past	Future
Ben	korurum	koruyorum	korudum	korumuşum	koruyacağım
	korumam	korumuyorum	korumadım	korumamışım	korumayacağım
	korur muyum	koruyor muyum	korudum mu	korumuş muyum	koruyacak mıyım
Sen	korursun	koruyorsun	korudun	korumuşsun	koruyacaksın
	korumazsın	korumuyorsun	korumadın	korumamışsın	korumayacaksın
	korur musun	koruyor musun	korudun mu	korumuş musun	koruyacak mısın
O	korur	koruyor	korudu	korumuş	koruyacak
	korumaz	korumuyor	korumadı	korumamış	korumayacak
	korur mu	koruyor mu	korudu mu	korumuş mu	koruyacak mı
Biz	koruruz	koruyoruz	koruduk	korumuşuz	koruyacağız
	korumayız	korumuyoruz	korumadık	korumamışız	korumayacağız
	korur muyuz	koruyor muyuz	koruduk mu	korumuş muyuz	koruyacak mıyız
Siz	korursunuz	koruyorsunuz	korudunuz	korumuşsunuz	koruyacaksınız
	korumazsınız	korumuyorsunuz	korumadınız	korumamışsınız	korumayacaksınız
	korur musunuz	koruyor musunuz	korudunuz mu	korumuş musunuz	koruyacak mısınız
Onlar	korurlar	koruyorlar	korudular	korumuşlar	koruyacaklar
	korumazlar	korumuyorlar	korumadılar	korumamışlar	korumayacaklar
	korurlar mı	koruyorlar mı	korudular mı	korumuşlar mı	koruyacaklar mı

	Simple Present	Present Continuous	-di Past	-miş Past	Future
Ben	güven				
Sen					
O					
Biz					
Siz					
Onlar					

149. -i düzenlemek   1. to put in order 2. to arrange to do something

Odanı güzel düzenle**miş**sin, Mehtap. Çok beğendim.
You have arranged *your room* nicely, Mehtap. I like it very much.

Bu listeyi alfabetik olarak tekrar düzenler misin?
Would you rearrange *this list* alphabetically?

Ben yorgunum. Tüm öğleden sonra *mutfak çekmecelerini* düzenle**dim**.
I'm tired. I organized *the kitchen drawers* all afternoon.

Seyahat acentemiz her hafta sonu *doğa gezileri* düzenli**yor**.
Our travel agency arranges *nature trips* every weekend.

Muhalefet partileri bu hafta sonu *bir gösteri* düzenley**ecek**miş.
The opposition parties will organize *a demonstration* this weekend.

word forms and phrases	
düzen	order
düzen**li**	1. ordered 2. regular
düzen**siz**	1. unordered 2. irregular

	Simple Present	Present Continuous	-di Past	-miş Past	Future
Ben	düzenlerim	düzenliyorum	düzenledim	düzenlemişim	düzenleyeceğim
	düzenlemem	düzenlemiyorum	düzenlemedim	düzenlememişim	düzenlemeyeceğim
	düzenler miyim	düzenliyor muyum	düzenledim mi	düzenlemiş miyim	düzenleyecek miyim
Sen	düzenlersin	düzenliyorsun	düzenledin	düzenlemişsin	düzenleyeceksin
	düzenlemezsin	düzenlemiyorsun	düzenlemedin	düzenlememişsin	düzenlemeyeceksin
	düzenler misin	düzenliyor musun	düzenledin mi	düzenlemiş misin	düzenleyecek misin
O	düzenler	düzenliyor	düzenledi	düzenlemiş	düzenleyecek
	düzenlemez	düzenlemiyor	düzenlemedi	düzenlememiş	düzenlemeyecek
	düzenler mi	düzenliyor mu	düzenledi mi	düzenlemiş mi	düzenleyecek mi
Biz	düzenleriz	düzenliyoruz	düzenledik	düzenlemişiz	düzenleyeceğiz
	düzenlemeyiz	düzenlemiyoruz	düzenlemedik	düzenlememişiz	düzenlemeyeceğiz
	düzenler miyiz	düzenliyor muyuz	düzenledik mi	düzenlemiş miyiz	düzenleyecek miyiz
Siz	düzenlersiniz	düzenliyorsunuz	düzenlediniz	düzenlemişsiniz	düzenleyeceksiniz
	düzenlemezsiniz	düzenlemiyorsunuz	düzenlemediniz	düzenlememişsiniz	düzenlemeyeceksiniz
	düzenler misiniz	düzenliyor musunuz	düzenlediniz mi	düzenlemiş misiniz	düzenleyecek misiniz
Onlar	düzenlerler	düzenliyorlar	düzenlediler	düzenlemişler	düzenleyecekler
	düzenlemezler	düzenlemiyorlar	düzenlemediler	düzenlememişler	düzenlemeyecekler
	düzenlerler mi	düzenliyorlar mı	düzenlediler mi	düzenlemişler mi	düzenleyecekler mi

	Simple Present	Present Continuous	-di Past	-miş Past	Future
Ben	koru				
Sen					
O					
Biz					
Siz					
Onlar					

150. -e dokunmak   1. to touch (i. put hand on ii. affect someone's emotions) 2. to cause pain in a part of your body

Çocuklar, *dış kapıya* dokun**ma**yın, oldu mu? Boya henüz tam kurumadı.
Children, don't touch *the street door,* okay? The paint hasn't dried out yet.

Kadın polise, 'Ban**a** dokun**ma**!' diye bağırdı.
'Don't touch me!' the woman yelled at the police officer.

   birin**in** *omzuna/koluna* dokunmak   to touch sb *on the shoulder/arm* *

Metroda müzik dinliyordum. Yaşlı bir adam *koluma* dokun**du**. …
I was listening to music on the metro. An old man touched me *on the arm*. …

Müdürün dünkü sözleri *bana* dokun**du**. Aklımdan çıkaramıyorum.
The director's words yesterday touched *me*. I can't get them out of my mind.

Soğan ve sarımsak benim *mideme* dokun**uyor**. Hiç yemem, belki kırk yılda bir.
Onions and garlic hurt *my stomach.* I never eat them, maybe once in a blue moon.

	* grammar
	The word that comes before **dokunmak** always takes the possessive suffix according to person: koluma, koluna, koluna, etc.

word forms and phrases	
dokun**aklı**	moving
dokun**matik** ekran	touch screen

	Simple Present	Present Continuous	-di Past	-miş Past	Future
Ben	dokun**ur**um dokun**ma**m dokun**ur** muyum	dokun**uyor**um dokun**muyor**um dokun**uyor** muyum	dokun**du**m dokun**ma**dım dokun**du**m mu	dokun**muş**um dokun**mamış**ım dokun**muş** muyum	dokun**acağ**ım dokun**mayacağ**ım dokun**acak** mıyım
Sen	dokun**ur**sun dokun**maz**sın dokun**ur** musun	dokun**uyor**sun dokun**muyor**sun dokun**uyor** musun	dokun**du**n dokun**ma**dın dokun**du**n mu	dokun**muş**sun dokun**mamış**sın dokun**muş** musun	dokun**acak**sın dokun**mayacak**sın dokun**acak** mısın
O	dokun**ur** dokun**maz** dokun**ur** mu	dokun**uyor** dokun**muyor** dokun**uyor** mu	dokun**du** dokun**ma**dı dokun**du** mu	dokun**muş** dokun**mamış** dokun**muş** mu	dokun**acak** dokun**mayacak** dokun**acak** mı
Biz	dokun**ur**uz dokun**ma**yız dokun**ur** muyuz	dokun**uyor**uz dokun**muyor**uz dokun**uyor** muyuz	dokun**du**k dokun**ma**dık dokun**du**k mu	dokun**muş**uz dokun**mamış**ız dokun**muş** muyuz	dokun**acağ**ız dokun**mayacağ**ız dokun**acak** mıyız
Siz	dokun**ur**sunuz dokun**maz**sınız dokun**ur** musunuz	dokun**uyor**sunuz dokun**muyor**sunuz dokun**uyor** musunuz	dokun**du**nuz dokun**ma**dınız dokun**du**nuz mu	dokun**muş**sunuz dokun**mamış**sınız dokun**muş** musunuz	dokun**acak**sınız dokun**mayacak**sınız dokun**acak** mısınız
Onlar	dokun**ur**lar dokun**maz**lar dokun**ur**lar mı	dokun**uyor**lar dokun**muyor**lar dokun**uyor**lar mı	dokun**du**lar dokun**ma**dılar dokun**du**lar mı	dokun**muş**lar dokun**mamış**lar dokun**muş**lar mı	dokun**acak**lar dokun**mayacak**lar dokun**acak**lar mı

	Simple Present	Present Continuous	-di Past	-miş Past	Future
Ben	düzenle				
Sen					
O					
Biz					
Siz					
Onlar					

EXERCISES　　Verbs **141-150**

1. Match (1-8 to a-g; 9-16 to ğ-m).

1. bir şeyi bir yere koymak
2. -i çözmek
3. -e dokunmak
4. -i tutmak
5. -i ödünç vermek
6. -e güvenmek
7. -i korumak
8. -i ödünç almak

a. 1. to touch (i. put hand on ii. affect someone's emotions) 2. to cause pain in a part of your body
b. to protect
c. to lend (let someone borrow something)
ç. to trust; to have confidence in somebody/something
d. to borrow (get or receive something from someone)
e. to put something in/on/under a place
f. 1. to solve (find an answer to a problem) 2. to untie
g. 1. to hold (have something in your hands/arms) 2. to catch (fish) 3. to support (sports team)

9. el ele tutuşmak
10. -i iade etmek/geri vermek
11. birinden borç almak
12. birine borç vermek
13. çözüm aramak/bulmak
14. -i düzenlemek
15. birinin omzuna/koluna dokunmak
16. -i bırakmak

ğ. to touch somebody on the shoulder/arm
h. to borrow money from someone
ı. to return (give back)
i. to hold hands
j. 1. to put in order 2. to arrange to do something
k. to seek/find a solution
l. to lend someone money
m. 1. to stop holding 2. to leave (i. let sth/sb stay ii. not change/move something iii. message/thing) 3. to quit

2. Match the beginnings to the ends (1-6 to a-e; 7-12 to f-i).

1. Her anne ve baba çocuklarını
2. Valizini arabanın bagajına
3. O adam güvenilmez biri.
4. Dizüstümü bir arkadaşıma
5. Levent içki ve sigarayı bırakmış.
6. Başak, kimya ders notlarını

a. Altı aydır içmiyormuş. Eğer doğru söylüyorsa?
b. Sakın ona güvenme.
c. koyabilirsin. Çok boş yer var.
ç. ödünç verdim. Henüz geri getirmedi.
d. ödünç alabilir miyim? Yarın geri veririm.
e. kötü insanlardan korumak ister.

7. Yemekten sonra elbise dolabımı
8. Sen parayı kimden
9. Millet, sakın tepsiye
10. Bu ciddî bir sorun (=problem).
11. Kızım, karşıya geçerken
12. Seda Hanım şu anda ofiste değil.

f. borç aldın?
g. dokunmayın. Hâlâ çok sıcak. Elinizi yakarsınız.
ğ. Tek başımıza çözemeyiz. Yardım isteyelim.
h. Not bırakmak ister misiniz?
ı. düzenleyeceğim.
i. ablanın elini sımsıkı tut, bırakma, tamam mı?

3. Answer about yourself in complete sentences.

1. Arabanızı veya eşyalarınızı ödünç verir misiniz?　..

2. Borç alır veya verir misiniz?　..

3. Hayatınızda en çok kime güvenirsiniz?　..

4. İçki veya sigara içiyor musunuz? Hiç bırakmayı denediniz mi? Başarılı oldunuz mu?　..

5. Herhangi bir yiyecek veya içecek sağlığınıza dokunuyor mu?　..

4. Write the Turkish equivalents.

1. solution; insolvable   ....

2. my love   ....

3. my soul   ....

4. my one and only   ....

5. trust; confidence   ....

6. safe; safety; security   ....

7. trustworthy x untrustworthy   ....

8. self-confidence   ....

9. Happy birthday.   ....

10. God forbid.   ....

11. May God help you.   ....

12. protection; protector   ....

13. order; ordered x unordered   ....

14. moving   ....

15. touch screen   ....

Answers

1. 1e 2f 3a 4g 5c 6ç 7b 8d 9i 10ı 11h 12l 13k 14j 15ğ 16m

2. 1e 2c 3b 4ç 5a 6d 7ı 8f 9g 10ğ 11i 12h

3. Örneğin: 1 Arabamı sadece çok yakın arkadaşlarıma ve tanıdıklarıma ödünç veririm. Kitaplarımı ödünç vermem çünkü hiç kimse geri getirmiyor. 2 Nadiren borç alırım. Bazen arkadaşlarıma borç veririm. 3 Karıma/Kocama/Arkadaşım Deniz'e güvenirim. / Hiç kimseye güvenmem. 4 Sigara içiyorum. Bir defa bırakmayı denedim. 7 ay hiç içmedim. Fakat tekrar başladım, maalesef. 5 Çok acılı (spicy) yiyecekler ve gazlı (fizzy) içecekler mideme dokunuyor.

4. 1 çözüm; çözümsüz 2 aşkım 3 canım 4 bir tanem 5 güven 6 güvenli; güvenlik 7 güvenilir x güvenilmez 8 kendine güven 9 Doğum günün kutlu olsun. 10 Allah göstermesin. 11 Allah yardımcın olsun. 12 koruma; koruyucu 13 düzen; düzenli x düzensiz 14 dokunaklı 15 dokunmatik ekran

Can you write down the verbs you have learned in this set (verbs 141-150)?

....

....

....

....

....

151. kokmak   to smell (have a smell)

Ne pişiriyorsun, anneciğim? Çok güzel kok**uyor**. Ben çok acıktım.
What are you cooking, Mummy? It smells so good. I'm very hungry.

Sen sigara içmişsin. Nefesin kok**uyor**. Bırakmamış mıydın?
You have been smoking. Your breath smells. Didn't you quit it?

koku almak   to smell (notice a smell) *

Ben gaz koku**su** alıyorum? Ocağı düzgünce kapattın, değil mi?
I smell gas. You did turn off the cooker properly, didn't you?

-i koklamak   to smell (sniff)

Adam tezgâhtaki *bütün kavunları* kokla**dı** ama hiçbirini almadı.
The man smelt *all the melons* on the stall, but he didn't buy any.

* grammar

Koku is a noun. It takes the possessive suffix corresponding to the person in the object:

Hâlâ koku**nu** alabiliyorum.
I can still smell your scent.

Köpekler korku**nun** koku**su**nu alabiliyormuş.
They say dogs can smell fear.

word forms and phrases

koku	smell
duman/yanık/alkol	smoke/burning/alcohol
kokusu	smell
koku**lu**	having smell
koku**suz**	having no smell
güzel x pis/kötü kokmak	to smell good x bad

	Simple Present	Present Continuous	-di Past	-miş Past	Future
Ben	koklarım	kokl**uyor**um	kokla**dım**	kokla**mış**ım	koklay**acağ**ım
	koklamam	koklamı**yor**um	koklamadım	koklamamışım	koklamay**acağ**ım
	koklar mıyım	kokl**uyor** muyum	kokladım mı	koklamış mıyım	koklay**acak** mıyım
Sen	koklarsın	kokl**uyor**sun	kokladın	koklamışsın	koklay**acak**sın
	koklamazsın	koklamı**yor**sun	koklamadın	koklamamışsın	koklamay**acak**sın
	koklar mısın	kokl**uyor** musun	kokladın mı	koklamış mısın	koklay**acak** mısın
O	koklar	kokl**uyor**	kokla**dı**	koklamış	koklay**acak**
	koklamaz	koklamı**yor**	koklamadı	koklamamış	koklamay**acak**
	koklar mı	kokl**uyor** mu	kokladı mı	koklamış mı	koklay**acak** mı
Biz	koklarız	kokl**uyor**uz	kokladık	koklamışız	koklay**acağ**ız
	koklamayız	koklamı**yor**uz	koklamadık	koklamamışım	koklamay**acağ**ız
	koklar mıyız	kokl**uyor** muyuz	kokladık mı	koklamış mıyız	koklay**acak** mıyız
Siz	koklarsınız	kokl**uyor**sunuz	kokladınız	koklamışsınız	koklay**acak**sınız
	koklamazsınız	koklamı**yor**sunuz	koklamadınız	koklamamışsınız	koklamay**acak**sınız
	koklar mısınız	kokl**uyor** musunuz	kokladınız mı	koklamış mısınız	koklay**acak** mısınız
Onlar	koklarlar	kokl**uyor**lar	kokladılar	koklamışlar	koklay**acak**lar
	koklamazlar	koklamı**yor**lar	koklamadılar	koklamamışlar	koklamay**acak**lar
	koklarlar mı	kokl**uyor**lar mı	kokladılar mı	koklamışlar mı	koklay**acak**lar mı

	Simple Present	Present Continuous	-di Past	-miş Past	Future
Ben	dokun				
Sen					
O					
Biz					
Siz					
Onlar					

152. -i öpmek   to kiss

Filmin sonunda oğlan nihayet *kızı* öpebil**di**.
At the end of the film, the boy was finally able to kiss *the girl.*

-den öpmek   to kiss **on** (the lips/cheek) *

Henüz ilk randevumuzdu. Sadece *yanağından* öp**tüm**.
It was just our first date. I only kissed her *on the cheek.*

öpüşmek   to kiss each other

Hayır. Henüz öpüşme**dik**. Sürekli sorup durma.
No. We haven't kissed yet. Stop asking all the time.

Benim şansıma! *Tam öpüşmek üzereyken* telefonu çaldı.
What luck! *Just as we were about to kiss,* her phone rang.

* grammar
The word that comes before **öpmek** always takes the possessive suffix according to person:
yanağımdan, yanağından, yanağından, etc.

word forms and phrases	
öpü**cük**	kiss
biri**ne** öpücük vermek	to give somebody a kiss

	Simple Present	Present Continuous	-di Past	-miş Past	Future
Ben	öperim öpmem öper miyim	öp**üyor**um öpmü**yor**um öp**üyor** muyum	öp**tüm** öpme**dim** öp**tüm** mü	öp**müş**üm öpme**miş**im öp**müş** müyüm	öp**eceğ**im öpmey**eceğ**im öp**ecek** miyim
Sen	öpersin öpmezsin öper misin	öp**üyor**sun öpmü**yor**sun öp**üyor** musun	öp**tün** öpme**din** öp**tün** mü	öp**müş**sün öpme**miş**sin öp**müş** müsün	öp**ecek**sin öpmey**ecek**sin öp**ecek** misin
O	öper öpmez öper mi	öp**üyor** öpmü**yor** öp**üyor** mu	öp**tü** öpme**di** öp**tü** mü	öp**müş** öpme**miş** öp**müş** mü	öp**ecek** öpmey**ecek** öp**ecek** mi
Biz	öperiz öpmeyiz öper miyiz	öp**üyor**uz öpmü**yor**uz öp**üyor** muyuz	öp**tük** öpme**dik** öp**tük** mü	öp**müş**üz öpme**miş**iz öp**müş** müyüz	öp**eceğ**iz öpmey**eceğ**iz öp**ecek** miyiz
Siz	öpersiniz öpmezsiniz öper misiniz	öp**üyor**sunuz öpmü**yor**sunuz öp**üyor** musunuz	öp**tünüz** öpme**diniz** öp**tünüz** mü	öp**müş**sünüz öpme**miş**siniz öp**müş** müsünüz	öp**ecek**siniz öpmey**ecek**siniz öp**ecek** misiniz
Onlar	öperler öpmezler öperler mi	öp**üyor**lar öpmü**yor**lar öp**üyor**lar mı	öp**tüler** öpme**diler** öp**tüler** mi	öp**müş**ler öpme**miş**ler öp**müş**ler mi	öp**ecek**ler öpmey**ecek**ler öp**ecek**ler mi

	Simple Present	Present Continuous	-di Past	-miş Past	Future
Ben	kokla				
Sen					
O					
Biz					
Siz					
Onlar					

153. banyo yapmak   to have/take a bath

Ben çok yorgunum. Banyo yap**ıp** (= yap**acağ**ım ve) yatacağım.
I'm too tired. I will have a bath and go to bed.

O adam hiç banyo yapmı**yor** mu? Sürekli kokuyor.
Doesn't that man ever have a bath? He always stinks.

-e banyo yaptırmak   to give somebody a bath

Bebeğe banyo yaptır**acağ**ım. Bana yardım eder misin?
I'm going to give *the baby* a bath. Will you help me with that?

duş almak   to have/take a shower

	word forms and phrases
banyo	bath; bathroom
küvet	bath/bathtub
duş	shower

Okan her sabah kahvaltıdan önce duş al**ır** ve tıraş olur.
Okan has a shower and shave before breakfast every morning.

	Simple Present	Present Continuous	-di Past	-miş Past	Future
Ben	banyo yap**ar**ım ... yapmam ... yap**ar** mıyım	banyo yap**ıyor**um ... yapmı**yor**um ... yap**ıyor** muyum	banyo yaptım ... yapmadım ... yaptım mı	banyo yap**mış**ım ... yapmamışım ... yap**mış** mıyım	banyo yap**acağ**ım ... yapma**yacağ**ım ... yap**acak** mıyım
Sen	... yap**ar**sın ... yapmazsın ... yap**ar** mısın	... yap**ıyor**sun ... yapmı**yor**sun ... yap**ıyor** musun	... yaptın ... yapmadın ... yaptın mı	... yap**mış**sın ... yapmamışsın ... yap**mış** mısın	... yap**acak**sın ... yapma**yacak**sın ... yap**acak** mısın
O	... yap**ar** ... yapmaz ... yap**ar** mı	... yap**ıyor** ... yapmı**yor** ... yap**ıyor** mu	... yaptı ... yapmadı ... yaptı mı	... yap**mış** ... yapmamış ... yap**mış** mı	... yap**acak** ... yapma**yacak** ... yap**acak** mı
Biz	... yap**ar**ız ... yapmayız ... yap**ar** mıyız	... yap**ıyor**uz ... yapmı**yor**uz ... yap**ıyor** muyuz	... yaptık ... yapmadık ... yaptık mı	... yap**mış**ız ... yapmamışız ... yap**mış** mıyız	... yap**acağ**ız ... yapma**yacağ**ız ... yap**acak** mıyız
Siz	... yap**ar**sınız ... yapmazsınız ... yap**ar** mısınız	... yap**ıyor**sunuz ... yapmı**yor**sunuz ... yap**ıyor** musunuz	... yaptınız ... yapmadınız ... yaptınız mı	... yap**mış**sınız ... yapmamışsınız ... yap**mış** mısınız	... yap**acak**sınız ... yapma**yacak**sınız ... yap**acak** mısınız
Onlar	... yap**ar**lar ... yapmazlar ... yap**ar**lar mı	... yap**ıyor**lar ... yapmı**yor**lar ... yap**ıyor**lar mı	... yaptılar ... yapmadılar ... yaptılar mı	... yap**mış**lar ... yapmamışlar ... yap**mış**lar mı	... yap**acak**lar ... yapma**yacak**lar ... yap**acak**lar mı

	Simple Present	Present Continuous	-di Past	-miş Past	Future
Ben	öp				
Sen					
O					
Biz					
Siz					
Onlar					

154. -e geç kalmak (= gecikmek)   to be late (arrive after the expected, usual or planned time)

Sabah *işe* geç kal**dı**m (= gecik**ti**m). Yoğun bir trafik vardı yine.
I was late *for work* in the morning. There was heavy traffic again.

Gecik**me**. Gecik**ir**sen sensiz gideriz, arkadaşım.
Don't be late. If you are late, we will leave without you, my friend.

Siz hâlâ burada mısınız, çocuklar? *Okula* geç kal**acak**sınız.
Are you still here, children? You will be late *for school*.

word forms and phrases	
geç x erken	late x early
vaktinde (= zamanında)	in/on time
vaktinde x geç varmak	to arrive in/on time x late
zamanında x geç gelmek	to come in/on time x late

    on dakika/bir saat geç kalmak   to be ten minutes/an hour late

Yarım saat gecik**ti**n. Sürekli gecik**iyor**sun.
You are *half an hour* late. You are always late.

İşe sadece *on dakika* geç kal**dı**m. Patron konuştu durdu.
I was only *ten minutes* late for work. The boss talked and talked.

	Simple Present	Present Continuous	-di Past	-miş Past	Future
Ben	geç kalırım ... kalmam ... kalır mıyım	geç kalıyorum ... kalmıyorum ... kalıyor muyum	geç kaldım ... kalmadım ... kaldım mı	geç kalmışım ... kalmamışım ... kalmış mıyım	geç kalacağım ... kalmayacağım ... kalacak mıyım
Sen	... kalırsın ... kalmazsın ... kalır mısın	... kalıyorsun ... kalmıyorsun ... kalıyor musun	... kaldın ... kalmadın ... kaldın mı	... kalmışsın ... kalmamışsın ... kalmış mısın	... kalacaksın ... kalmayacaksın ... kalacak mısın
O	... kalır ... kalmaz ... kalır mı	... kalıyor ... kalmıyor ... kalıyor mu	... kaldı ... kalmadı ... kaldı mı	... kalmış ... kalmamış ... kalmış mı	... kalacak ... kalmayacak ... kalacak mı
Biz	... kalırız ... kalmayız ... kalır mıyız	... kalıyoruz ... kalmıyoruz ... kalıyor muyuz	... kaldık ... kalmadık ... kaldık mı	... kalmışız ... kalmamışız ... kalmış mıyız	... kalacağız ... kalmayacağız ... kalacak mıyız
Siz	... kalırsınız ... kalmazsınız ... kalır mısınız	... kalıyorsunuz ... kalmıyorsunuz ... kalıyor musunuz	... kaldınız ... kalmadınız ... kaldınız mı	... kalmışsınız ... kalmamışsınız ... kalmış mısınız	... kalacaksınız ... kalmayacaksınız ... kalacak mısınız
Onlar	... kalırlar ... kalmazlar ... kalırlar mı	... kalıyorlar ... kalmıyorlar ... kalıyorlar mı	... kaldılar ... kalmadılar ... kaldılar mı	... kalmışlar ... kalmamışlar ... kalmışlar mı	... kalacaklar ... kalmayacaklar ... kalacaklar mı

	Simple Present	Present Continuous	-di Past	-miş Past	Future
Ben	banyo yap				
Sen					
O					
Biz					
Siz					
Onlar					

155. davranmak   to behave (act in a particular way)

Dostça davranmadılar. Çay bile ikram etmediler.
They didn't behave in a friendly way. They didn't even offer tea.

gibi davranmak   to behave **like**

Kes sızlanmayı! *5 yaşındaki bir çocuk **gibi** davranıyorsun.*
Stop whining! You are behaving *like a 5-year-old kid.*

-e davranmak   to behave towards

Su Hanım kibar bir insan. *Herkese* kibar davranır. *
Ms Su is a polite person. She behaves politely *towards everyone*.

O çocukları sevmiyorum. *Sokak hayvanlarına* kötü davranıyorlar.
I don't like those children. They treat *street animals* badly.

	* grammar
	In Turkish, we can use adjectives as adverbs. In the following example, we also use the adjective **kötü** as an adverb.

word forms and phrases	
davranış	behaviour
iyi x kötü davranışlı	well-behaved x badly-behaved
uslu durmak	to behave (yourself)
tuhaf davranmak	to act strangely
makul davranmak	to behave reasonably
cesurca davranmak	to behave bravely
sorumlu davranmak	to behave responsibly
sorumsuzca davranmak	to behave irresponsibly

	Simple Present	Present Continuous	-di Past	-miş Past	Future
Ben	davranırım	davranıyorum	davrandım	davranmışım	davranacağım
	davranmam	davranmıyorum	davranmadım	davranmamışım	davranmayacağım
	davranır mıyım	davranıyor muyum	davrandım mı	davranmış mıyım	davranacak mıyım
Sen	davranırsın	davranıyorsun	davrandın	davranmışsın	davranacaksın
	davranmazsın	davranmıyorsun	davranmadın	davranmamışsın	davranmayacaksın
	davranır mısın	davranıyor musun	davrandın mı	davranmış mısın	davranacak mısın
O	davranır	davranıyor	davrandı	davranmış	davranacak
	davranmaz	davranmıyor	davranmadı	davranmamış	davranmayacak
	davranır mı	davranıyor mu	davrandı mı	davranmış mı	davranacak mı
Biz	davranırız	davranıyoruz	davrandık	davranmışız	davranacağız
	davranmayız	davranmıyoruz	davranmadık	davranmamışız	davranmayacağız
	davranır mıyız	davranıyor muyuz	davrandık mı	davranmış mıyız	davranacak mıyız
Siz	davranırsınız	davranıyorsunuz	davrandınız	davranmışsınız	davranacaksınız
	davranmazsınız	davranmıyorsunuz	davranmadınız	davranmamışsınız	davranmayacaksınız
	davranır mısınız	davranıyor musunuz	davrandınız mı	davranmış mısınız	davranacak mısınız
Onlar	davranırlar	davranıyorlar	davrandılar	davranmışlar	davranacaklar
	davranmazlar	davranmıyorlar	davranmadılar	davranmamışlar	davranmayacaklar
	davranırlar mı	davranıyorlar mı	davrandılar mı	davranmışlar mı	davranacaklar mı

	Simple Present	Present Continuous	-di Past	-miş Past	Future
Ben	geç kal				
Sen					
O					
Biz					
Siz					
Onlar					

156. devam etmek   to not stop happening/existing -e devam etmek   to not stop doing something

Ankara'da yağmur gelecek hafta *boyunca* devam edecek**miş**.
The rain in Ankara will continue *throughout* the next week.

Toplantı hâlâ devam ed**iyor** mu? Saat 5'e geliyor.
Is the meeting still going on? It's almost 5 o'clock.

Ben liseden sonra *eğitimim***e** Amerika'da devam et**tim**.
After high school, I continued *my education* in America.

-meye/maya devam etmek   to continue (to do/doing sth)

Adam hastalığına rağmen *sigara iç***meye** devam ed**iyor**.
Despite his illness, the man continues *to smoke*.

Sen *anlat***maya** devam et. Ben kahvelerimizi tazeleyeceğim.
You keep *telling*. I will refill our coffee cups.

word forms and phrases	
devam	continuation
devamlı	1. continuous 2. always
devam edecek	to be continued

	Simple Present	Present Continuous	-di Past	-miş Past	Future
Ben	devam ed**erim** ... et**mem** ... ed**er** miyim	devam ed**iyor**um ... et**miyor**um ... ed**iyor** muyum	devam et**tim** ... et**medim** ... et**tim** mi	devam et**mişim** ... et**memişim** ... et**miş** miyim	devam ed**eceğim** ... et**meyeceğim** ... ed**ecek** miyim
Sen	... ed**ersin** ... et**mezsin** ... ed**er** misin	... ed**iyor**sun ... et**miyor**sun ... ed**iyor** musun	... et**tin** ... et**medin** ... et**tin** mi	... et**mişsin** ... et**memişsin** ... et**miş** misin	... ed**ecek**sin ... et**meyecek**sin ... ed**ecek** misin
O	... ed**er** ... et**mez** ... ed**er** mi	... ed**iyor** ... et**miyor** ... ed**iyor** mu	... et**ti** ... et**medi** ... et**ti** mi	... et**miş** ... et**memiş** ... et**miş** mi	... ed**ecek** ... et**meyecek** ... ed**ecek** mi
Biz	... ed**eriz** ... et**meyiz** ... ed**er** miyiz	... ed**iyor**uz ... et**miyor**uz ... ed**iyor** muyuz	... et**tik** ... et**medik** ... et**tik** mi	... et**mişiz** ... et**memişiz** ... et**miş** miyiz	... ed**eceğiz** ... et**meyeceğiz** ... ed**ecek** miyiz
Siz	... ed**ersiniz** ... et**mezsiniz** ... ed**er** misiniz	... ed**iyor**sunuz ... et**miyor**sunuz ... ed**iyor** musunuz	... et**tiniz** ... et**mediniz** ... et**tiniz** mi	... et**mişsiniz** ... et**memişsiniz** ... et**miş** misiniz	... ed**ecek**siniz ... et**meyecek**siniz ... ed**ecek** misiniz
Onlar	... ed**erler** ... et**mezler** ... ed**erler** mi	... ed**iyor**lar ... et**miyor**lar ... ed**iyor**lar mı	... et**tiler** ... et**mediler** ... et**tiler** mi	... et**mişler** ... et**memişler** ... et**mişler** mi	... ed**ecek**ler ... et**meyecek**ler ... ed**ecek**ler mi

	Simple Present	Present Continuous	-di Past	-miş Past	Future
Ben	davran				
Sen					
O					
Biz					
Siz					
Onlar					

157. -i denemek   to try (1. attempt 2. test/use 3. taste)

'Aradığınız kişiye şu anda ulaşılamıyor. Daha sonra tekrar dene**y**iniz.'
'The person you are calling isn't available at the moment. Try again later.'

Annem *bütün anahtarları* dene**miş** fakat hiçbiri kilidi açmamış.
My mother tried *all the keys,* but none of them would unlock the lock.

Bu çilek reçelini ben yaptım. Dene**melisin**.
I have made this strawberry jam. You should try it.

  -meyi/mayı denemek   to try to do/doing something

Ben bahçemde *gül yetiştir**meyi*** hiç deneme**dim**.
I have never tried *growing roses* in my garden.

Çocuklar, neden kavga etmeyi bırakıp *paylaş**mayı*** denemi**yor**sunuz?
Children, why don't you stop fighting and try *to share?*

word forms and phrases	
dene**y**im (= tecrübe)	experience
deneyimli/tecrübeli	experienced
deneyim**siz**/tecrübe**siz**	inexperienced
kıyafet denemek	to try on clothes
şansını denemek	to take your chance
dene**meye** devam etmek	to keep trying
dene**mekten** vazgeçmemek	to not give up trying

	Simple Present	Present Continuous	-di Past	-miş Past	Future
Ben	denerim	deniyorum	denedim	denemişim	deneyeceğim
	denemem	denemiyorum	denemedim	denememişim	denemeyeceğim
	dener miyim	deniyor muyum	denedim mi	denemiş miyim	deneyecek miyim
Sen	denersin	deniyorsun	denedin	denemişsin	deneyeceksin
	denemezsin	denemiyorsun	denemedin	denememişsin	denemeyeceksin
	dener misin	deniyor musun	denedin mi	denemiş misin	deneyecek misin
O	dener	deniyor	denedi	denemiş	deneyecek
	denemez	denemiyor	denemedi	denememiş	denemeyecek
	dener mi	deniyor mu	denedi mi	denemiş mi	deneyecek mi
Biz	deneriz	deniyoruz	denedik	denemişiz	deneyeceğiz
	denemeyiz	denemiyoruz	denemedik	denememişiz	denemeyeceğiz
	dener miyiz	deniyor muyuz	denedik mi	denemiş miyiz	deneyecek miyiz
Siz	denersiniz	deniyorsunuz	denediniz	denemişsiniz	deneyeceksiniz
	denemezsiniz	denemiyorsunuz	denemediniz	denememişsiniz	denemeyeceksiniz
	dener misiniz	deniyor musunuz	denediniz mi	denemiş misiniz	deneyecek misiniz
Onlar	denerler	deniyorlar	denediler	denemişler	deneyecekler
	denemezler	denemiyorlar	denemediler	denememişler	denemeyecekler
	denerler mi	deniyorlar mı	denediler mi	denemişler mi	deneyecekler mi

	Simple Present	Present Continuous	-di Past	-miş Past	Future
Ben	devam et				
Sen					
O					
Biz					
Siz					
Onlar					

158. -i paylaşmak   to share

Hayatınızdaki en tuhaf deneyiminiz ne? Paylaş**mak** ister misiniz?
What's your weirdest experience in your life? Would you like to share it?

Ben iş yerinde dört kişiyle *küçük bir ofisi* paylaş**ıyor**um.
I share *a small office* with four people at work.

Sosyal medyada *kişisel bilgilerinizi* paylaşmayınız.
Don't share *your personal information* on social media.

biri **ile** bir şey paylaşmak   to share something **with** someone

Çikolatanı *benimle* paylaşır mısın, Ebrucuğum?
Will you share your chocolate **with** *me*, dear Ebru?

Ben liseye kadar *küçük kardeşlerimle* aynı odayı paylaştım.
Until high school, I shared the same room **with** *my younger siblings*.

word forms and phrases	
pay	share
paylaşım	sharing
bir inancı/duyguyu/görüşü	to share
paylaşmak	*a belief/feeling/view*

	Simple Present	Present Continuous	-di Past	-miş Past	Future
Ben	paylaşırım	paylaşıyorum	paylaştım	paylaşmışım	paylaşacağım
	paylaşmam	paylaşmıyorum	paylaşmadım	paylaşmamışım	paylaşmayacağım
	paylaşır mıyım	paylaşıyor muyum	paylaştım mı	paylaşmış mıyım	paylaşacak mıyım
Sen	paylaşırsın	paylaşıyorsun	paylaştın	paylaşmışsın	paylaşacaksın
	paylaşmazsın	paylaşmıyorsun	paylaşmadın	paylaşmamışsın	paylaşmayacaksın
	paylaşır mısın	paylaşıyor musun	paylaştın mı	paylaşmış mısın	paylaşacak mısın
O	paylaşır	paylaşıyor	paylaştı	paylaşmış	paylaşacak
	paylaşmaz	paylaşmıyor	paylaşmadı	paylaşmamış	paylaşmayacak
	paylaşır mı	paylaşıyor mu	paylaştı mı	paylaşmış mı	paylaşacak mı
Biz	paylaşırız	paylaşıyoruz	paylaştık	paylaşmışız	paylaşacağız
	paylaşmayız	paylaşmıyoruz	paylaşmadık	paylaşmamışız	paylaşmayacağız
	paylaşır mıyız	paylaşıyor muyuz	paylaştık mı	paylaşmış mıyız	paylaşacak mıyız
Siz	paylaşırsınız	paylaşıyorsunuz	paylaştınız	paylaşmışsınız	paylaşacaksınız
	paylaşmazsınız	paylaşmıyorsunuz	paylaşmadınız	paylaşmamışsınız	paylaşmayacaksınız
	paylaşır mısınız	paylaşıyor musunuz	paylaştınız mı	paylaşmış mısınız	paylaşacak mısınız
Onlar	paylaşırlar	paylaşıyorlar	paylaştılar	paylaşmışlar	paylaşacaklar
	paylaşmazlar	paylaşmıyorlar	paylaşmadılar	paylaşmamışlar	paylaşmayacaklar
	paylaşırlar mı	paylaşıyorlar mı	paylaştılar mı	paylaşmışlar mı	paylaşacaklar mı

	Simple Present	Present Continuous	-di Past	-miş Past	Future
Ben	dene				
Sen					
O					
Biz					
Siz					
Onlar					

159. -den izin almak   to get permision

Yeşim Hanım'dan izin aldın mı? Onun masasını kullanıyorsun yine.
Have you got permission *from Ms Yeşim?* You are using her desk again.

-mek/mak için izin almak   to get permission to do something

Müzede *fotoğraf çek***mek** *için* izin al**malı**sınız.
You have to receive permission *to take photos* in the museum.

-e izin vermek   to give permission

Odanı temizle yoksa hafta sonu dışarı çıkamazsın. *Sana* izin vermem.
Clean your room, or you can't go out at the weekend. I won't let *you.*

-den izin istemek   to ask permission

Teoman, masamı kullanmışsın. Ben**den** izin filan istem**edin**.
Teoman, you used my desk. You didn't ask my permission or anything.

	word forms and phrases
izin	1. permission 2. leave
izinli	1. with permission 2. on leave
izinsiz	without permission

	Simple Present	Present Continuous	-di Past	-miş Past	Future
Ben	izin alırım ... almam ... alır mıyım	izin alıyorum ... almıyorum ... alıyor muyum	izin aldım ... almadım ... aldım mı	izin almışım ... almamışım ... almış mıyım	izin alacağım ... almayacağım ... alacak mıyım
Sen	... alırsın ... almazsın ... alır mısın	... alıyorsun ... almıyorsun ... alıyor musun	... aldın ... almadın ... aldın mı	... almışsın ... almamışsın ... almış mısın	... alacaksın ... almayacaksın ... alacak mısın
O	... alır ... almaz ... alır mı	... alıyor ... almıyor ... alıyor mu	... aldı ... almadı ... aldı mı	... almış ... almamış ... almış mı	... alacak ... almayacak ... alacak mı
Biz	... alırım ... almayız ... alır mıyız	... alıyoruz ... almıyoruz ... alıyor muyuz	... aldık ... almadık ... aldık mı	... almışız ... almamışız ... almış mıyız	... alacağız ... almayacağız ... alacak mıyız
Siz	... alırsınız ... almazsınız ... alır mısınız	... alıyorsunuz ... almıyorsunuz ... alıyor musunuz	... aldınız ... almadınız ... aldınız mı	... almışsınız ... almamışsınız ... almış mısınız	... alacaksınız ... almayacaksınız ... alacak mısınız
Onlar	... alırlar ... almazlar ... alırlar mı	... alıyorlar ... almıyorlar ... alıyorlar mı	... aldılar ... almadılar ... aldılar mı	... almışlar ... almamışlar ... almışlar mı	... alacaklar ... almayacaklar ... alacaklar mı

	Simple Present	Present Continuous	-di Past	-miş Past	Future
Ben	paylaş				
Sen					
O					
Biz					
Siz					
Onlar					

160. -i kaydetmek   1. to record (i. store information ii. store electronically) 2. to save (computer)

Zeynep *bütün harcamalarını* kayded**er**. İnanılmaz tutumludur.
Zeynep writes down *all her expenses*. She is incredibly frugal.

Yeni bir şarkı kaydet**tim**. Dinlemek ister misin?
I have recorded *a new song*. Do you want to listen to it?

Sen bilgisayarı kapatmadan *dosyayı* kaydetme**miş**sin.
You didn't save *the file* before you turned off the computer.

  -e kaydetmek   to record **in/on** something

Bu dosyayı *yeni bir klasör**e*** kaydet, tamam mı?
Save this file *in a new folder,* okay?

Anne ve babam tüm doğum günlerimi *videoy**a*** kayded**er**ler.
My mother and father record all my birthdays *on video*.

note
This verb is a combination of: kayıt + etmek

word forms and phrases	
kayıt	record
kayıt dışı	off the record
yazılı kayıt	written record
tıbbî kayıt	medical record
tarihî kayıt	historical records
resmî kayıt	official records
kayıt tutmak	to keep a record
kayıtlı x kayıtsız	registered x unregistered

	Simple Present	Present Continuous	-di Past	-miş Past	Future
Ben	kayded**erim** kaydetmem kayded**er** miyim	kayded**iyor**um kaydetmi**yor**um kayded**iyor** muyum	kaydet**tim** kaydetmedim kaydet**tim** mi	kaydet**miş**im kaydetme**miş**im kaydet**miş** miyim	kayded**eceğ**im kaydetmey**eceğ**im kayded**ecek** miyim
Sen	kayded**ersin** kaydetmezsin kayded**er** misin	kayded**iyor**sun kaydetmi**yor**sun kayded**iyor** musun	kaydet**tin** kaydetmedin kaydet**tin** mi	kaydet**miş**sin kaydetme**miş**sin kaydet**miş** misin	kayded**ecek**sin kaydetmey**ecek**sin kayded**ecek** misin
O	kayded**er** kaydetmez kayded**er** mi	kayded**iyor** kaydetmi**yor** kayded**iyor** mu	kaydet**ti** kaydetmedi kaydet**ti** mi	kaydet**miş** kaydetme**miş** kaydet**miş** mi	kayded**ecek** kaydetmey**ecek** kayded**ecek** mi
Biz	kayded**eriz** kaydetmeyiz kayded**er** miyiz	kayded**iyor**uz kaydetmi**yor**uz kayded**iyor** muyuz	kaydet**tik** kaydetmedik kaydet**tik** mi	kaydet**miş**iz kaydetme**miş**iz kaydet**miş** miyiz	kayded**eceğ**iz kaydetmey**eceğ**iz kayded**ecek** miyiz
Siz	kayded**ersiniz** kaydetmezsiniz kayded**er** misiniz	kayded**iyor**sunuz kaydetmi**yor**sunuz kayded**iyor** musunuz	kaydet**tiniz** kaydetmediniz kaydet**tiniz** mi	kaydet**miş**siniz kaydetme**miş**siniz kaydet**miş** misiniz	kayded**ecek**siniz kaydetmey**ecek**siniz kayded**ecek** misiniz
Onlar	kayded**er**ler kaydetmezler kayded**er**ler mi	kayded**iyor**lar kaydetmi**yor**lar kayded**iyor**lar mı	kaydet**ti**ler kaydetmediler kaydet**ti**ler mi	kaydet**miş**ler kaydetme**miş**ler kaydet**miş**ler mi	kayded**ecek**ler kaydetmey**ecek**ler kayded**ecek**ler mi

	Simple Present	Present Continuous	-di Past	-miş Past	Future
Ben	izin al				
Sen					
O					
Biz					
Siz					
Onlar					

EXERCISES   Verbs **151-160**

1. Match (1-8 to **a-g; 9-16** to **ğ-m).**

1. banyo yapmak	a. to be late (arrive after the expected, usual or planned time)
2. **-i** öpmek	b. to have/take a shower
3. kokmak	c. to smell (have a smell)
4. duş almak	ç. to kiss
5. **-e** geç kalmak (=gecikmek)	d. to have/take a bath
6. **-e** davranmak	e. to behave towards
7. devam etmek	f. to not stop happening/existing
8. **-i** denemek	g. to try (1. attempt 2. test/use 3. taste)
9. **-meyi/mayı** denemek	ğ. to continue doing/to do something
10. **-i** koklamak	h. to behave (yourself)
11. öpüşmek	ı. to kiss each other
12. **-meye/maya** devam etmek	i. to share
13. **-i/-e** kaydetmek	j. to try to do/doing something
14. **-i** paylaşmak	k. to smell (sniff)
15. uslu durmak	l. to get permission from someone
16. **-den** izin almak	m. 1. to record (i. store information ii. store electronically) 2. to save (computer)

2. Fill in the gaps with the correct case suffixes and forms of the verbs on the right.

1. Orhan Rasim, sen dün müşteri dosyasını hangi klasöre *kaydettin*? Bulamıyorum.   kaydetmek

2. Sabah uyanamadım. İş..... yarım saat ....   geç kalmak

3. Sana söyle......... .... Fakat sen dinlemek istemedin.   denemek

4. Sen niye sürekli herkes..... kaba saba ....?   davranmak

5. Yasemin içe dönük biri. Sorunları..... hiç kimse..... ....   paylaşmak

6. Sen yine mi içtin? Nefesin alkol .... İğrenç!   kokmak

7. (Onların) İlk randevularıymış. ....   öpüşmek (-)

8. Oğlum, okulda yaramazlık yapma, ..., tamam mı?   uslu durmak

9. Asla vazgeçmeyeceğim. Dene......... ....   devam etmek

10. Ben yeni kalktım. .... (ve) çıkacağım.   duş almak

11. 'Hiç Çin yemekleri..... ....?' 'Denedim. Hiç beğenmedim.'   denemek

12. Sen yine benim spor ayakkabılarımı giymişsin. Ben..... ....   izin almak (-)

3. Answer about yourself in complete sentences.

1. **Özel** sorunlarınızı **başkalarıyla** paylaşır mısınız? Kiminle? ....

2. Harcamalarınızı kaydeder misiniz? ....

3. Hiç Türk yemeklerini denediniz mi? Hangisini? ....

4. Denemekten çabuk vazgeçen biri misiniz? ....

5. Türkçe öğrenmeye **ne kadar zamandır** devam ediyorsunuz? ....

özel personal (also means *private*); **başkalarıyla** with other people; **ne kadar zamandır** how long

4. Write the Turkish equivalents.

1. smell; smoke/burning/alcohol smell   ....

2. having smell x having no smell   ....

3. good x bad smell   ....

4. kiss   ....

5. bathroom; bathtub; shower   ....

6. late x early; in/on time   ....

7. behaviour; well-behaved x badly-behaved   ....

8. continuation; continuous   ....

9. to be continued   ....

10. experience; experienced x inexperienced   ....

11. share; sharing   ....

12. permission; with x without permission   ....

13. record; off the record   ....

14. registered x unregistered   ....

15. written/medical/historical/official record(s)   ....

Answers

1. 1d 2ç 3c 4b 5a 6e 7f 8g 9j 10k 11ı 12ğ 13m 14i 15h 16l

2. 1 -nı, -e, kaydettin 2 -e, geç kaldım 3 -meyi denedim 4 -e, davranıyorsun 5 -nı, -yle, paylaşmaz 6 kokuyor
7 Öpüşmemişler 8 uslu dur 9 -meye devam edeceğim 10 duş alıp/duş alacağım ve 11 -ni denedin mi 12 -den izin almadın

3. Örneğin: 1 Kız arkadaşımla paylaşırım. / Hayır, hiç kimseyle paylaşmam. 2 Hayır, kaydetmem. / Alışverişlerimi genellikle kredi kartıyla yaparım. Bankam benim için kaydediyor. 3 Evet, yaprak sarmasını, karnı yarığı ve baklavayı (You can google them to see what they look like.) denedim. 4 Bazen/Asla. 5 Bir yıldır/Üç aydır/Geçen yazdan beri devam ediyorum.

4. 1 koku; duman/yanık/alkol kokusu 2 kokulu x kokusuz 3 güzel x kötü/pis koku 4 öpücük 5 banyo; küvet; duş
6 geç x erken; vaktinde (=zamanında) 7 davranış; iyi x kötü davranışlı 8 devam; devamlı 9 devam edecek 10 deneyim (=tecrübe); deneyimli (=tecrübeli) x deneyimsiz (=tecrübesiz) 11 pay; paylaşım 12 izin; izinli x izinsiz 13 kayıt; kayıt dışı 14 kayıtlı x kayıtsız 15 yazılı/tıbbî/tarihî/resmî kayıt

Can you write down the verbs you have learned in this set (verbs 151-160)?

....

....

....

....

161. -e vurmak   to hit (1. touch hard 2. crash into sth 3. hurt yourself)   **-i vurmak**   to shoot (kill/injure)

'Arkadaşına niye vur**dun**, Hakan?'   'Önce o *bana* vur**du**, öğretmenim.'
'Why did you hit *your friend,* Hakan?'   'He hit *me* first, Miss.'

　　birin**in** kafasına/sırtına vurmak   to hit sb on the head/back *

Geri zekâlının *kafasına* çantamla iki kez vur**dum** sonra kaçtım.
I hit the idiot twice *on the head* with my handbag, and then escaped.

Dün kaza yaptım. Işıklarda *önümdeki arabaya* vur**dum**.
I had an accident yesterday. I hit *the car in front of me* at the lights.

Dedem sabah düş**üp** (=düşmüş ve) baş**ını** *kaldırıma* vur**muş**.
My grandfather fell down in the morning and hit his head *on the sidewalk.*

Lanet olası adam eski karısını öldürmüş sonra *kendini* vur**muş**, diyorlar.
They say the damn man killed her ex-wife, and then shot *himself.*

	* grammar
	The word that comes before **vurmak** always takes the possessive suffix according to person: kafama, kafana, kafasına, etc.

word forms and phrases	
vur**gu**	1. accent, stress 2. emphasis
vur**gulu**	stressed
vur**gusuz**	unstressed
-i vur**gula**mak	to emphasise
-e baş**vur**mak	to apply

	Simple Present	Present Continuous	-di Past	-miş Past	Future
Ben	vur**urum** vurmam vur**ur** muyum	vur**uyorum** vurmu**yorum** vur**uyor** muyum	vur**dum** vurmadım vur**dum** mu	vur**muş**um vurmamışım vur**muş** muyum	vur**acağım** vurmay**acağım** vur**acak** mıyım
Sen	vur**ursun** vurmazsın vur**ur** musun	vur**uyorsun** vurmu**yorsun** vur**uyor** musun	vur**dun** vurmadın vur**dun** mu	vur**muş**sun vurmamışsın vur**muş** musun	vur**acaksın** vurmay**acaksın** vur**acak** mısın
O	vur**ur** vurmaz vur**ur** mu	vur**uyor** vurmu**yor** vur**uyor** mu	vur**du** vurmadı vur**du** mu	vur**muş** vurmamış vur**muş** mu	vur**acak** vurmay**acak** vur**acak** mı
Biz	vur**uruz** vurmayız vur**ur** muyuz	vur**uyoruz** vurmu**yoruz** vur**uyor** muyuz	vur**duk** vurmadık vur**duk** mu	vur**muş**uz vurmamışız vur**muş** muyuz	vur**acağız** vurmay**acağız** vur**acak** mıyız
Siz	vur**ursunuz** vurmazsınız vur**ur** musunuz	vur**uyorsunuz** vurmu**yorsunuz** vur**uyor** musunuz	vur**dunuz** vurmadınız vur**dunuz** mu	vur**muş**sunuz vurmamışsınız vur**muş** musunuz	vur**acaksınız** vurmay**acaksınız** vur**acak** mısınız
Onlar	vur**urlar** vurmazlar vur**urlar** mı	vur**uyorlar** vurmu**yorlar** vur**uyorlar** mı	vur**dular** vurmadılar vur**dular** mı	vur**muş**lar vurmamışlar vur**muş**lar mı	vur**acaklar** vurmay**acaklar** vur**acaklar** mı

	Simple Present	Present Continuous	-di Past	-miş Past	Future
Ben	kaydet				
Sen					
O					
Biz					
Siz					
Onlar					

162. -e başvurmak   to apply (make a formal request)

Eylül Amerika'da *bir üniversitey*e başvur**muş** fakat kabul edilmemiş.
Eylül applied *to a university* in America, but she wasn't accepted.

Benim nişanlım Alman. *Türk vatandaşlığın*a başvur**acak**.
My fiancée is German. She's going to apply *for Turkish citizenship.*

*Aşağıdaki adres*e yazılı başvur**unuz**.
Apply in writing *to the address below.*

Şu günlerde birçok insan *devlet yardımın*a başvur**uyor**.
These days, many people apply *for state aid.*

İnternet'te bir iş ilanı gördüm. *O iş*e *başvur**mayı*** düşünüyorum.
I saw a job ad on the Internet. I'm thinking about *applying for that job.*

word forms and phrases	
başvuru	application
yazılı başvuru	written application
başvuru formu	application form
başvuru mektubu	letter of application
başvurucu	applicant

	Simple Present	Present Continuous	-di Past	-miş Past	Future
Ben	başvururum	başvuruyorum	başvurdum	başvurmuşum	başvuracağım
	başvurmam	başvurmuyorum	başvurmadım	başvurmamışım	başvurmayacağım
	başvurur muyum	başvuruyor muyum	başvurdum mu	başvurmuş muyum	başvuracak mıyım
Sen	başvurursun	başvuruyorsun	başvurdun	başvurmuşsun	başvuracaksın
	başvurmazsın	başvurmuyorsun	başvurmadın	başvurmamışsın	başvurmayacaksın
	başvurur musun	başvuruyor musun	başvurdun mu	başvurmuş musun	başvuracak mısın
O	başvurur	başvuruyor	başvurdu	başvurmuş	başvuracak
	başvurmaz	başvurmuyor	başvurmadı	başvurmamış	başvurmayacak
	başvurur mu	başvuruyor mu	başvurdu mu	başvurmuş mu	başvuracak mı
Biz	başvururuz	başvuruyoruz	başvurduk	başvurmuşuz	başvuracağız
	başvurmayız	başvurmuyoruz	başvurmadık	başvurmamışız	başvurmayacağız
	başvurur muyuz	başvuruyor muyuz	başvurduk mu	başvurmuş muyuz	başvuracak mıyız
Siz	başvurursunuz	başvuruyorsunuz	başvurdunuz	başvurmuşsunuz	başvuracaksınız
	başvurmazsınız	başvurmuyorsunuz	başvurmadınız	başvurmamışsınız	başvurmayacaksınız
	başvurur musunuz	başvuruyor musunuz	başvurdunuz mu	başvurmuş musunuz	başvuracak mısınız
Onlar	başvururlar	başvuruyorlar	başvurdular	başvurmuşlar	başvuracaklar
	başvurmazlar	başvurmuyorlar	başvurmadılar	başvurmamışlar	başvurmayacaklar
	başvururlar mı	başvuruyorlar mı	başvurdular mı	başvurmuşlar mı	başvuracaklar mı

	Simple Present	Present Continuous	-di Past	-miş Past	Future
Ben	vur				
Sen					
O					
Biz					
Siz					
Onlar					

163. -e saldırmak   to attack (1. use violence 2. in a war)

Bazı serseri grupları yine *zavallı mültecilere* saldır**mış**.
Some rogue groups have attacked *the poor refugees* again.

Sabah parktaki başı boş köpekler *Aylin'e* saldır**mış**.
In the morning stray dogs in the park attacked *Aylin*.

Rusya *Ukrayna'ya* niye saldır**dı**? Bilen var mı?
Why did Russia attack *Ukraine?* Does anyone know that?

   ile saldırmak   to attack **with** something

Rusya Ukrayna şehirlerine *ağır silahlarla* saldır**ıyor**.
Russia attacks Ukrainian cities **with** *heavy weapons*.

Mültecilere *taş ve sopalarla* saldır**mış**lar.
They have attacked the refugees **with** *rocks and sticks.*

word forms and phrases	
saldırı	attack
saldır**gan**	1. attacker 2. aggressive

	Simple Present	Present Continuous	-di Past	-miş Past	Future
Ben	saldırırım saldırmam saldırır mıyım	saldırıyorum saldırmıyorum saldırıyor muyum	saldırdım saldırmadım saldırdım mı	saldırmışım saldırmamışım saldırmış mıyım	saldıracağım saldırmayacağım saldıracak mıyım
Sen	saldırırsın saldırmazsın saldırır mısın	saldırıyorsun saldırmıyorsun saldırıyor musun	saldırdın saldırmadın saldırdın mı	saldırmışsın saldırmamışsın saldırmış mısın	saldıracaksın saldırmayacaksın saldıracak mısın
O	saldırır saldırmaz saldırır mı	saldırıyor saldırmıyor saldırıyor mu	saldırdı saldırmadı saldırdı mı	saldırmış saldırmamış saldırmış mı	saldıracak saldırmayacak saldıracak mı
Biz	saldırırız saldırmayız saldırır mıyız	saldırıyoruz saldırmıyoruz saldırıyor muyuz	saldırdık saldırmadık saldırdık mı	saldırmışız saldırmamışız saldırmış mıyız	saldıracağız saldırmayacağız saldıracak mıyız
Siz	saldırırsınız saldırmazsınız saldırır mısınız	saldırıyorsunuz saldırmıyorsunuz saldırıyor musunuz	saldırdınız saldırmadınız saldırdınız mı	saldırmışsınız saldırmamışsınız saldırmış mısınız	saldıracaksınız saldırmayacaksınız saldıracak mısınız
Onlar	saldırırlar saldırmazlar saldırırlar mı	saldırıyorlar saldırmıyorlar saldırıyorlar mı	saldırdılar saldırmadılar saldırdılar mı	saldırmışlar saldırmamışlar saldırmışlar mı	saldıracaklar saldırmayacaklar saldıracaklar mı

	Simple Present	Present Continuous	-di Past	-miş Past	Future
Ben	başvur				
Sen					
O					
Biz					
Siz					
Onlar					

164. -i savunmak   to defend

Demokrasimiz saldırı altında. Ülkede *onu* hep birlikte savun**malıyız**.
Our democracy is under attack. In the country we should defend *it* altogether.

Mahkemede *seni* kim savun**acak**? Kendi avukatın var mı?
Who will defend *you* in court? Do you have your own lawyer?

Toplantıda *beni* savun**du**nuz, Ahsen Hanım. Size çok teşekkür ederim.
You stood up for *me* at the meeting, Ms Ahsen. Thank you very much.

-e karşı savunmak   to defend (sb/sth) **against** (sb/sth)

Her kadın *cinsel tacizcile***r**e karşı** kendi**ni** savun**mayı** öğrenmeli.
All women should learn to defend themselves ***against*** *sex attackers.*

Ukraynalılar ülkeleri**ni** *Rusya'y***a karşı** cesurca savun**uyor**lar.
The Ukrainian people are bravely defending their country ***against*** *Russia.*

word forms and phrases	
savunma	defence
kendini savunma	self-defence (the skill of fighting)
nefsi müdafaa	self-defence (protection of yourself)
savunma**sız**	defenceless; vulnerable

	Simple Present	Present Continuous	-di Past	-miş Past	Future
Ben	savun**ur**um	savun**uyor**um	savun**dum**	savun**muş**um	savun**acağım**
	savun**mam**	savun**muyor**um	savun**madım**	savun**mamış**ım	savun**mayacağım**
	savun**ur** muyum	savun**uyor** muyum	savun**dum** mu	savun**muş** muyum	savun**acak** mıyım
Sen	savun**ur**sun	savun**uyor**sun	savun**dun**	savun**muş**sun	savun**acaksın**
	savun**mazsın**	savun**muyor**sun	savun**madın**	savun**mamış**sın	savun**mayacaksın**
	savun**ur** musun	savun**uyor** musun	savun**dun** mu	savun**muş** musun	savun**acak** mısın
O	savun**ur**	savun**uyor**	savun**du**	savun**muş**	savun**acak**
	savun**maz**	savun**muyor**	savun**madı**	savun**mamış**	savun**mayacak**
	savun**ur** mu	savun**uyor** mu	savun**du** mu	savun**muş** mu	savun**acak** mı
Biz	savun**ur**uz	savun**uyor**uz	savun**duk**	savun**muş**uz	savun**acağız**
	savun**mayız**	savun**muyor**uz	savun**madık**	savun**mamış**ız	savun**mayacağız**
	savun**ur** muyuz	savun**uyor** muyuz	savun**duk** mu	savun**muş** muyuz	savun**acak** mıyız
Siz	savun**ur**sunuz	savun**uyor**sunuz	savun**dunuz**	savun**muş**sunuz	savun**acaksınız**
	savun**mazsınız**	savun**muyor**sunuz	savun**madınız**	savun**mamış**sınız	savun**mayacaksınız**
	savun**ur** musunuz	savun**uyor** musunuz	savun**dunuz** mu	savun**muş** musunuz	savun**acak** mısınız
Onlar	savun**urlar**	savun**uyor**lar	savun**dular**	savun**muş**lar	savun**acaklar**
	savun**mazlar**	savun**muyor**lar	savun**madılar**	savun**mamış**lar	savun**mayacak**lar
	savun**urlar** mı	savun**uyor**lar mı	savun**dular** mı	savun**muş**lar mı	savun**acak**lar mı

	Simple Present	Present Continuous	-di Past	-miş Past	Future
Ben	saldır				
Sen					
O					
Biz					
Siz					
Onlar					

165. -i uyarmak   to warn

Biz *Nergis'i* uyardık fakat bizi dinlemedi. O adamla çıkmayı kabul etmiş.
We warned *Nergis,* but she wouldn't listen to us. She accepted to date with that man.

Seni son defa uyarıyorum. Benim eşyalarımı izinsiz kullanma.
I'm warning *you* for the last time. Don't use my things without my permission.

Ben *onu,* 'O adama güvenme.' diye defalarca uyardım.
I have warned *him/her* many times not to trust that man.

Kadını, 'Dikkat edin! Yer ıslak.' diye uyarmışlar ama kadın duymamış.
'Be careful! The floor is wet,' they warned *the woman,* but she couldn't hear.

-e karşı uyarmak   to warn someone **about/against** something

word forms and phrases	
uyarı	warning
yazılı/sözlü uyarı	written/verbal warning
yasal uyarı	legal notice
uyarı işareti	warning sign
uyar**madan**	without warning

İsrail Türkiye'deki vatandaşlarını *İran'ın bu hafta sonu olası saldırısına karşı* uyarmış.
Israel has warned its citizens in Turkey **about** possible Iranian attack this weekend.

	Simple Present	Present Continuous	-di Past	-miş Past	Future
Ben	uyarırım	uyarıyorum	uyardım	uyarmışım	uyaracağım
	uyarmam	uyarmıyorum	uyarmadım	uyarmamışım	uyarmayacağım
	uyarır mıyım	uyarıyor muyum	uyardım mı	uyarmış mıyım	uyaracak mıyım
Sen	uyarırsın	uyarıyorsun	uyardın	uyarmışsın	uyaracaksın
	uyarmazsın	uyarmıyorsun	uyarmadın	uyarmamışsın	uyarmayacaksın
	uyarır mısın	uyarıyor musun	uyardın mı	uyarmış mısın	uyaracak mısın
O	uyarır	uyarıyor	uyardı	uyarmış	uyaracak
	uyarmaz	uyarmıyor	uyarmadı	uyarmamış	uyarmayacak
	uyarır mı	uyarıyor mu	uyardı mı	uyarmış mı	uyaracak mı
Biz	uyarırım	uyarıyoruz	uyardık	uyarmışız	uyaracağız
	uyarmayız	uyarmıyoruz	uyarmadık	uyarmamışız	uyarmayacağız
	uyarır mıyız	uyarıyor muyuz	uyardık mı	uyarmış mıyız	uyaracak mıyız
Siz	uyarırsınız	uyarıyorsunuz	uyardınız	uyarmışsınız	uyaracaksınız
	uyarmazsınız	uyarmıyorsunuz	uyarmadınız	uyarmamışsınız	uyarmayacaksınız
	uyarır mısınız	uyarıyor musunuz	uyardınız mı	uyarmış mısınız	uyaracak mısınız
Onlar	uyarırlar	uyarıyorlar	uyardılar	uyarmışlar	uyaracaklar
	uyarmazlar	uyarmıyorlar	uyarmadılar	uyarmamışlar	uyarmayacaklar
	uyarırlar mı	uyarıyorlar mı	uyardılar mı	uyarmışlar mı	uyaracaklar mı

	Simple Present	Present Continuous	-di Past	-miş Past	Future
Ben	savun				
Sen					
O					
Biz					
Siz					
Onlar					

166. gerekmek　　　to have to (do something)

Az önce annem aradı. Ben**im** hemen eve gitme**m** gerek**iyor**, arkadaşlar.
My mother has just called. I have to go home now, guys.

Cihan'**ın** erken çıkma**sı** gerek**miş**. Ofiste değilmiş.
Cihan had to leave early. He isn't in the office.

Partiye gitmek için sen**in** annenden izin alma**n** gerek**mez** mi?
Don't you have to ask your mother's permission to go to the party?

(Biz**im**) Konuşma**mız** gerek**iyor**, Mehmet Akif. Çok önemli.
We need to talk, Mehmet Akif. It's very important.

Dünya barışı adına, Rusya'**nın** saldırılarına son verme**si** gerek**ir**.
In the name of world peace, Russia must end its attacks [on Ukraine].

grammar
The verb **gerekmek** does not take the personal suffixes. Here is the fun fact:
Their service is not needed. The **possessive** suffixes in the verbals in **-me/ma** do the same job. The pattern is:
verb+**me/ma**+possessive suffix / **gerek**+tense suffix
The subject always takes the genitive case suffix.
✗ **Don't say:**
Ben hemen eve gitmem gerekiyor. **Cihan** erken çıkması gerekmiş.

word forms and phrases	
gerek**li** x gerek**siz**	necessary x unnecessary

	Simple Present	Present Continuous	-di Past	-miş Past	Future
Benim	gitme**m** gerekir ... gerekmez ... gerekir mi	... gerek**iyor** ... gerekmiyor ... gerek**iyor** mu	... gerek**ti** ... gerekme**di** ... gerek**ti** mi	... gerek**miş** ... gerekmemiş ... gerek**miş** mi	... gerek**ecek** ... gerekmey**ecek** ... gerek**ecek** mi
Senin	gitme**n** gerekir ... gerekmez ... gerekir mi	... gerek**iyor** ... gerekmi**yor** ... gerek**iyor** mu	... gerek**ti** ... gerekme**di** ... gerek**ti** mi	... gerek**miş** ... gerekmemiş ... gerek**miş** mi	... gerek**ecek** ... gerekmey**ecek** ... gerek**ecek** mi
Onun	gitme**si** gerekir ... gerekmez ... gerekir mi	... gerek**iyor** ... gerekmi**yor** ... gerek**iyor** mu	... gerek**ti** ... gerekme**di** ... gerek**ti** mi	... gerek**miş** ... gerekmemiş ... gerek**miş** mi	... gerek**ecek** ... gerekmey**ecek** ... gerek**ecek** mi
Bizim	gitme**miz** gerekir ... gerekmez ... gerekir mi	... gerek**iyor** ... gerekmiyor ... gerek**iyor** mu	... gerek**ti** ... gerekme**di** ... gerek**ti** mi	... gerek**miş** ... gerekmemiş ... gerek**miş** mi	... gerek**ecek** ... gerekmey**ecek** ... gerek**ecek** mi
Sizin	gitme**niz** gerekir ... gerekmez ... gerekir mi	... gerek**iyor** ... gerekmi**yor** ... gerek**iyor** mu	... gerek**ti** ... gerekme**di** ... gerek**ti** mi	... gerek**miş** ... gerekmemiş ... gerek**miş** mi	... gerek**ecek** ... gerekmey**ecek** ... gerek**ecek** mi
Onların	gitme**leri** gerekir ... gerekmez ... gerekir mi	... gerek**iyor** ... gerekmi**yor** ... gerek**iyor** mu	... gerek**ti** ... gerekme**di** ... gerek**ti** mi	... gerek**miş** ... gerekmemiş ... gerek**miş** mi	... gerek**ecek** ... gerekmey**ecek** ... gerek**ecek** mi

	Simple Present	Present Continuous	-di Past	-miş Past	Future
Ben	uyar				
Sen					
O					
Biz					
Siz					
Onlar					

167. uçmak   to fly [intr] (1. birds/insects/planes 2. travel by plane)

Papağanım balkondaki kafesin**den** uçtu ağaca kondu.
My parrot has flown **out of** its cage in the balcony and landed **in** a tree.

Savaş uçakları ses hızın**dan** daha yüksek hızda uç**uyor**.
Jet fighters fly at speed higher **than** the speed of sound.

Ben yarın sabah İstanbul'**a** uç**uyor**um. Bir toplantıya katılacağım.
I'm flying **to** İstanbul tomorrow morning. I'm going to attend a meeting.

-i uçurmak   to fly [tr] (a kite/plane)

Çocuklar, siz gidin *uçurtmalarınızı* uçur**un**. Biz bu bankta oturacağız.
Kids, go and fly *your kites*. We will be sitting on this bench.

Pilot rahatsızlanmış. Yardımcı pilot *uçağı* en yakın havaalanına uçur**muş**.
The pilot was taken sick. The co-pilot flew *the plane* to the nearest airport.

word forms and phrases	
uçak	plane
uçurtma	kite
sevinçten	to feel
havalara uçmak	on top of the world

	Simple Present	Present Continuous	-di Past	-miş Past	Future
Ben	uçarım	uçuyorum	uçtum	uçmuşum	uçacağım
	uçmam	uçmuyorum	uçmadım	uçmamışım	uçmayacağım
	uçar mıyım	uçuyor muyum	uçtum mu	uçmuş muyum	uçacak mıyım
Sen	uçarsın	uçuyorsun	uçtun	uçmuşsun	uçacaksın
	uçmazsın	uçmuyorsun	uçmadın	uçmamışsın	uçmayacaksın
	uçar mısın	uçuyor musun	uçtun mu	uçmuş musun	uçacak mısın
O	uçar	uçuyor	uçtu	uçmuş	uçacak
	uçmaz	uçmuyor	uçmadı	uçmamış	uçmayacak
	uçar mı	uçuyor mu	uçtu mu	uçmuş mu	uçacak mı
Biz	uçarız	uçuyoruz	uçtuk	uçmuşuz	uçacağız
	uçmayız	uçmuyoruz	uçmadık	uçmamışız	uçmayacağız
	uçar mıyız	uçuyor muyuz	uçtuk mu	uçmuş muyuz	uçacak mıyız
Siz	uçarsınız	uçuyorsunuz	uçtunuz	uçmuşsunuz	uçacaksınız
	uçmazsınız	uçmuyorsunuz	uçmadınız	uçmamışsınız	uçmayacaksınız
	uçar mısınız	uçuyor musunuz	uçtunuz mu	uçmuş musunuz	uçacak mısınız
Onlar	uçarlar	uçuyorlar	uçtular	uçmuşlar	uçacaklar
	uçmazlar	uçmuyorlar	uçmadılar	uçmamışlar	uçmayacaklar
	uçarlar mı	uçuyorlar mı	uçtular mı	uçmuşlar mı	uçacaklar mı

	Simple Present	Present Continuous	-di Past	-miş Past	Future
Benim	gitmem gerek				
Senin					
Onun					
Bizim					
Sizin					
Onların					

168. ummak   to hope

Biz hafta sonu pikniğe gideceğiz. Umarım yağmur yağmaz. *
We are going on a picnic at the weekend. I hope it won't rain.

Tebrik ederiz. Umarız çok mutlu olursunuz.
Congratulations. We hope you will be very happy.

Umarım bana yalan söylemiyorsundur. Söylemiyorsun, değil mi?
I hope you are not lying to me. You are not, are you?

'Konsere bilet bulabilecek misin?'   'Öyle umuyorum.'
'Will you be able to get tickets to the concert?'   'I'm hoping so.'

   -meyi/mayı ummak   to hope to do something

Internet'te konuşuyoruz. Yakında şahsen tanışmayı umuyorum.
We talk on the Internet. I'm hoping to meet in person soon.

	* grammar
	We use the present simple tense for the English future tense, or vice versa, as in the first and second examples.

Χ Don't say:

Umarım yağmur yağmayacak.
Umarız mutlu olacaksınız.

word forms and phrases	
umut (= ümit)	hope
umutlu/ümitli	hopeful
umutsuz/ümitsiz	hopeless
umut/ümit verici	promising

	Simple Present	Present Continuous	-di Past	-miş Past	Future
Ben	umarım	umuyorum	umdum	ummuşum	umacağım
	ummam	ummuyorum	ummadım	ummamışım	ummayacağım
	umar mıyım	umuyor muyum	umdum mu	ummuş muyum	umacak mıyım
Sen	umarsın	umuyorsun	umdun	ummuşsun	umacaksın
	ummazsın	ummuyorsun	ummadın	ummamışsın	ummayacaksın
	umar mısın	umuyor musun	umdun mu	ummuş musun	umacak mısın
O	umar	umuyor	umdu	ummuş	umacak
	ummaz	ummuyor	ummadı	ummamış	ummayacak
	umar mı	umuyor mu	umdu mu	ummuş mu	umacak mı
Biz	umarız	umuyoruz	umduk	ummuşuz	umacağız
	ummayız	ummuyoruz	ummadık	ummamışız	ummayacağız
	umar mıyız	umuyor muyuz	umduk mu	ummuş muyuz	umacak mıyız
Siz	umarsınız	umuyorsunuz	umdunuz	ummuşsunuz	umacaksınız
	ummazsınız	ummuyorsunuz	ummadınız	ummamışsınız	ummayacaksınız
	umar mısınız	umuyor musunuz	umdunuz mu	ummuş musunuz	umacak mısınız
Onlar	umarlar	umuyorlar	umdular	ummuşlar	umacaklar
	ummazlar	ummuyorlar	ummadılar	ummamışlar	ummayacaklar
	umarlar mı	umuyorlar mı	umdular mı	ummuşlar mı	umacaklar mı

	Simple Present	Present Continuous	-di Past	-miş Past	Future
Ben	uç				
Sen					
O					
Biz					
Siz					
Onlar					

169. söz vermek   to promise; to make a promise

'Ben sigarayı bu sefer kesin bırakacağım. Söz.'   'Yine söz **verme**.'
'I will definitely quit smoking this time. Promise.'   'Don't make a promise again.'

   birine bir şey söz**ü** vermek   to promise *someone* something

Patronumuz geçen ay *bize* ikramiye sözü ver**di** fakat …
Last month our boss promised *us* a bonus, but …

   söz**ünde** **durmak**   to keep **your** promise *

… söz**ün**de durma**dı** yine. Bütün patronlardan nefret ediyorum.
… he didn't keep **his** promise again. I hate all bosses.

'Alp bana söz verdi. Sence *sözünü* tutar mı?' 'Umarım tut**ar**.'
'Alp has given me his word. Do you think he will keep *his* word?' 'I hope so.'

	* grammar

The **possessive** suffix changes according to person:

sing: 1 sözümde   2 sözünde   3 sözünde
pl: 1 sözümüzde 2 sözünüzde 3 sözlerinde

As in the last example, you can also use it in the form: **sözünü tutmak**:

sing: 1 sözümü   2 sözünü   3 sözünü
pl: 1 sözümüzü 2 sözünüzü 3 sözlerini

word forms and phrases

sözünün eri   a man of his word

	Simple Present	Present Continuous	-di Past	-miş Past	Future
Ben	söz ver**i**rim	söz ver**i**yorum	söz verdim	söz ver**miş**im	söz ver**e**ce**ğ**im
	… vermem	… vermi**y**orum	… vermedim	… verme**miş**im	… vermeye**ce**ğim
	… ver**i**r miyim	… ver**i**yor muyum	… verdim mi	… ver**miş** miyim	… verecek miyim
Sen	… ver**i**rsin	… ver**i**yorsun	… verdin	… ver**miş**sin	… verecek**s**in
	… vermezsin	… vermi**y**orsun	… vermedin	… verme**miş**sin	… vermeyeceksin
	… ver**i**r misin	… ver**i**yor musun	… verdin mi	… ver**miş** misin	… verecek misin
O	… ver**i**r	… ver**i**yor	… verdi	… ver**miş**	… verecek
	… vermez	… vermi**y**or	… vermedi	… verme**miş**	… vermeyecek
	… ver**i**r mi	… ver**i**yor mu	… verdi mi	… ver**miş** mi	… verecek mi
Biz	… ver**i**riz	… ver**i**yoruz	… verdik	… ver**miş**iz	… vere**ce**ğiz
	… vermeyiz	… vermi**y**oruz	… vermedik	… verme**miş**iz	… vermeye**ce**ğiz
	… ver**i**r miyiz	… ver**i**yor muyuz	… verdik mi	… ver**miş** miyiz	… verecek miyiz
Siz	… ver**i**rsiniz	… ver**i**yorsunuz	… verdiniz	… ver**miş**siniz	… verecek**s**iniz
	… vermezsiniz	… vermi**y**orsunuz	… vermediniz	… verme**miş**siniz	… vermeyeceksiniz
	… ver**i**r misiniz	… ver**i**yor musunuz	… verdiniz mi	… ver**miş** misiniz	… verecek misiniz
Onlar	… ver**i**rler	… ver**i**yorlar	… verdiler	… ver**miş**ler	… verecekler
	… vermezler	… vermi**y**orlar	… vermediler	… verme**miş**ler	… vermeyecekler
	… ver**i**rler mi	… ver**i**yorlar mı	… verdiler mi	… ver**miş**ler mi	… verecekler mi

	Simple Present	Present Continuous	-di Past	-miş Past	Future
Ben	um				
Sen					
O					
Biz					
Siz					
Onlar					

170. hoşuna gitmek   to like

Ecem, sana bir şey söyleyeceğim ama hiç hoş**una** gitmey**ecek**.
Ecem, I'll tell you something, but you won't like it at all.

O film benim hiç hoş**uma** gitme**di**. Çok şiddet vardı.
I didn't like that film at all. There was too much violence.

Büyük anne ve babanı ziyaret etmişsin. Çok hoş**larına** git**miş**.
You visited you grandparents. They liked it very much.

   -mek/mak hoşuna gitmek   to like to/doing something

*Melek'le vakit geçir***mek** benim hoş**uma** gid**iyor**. Eğlenceli bir kız.
I like *spending time with Melek.* He is a fun girl.

*Sizi tekrar gör***mek** hoş**umuz**a gid**er**. Bir ara yine görüşelim.
We like *to see you again.* Let's meet again sometime.

grammar

This verb literally means *to suit your liking*. It is used with the personal pronouns in the *genitive* case, and the word **hoş** takes the *possessive* suffix according to the person. If the object refers to someone or something in the 3rd person (singular and plural), **gitmek** does not take a personal suffix, as in the examples on the left. However, if the object refers to the 1st and 2nd person (singular and plural), **gitmek** takes the personal suffix corresponding to the person of the object:

Sen çok hoşuma gidiyor**sun**.   I like **you** so much.
Ben kızın hoşuna gitmemiş**im**.   The girl didn't like **me**.

Hoşlanmak is another verb with the same meaning. It has a regular conjugation. The only difference is that it is used with an ablative suffix:

Sen**den** çok hoşlanıyorum.   Kız ben**den** hoşlanmamış.

Look at this example too:

Ben Melek'le vakit geçir**mekten** hoşlanıyorum.

	Simple Present	Present Continuous	-di Past	-miş Past	Future
Benim	hoş**uma** gid**er** … gitmez … gid**er** mi	… gid**iyor** … gitmiyor … gid**iyor** mu	… gi**tti** … gitme**di** … gi**tti** mi	… git**miş** … gitmemiş … git**miş** mi	… gid**ecek** … gitmey**ecek** … gid**ecek** mi
Senin	hoş**una** gid**er** … gitmez … gid**er** mi	… gid**iyor** … gitmiyor … gid**iyor** mu	… gi**tti** … gitme**di** … gi**tti** mi	… git**miş** … gitmemiş … git**miş** mi	… gid**ecek** … gitmey**ecek** … gid**ecek** mi
Onun	hoş**una** gid**er** … gitmez … gid**er** mi	… gid**iyor** … gitmiyor … gid**iyor** mu	… gi**tti** … gitme**di** … gi**tti** mi	… git**miş** … gitmemiş … git**miş** mi	… gid**ecek** … gitmey**ecek** … gid**ecek** mi
Bizim	hoş**umuza** gid**er** … gitmez … gid**er** mi	… gid**iyor** … gitmiyor … gid**iyor** mu	… gi**tti** … gitme**di** … gi**tti** mi	… git**miş** … gitmemiş … git**miş** mi	… gid**ecek** … gitmey**ecek** … gid**ecek** mi
Sizin	hoş**unuza** gid**er** … gitmez … gid**er** mi	… gid**iyor** … gitmiyor … gid**iyor** mu	… gi**tti** … gitme**di** … gi**tti** mi	… git**miş** … gitmemiş … git**miş** mi	… gid**ecek** … gitmey**ecek** … gid**ecek** mi
Onların	hoş**larına** gid**er** … gitmez … gid**er** mi	… gid**iyor** … gitmiyor … gid**iyor** mu	… gi**tti** … gitme**di** … gi**tti** mi	… git**miş** … gitmemiş … git**miş** mi	… gid**ecek** … gitmey**ecek** … gid**ecek** mi

	Simple Present	Present Continuous	-di Past	-miş Past	Future
Ben	söz ver				
Sen					
O					
Biz					
Siz					
Onlar					

EXERCISES   Verbs **161-170**

1. Match (1-8 to a-g; 9-16 to ğ-m).

1.	**-e** başvurmak	a. to hit (1. touch hard 2. crash into sth 3. hurt yourself)
2.	**-e** söz vermek	b. to have to (do something)
3.	**-e** vurmak	c. to defend
4.	gerekmek	ç. to promise; to make a promise
5.	**-e** saldırmak	d. to apply (make a formal request)
6.	**-i** uyarmak	e. to warn
7.	**-i** savunmak	f. to attack (1. use violence 2. in a war)
8.	**-i** vurgulamak	g. to emphasise
9.	**-i** vurmak	ğ. to warn someone about/against something
10.	uçmak	h. to keep your promise
11.	ummak	ı. to shoot (kill/injure)
12.	**-mek/mak** hoşuna gitmek	i. to attack with something
13.	sözünde durmak	j. to hope
14.	**-e karşı** uyarmak	k. to hit somebody on the head/back
15.	**ile** saldırmak	l. to like to/doing something
16.	biri**nin** kafasına/sırtına vurmak	m. to fly [intr] (1. birds/insects/planes 2. travel by plane)

2. Complete the sentences with the English translations in *italics*.

1. Kerem, ... Çok önemli.   Kerem, *I have to tell you something.* It's very important.

2. ...., her zamanki gibi.   *They didn't keep their promise,* as usual.

3. Melek ....   Melek *has applied to many universities.*

4. .... yemeklerimiz ....   *I hope you will like* our dishes.

5. İşe sürekli geç kalıyorsunuz. ....   You are always late for work. *I won't warn you again.*

6. Taraftarlar birbirlerine ....   The fans *are attacking* each other *with stones and sticks.*

7. Annemler hafta sonu ....   My parents *are flying to Antalya* at the weekend.

8. O adamla ....   *I don't like sharing the same office* with that man.

9. .... öğrenmelisin?   You should learn *to defend yourself.*

10. Bazı polisler .... acımasızca ....   (Allegedly) Some police officers *hit the protestors* cruelly.

3. Answer about yourself in complete sentences.

1. Boş vakitlerinizde ne yapmak hoşunuza gidiyor?   ....

2. Hiç **birine** (birini değil) vurdunuz mu? *   ....

3. En son kime, ne sözü verdiniz?   ....

4. Sık uçar mısınız? Genellikle nereye?   ....

5. Hafta sonları da çalışmanız gerekiyor mu?   ....

* Remember: birine **vurmak** hit someone (with your hand, a stick etc); birini **vurmak** shoot someone

4. Write the Turkish equivalents.

1. stress; stressed x unstressed ....
2. application; applicant ....
3. attack; attacker; aggressive ....
4. defence; self-defence ....
5. defenceless; vulnerable ....
6. written/verbal warning ....
7. without warning ....
8. legal notice ....
9. warning sign ....
10. necessary x unnecessary ....
11. plane ....
12. kite ....
13. hope; hopeful x hopeless ....
14. promising ....
15. a man of his word ....

Answers

1. 1d 2ç 3a 4b 5f 6e 7c 8g 9ı 10m 11j 12l 13h 14ğ 15i 16k

2. 1 sana bir şey söylemem gerekiyor 2 Sözlerinde durmadılar 3 birçok üniversiteye başvurdu/başvurmuş 4 Umarım, hoşunuza gider (*veya* yemeklerimizi beğenirsiniz/seversiniz) 5 Sizi bir daha uyarmayacağım 6 taş ve sopalarla saldırıyorlar 7 Antalya'ya uçuyorlar 8 aynı ofisi paylaşmak hoşuma gitmiyor (*veya* aynı ofisi paylaşmayı sevmiyorum)
9 Kendini savunmayı 10 protestoculara, vurmuş

3. Örneğin: 1 Boş zamanlarımı ailemle/arkadaşlarımla geçirmek hoşuma gidiyor. 2 Evet, vurdum. Birkaç yıl önce sokakta biriyle kavga ettim. 3 Kızıma bisiklet sözü verdim. (=Kızıma, ona bisiklet alacağıma söz verdim.) 4 Hayır, sık uçmam. / Evet, uçarım. Genellikle İstanbul'a. 5 Bazen gerekiyor. / Hayır, gerekmiyor.

4. 1 vurgu (can also translate as *stres*, meaning *worry*); vurgulu x vurgusuz 2 başvuru; başvurucu 3 saldırı; saldırgan 4 savunma; kendini savunma; nefsi müdafaa 5 savunmasız 6 yazılı/sözlü uyarı 7 uyarmadan 8 yasal uyarı 9 uyarı işareti 10 gerekli x gereksiz 11 uçak 12 uçurtma 13 umut (=ümit); umutlu/ümitli x umutsuz/ümitsiz 14 umut/ümit verici 15 sözünün eri

Can you write down the verbs you have learned in this set (verbs 161-170)?

....

....

....

....

....

171. (ile) ilgilenmek   to be interested (in something)

Taşınırlarken *yeni komşularımıza* yardım teklif ettik. İlgilenme**dil**er.
We offered help *to our new neighbours* when they moved. They weren't interested.

Benim babam gençliğinde uzun süre *rock müzikle* ilgilen**miş**.
My father was interested *in rock music* for a long time in his youth.

-mekle/makla ilgilenmek   to be interested in doing something

Bizimle çalışmakla ilgilen**ir** misiniz, Büşra Hanım?
Would you be interested *in working with us,* Ms Büşra?

ilgisini **çekmek**   to interest (arouse the interest of) *

On-line oyunlar (benim) ilgi**mi** hiç çekmi**yor**. Hiç oynamadım, bir kez bile
Online games don't interest me at all. I have never played, not even once.

<table>
<tr><td colspan="2">* grammar</td></tr>
<tr><td colspan="2">The **possessive** suffix changes according to person:</td></tr>
<tr><td colspan="2">singular: 1 ilgi**mi**   2 ilgi**ni**   3 ilgi**sini**
plural: 1 ilgi**mizi**   2 ilgi**nizi**   3 ilgi**lerini**</td></tr>
<tr><td colspan="2">It is used in the same way as the verb **hoşuna gitmek**.</td></tr>
</table>

word forms and phrases	
ilgi	1. interest 2. relevance
ilgi**li**	1. interested 2. relevant
ilgi**siz**	1. uninterested 2. irrelevant
ilg**inç**, ilgi çek**ici**	interesting
Seni ilgilendirmez.	It's none of your business/concern.

	Simple Present	Present Continuous	-di Past	-miş Past	Future
Ben	ilgilen**ir**im	ilgilen**iyor**um	ilgilen**dim**	ilgilen**miş**im	ilgilen**eceğ**im
	ilgilen**mem**	ilgilen**miyor**um	ilgilen**medim**	ilgilen**memiş**im	ilgilen**meyeceğ**im
	ilgilen**ir** miyim	ilgilen**iyor** muyum	ilgilen**dim** mi	ilgilen**miş** miyim	ilgilen**ecek** miyim
Sen	ilgilen**ir**sin	ilgilen**iyor**sun	ilgilen**din**	ilgilen**miş**sin	ilgilen**ecek**sin
	ilgilen**mezsin**	ilgilen**miyor**sun	ilgilen**medin**	ilgilen**memiş**sin	ilgilen**meyecek**sin
	ilgilen**ir** misin	ilgilen**iyor** musun	ilgilen**din** mi	ilgilen**miş** misin	ilgilen**ecek** misin
O	ilgilen**ir**	ilgilen**iyor**	ilgilen**di**	ilgilen**miş**	ilgilen**ecek**
	ilgilen**mez**	ilgilen**miyor**	ilgilen**medi**	ilgilen**memiş**	ilgilen**meyecek**
	ilgilen**ir** mi	ilgilen**iyor** mu	ilgilen**di** mi	ilgilen**miş** mi	ilgilen**ecek** mi
Biz	ilgilen**ir**iz	ilgilen**iyor**uz	ilgilen**dik**	ilgilen**miş**iz	ilgilen**eceğ**iz
	ilgilen**meyiz**	ilgilen**miyor**uz	ilgilen**medik**	ilgilen**memiş**iz	ilgilen**meyeceğ**iz
	ilgilen**ir** miyiz	ilgilen**iyor** muyuz	ilgilen**dik** mi	ilgilen**miş** miyiz	ilgilen**ecek** miyiz
Siz	ilgilen**ir**siniz	ilgilen**iyor**sunuz	ilgilen**diniz**	ilgilen**miş**siniz	ilgilen**ecek**siniz
	ilgilen**mezsiniz**	ilgilen**miyor**sunuz	ilgilen**mediniz**	ilgilen**memiş**siniz	ilgilen**meyecek**siniz
	ilgilen**ir** misiniz	ilgilen**iyor** musunuz	ilgilen**diniz** mi	ilgilen**miş** misiniz	ilgilen**ecek** misiniz
Onlar	ilgilen**ir**ler	ilgilen**iyor**lar	ilgilen**diler**	ilgilen**miş**ler	ilgilen**ecek**ler
	ilgilen**mezler**	ilgilen**miyor**lar	ilgilen**mediler**	ilgilen**memiş**ler	ilgilen**meyecek**ler
	ilgilen**ir**ler mi	ilgilen**iyor**lar mı	ilgilen**diler** mi	ilgilen**miş**ler mi	ilgilen**ecek**ler mi

	Simple Present	Present Continuous	-di Past	-miş Past	Future
Benim	hoş**um**a git				
Senin					
Onun					
Bizim					
Sizin					
Onların					

172. eklemek   to add (1. put with something else 2. count 3. say more)

Çorba biraz koyu olmuş. Biraz sıcak su ekleyebilirsin.
The soup is a bit thick. You can add some hot water.

Eklemek istediğiniz bir şey var mı, Ayşe Hanım?
Is there anything *you would like to add,* Ms Ayşe?

-e eklemek   to add something **to** something

Peki. Sizin adınızı da *listeye* ekliyorum.
Okay. I'm adding your name **to** *the list* too.

Satış fiyatına ₺35 kargo ücreti eklemeyi unutma.
Don't forget to add ₺35 shipping cost **to** *the selling price.*

Ben *sonuç bildirisine* bir şey eklemek istiyorum.
I would like to add something **to** *the closing statement.*

word forms and phrases	
ek	1. addition (sth that is added to sth else)
	2. attachment (to an e-mail)
	3. appendix (at the end of a book)
	4. suffix

	Simple Present	Present Continuous	-di Past	-miş Past	Future
Ben	eklerim	ekliyorum	ekledim	eklemişim	ekleyeceğim
	eklemem	eklemiyorum	eklemedim	eklememişim	eklemeyeceğim
	ekler miyim	ekliyor muyum	ekledim mi	eklemiş miyim	ekleyecek miyim
Sen	eklersin	ekliyorsun	ekledin	eklemişsin	ekleyeceksin
	eklemezsin	eklemiyorsun	eklemedin	eklememişsin	eklemeyeceksin
	ekler misin	ekliyor musun	ekledin mi	eklemiş misin	ekleyecek misin
O	ekler	ekliyor	ekledi	eklemiş	ekleyecek
	eklemez	eklemiyor	eklemedi	eklememiş	eklemeyecek
	ekler mi	ekliyor mu	ekledi mi	eklemiş mi	ekleyecek mi
Biz	ekleriz	ekliyoruz	ekledik	eklemişiz	ekleyeceğiz
	eklemeyiz	eklemiyoruz	eklemedik	eklememişiz	eklemeyeceğiz
	ekler miyiz	ekliyor muyuz	ekledik mi	eklemiş miyiz	ekleyecek miyiz
Siz	eklersiniz	ekliyorsunuz	eklediniz	eklemişsiniz	ekleyeceksiniz
	eklemezsiniz	eklemiyorsunuz	eklemediniz	eklememişsiniz	eklemeyeceksiniz
	ekler misiniz	ekliyor musunuz	eklediniz mi	eklemiş misiniz	ekleyecek misiniz
Onlar	eklerler	ekliyorlar	eklediler	eklemişler	ekleyecekler
	eklemezler	eklemiyorlar	eklemediler	eklememişler	eklemeyecekler
	eklerler mi	ekliyorlar mı	eklediler mi	eklemişler mi	ekleyecekler mi

	Simple Present	Present Continuous	-di Past	-miş Past	Future
Ben	ilgilen				
Sen					
O					
Biz					
Siz					
Onlar					

173. yanmak   to burn [intr]

Mahallemizdeki tarihî hamam dün gece *tamamen* yan**dı**.
The historic bath in our neighbourhood burnt *to the ground* last night.

Bu dallar ıslak, yanmı**yor**. Kuru dal bulmamız gerekiyor.
These branches are wet, they won't burn. We must find dry branches.

Fırını 20 dakika sonra kapat. Yoksa tavuk yan**ar**.
Turn off the oven after 20 minutes. Otherwise, the chicken will burn.

Bütün ışıklar yanı**yor**du fakat evde kimse yoktu.
All the lights were burning (= on), but there was no one in the house.

Yüzün ve boynun fena yan**mış**. Niye güneş kremi kullanmadın?
Your face and neck are badly burned. Why didn't you use sun cream?

word forms and phrases	
yan**gın**	fire (flames that destroy things)
yangın alarmı	fire alarm
yangın söndürücü	fire extinguisher
yanıcı	flammable
yan**maz**	nonflammable; fireproof
yan**an** (bina/araba)	burning (building/car)
itfaiye	fire service/department
itfaiye aracı	fire engine/truck
itfaiye**ci**	firefighter

	Simple Present	Present Continuous	-di Past	-miş Past	Future
Ben	yan**ar**ım	yanı**yor**um	yan**dı**m	yan**mış**ım	yan**acağ**ım
	yanmam	yanmı**yor**um	yanmadım	yanmamışım	yanmay**acağ**ım
	yan**ar** mıyım	yanı**yor** muyum	yan**dı**m mı	yan**mış** mıyım	yan**acak** mıyım
Sen	yan**ar**sın	yanı**yor**sun	yan**dı**n	yan**mış**sın	yan**acak**sın
	yanmazsın	yanmı**yor**sun	yanmadın	yanmamışsın	yanmay**acak**sın
	yan**ar** mısın	yanı**yor** musun	yan**dı**n mı	yan**mış** mısın	yan**acak** mısın
O	yan**ar**	yanı**yor**	yan**dı**	yan**mış**	yan**acak**
	yanmaz	yanmı**yor**	yanmadı	yanmamış	yanmay**acak**
	yan**ar** mı	yanı**yor** mu	yan**dı** mı	yan**mış** mı	yan**acak** mı
Biz	yan**ar**ız	yanı**yor**uz	yan**dı**k	yan**mış**ız	yan**acağ**ız
	yanmayız	yanmı**yor**uz	yanmadık	yanmamışız	yanmay**acağ**ız
	yan**ar** mıyız	yanı**yor** muyuz	yan**dı**k mı	yan**mış** mıyız	yan**acak** mıyız
Siz	yan**ar**sınız	yanı**yor**sunuz	yan**dı**nız	yan**mış**sınız	yan**acak**sınız
	yanmazsınız	yanmı**yor**sunuz	yanmadınız	yanmamışsınız	yanmay**acak**sınız
	yan**ar** mısınız	yanı**yor** musunuz	yan**dı**nız mı	yan**mış** mısınız	yan**acak** mısınız
Onlar	yan**ar**lar	yanı**yor**lar	yan**dı**lar	yan**mış**lar	yan**acak**lar
	yanmazlar	yanmı**yor**lar	yanmadılar	yanmamışlar	yanmay**acak**lar
	yan**ar**lar mı	yanı**yor**lar mı	yan**dı**lar mı	yan**mış**lar mı	yan**acak**lar mı

	Simple Present	Present Continuous	-di Past	-miş Past	Future
Ben	ekle				
Sen					
O					
Biz					
Siz					
Onlar					

174. -i yakmak   to burn [tr]

Tarihî hamamı yak**mış**lar diyorlar. Alışveriş merkezi yapacaklarmış.
They say they burnt *the historic bath.* They are going to build a
shopping centre.

Ormandaki bütün dallar ıslaktı. *Kamp ateşi* yak**a**madık.
All branches in the forest were wet. We couldn't light *a campfire.*

Boşandıktan sonra *tüm düğün fotoğraflarını* yak**mış**.
After she got divorced, she burnt *all her wedding photos.*

Tavuğu yak**tım**. Fırını kapatmayı unuttum. Pizza sipariş edelim mi?
I burnt *the chicken.* I forgot to turn off the oven. Shall we order pizza?

'Ütü kızgın, dokunma. *Elini* yak**ars**ın.' diye uyardım seni.
'The iron is hot, don't touch it. You will burn *your hand.'* I have warned you.

	note
	We also use the verb **yakmak** in the phrase *canını yakmak*. It means *to injure someone* (literally: to burn someone's soul). The noun *can* take the possessive suffix corresponding to the person in the object: Kolumu bırak! Canımı yakıyorsun! Let go of my arm! You are hurting me! We also use it in the form: canı **yanmak**, which means *it hurts*: Eğildiğimde canım yanıyor. It hurts when I bend down. X **Don't say:** Eğildiğimde belim **yanıyor**. ✓ **Say:** Eğildiğimde belim **ağrıyor**. My back hurts when I bend down.

	Simple Present	Present Continuous	-di Past	-miş Past	Future
Ben	yakarım yakmam yak**ar** mıyım	yak**ı**yorum yakmıyorum yak**ı**yor muyum	yaktım yakmadım yaktım mı	yak**mış**ım yakmamışım yak**mış** mıyım	yak**acağ**ım yakmay**acağ**ım yak**acak** mıyım
Sen	yakarsın yakmazsın yak**ar** mısın	yak**ı**yorsun yakmıyorsun yak**ı**yor musun	yaktın yakmadın yaktın mı	yak**mış**sın yakmamışsın yak**mış** mısın	yak**acak**sın yakmay**acak**sın yak**acak** mısın
O	yak**ar** yakmaz yak**ar** mı	yak**ı**yor yakmıyor yak**ı**yor mu	yaktı yakmadı yaktı mı	yak**mış** yakmamış yak**mış** mı	yak**acak** yakmay**acak** yak**acak** mı
Biz	yakarız yakmayız yak**ar** mıyız	yak**ı**yoruz yakmıyoruz yak**ı**yor muyuz	yaktık yakmadık yaktık mı	yak**mış**ız yakmamışız yak**mış** mıyız	yak**acağ**ız yakmay**acağ**ız yak**acak** mıyız
Siz	yakarsınız yakmazsınız yak**ar** mısınız	yak**ı**yorsunuz yakmıyorsunuz yak**ı**yor musunuz	yaktınız yakmadınız yaktınız mı	yak**mış**sınız yakmamışsınız yak**mış** mısınız	yak**acak**sınız yakmay**acak**sınız yak**acak** mısınız
Onlar	yak**ar**lar yakmazlar yak**ar**lar mı	yak**ı**yorlar yakmıyorlar yak**ı**yorlar mı	yaktılar yakmadılar yaktılar mı	yak**mış**lar yakmamışlar yak**mış**lar mı	yak**acak**lar yakmay**acak**lar yak**acak**lar mı

	Simple Present	Present Continuous	-di Past	-miş Past	Future
Ben	yan				
Sen					
O					
Biz					
Siz					
Onlar					

175. -i yaratmak   to create (God)   **yaratmak**   to create (produce or bring about)

Kutsal kitaplar: 'Allah *Dünya'yı* altı günde yarattı.' diye yazar.
The holy books say: 'God created *the Earth* in six days.'

Dün geceki yangın mahallede *büyük korku* yarattı.
Last night's fire created (= caused) *great fear* in the neighbourhood.

Daha fazla turist için *yeni cazibe merkezleri* yarat**malı**yız.
We need to create *new attractions* for more tourists.

Yeni fabrika şehrimizde *500 yeni iş imkânı* (= fırsatı) yarat**acak**.
The new factory will create *500 new job opportunities* in our city.

Fakat *birçok problem* de yarat**acak**, çevre kirliliği gibi.
But it will also create *a lot of problems,* like environmental pollution.

note
Some people prefer to use **yaratmak** only in the meaning of *creating out of nothing,* as in the first example. For other meanings, they use **oluşturmak** (to form), **neden olmak** (to cause), **meydan getirmek** (to compose), etc.

word forms and phrases	
Yaradan	the Creator
yaratıcı	creative
(dizayn/yönetmen)	(design/director)

	Simple Present	Present Continuous	-di Past	-miş Past	Future
Ben	yaratırım yaratmam yaratır mıyım	yaratıyorum yaratmıyorum yaratıyor muyum	yarattım yaratmadım yarattım mı	yaratmışım yaratmamışım yaratmış mıyım	yaratacağım yaratmayacağım yaratacak mıyım
Sen	yaratırsın yaratmazsın yaratır mısın	yaratıyorsun yaratmıyorsun yaratıyor musun	yarattın yaratmadın yarattın mı	yaratmışsın yaratmamışsın yaratmış mısın	yaratacaksın yaratmayacaksın yaratacak mısın
O	yaratır yaratmaz yaratır mı	yaratıyor yaratmıyor yaratıyor mu	yarattı yaratmadı yarattı mı	yaratmış yaratmamış yaratmış mı	yaratacak yaratmayacak yaratacak mı
Biz	yaratırız yaratmayız yaratır mıyız	yaratıyoruz yaratmıyoruz yaratıyor muyuz	yarattık yaratmadık yarattık mı	yaratmışız yaratmamışız yaratmış mıyız	yaratacağız yaratmayacağız yaratacak mıyız
Siz	yaratırsınız yaratmazsınız yaratır mısınız	yaratıyorsunuz yaratmıyorsunuz yaratıyor musunuz	yarattınız yaratmadınız yarattınız mı	yaratmışsınız yaratmamışsınız yaratmış mısınız	yaratacaksınız yaratmayacaksınız yaratacak mısınız
Onlar	yaratırlar yaratmazlar yaratırlar mı	yaratıyorlar yaratmıyorlar yaratıyorlar mı	yarattılar yaratmadılar yarattılar mı	yaratmışlar yaratmamışlar yaratmışlar mı	yaratacaklar yaratmayacaklar yaratacaklar mı

	Simple Present	Present Continuous	-di Past	-miş Past	Future
Ben	yak				
Sen					
O					
Biz					
Siz					
Onlar					

176. kavga etmek   to fight (1. hit people 2. quarrel)

Demir okulda kavga et**miş**. Öğretmeni aradı. Okula gitmem gerekiyor.
Demir fought at school. His teacher called. I have to go to the school.

Paylaşmak varken neden kavga ed**iyor**sunuz, çocuklar?
Why are you fighting, children, *when you could share?*

Oğlunuzla sınıfından başka bir oğlan *bir kız için* kavga et**miş**ler.
Your son and another boy in his class have fought *over a girl*.

    biri **ile** kavga etmek   to fight **with** someone

Aptalca şeyler için *insanlarla* kavga et**mek** hoşuma gitmiyor.
I don't like fighting *with people* about stupid things.

Cengiz sürekli *patronla* kavga ed**iyor**muş. Adam işten atılacak bir gün.
Cengiz is always arguing *with the boss.* The man will be fired one day.

word forms and phrases	
kavga	fight; quarrel
kavgacı	brawly; quarrelsome
kavga çıkarmak	to pick a fight/an argument
kavgaya karışmak	to be involved in a fight

	Simple Present	Present Continuous	-di Past	-miş Past	Future
Ben	kavga ed**erim** ... et**mem** ... ed**er** miyim	kavga ed**iyor**um ... etmi**yor**um ... ed**iyor** muyum	kavga et**tim** ... et**medim** ... et**tim** mi	kavga et**mişim** ... et**memişim** ... et**miş** miyim	kavga ed**eceğim** ... et**meyeceğim** ... ed**ecek** miyim
Sen	... ed**ersin** ... et**mezsin** ... ed**er** misin	... ed**iyor**sun ... etmi**yor**sun ... ed**iyor** musun	... et**tin** ... et**medin** ... et**tin** mi	... et**mişsin** ... et**memişsin** ... et**miş** misin	... ed**ecek**sin ... et**meyecek**sin ... ed**ecek** misin
O	... ed**er** ... et**mez** ... ed**er** mi	... ed**iyor** ... etmi**yor** ... ed**iyor** mu	... et**ti** ... et**medi** ... et**ti** mi	... et**miş** ... et**memiş** ... et**miş** mi	... ed**ecek** ... et**meyecek** ... ed**ecek** mi
Biz	... ed**eriz** ... et**meyiz** ... ed**er** miyiz	... ed**iyor**uz ... etmi**yor**uz ... ed**iyor** muyuz	... et**tik** ... et**medik** ... et**tik** mi	... et**mişiz** ... et**memişiz** ... et**miş** miyiz	... ed**eceğiz** ... et**meyeceğiz** ... ed**ecek** miyiz
Siz	... ed**ersiniz** ... et**mezsiniz** ... ed**er** misiniz	... ed**iyor**sunuz ... etmi**yor**sunuz ... ed**iyor** musunuz	... et**tiniz** ... et**mediniz** ... et**tiniz** mi	... et**mişsiniz** ... et**memişsiniz** ... et**miş** misiniz	... ed**ecek**siniz ... et**meyecek**siniz ... ed**ecek** misiniz
Onlar	... ed**erler** ... et**mezler** ... ed**erler** mi	... ed**iyor**lar ... etmi**yor**lar ... ed**iyor**lar mı	... et**tiler** ... et**mediler** ... et**tiler** mi	... et**mişler** ... et**memişler** ... et**mişler** mi	... ed**ecekler** ... et**meyecekler** ... ed**ecekler** mi

	Simple Present	Present Continuous	-di Past	-miş Past	Future
Ben	yarat				
Sen					
O					
Biz					
Siz					
Onlar					

177. acele etmek   to hurry (do something or go somewhere more quickly)

Telefonumun çok az şarjı kaldı, her an bitebilir. Acele et!
My phone has little juice left, it may die any minute. Hurry up!

Hadi, çocuklar, acele edin. Okula geç kalacaksınız.
Come on, kids, hurry up. You will be late for school.

   -mek/mak için acele etmek   to hurry to do sth

Son treni yakalamak için acele etmeliyiz.
We have to hurry *to catch the last train.*

   birini **acele ettirmek**   to rush (make sb do more quickly)

Beni acele ettir**din**. Telefonumu evde unuttum.
You hurried *me.* I left my mobile at home.

word forms and phrases	
acele	hurry, rush
acele posta	express post/mail
aceleyle	in a hurry
evden/ofisten aceleyle çıkmak	to leave the house/office in a hurry
(bir şeyi) aceleye getirmek.	to do (sth) hastily and carelessly
Acele işe şeytan karışır.	Haste makes waste. Literally: The devil interferes with things done hastily and carelessly.

	Simple Present	Present Continuous	-di Past	-miş Past	Future
Ben	acele ederim ... etmem ... eder miyim	acele ediyorum ... etmiyorum ... ediyor muyum	acele ettim ... etmedim ... ettim mi	acele etmişim ... etmemişim ... etmiş miyim	acele edeceğim ... etmeyeceğim ... edecek miyim
Sen	... edersin ... etmezsin ... eder misin	... ediyorsun ... etmiyorsun ... ediyor musun	... ettin ... etmedin ... ettin mi	... etmişsin ... etmemişsin ... etmiş misin	... edeceksin ... etmeyeceksin ... edecek misin
O	... eder ... etmez ... eder mi	... ediyor ... etmiyor ... ediyor mu	... etti ... etmedi ... etti mi	... etmiş ... etmemiş ... etmiş mi	... edecek ... etmeyecek ... edecek mi
Biz	... ederiz ... etmeyiz ... eder miyiz	... ediyoruz ... etmiyoruz ... ediyor muyuz	... ettik ... etmedik ... ettik mi	... etmişiz ... etmemişiz ... etmiş miyiz	... edeceğiz ... etmeyeceğiz ... edecek miyiz
Siz	... edersiniz ... etmezsiniz ... eder misiniz	... ediyorsunuz ... etmiyorsunuz ... ediyor musunuz	... ettiniz ... etmediniz ... ettiniz mi	... etmişsiniz ... etmemişsiniz ... etmiş misiniz	... edeceksiniz ... etmeyeceksiniz ... edecek misiniz
Onlar	... ederler ... etmezler ... ederler mi	... ediyorlar ... etmiyorlar ... ediyorlar mı	... ettiler ... etmediler ... ettiler mi	... etmişler ... etmemişler ... etmişler mi	... edecekler ... etmeyecekler ... edecekler mi

	Simple Present	Present Continuous	-di Past	-miş Past	Future
Ben	kavga et				
Sen					
O					
Biz					
Siz					
Onlar					

178. -i takip etmek   to follow (1. go after 2. understand 3. social media 4. go in particular direction 5 be interested in)

Şu adamlar on dakikadır *bizi* takip ediyorlar. Sen de fark ettin mi?
Those men have been following *us* for ten minutes. Have you also noticed that?

Ben bugün *öğretmeni* pek iyi takip edemedim. Başım fena ağrıyordu.
Today I couldn't follow *the teacher* well enough. I had a terrible headache.

Sen Twitter ve Instagram'da *hangi ünlüleri* takip ediyorsun?
Which celebrities do you follow on Twitter and Instagram?

Işıklara **kadar** *ana yolu* takip edin sonra sağa dönün, tamam mı?
Follow *the main road* **up** the lights, and then turn right, all right?

word forms and phrases	
takipçi	follower
aşağıdaki sorular	following questions
sonraki ünite/bölüm	following unit/chapter

Kocam *futbol maçlarını* takip etmez. Futboldan hoşlanmıyor, aynı benim gibi.
My husband doesn't follow *football matches.* He doesn't like football, just like me.

	Simple Present	Present Continuous	-di Past	-miş Past	Future
Ben	takip ederim	takip ediyorum	takip ettim	takip etmişim	takip edeceğim
	... etmem	... etmiyorum	... etmedim	... etmemişim	... etmeyeceğim
	... eder miyim	... ediyor muyum	... ettim mi	... etmiş miyim	... edecek miyim
Sen	... edersin	... ediyorsun	... ettin	... etmişsin	... edeceksin
	... etmezsin	... etmiyorsun	... etmedin	... etmemişsin	... etmeyeceksin
	... eder misin	... ediyor musun	... ettin mi	... etmiş misin	... edecek misin
O	... eder	... ediyor	... etti	... etmiş	... edecek
	... etmez	... etmiyor	... etmedi	... etmemiş	... etmeyecek
	... eder mi	... ediyor mu	... etti mi	... etmiş mi	... edecek mi
Biz	... ederiz	... ediyoruz	... ettik	... etmişiz	... edeceğiz
	... etmeyiz	... etmiyoruz	... etmedik	... etmemişiz	... etmeyeceğiz
	... eder miyiz	... ediyor muyuz	... ettik mi	... etmiş miyiz	... edecek miyiz
Siz	... edersiniz	... ediyorsunuz	... ettiniz	... etmişsiniz	... edeceksiniz
	... etmezsiniz	... etmiyorsunuz	... etmediniz	... etmemişsiniz	... etmeyeceksiniz
	... eder misiniz	... ediyor musunuz	... ettiniz mi	... etmiş misiniz	... edecek misiniz
Onlar	... ederler	... ediyorlar	... ettiler	... etmişler	... edecekler
	... etmezler	... etmiyorlar	... etmediler	... etmemişler	... etmeyecekler
	... ederler mi	... ediyorlar mı	... ettiler mi	... etmişler mi	... edecekler mi

	Simple Present	Present Continuous	-di Past	-miş Past	Future
Ben	acele et				
Sen					
O					
Biz					
Siz					
Onlar					

179. -i merak etmek   1. to be curious 2. to wonder (want to know about sth)

Sen *insanların özel yaşamlarını* niçin bu kadar merak ediyorsun?
Why are you so curious about *people's private lives?*

Ben *senin Amerika'daki hayatını* çok merak ediyorum.
I'm very curious about *your life in America.*

Biz sizin yine niye kavga ettiğinizi merak ediyoruz.
We wonder why you were fighting again.

Arzu aradı az önce. *Nasıl olduğumu* merak etmiş.
Arzu called a while ago. She wanted to know *how I was.*

Aslı beni çok kırdı. *Özür dileyip dilemeyeceğini* merak ediyorum.
Aslı has hurt me a lot. I wonder *if she will apologise.*

word forms and phrases	
merak	curiosity
meraklı	curious (wanting to know about sth)
Fazla merak iyi değildir.	Curiosity killed the cat. Literally: Too much curiosity isn't good.

	Simple Present	Present Continuous	-di Past	-miş Past	Future
Ben	merak ederim ... etmem ... eder miyim	merak ediyorum ... etmiyorum ... ediyor muyum	merak ettim ... etmedim ... ettim mi	merak etmişim ... etmemişim ... etmiş miyim	merak edeceğim ... etmeyeceğim ... edecek miyim
Sen	... edersin ... etmezsin ... eder misin	... ediyorsun ... etmiyorsun ... ediyor musun	... ettin ... etmedin ... ettin mi	... etmişsin ... etmemişsin ... etmiş misin	... edeceksin ... etmeyeceksin ... edecek misin
O	... eder ... etmez ... eder mi	... ediyor ... etmiyor ... ediyor mu	... etti ... etmedi ... etti mi	... etmiş ... etmemiş ... etmiş mi	... edecek ... etmeyecek ... edecek mi
Biz	... ederiz ... etmeyiz ... eder miyiz	... ediyoruz ... etmiyoruz ... ediyor muyuz	... ettik ... etmedik ... ettik mi	... etmişiz ... etmemişiz ... etmiş miyiz	... edeceğiz ... etmeyeceğiz ... edecek miyiz
Siz	... edersiniz ... etmezsiniz ... eder misiniz	... ediyorsunuz ... etmiyorsunuz ... ediyor musunuz	... ettiniz ... etmediniz ... ettiniz mi	... etmişsiniz ... etmemişsiniz ... etmiş misiniz	... edeceksiniz ... etmeyeceksiniz ... edecek misiniz
Onlar	... ederler ... etmezler ... ederler mi	... ediyorlar ... etmiyorlar ... ediyorlar mı	... ettiler ... etmediler ... ettiler mi	... etmişler ... etmemişler ... etmişler mi	... edecekler ... etmeyecekler ... edecekler mi

	Simple Present	Present Continuous	-di Past	-miş Past	Future
Ben	takip et				
Sen					
O					
Biz					
Siz					
Onlar					

180. rüya /rüya:/ görmek   to have a dream (while sleeping)

Sen sık rüya gör**ür** müsün? Ben nadiren gör**üyor**um.
Do you often have dreams? I rarely have.

'Dün gece tuhaf bir rüya gör**düm**.'   'Ne gör**dün**?
'Last night I had a weird dream.'   'What did you dream about?'

   -i rüyasında görmek   to have a dream about/that *

Dün gece rüya**m**da *rahmetli annemi* gör**düm**.
I dreamt about *my late mother* last night.

Tanımadığımız insanları rüyaları**mız**da nasıl görebil**iyor**uz?
How come we dream about *people we don't know?*

Verda rüyasında *evlendiğini* gör**müş**. Daha 16 yaşında kız.
Verda had a dream *that she got married*. The girl is only 16.

*** grammar**

The **possessive** suffix changes according to person:

singular: 1 rüya**m**da   2 rüya**n**da   3 rüya**sın**da
plural: 1 rüya**mız**da 2 rüya**nız**da 3 rüya**ları**nda

The **-da** is the locative case suffix.

The noun in the accusative can come after or before **rüya...da**, as in the first two examples. The verbal adverb (evlen**diğini**) usually comes after **rüya...da**, as in the third example.

We use the verb **hayal etmek** in the meaning of *wishing* or *imagining*. We will learn it on the next page.

word forms and phrases

kâbus görmek	to have a nightmare
Rüyanda görürsün!	In your dreams!

	Simple Present	Present Continuous	-di Past	-miş Past	Future
Ben	rüya gör**ür**üm	rüya gör**üyor**um	rüya gör**düm**	rüya gör**müş**üm	rüya gör**eceğ**im
	... gör**me**m	... gör**müyor**um	... gör**me**dim	... gör**me**şim	... gör**meyeceğ**im
	... gör**ür** müyüm	... gör**üyor** muyum	... gör**düm** mü	... gör**müş** müyüm	... gör**ecek** miyim
Sen	... gör**ür**sün	... gör**üyor**sun	... gör**dün**	... gör**müş**sün	... gör**ecek**sin
	... gör**mez**sin	... gör**müyor**sun	... gör**me**din	... gör**me**şsin	... gör**meyecek**sin
	... gör**ür** müsün	... gör**üyor** musun	... gör**dün** mü	... gör**müş** müsün	... gör**ecek** misin
O	... gör**ür**	... gör**üyor**	... gör**dü**	... gör**müş**	... gör**ecek**
	... gör**mez**	... gör**müyor**	... gör**me**di	... gör**me**miş	... gör**meyecek**
	... gör**ür** mü	... gör**üyor** mu	... gör**dü** mü	... gör**müş** mü	... gör**ecek** mi
Biz	... gör**ür**üz	... gör**üyor**uz	... gör**dük**	... gör**müş**üz	... gör**eceğ**iz
	... gör**meyiz**	... gör**müyor**uz	... gör**me**dik	... gör**me**mişiz	... gör**meyeceğ**iz
	... gör**ür** müyüz	... gör**üyor** muyuz	... gör**dük** mü	... gör**müş** müyüz	... gör**ecek** miyiz
Siz	... gör**ür**sünüz	... gör**üyor**sunuz	... gör**dünüz**	... gör**müş**sünüz	... gör**ecek**siniz
	... gör**mez**siniz	... gör**müyor**sunuz	... gör**me**diniz	... gör**me**mişsiniz	... gör**meyecek**siniz
	... gör**ür** müsünüz	... gör**üyor** musunuz	... gör**dünüz** mü	... gör**müş** müsünüz	... gör**ecek** misiniz
Onlar	... gör**ür**ler	... gör**üyor**lar	... gör**dü**ler	... gör**müş**ler	... gör**ecek**ler
	... gör**mez**ler	... gör**müyor**lar	... gör**me**diler	... gör**me**mişler	... gör**meyecek**ler
	... gör**ür**ler mi	... gör**üyor**lar mı	... gör**dü**ler mi	... gör**müş**ler mi	... gör**ecek**ler mi

	Simple Present	Present Continuous	-di Past	-miş Past	Future
Ben	merak et				
Sen					
O					
Biz					
Siz					
Onlar					

EXERCISES   Verbs **171-180**

1. Match (1-8 to a-g; 9-16 to ğ-m).

1. **-i** rüyasında görmek	a. 1. to be curious 2. to wonder (want to know about something)
2. **(ile)** ilgilenmek	b. to burn [intr]
3. eklemek	c. 1. to create (God) 2. to create (produce or bring about)
4. yanmak	ç. to be interested (in something)
5. **(-i)** yaratmak	d. to fight (with)
6. acele etmek	e. to have a dream about/that
7. **-i** merak etmek	f. to add (1. put with something else 2. count 3. say more)
8. **(ile)** kavga etmek	g. to hurry (do something or go somewhere more quickly)
9. kavgaya karışmak	ğ. to rush (make somebody do more quickly)
10. **-i** takip etmek	h. to add something to something
11. ilgisini çekmek	ı. to burn [tr]
12. **-e** eklemek	i. to have a nightmare
13. **-i** yakmak	j. to be interested in doing something
14. kâbus görmek	k. to interest (arouse the interest of)
15. **-mekle/makla** ilgilenmek	l. to be involved in a fight
16. birini acele ettirmek	m. to follow (1. go after 2. understand 3. social media 4. be interested in)

2. These sentences contain errors in the noun suffixes (possessive, case, **-le**) **or in the verb suffixes** (tense, person), **or both. Find the errors and correct them.**

1. Benim kocam siyasete asla takip eder. Siyasetten nefret eder.   ~~siyasete~~ *siyaseti*, takip ~~eder~~ *etmez*

2. Ben o kızla ilgilenmiyorum. Hiç benim tipim değil.   o ~~kızı~~ *kızla*

3. Oğlum dün gece çok kötü bir kâbus görecek. Çok korkmuş. ....

4. Seni ilgilendirmeyen şeylerden merak et, oldu mu? ....

5. Hasan bugün okulda bir arkadaşını kavga etti. Öğretmeni aradı. ....

6. Mehmet sıcak tavaya dokundu. Eline yaktın. ....

7. Gelişen teknoloji yeni iş imkânlarıyla yaratıyor. ....

8. Derste çocukların ilgimizi çekmek zor. ....

9. Ben geçen gece eski kız arkadaşımı rüyasında görür. ....

10. Alışveriş listesinde eklemek istediğin bir şey var mı, hayatım? ....

3. Answer about yourself in complete sentences.

1. Hiç bir yerinizi (elinizi, kolunuzu vb) yaktınız mı? ....

2. Boş zamanlarınızda **neyle** ilgilenirsiniz? ....

3. Sık rüya veya kâbus görür müsünüz? ....

4. Hiç bir kavgaya karıştınız mı? **Yaralandınız** mı? ....

5. Sosyal medyada hangi ünlüleri takip ediyorsunuz? ....

neyle (= ne ile) in what
-i yaralamak injure (your leg, shoulder etc); wound (someone with a gun, knife etc); **yaralanmak** be injured; wounded

4. Write the Turkish equivalents.

1. interest; relevance; interesting ....

2. interested; relevant x uninterested; irrelevant ....

3. It's none of your business/concern. ....

4. addition; attachment; appendix; suffix ....

5. fire (flames that destroy things) ....

6. fire alarm; fire extinguisher ....

7. flammable x nonflammable; fireproof ....

8. the Creator; creative ....

9. fight; quarrel; brawly; quarrelsome ....

10. necessary x unnecessary ....

11. hurry; rush; in a hurry ....

12. Haste makes waste. ....

13. follower ....

14. curiosity; curious ....

15. dream; nightmare; In your dreams! ....

Answers

1. 1e 2ç 3f 4b 5c 6g 7a 8d 9l 10m 11k 12h 13ı 14i 15j 16ğ

2. 1 ~~siyasete~~ siyaseti, takip ~~eder~~ etmez 2 ~~kızı~~ kızla 3 ~~görecek~~ görmüş 4 ~~şeylerden~~ şeyleri merak ~~et~~ etme 5 ~~arkadaşını~~ arkadaşıyla kavga ~~etti~~ etmiş 6 ~~Eline yaktın~~ Elini yaktı 7 ~~imkânlarıyla~~ imkânları 8 ~~ilgimizi~~ ilgisini/ilgilerini 9 ~~rüyasında görür~~ rüyamda gördüm 10 Alışveriş ~~listesinde~~ listesine

3. Örneğin: 1 Ayağımı yaktım. Sıcak su döküldü (spill). 2 Boş vakitlerimde kaligrafi ve fotoğrafçılık (photography) ile ilgilenirim. 3 Evet, ikisini de sık görürüm. 4 Evet, karıştım ama yaralanmadım. 5 Hiçbir ünlüyü takip etmiyorum. Sosyal medyayla çok ilgilenmiyorum.

4. 1 ilgi; ilginç, ilgi çekici (=enteresan) 2 ilgili x ilgisiz 3 Seni ilgilendirmez. 4 ek 5 yangın 6 yangın alarmı; yangın söndürücü 7 yanıcı x yanmaz 8 Yaradan; yaratıcı 9 kavga; kavgacı 10 gerekli x gereksiz 11 acele; aceleyle 12 Acele işe şeytan karışır. 13 takipçi 14 merak; meraklı 15 rüya; kâbus; Rüyanda görürsün!

Can you write down the verbs you have learned in this set (verbs 171-180)?

....

....

....

....

....

181. hayal etmek   1. to dream 2. to imagine

Ben ortaokuldan beri hep *yurtdışında bir üniversite* hayal et**tim**.
I have always dreamed of *a university abroad* since secondary school.

   -meyi/mayı hayal etmek   to dream of doing something

Ben hep *Amerika'da bir üniversitede oku**mayı*** hayal ettim.
I have always dreamed of *studying at a university in America.*

   hayal**ini** **gerçekleştirmek**   to fulfil your dream *

*Hayal**imi*** gerçekleştir**dim**, Allah'a şükür. Geçen yıl MIT'ten mezun oldum.
I fulfilled *my dream,* thank God. I graduated from MIT last year.

Günümüzde insanlar *cep telefonsuz* bir yaşam (= hayat) hayal ed**emiyor**.
Today, people can't imagine a life *without mobile phones.*

<table>
<tr><td colspan="2" align="center">* grammar</td></tr>
<tr><td colspan="2">The possessive suffix changes according to person:</td></tr>
<tr><td colspan="2">singular: 1 hayalimi   2 hayalini   3 hayalini
plural: 1 hayalimizi 2 hayalinizi 3 hayallerini</td></tr>
<tr><td colspan="2">Since the l in hayal is palatalised,
the possessive suffixes take i or e, not ı or a.</td></tr>
<tr><td colspan="2">Hayal can take the plural suffix: hayallerim, hayallerin, hayalleri, hayallerimiz, hayalleriniz and hayalleri.</td></tr>
<tr><td colspan="2">Remember that we do not use a plural suffix before the 3rd person plural possessive suffix (hayaller~~leri~~).</td></tr>
</table>

word forms and phrases	
hayal kurmak	to daydream
hayal**ci**, hayalperest	daydreamer
hayal**î** /haya:li:/	imaginary

	Simple Present	Present Continuous	-di Past	-miş Past	Future
Ben	hayal ed**erim** ... etmem ... ed**er** miyim	hayal ed**iyorum** ... etmi**yorum** ... ed**iyor** muyum	hayal et**tim** ... etme**dim** ... et**tim** mi	hayal et**mişim** ... etme**mişim** ... et**miş** miyim	hayal ed**eceğim** ... etme**yeceğim** ... ed**ecek** miyim
Sen	... ed**ersin** ... etme**zsin** ... ed**er** misin	... ed**iyorsun** ... etmi**yorsun** ... ed**iyor** musun	... et**tin** ... etme**din** ... et**tin** mi	... et**mişsin** ... etme**mişsin** ... et**miş** misin	... ed**eceksin** ... etme**yeceksin** ... ed**ecek** misin
O	... ed**er** ... etme**z** ... ed**er** mi	... ed**iyor** ... etmi**yor** ... ed**iyor** mu	... et**ti** ... etme**di** ... et**ti** mi	... et**miş** ... etme**miş** ... et**miş** mi	... ed**ecek** ... etme**yecek** ... ed**ecek** mi
Biz	... ed**eriz** ... etme**yiz** ... ed**er** miyiz	... ed**iyoruz** ... etmi**yoruz** ... ed**iyor** muyuz	... et**tik** ... etme**dik** ... et**tik** mi	... et**mişiz** ... etme**mişiz** ... et**miş** miyiz	... ed**eceğiz** ... etme**yeceğiz** ... ed**ecek** miyiz
Siz	... ed**ersiniz** ... etme**zsiniz** ... ed**er** misiniz	... ed**iyorsunuz** ... etmi**yorsunuz** ... ed**iyor** musunuz	... et**tiniz** ... etme**diniz** ... et**tiniz** mi	... et**mişsiniz** ... etme**mişsiniz** ... et**miş** misiniz	... ed**eceksiniz** ... etme**yeceksiniz** ... ed**ecek** misiniz
Onlar	... ed**erler** ... etme**zler** ... ed**erler** mi	... ed**iyorlar** ... etmi**yorlar** ... ed**iyorlar** mı	... et**tiler** ... etme**diler** ... et**tiler** mi	... et**mişler** ... etme**mişler** ... et**mişler** mi	... ed**ecekler** ... etme**yecekler** ... ed**ecekler** mi

	Simple Present	Present Continuous	-di Past	-miş Past	Future
Ben	rüya gör				
Sen					
O					
Biz					
Siz					
Onlar					

182. inşa /inşa:/ **etmek**   to build (house/bridge etc)

Son 20 yılda İstanbul'a *bir sürü çirkin gökdelen* inşa ettiler.
In the last 20 years they have built *a lot of ugly skyscrapers* in Istanbul.

Sultan Ahmet Camisi'**ni** kim inşa etti, biliyor musun?
Do you know who built Sultan Ahmet Mosque?

Babam arka bahçeye *köpeğim için* bir kulübe inşa ed**ecek**.
My father is going to build *a kennel* in the backyard **for** *my dog*.

Çocuklar plajda *kumdan kale* inşa ed**iyor**lar.
The children are building *a sandcastle* on the beach.

Hükûmet üniversite öğrencileri için *daha çok yurt* inşa et**meli**.
The government must build *more dormitories* for university students.

note
In everyday Turkish, we also use **yapmak** for **inşa etmek**:
… bir sürü çirkin gökdelen yaptılar.
… Sultan Ahmet Camisi'ni kim yaptı?

word forms and phrases	
inşaat /inşa:t/	construction
inşaat yapmak	to build a construction
inşaatçı	builder
inşaat mühendisi	civil engineer
bina /bina:/	building

	Simple Present	Present Continuous	-di Past	-miş Past	Future
Ben	inşa ed**erim** … etmem … ed**er** miyim	inşa ed**iyor**um … etmi**yor**um … ed**iyor** muyum	inşa et**tim** … etme**dim** … et**tim** mi	inşa et**miş**im … etme**miş**im … et**miş** miyim	inşa ed**eceğ**im … etmey**eceğ**im … ed**ecek** miyim
Sen	… ed**ersin** … etme**zsin** … ed**er** misin	… ed**iyor**sun … etmi**yor**sun … ed**iyor** musun	… et**tin** … etme**din** … et**tin** mi	… et**miş**sin … etme**miş**sin … et**miş** misin	… ed**ecek**sin … etmey**ecek**sin … ed**ecek** misin
O	… ed**er** … et**mez** … ed**er** mi	… ed**iyor** … etmi**yor** … ed**iyor** mu	… et**ti** … etme**di** … et**ti** mi	… et**miş** … etme**miş** … et**miş** mi	… ed**ecek** … etmey**ecek** … ed**ecek** mi
Biz	… ed**eriz** … etme**yiz** … ed**er** miyiz	… ed**iyor**uz … etmi**yor**uz … ed**iyor** muyuz	… et**tik** … etme**dik** … et**tik** mi	… et**miş**iz … etme**miş**iz … et**miş** miyiz	… ed**eceğ**iz … etmey**eceğ**iz … ed**ecek** miyiz
Siz	… ed**ersiniz** … etme**zsiniz** … ed**er** misiniz	… ed**iyor**sunuz … etmi**yor**sunuz … ed**iyor** musunuz	… et**tiniz** … etme**diniz** … et**tiniz** mi	… et**miş**siniz … etme**miş**siniz … et**miş** misiniz	… ed**ecek**siniz … etmey**ecek**siniz … ed**ecek** misiniz
Onlar	… ed**erler** … etme**zler** … ed**erler** mi	… ed**iyor**lar … etmi**yor**lar … ed**iyor**lar mı	… et**tiler** … etme**diler** … et**tiler** mi	… et**miş**ler … etme**miş**ler … et**miş**ler mi	… ed**ecek**ler … etmey**ecek**ler … ed**ecek**ler mi

	Simple Present	Present Continuous	-di Past	-miş Past	Future
Ben	hayal et				
Sen					
O					
Biz					
Siz					
Onlar					

183. -i ziyaret /ziya:ret/ etmek   to visit (go and spend time in a place or with someone)

Bu hafta sonu Bursa'ya gidiyoruz. *Akrabalarımızı* ziyaret ed**ece**ğiz.
We are going to Bursa this weekend. We are going to visit *our relatives.*

Topkapı Sarayı'nı her gün yüzlerce turist ziyaret ed**iy**or.
Hundreds of tourists visit *Topkapı Museum* every day.

Anne ve babamın mezarlarını uzun zamandır ziyaret etmi**y**orum.
I haven't visited *my mother's and father's graves* for a long time.

-i ziyarete gitmek/gelmek   to go/come to see someone

Biz *büyük anne ve babamı* her hafta sonu ziyarete gid**er**iz.
We go to see *my grandmother and father* every weekend.

Mustafa hastayken birçok sınıf arkadaşı *onu* ziyarete gel**di**.
When Mustafa was sick, many of his classmates came to see *him.*

note
We can also say **birini görmeye gitmek** or **gelmek**:
Bursa'ya akrabalarımızı görmeye gideceğiz. Birçok sınıf arkadaşı Mustafa'yı görmeye geldi.
We usually say **bir yere gitmek** instead of **bir yeri ziyaret etmek**:
Siz hiç Topkapı Sarayı'na gittiniz mi? Biz geçen yaz Paris ve Londra'ya gittik.

word forms and phrases	
ziyaretçi	visitor
ziyaretçi kartı	visitor card
ziyaret saatleri	visiting hours

	Simple Present	Present Continuous	-di Past	-miş Past	Future
Ben	ziyaret ed**er**im ... etmem ... **eder** miyim	ziyaret ed**iy**orum ... ed**iy**or muyum	ziyaret et**ti**m ... etme**di**m ... et**ti**m mi	ziyaret et**miş**im ... etme**miş**im ... et**miş** miyim	ziyaret ed**ece**ğim ... etme**yece**ğim ... ed**ecek** miyim
Sen	... ed**er**sin ... etmezsin ... **eder** misin	... ed**iy**orsun ... etmi**y**orsun ... ed**iy**or musun	... et**tin** ... etme**din** ... et**tin** mi	... et**miş**sin ... etme**miş**sin ... et**miş** misin	... ed**ecek**sin ... etme**yece**ksin ... ed**ecek** misin
O	... ed**er** ... etmez ... **eder** mi	... ed**iy**or ... etmi**y**or ... ed**iy**or mu	... et**ti** ... etme**di** ... et**ti** mi	... et**miş** ... etme**miş** ... et**miş** mi	... ed**ecek** ... etme**yece**k ... ed**ecek** mi
Biz	... ed**er**iz ... etmeyiz ... **eder** miyiz	... ed**iy**oruz ... etmi**y**oruz ... ed**iy**or muyuz	... et**tik** ... etme**dik** ... et**tik** mi	... et**miş**iz ... etme**miş**iz ... et**miş** miyiz	... ed**ece**ğiz ... etme**yece**ğiz ... ed**ecek** miyiz
Siz	... ed**er**siniz ... etmezsiniz ... **eder** misiniz	... ed**iy**orsunuz ... etmi**y**orsunuz ... ed**iy**or musunuz	... et**tin**iz ... etme**din**iz ... et**tin**iz mi	... et**miş**siniz ... etme**miş**siniz ... et**miş** misiniz	... ed**ecek**siniz ... etme**yece**ksiniz ... ed**ecek** misiniz
Onlar	... ed**er**ler ... etmezler ... **eder**ler mi	... ed**iy**orlar ... etmi**y**orlar ... ed**iy**orlar mı	... et**ti**ler ... etme**di**ler ... et**ti**ler mi	... et**miş**ler ... etme**miş**ler ... et**miş**ler mi	... ed**ecek**ler ... etme**yece**kler ... ed**ecek**ler mi

	Simple Present	Present Continuous	-di Past	-miş Past	Future
Ben	inşa et				
Sen					
O					
Biz					
Siz					
Onlar					

184. -i davet /da:vet/ etmek   to invite

'Defne'nin doğum günü partisine gidiyor musun, Selin?' '*Beni* davet etme**di**.'
'Are you going to Defne's birthday party, Selin?' 'She hasn't invited *me*.'

-e davet etmek   to invite somebody **to** something

Defne, Selin'**i** *doğum günü partin***e** davet etme**miş**sin.
Defne, you haven't invited Selin **to** *your birthday party.*

Tüm arkadaşlarımı *düğünüme* davet ed**eceğ**im. Umarım hiç kimseyi unutmam.
I will invite all my friends **to** *my wedding.* I hope I won't forget anyone.

Can, annem seni *akşam yemeğin***e** davet etti. Seninle tanışmak istiyor.
Can, my mother invited you **to** *dinner.* She wants to meet you.

O kız çok konuşuyor. Aşırı sıkıcı. On**u** *mangala* davet etme.
That girl talks too much. She's a crashing bore. Don't invite her **to** *the barbecue.*

word forms and phrases	
davet	invite, invitation
davetli	invitee; invited
davetsiz	self-inviting; uninvited
davetkâr	inviting

	Simple Present	Present Continuous	-di Past	-miş Past	Future
	davet ed**erim**	davet ed**iyor**um	davet et**tim**	davet et**miş**im	davet ed**eceğ**im
Ben	... etmem	... etmi**yor**um	... etme**dim**	... etme**miş**im	... etme**yeceğ**im
	... ed**er** miyim	... ed**iyor** muyum	... et**tim** mi	... et**miş** miyim	... ed**ecek** miyim
	... ed**ersin**	... ed**iyor**sun	... et**tin**	... et**miş**sin	... ed**ecek**sin
Sen	... etmezsin	... etmi**yor**sun	... etme**din**	... etme**miş**sin	... etme**yecek**sin
	... ed**er** misin	... ed**iyor** musun	... et**tin** mi	... et**miş** misin	... ed**ecek** misin
	... ed**er**	... ed**iyor**	... et**ti**	... et**miş**	... ed**ecek**
O	... etmez	... etmi**yor**	... etme**di**	... etme**miş**	... etme**yecek**
	... ed**er** mi	... ed**iyor** mu	... et**ti** mi	... et**miş** mi	... ed**ecek** mi
	... ed**eriz**	... ed**iyor**uz	... et**tik**	... et**miş**iz	... ed**eceğ**iz
Biz	... etmeyiz	... etmi**yor**uz	... etme**dik**	... etme**miş**iz	... etme**yeceğ**iz
	... ed**er** miyiz	... ed**iyor** muyuz	... et**tik** mi	... et**miş** miyiz	... ed**ecek** miyiz
	... ed**ersiniz**	... ed**iyor**sunuz	... et**tiniz**	... et**miş**siniz	... ed**ecek**siniz
Siz	... etmezsiniz	... etmi**yor**sunuz	... etme**diniz**	... etme**miş**siniz	... etme**yecek**siniz
	... ed**er** misiniz	... ed**iyor** musunuz	... et**tiniz** mi	... et**miş** misiniz	... ed**ecek** misiniz
	... ed**erler**	... ed**iyor**lar	... et**tiler**	... et**miş**ler	... ed**ecek**ler
Onlar	... etmezler	... etmi**yor**lar	... etme**diler**	... etme**miş**ler	... etme**yecek**ler
	... ed**erler** mi	... ed**iyor**lar mı	... et**tiler** mi	... et**miş**ler mi	... ed**ecek**ler mi

	Simple Present	Present Continuous	-di Past	-miş Past	Future
Ben	ziyaret et				
Sen					
O					
Biz					
Siz					
Onlar					

185. -i tamir /ta:mir/ etmek   to repair (fix sth that is damaged, broken, or not working properly)

Madem bugün evdesin, *damlatan musluğu* tamir edebilirsin.
Since you are home today, you can fix *the dripping faucet.*

Çağatay bahçede, *çitleri* tamir ediyor.
Çağatay is in the garden, repairing *the fences.*

Bizim evde *bozulan elektrikli aletleri* annem tamir eder.
In our house my mother repairs *electrical appliances that are broken.*

-i tamir ettirmek   to get something repaired

Cep telefonum bozuldu. Öğleden sonra *onu* tamir ettireceğim.
My mobile was broken. I'm going to get *it* repaired in the afternoon.

'Bisikletini nerede tamir ettirdin?'   'Kendim tamir ettim.'
'Where did you get *your bike* repaired?'   'I repaired it myself.'

word forms and phrases	
tamirci	repairman; repair shop
tamir işi	repair work/job
tamir kiti	repair kit

	Simple Present	Present Continuous	-di Past	-miş Past	Future
Ben	tamir ederim ... etmem ... eder miyim	tamir ediyorum ... etmiyorum ... ediyor muyum	tamir ettim ... etmedim ... ettim mi	tamir etmişim ... etmemişim ... etmiş miyim	tamir edeceğim ... etmeyeceğim ... edecek miyim
Sen	... edersin ... etmezsin ... eder misin	... ediyorsun ... etmiyorsun ... ediyor musun	... ettin ... etmedin ... ettin mi	... etmişsin ... etmemişsin ... etmiş misin	... edeceksin ... etmeyeceksin ... edecek misin
O	... eder ... etmez ... eder mi	... ediyor ... etmiyor ... ediyor mu	... etti ... etmedi ... etti mi	... etmiş ... etmemiş ... etmiş mi	... edecek ... etmeyecek ... edecek mi
Biz	... ederiz ... etmeyiz ... eder miyiz	... ediyoruz ... etmiyoruz ... ediyor muyuz	... ettik ... etmedik ... ettik mi	... etmişiz ... etmemişiz ... etmiş miyiz	... edeceğiz ... etmeyeceğiz ... edecek miyiz
Siz	... edersiniz ... etmezsiniz ... eder misiniz	... ediyorsunuz ... etmiyorsunuz ... ediyor musunuz	... ettiniz ... etmediniz ... ettiniz mi	... etmişsiniz ... etmemişsiniz ... etmiş misiniz	... edeceksiniz ... etmeyeceksiniz ... edecek misiniz
Onlar	... ederler ... etmezler ... ederler mi	... ediyorlar ... etmiyorlar ... ediyorlar mı	... ettiler ... etmediler ... ettiler mi	... etmişler ... etmemişler ... etmişler mi	... edecekler ... etmeyecekler ... edecekler mi

	Simple Present	Present Continuous	-di Past	-miş Past	Future
Ben	davet et				
Sen					
O					
Biz					
Siz					
Onlar					

186. -e hediye etmek   to give someone something as a gift

Benim halam *bana* doğum günümde i-Pad hediye et**ti**.
My aunt (my father's sister) gave *me* an i-Pad on my birthday.

-e hediye **gelmek**   to get as a gift

'Saatini nereden aldın?'   'Almadım, (bana) hediye gel**di**.'
'Where did you buy your watch?'   'I didn't buy it, I got it as a gift.'

Sünnet düğününde Sezgin'**e** onlarca hediye gel**miş**.
Sezgin got dozens of presents at his circumcision ceremony.

-e hediye **satın almak**   to buy a gift

Buket, sen Anneler Günü için *annene* ne hediye al**acak**sın?
Buket, what present will you buy *your mother* for Mother's Day?

word forms and phrases	
doğum günü hediyesi	birthday gift
düğün hediyesi	wedding gift
hediye paketi	gift pack
hediye**lik** dükkânı	gift shop
hediye**leş**mek	to exchange gifts

	Simple Present	Present Continuous	-di Past	-miş Past	Future
Ben	hediye ed**er**im … etmem … **eder** miyim	hediye ed**iyor**um … etm**iyor**um … ed**iyor** muyum	hediye et**tim** … etme**dim** … et**tim** mi	hediye et**miş**im … etme**miş**im … et**miş** miyim	hediye ed**eceğ**im … etmey**eceğ**im … ed**ecek** miyim
Sen	… ed**er**sin … etmezsin … **eder** misin	… ed**iyor**sun … etm**iyor**sun … ed**iyor** musun	… et**tin** … etme**din** … et**tin** mi	… et**miş**sin … etme**miş**sin … et**miş** misin	… ed**ecek**sin … etmey**ecek**sin … ed**ecek** misin
O	… ed**er** … etmez … **eder** mi	… ed**iyor** … etm**iyor** … ed**iyor** mu	… et**ti** … etme**di** … et**ti** mi	… et**miş** … etme**miş** … et**miş** mi	… ed**ecek** … etmey**ecek** … ed**ecek** mi
Biz	… ed**er**iz … etmeyiz … **eder** miyiz	… ed**iyor**uz … etm**iyor**uz … ed**iyor** muyuz	… et**tik** … etme**dik** … et**tik** mi	… et**miş**iz … etme**miş**iz … et**miş** miyiz	… ed**eceğ**iz … etmey**eceğ**iz … ed**ecek** miyiz
Siz	… ed**er**siniz … etmezsiniz … **eder** misiniz	… ed**iyor**sunuz … etm**iyor**sunuz … ed**iyor** musunuz	… et**tiniz** … etme**diniz** … et**tiniz** mi	… et**miş**siniz … etme**miş**siniz … et**miş** misiniz	… ed**ecek**siniz … etmey**ecek**siniz … ed**ecek** misiniz
Onlar	… ed**er**ler … etmezler … ed**er**ler mi	… ed**iyor**lar … etm**iyor**lar … ed**iyor**lar mı	… et**tiler** … etme**diler** … et**tiler** mi	… et**miş**ler … etme**miş**ler … et**miş**ler mi	… ed**ecek**ler … etmey**ecek**ler … ed**ecek**ler mi

	Simple Present	Present Continuous	-di Past	-miş Past	Future
Ben	tamir et				
Sen					
O					
Biz					
Siz					
Onlar					

187. -i tercih etmek　　　　to prefer (choose)

'Bu elbiselerden hangisi daha hoş?'　'Ben *kırmızıyı* tercih ederim.'
'Which of these dresses is more beautiful?'　'I prefer *the red one.*'

　　bir şey**i** bir şey**e** tercih etmek　　　to prefer sth to sth

Kocam yemeklerden sonra *çayı kahveye* tercih ed**er**.
My husband prefers *tea to coffee* after meals.

　　-meyi/mayı tercih etmek　　　to prefer doing/to do sth

Ben akşamları yemekten sonra *kitap okumayı* tercih ed**iyor**um.
In the evenings I prefer *reading a book* after dinner.

Değişiklik olsun diye, bu yaz *çadır kampına gitmeyi* tercih et**tik**.
For a change, we preferred *to go to a tent camp* this summer.

word forms and phrases	
kişisel tercih	personal preference
kolay yolu tercih etmek	to take the path of least resistance
Yapma**mayı**/Söyleme**meyi** tercih ederim.	I'd rather not do/say.

	Simple Present	Present Continuous	-di Past	-miş Past	Future
Ben	tercih ed**er**im ... etmem ... ed**er** miyim	tercih ed**iyor**um ... etm**iyor**um ... ed**iyor** muyum	tercih et**tim** ... etme**dim** ... et**tim** mi	tercih et**miş**im ... etme**miş**im ... et**miş** miyim	tercih ed**eceğ**im ... etme**yeceğ**im ... ed**ecek** miyim
Sen	... ed**er**sin ... etme**zsin** ... ed**er** misin	... ed**iyor**sun ... etm**iyor**sun ... ed**iyor** musun	... et**tin** ... etme**din** ... et**tin** mi	... et**miş**sin ... etme**miş**sin ... et**miş** misin	... ed**ecek**sin ... etme**yecek**sin ... ed**ecek** misin
O	... ed**er** ... etme**z** ... ed**er** mi	... ed**iyor** ... etm**iyor** ... ed**iyor** mu	... et**ti** ... etme**di** ... et**ti** mi	... et**miş** ... etme**miş** ... et**miş** mi	... ed**ecek** ... etme**yecek** ... ed**ecek** mi
Biz	... ed**er**iz ... etme**yiz** ... ed**er** miyiz	... ed**iyor**uz ... etm**iyor**uz ... ed**iyor** muyuz	... et**tik** ... etme**dik** ... et**tik** mi	... et**miş**iz ... etme**miş**iz ... et**miş** miyiz	... ed**eceğ**iz ... etme**yeceğ**iz ... ed**ecek** miyiz
Siz	... ed**er**siniz ... etme**zsiniz** ... ed**er** misiniz	... ed**iyor**sunuz ... etm**iyor**sunuz ... ed**iyor** musunuz	... et**tiniz** ... etme**diniz** ... et**tiniz** mi	... et**miş**siniz ... etme**miş**siniz ... et**miş** misiniz	... ed**ecek**siniz ... etme**yecek**siniz ... ed**ecek** misiniz
Onlar	... ed**er**ler ... etme**zler** ... ed**er**ler mi	... ed**iyor**lar ... etm**iyor**lar ... ed**iyor**lar mı	... et**tiler** ... etme**diler** ... et**tiler** mi	... et**miş**ler ... etme**miş**ler ... et**miş**ler mi	... ed**ecek**ler ... etme**yecek**ler ... ed**ecek**ler mi

	Simple Present	Present Continuous	-di Past	-miş Past	Future
Ben	hediye et				
Sen					
O					
Biz					
Siz					
Onlar					

188. -i tekrar etmek   to repeat (1. say again 2. do again)

Sizi iyi duyamadım, Suzan Hanım. *Sorunuzu* tekrar ed**er** misiniz?
I couldn't hear you well, Ms Suzan. Can you repeat *your question?*

Benden sonra tekrar ed**in**: ederim, edersin, eder ...
Repeat after me: ...

Sana bir kere söyleyeceğim ve bir daha tekrar etme**yeceğ**im.
I will tell you once and I won't repeat it again.

Hükûmet *geçmişin hatalarını* inatla tekrar ed**iyor**.
The government stubbornly repeats *the mistakes of the past.*

Bu egzersizi günde iki defa tekrar ed**iniz**, sabah ve akşam.
Repeat *this exercise* twice a day, in the morning and in the evening.

note
We also use **tekrar** as an adverb, meaning *again:* Sorunuzu tekrar sorar mısınız? Can you ask your question again? Yarın sabah seni tekrar arayacağım. I'll call you again tomorrow morning.

	Simple Present	Present Continuous	-di Past	-miş Past	Future
	tekrar ed**erim**	tekrar ed**iyor**um	tekrar ettim	tekrar et**miş**im	tekrar ed**eceğ**im
Ben	... etmem	... etm**iyor**um	... etmedim	... etme**miş**im	... etme**yeceğ**im
	... ed**er** miyim	... ed**iyor** muyum	... et**tim** mi	... et**miş** miyim	... ed**ecek** miyim
	... ed**ersin**	... ed**iyor**sun	... ettin	... etm**iş**sin	... ed**ecek**sin
Sen	... etmezsin	... etm**iyor**sun	... etmedin	... etme**miş**sin	... etme**yecek**sin
	... ed**er** misin	... ed**iyor** musun	... ettin mi	... et**miş** misin	... ed**ecek** misin
	... ed**er**	... ed**iyor**	... etti	... et**miş**	... ed**ecek**
O	... etmez	... etm**iyor**	... etmedi	... etme**miş**	... etme**yecek**
	... ed**er** mi	... ed**iyor** mu	... etti mi	... et**miş** mi	... ed**ecek** mi
	... ed**eriz**	... ed**iyor**uz	... ettik	... etm**iş**iz	... ed**eceğ**iz
Biz	... etmeyiz	... etm**iyor**uz	... etmedik	... etme**miş**iz	... etme**yeceğ**iz
	... ed**er** miyiz	... ed**iyor** muyuz	... ettik mi	... et**miş** miyiz	... ed**ecek** miyiz
	... ed**ersiniz**	... ed**iyor**sunuz	... ettiniz	... etm**iş**siniz	... ed**ecek**siniz
Siz	... etmezsiniz	... etm**iyor**sunuz	... etmediniz	... etme**miş**siniz	... etme**yecek**siniz
	... ed**er** misiniz	... ed**iyor** musunuz	... ettiniz mi	... et**miş** misiniz	... ed**ecek** misiniz
	... ed**erler**	... ed**iyor**lar	... ettiler	... et**miş**ler	... ed**ecek**ler
Onlar	... etmezler	... etm**iyor**lar	... etmediler	... etme**miş**ler	... etme**yecek**ler
	... ed**erler** mi	... ed**iyor**lar mı	... ettiler mi	... et**miş**ler mi	... ed**ecek**ler mi

	Simple Present	Present Continuous	-di Past	-miş Past	Future
	tercih et				
Ben					
Sen					
O					
Biz					
Siz					
Onlar					

189. -i doldurmak　　　to fill [tr] (make full; use empty space)

Kovayı banyoda doldur**ur** musun? Sıcak suy**la** doldur, tamam mı?
Can you fill *the bucket* in the bathroom? Fill it **with** hot water, okay?

Aşağıdaki boşlukları doğru kelimelerle doldur**unuz.**
Fill in *the following gaps* with the correct words.

Senin giysilerin *tüm dolabı* doldur**muş**. Benimkilere yer yok.
Your clothes filled *the whole cupboard.* There is no room for mine.

dolmak　　　to fill [intr] (become full)

Kova *ağzına kadar* dol**du**. Oraya mı getireyim mi?
The bucket has filled *to the brim.* Shall I take it there?

Bütün koltuklar dol**muş**. Konferansı ayakta dinleyeceğiz.
All the seats were filled. We will listen to the conference standing up.

note
We use the verb **tazelemek** /ta:zelemek/ in the meaning of *refilling* (coffee cups/wine glasses etc):
Kahveni tazele**yeyim** mi? Shall I refill your coffee cup?
İçeceklerimizi tazele**r** misiniz? Can you refill our glasses?

word forms and phrases	
dolu x boş	full x empty
doldurmak x boşaltmak	to fill x to empty
fazla doldurmak	to overfill
tekrar doldurmak	to refill

	Simple Present	Present Continuous	-di Past	-miş Past	Future
Ben	doldururum	dolduruyorum	doldurdum	doldurmuşum	dolduracağım
	doldurmam	doldurmuyorum	doldurmadım	doldurmamışım	doldurmayacağım
	doldurur muyum	dolduruyor muyum	doldurdum mu	doldurmuş muyum	dolduracak mıyım
Sen	doldurursun	dolduruyorsun	doldurdun	doldurmuşsun	dolduracaksın
	doldurmazsın	doldurmuyorsun	doldurmadın	doldurmamışsın	doldurmayacaksın
	doldurur musun	dolduruyor musun	doldurdun mu	doldurmuş musun	dolduracak mısın
O	doldurur	dolduruyor	doldurdu	doldurmuş	dolduracak
	doldurmaz	doldurmuyor	doldurmadı	doldurmamış	doldurmayacak
	doldurur mu	dolduruyor mu	doldurdu mu	doldurmuş mu	dolduracak mı
Biz	doldururuz	dolduruyoruz	doldurduk	doldurmuşuz	dolduracağız
	doldurmayız	doldurmuyoruz	doldurmadık	doldurmamışız	doldurmayacağız
	doldurur muyuz	dolduruyor muyuz	doldurduk mu	doldurmuş muyuz	dolduracak mıyız
Siz	doldurursunuz	dolduruyorsunuz	doldurdunuz	doldurmuşsunuz	dolduracaksınız
	doldurmazsınız	doldurmuyorsunuz	doldurmadınız	doldurmamışsınız	doldurmayacaksınız
	doldurur musunuz	dolduruyor musunuz	doldurdunuz mu	doldurmuş musunuz	dolduracak mısınız
Onlar	doldururlar	dolduruyorlar	doldurdular	doldurmuşlar	dolduracaklar
	doldurmazlar	doldurmuyorlar	doldurmadılar	doldurmamışlar	doldurmayacaklar
	doldururlar mı	dolduruyorlar mı	doldurdular mı	doldurmuşlar mı	dolduracaklar mı

	Simple Present	Present Continuous	-di Past	-miş Past	Future
Ben	tekrar et				
Sen					
O					
Biz					
Siz					
Onlar					

190. sipariş etmek   to order (ask for food/drink/goods)

Ben döner ve kola sipariş edeceğim. Sen ne yiyeceksin, Gökhan?
I will order döner (kebab) and cola. What will you have, Gökhan? *

'Ben acıktım.' 'Ben de. Ne yiyelim? Pizza sipariş edelim mi?'
'I'm hungry.'   'Me too. What shall we eat? Shall we order pizza?'

Ben beş kitap sipariş ettim. Bu kutuda dört tane var.
I have ordered five books. There are four in this box.

   sipariş **almak/vermek**   to take/place an order

Pardon, *siparişlerimizi* yarım saat önce aldınız fakat ...
Excuse me, you took *our orders* half an hour ago, but ...

Sen açsan Yemek Sepeti'den on-line sipariş verebiliriz.
If you are hungry, we can place an online order from Yemek Sepeti.

	* note
	The Turkish word **döner** has an entry in the Cambridge Online Dictionary with the same spelling.

word forms and phrases	
sipariş talimatı	order instruction
sipariş formu/tarihi	order form/date
sipariş sahibi	orderer
bir siparişi iptal etmek	to cancel an order
tekrar sipariş etmek	to reorder

	Simple Present	Present Continuous	-di Past	-miş Past	Future
Ben	sipariş ederim ... etmem ... eder miyim	sipariş ediyorum ... etmiyorum ... ediyor muyum	sipariş ettim ... etmedim ... ettim mi	sipariş etmişim ... etmemişim ... etmiş miyim	sipariş edeceğim ... etmeyeceğim ... edecek miyim
Sen	... edersin ... etmezsin ... eder misin	... ediyorsun ... etmiyorsun ... ediyor musun	... ettin ... etmedin ... ettin mi	... etmişsin ... etmemişsin ... etmiş misin	... edeceksin ... etmeyeceksin ... edecek misin
O	... eder ... etmez ... eder mi	... ediyor ... etmiyor ... ediyor mu	... etti ... etmedi ... etti mi	... etmiş ... etmemiş ... etmiş mi	... edecek ... etmeyecek ... edecek mi
Biz	... ederiz ... etmeyiz ... eder miyiz	... ediyoruz ... etmiyoruz ... ediyor muyuz	... ettik ... etmedik ... ettik mi	... etmişiz ... etmemişiz ... etmiş miyiz	... edeceğiz ... etmeyeceğiz ... edecek miyiz
Siz	... edersiniz ... etmezsiniz ... eder misiniz	... ediyorsunuz ... etmiyorsunuz ... ediyor musunuz	... ettiniz ... etmediniz ... ettiniz mi	... etmişsiniz ... etmemişsiniz ... etmiş misiniz	... edeceksiniz ... etmeyeceksiniz ... edecek misiniz
Onlar	... ederler ... etmezler ... ederler mi	... ediyorlar ... etmiyorlar ... ediyorlar mı	... ettiler ... etmediler ... ettiler mi	... etmişler ... etmemişler ... etmişler mi	... edecekler ... etmeyecekler ... edecekler mi

	Simple Present	Present Continuous	-di Past	-miş Past	Future
Ben	doldur				
Sen					
O					
Biz					
Siz					
Onlar					

EXERCISES   Verbs **181-190**

1. Match (1-8 to a-g; 9-16 to ğ-m).

1. inşa etmek
2. -i tercih etmek
3. hayal etmek
4. -i ziyaret etmek
5. hayal kurmak
6. dolmak
7. -i tamir etmek
8. -i davet etmek

a. to visit (go and spend time in a place or with someone)
b. to build (house/bridge etc)
c. to daydream
ç. to prefer (choose)
d. 1. to dream 2. to imagine
e. to invite
f. to fill [intr] (become full)
g. to repair (fix something that is damaged, broken, or not working properly)

9. hediyeleşmek
10. bir şeyi bir şeye tercih etmek
11. **-meyi/mayı** hayal etmek
12. -i tamir ettirmek
13. -i tekrar etmek
14. **-e** hediye etmek
15. sipariş almak/vermek
16. -i doldurmak x boşaltmak

ğ. to give someone something as a gift
h. to take/place an order
ı. to prefer something to something
i. to exchange gifts
j. to dream of doing something
k. to get something repaired
l. to repeat (1. say again 2. do again)
m. to fill [tr] (make full; use empty space) x to empty

2. Complete the sentences with the appropriate words. Use the above list for the omitted verbs.

1. Hande Gül evlendi. Düğününe işyerinden hiçbir arkadaşını *davet etmedi/etmemiş.*

2. Evde yiyecek hiçbir şey yok. *Pizza/Döner/Hamburger* sipariş edelim mi?

3. Bu formu .... ve imzalayınız.

4. Canan, erkek arkadaşın doğum gününde sana ne ....?

5. Babam mutfakta .... tamir ediyor.

6. Şu .... benden sonra tekrar ediniz.

7. Eski futbol sahasına .... inşa etmişler.

8. Ben çayı .... tercih ediyorum.

9. Demet bir gün Amerika'da .... hayal ediyor.

10. Ben yarın .... Epeydir ziyaretine gitmiyorum.

3. Answer about yourself in complete sentences.

1. **Bozulan eşyalarınızı** kendiniz tamir edebiliyor musunuz? ....

2. **Gelecekte** ne yapmayı hayal ediyorsunuz? ....

3. Ne sıklıkta on-line yemek siparişi veriyorsunuz? ....

4. **Akraba** ve arkadaşlarınızı sık ziyaret eder misiniz? ....

5. Hediyeleşmeyi sever misiniz? ....

   En son kime ne hediye ettiniz? Veya kim size ne hediye etti? ....

bozulan eşyalarınız your phone, computer, fridge etc that break; **gelecekte** in the future; **akraba** relative

4. Write the Turkish equivalents.

1. daydreamer; imaginary ....
2. construction; builder ....
3. civil engineer ....
4. visiting hours ....
5. visitor card ....
6. invited x uninvited ....
7. repairman; repair kit ....
8. birthday/wedding gift ....
9. gift shop; gift pack ....
10. personal preference ....
11. I'd rather not do/say. ....
12. full x empty ....
13. orderer ....
14. order form/date ....
15. order instruction ....

Answers

1. 1b 2ç 3d 4a 5c 6f 7g 8e 9i 10ı 11j 12k 13l 14ğ 15h 16m

2. 1 davet etmedi/etmemiş 2 Pizza/Döner/Hamburger 3 doldurunuz 4 hediye etti 5 bulaşık makinesini/buzdolabını/fırını musluğu/lavaboyu (dish washer/fridge/oven/tap, faucet/sink) 6 kelimeleri/cümleleri/sayıları 7 alışveriş merkezi/okul/ spor salonu 8 kahveye 9 yaşamayı/üniversite okumayı/çalışmayı 10 annemi/babamı/dayımı/Hakan'ı ziyaret edeceğim

3. Örneğin: 1 Hayır, edemiyorum. Tamirciye götürüyorum veya eve tamirci çağırıyorum (send for). 2 Dünya turuna çıkmayı hayal ediyorum. 3 Kırk yılda bir (once in a blue moon). 4 Çok sık ziyaret etmem. / 15 günde veya ayda bir ziyaret ederim. 5 Evet, severim. En son bir arkadaşıma tişört hediye ettim. O da bana bir kitap hediye etti.

4. 1 hayalci, hayalperest; hayalî 2 inşaat; inşaatçı 3 inşaat mühendisi 4 ziyaret saatleri 5 ziyaretçi kartı 6 davetli x davetsiz 7 tamirci; tamir kiti 8 doğum günü/düğün hediyesi 9 hediyelik dükkânı; hediye paketi 10 kişisel tercih 11 Yapmamayı/Söylememeyi tercih ederim. 12 dolu x boş 13 sipariş sahibi 14 sipariş formu/tarihi 15 sipariş talimatı

Can you write down the verbs you have learned in this set (verbs 181-190)?

....

....

....

....

....

191. dua etmek   to pray (1. speak to God 2. wish or hope that sth will happen or is true)

Her gün Allah'**a** *oğlumuz bir an önce iyileşsin diye* dua edi**yor**uz.
Every day we pray **to** God *that our son will recover soon.*

Siz hiç dua ed**er** misiniz? Ya da ne için dua ed**er**siniz?
Do you ever pray? Or what do you pray for?

Sen yine okulu asmışsın. Dua et, annem öğrenmesin yoksa gebertir seni.
You have cut school again. Pray mum won't discover it, or she will kill you.

    birine/biri **için** dua etmek   to pray for someone

Ben her gün *rahmetli anne ve babam***a** dua edi**yor**um.
I pray **for** *my late mother and father* every day.

Öğle namazından sonra imam *depremzedeler* **için** dua etti.
After the noon prayer, the imam prayed **for** *the earthquake victims.*

note
Did you know that in Turkish there is a suffix reserved for curses? It is added to verb stems.

Here are some examples you might find useful:

kör ol**ası**	May he go blind
beter ol**ası**	May he get worse
elleri kırıl**ası**	May his hands break
geber**esi**	May he die like a dog

word forms and phrases	
dua; beddua	prayer; curse
beddua etmek	to curse

The **bed-** means **mal-/bad**.

	Simple Present	Present Continuous	-di Past	-miş Past	Future
Ben	dua ed**erim** ... etmem ... ed**er** miyim	dua edi**yor**um ... etmi**yor**um ... edi**yor** muyum	dua ettim ... etme**dim** ... ettim mi	dua etmi**şim** ... etmemi**şim** ... etmi**ş** miyim	dua ed**eceğim** ... etme**yeceğim** ... ed**ecek** miyim
Sen	... ed**ersin** ... etmezsin ... ed**er** misin	... edi**yor**sun ... etmi**yor**sun ... edi**yor** musun	... ettin ... etme**din** ... ettin mi	... etmi**şsin** ... etmemi**şsin** ... etmi**ş** misin	... ed**eceksin** ... etme**yeceksin** ... ed**ecek** misin
O	... ed**er** ... etmez ... ed**er** mi	... edi**yor** ... etmi**yor** ... edi**yor** mu	... etti ... etme**di** ... etti mi	... etmi**ş** ... etme**miş** ... etmi**ş** mi	... ed**ecek** ... etme**yecek** ... ed**ecek** mi
Biz	... ed**eriz** ... etmeyiz ... ed**er** miyiz	... edi**yor**uz ... etmi**yor**uz ... edi**yor** muyuz	... ettik ... etme**dik** ... ettik mi	... etmi**şiz** ... etmemi**şiz** ... etmi**ş** miyiz	... ed**eceğiz** ... etme**yeceğiz** ... ed**ecek** miyiz
Siz	... ed**ersiniz** ... etmezsiniz ... ed**er** misiniz	... edi**yor**sunuz ... etmi**yor**sunuz ... edi**yor** musunuz	... ettiniz ... etme**diniz** ... ettiniz mi	... etmi**şsiniz** ... etmemi**şsiniz** ... etmi**ş** misiniz	... ed**eceksiniz** ... etme**yeceksiniz** ... ed**ecek** misiniz
Onlar	... ed**erler** ... etmezler ... ed**erler** mi	... edi**yor**lar ... etmi**yor**lar ... edi**yor**lar mı	... ettiler ... etme**diler** ... ettiler mi	... etmi**şler** ... etme**mişler** ... etmi**şler** mi	... ed**ecekler** ... etme**yecekler** ... ed**ecekler** mi

	Simple Present	Present Continuous	-di Past	-miş Past	Future
Ben	sipariş et				
Sen					
O					
Biz					
Siz					
Onlar					

192. kurumak   to dry [intr] (become dry)

Anne, benim okul üniformam henüz kuruma**mış**, hâlâ ıslak (=yaş).
Mum, my school uniform hasn't dried yet, it's still wet.

-i kurulamak   to dry (rub sth with a cloth/towel etc)

Bulaşıkları ben yıkayayım, sen kurula, oldu mu?
I do *the dishes*, you dry, all right?

kurulanmak   to dry yourself

Sırılsıklam olmuşsunuz. Gidin banyoda kurulan**ın**.
You have got a soaking. Go and dry yourselves in the bathroom.

-i kurutmak   to dry [tr] (make something dry)

Sevginur seni duyamaz. Banyoda, *saçını* kurut**uyor**.
Sevginur can't hear you. She is in the bathroom drying *her hair*.

word forms and phrases	
kuru x yaş/ıslak	dry x wet
kupkuru x **yam**yaş/**ıp**ıslak	bone dry x soaking wet
kuruyemiş	dried fruits

	Simple Present	Present Continuous	-di Past	-miş Past	Future
Ben	kurut**urum** kurutmam kurut**ur** muyum	kurut**uyorum** kurutmu**yorum** kurut**uyor** muyum	kurut**tum** kurutmad**ım** kurut**tum** mu	kurut**muş**um kurutmam**ış**ım kurut**muş** muyum	kurut**acağım** kurutmay**acağım** kurut**acak** mıyım
Sen	kurut**ursun** kurutmaz**sın** kurut**ur** musun	kurut**uyorsun** kurutmu**yorsun** kurut**uyor** musun	kurut**tun** kurutmad**ın** kurut**tun** mu	kurut**muş**sun kurutmam**ış**sın kurut**muş** musun	kurut**acaksın** kurutmay**acaksın** kurut**acak** mısın
O	kurut**ur** kurutmaz kurut**ur** mu	kurut**uyor** kurutmu**yor** kurut**uyor** mu	kurut**tu** kurutmad**ı** kurut**tu** mu	kurut**muş** kurutmam**ış** kurut**muş** mu	kurut**acak** kurutmay**acak** kurut**acak** mı
Biz	kurut**uruz** kurutmay**ız** kurut**ur** muyuz	kurut**uyoruz** kurutmu**yoruz** kurut**uyor** muyuz	kurut**tuk** kurutmad**ık** kurut**tuk** mu	kurut**muş**uz kurutmam**ış**ız kurut**muş** muyuz	kurut**acağız** kurutmay**acağız** kurut**acak** mıyız
Siz	kurut**ursunuz** kurutmaz**sınız** kurut**ur** musunuz	kurut**uyorsunuz** kurutmu**yorsunuz** kurut**uyor** musunuz	kurut**tunuz** kurutmad**ınız** kurut**tunuz** mu	kurut**muş**sunuz kurutmam**ış**sınız kurut**muş** musunuz	kurut**acaksınız** kurutmay**acaksınız** kurut**acak** mısınız
Onlar	kurut**urlar** kurutmaz**lar** kurut**urlar** mı	kurut**uyorlar** kurutmu**yorlar** kurut**uyorlar** mı	kurut**tular** kurutmad**ılar** kurut**tular** mı	kurut**muş**lar kurutmam**ış**lar kurut**muş**lar mı	kurut**acaklar** kurutmay**acaklar** kurut**acaklar** mı

	Simple Present	Present Continuous	-di Past	-miş Past	Future
Ben	dua et				
Sen					
O					
Biz					
Siz					
Onlar					

193. fotoğraf/selfie çekmek   to take a photograph/selfie

Şu kayanın önünde *benim bir fotoğrafımı* çek**er** misin?
Can you take *a picture of me* in front of that rock over there?

Gel, birlikte bir selfie çek**elim**, Derya.
Come, let's take a selfie together, Derya.

Bugün parkta bir sürü güzel fotoğraf çek**tim**.
Today I have taken a lot of nice photos in the park.

   fotoğraf **çektirmek**   to have your photo taken

O fotoğraf çektir**mekten** hoşlanmıyor.
S/he doesn't like having his/her photos taken.

Ben fotoğraf çektir**eceğ**im. Pasaporta başvuracağım.
I'll have my photo taken. I'm going to apply for a passport.

word forms and phrases	
fotoğraf**çı**	photographer; photo studio
fotoğraf makinesi	photograph machine
video çekmek	to make a video

	Simple Present	Present Continuous	-di Past	-miş Past	Future
Ben	fotoğraf çek**er**im	fotoğraf çek**iy**orum	fotoğraf çek**tim**	fotoğraf çek**miş**im	fotoğraf çek**eceğ**im
	... çekmem	... çekmi**y**orum	... çekmedim	... çekme**miş**im	... çekme**yeceğ**im
	... çek**er** miyim	... çek**iy**or muyum	... çek**tim** mi	... çek**miş** miyim	... çek**ecek** miyim
Sen	... çek**er**sin	... çek**iy**orsun	... çek**tin**	... çek**miş**sin	... çek**ecek**sin
	... çekmezsin	... çekmi**y**orsun	... çekmedin	... çekme**miş**sin	... çekme**yecek**sin
	... çek**er** misin	... çek**iy**or musun	... çek**tin** mi	... çek**miş** misin	... çek**ecek** misin
O	... çek**er**	... çek**iy**or	... çek**ti**	... çek**miş**	... çek**ecek**
	... çekmez	... çekmi**y**or	... çekmedi	... çekme**miş**	... çekme**yecek**
	... çek**er** mi	... çek**iy**or mu	... çek**ti** mi	... çek**miş** mi	... çek**ecek** mi
Biz	... çek**er**iz	... çek**iy**oruz	... çek**tik**	... çek**miş**iz	... çek**eceğ**iz
	... çekmeyiz	... çekmi**y**oruz	... çekmedik	... çekme**miş**iz	... çekme**yeceğ**iz
	... çek**er** miyiz	... çek**iy**or muyuz	... çek**tik** mi	... çek**miş** miyiz	... çek**ecek** miyiz
Siz	... çek**er**siniz	... çek**iy**orsunuz	... çek**tin**iz	... çek**miş**siniz	... çek**ecek**siniz
	... çekmezsiniz	... çekmi**y**orsunuz	... çekmediniz	... çekme**miş**siniz	... çekme**yecek**siniz
	... çek**er** misiniz	... çek**iy**or musunuz	... çek**tin**iz mi	... çek**miş** misiniz	... çek**ecek** misiniz
Onlar	... çek**er**ler	... çek**iy**orlar	... çek**ti**ler	... çek**miş**ler	... çek**ecek**ler
	... çekmezler	... çekmi**y**orlar	... çekmediler	... çekme**miş**ler	... çekme**yecek**ler
	... çek**er**ler mi	... çek**iy**orlar mı	... çek**ti**ler mi	... çek**miş**ler mi	... çek**ecek**ler mi

	Simple Present	Present Continuous	-di Past	-miş Past	Future
Ben	kurut				
Sen					
O					
Biz					
Siz					
Onlar					

194. **çizmek**   to draw (a picture of something)

Benim kızım henüz dört yaşında fakat *çok güzel resim* çizebil**iyor**.
My daughter is only four, but she can draw *pictures very beautifully*.

'Ne çiz**iyor**sun, Pelin?'   'Kaplumbağa ve tavşan çiz**iyor**um.'
'What are you drawing, Pelin?'   'I'm drawing a turtle and a rabbit.'

Taksim'den Karaköy'e nasıl gidebilirim? Bana *bir kroki* çizebil**ir** misin?
How can I get from Taksim to Karaköy? Can you draw me *a map?*

   -in üstünü/altını çizmek   to cross out/to underline

Biri listede benim adımın üstünü çiz**miş**.
Someone has crossed out my name out on the list.

Sözleşmede bazı maddeler**in** alt**lar**ını çiz**dim**. Onları anlamadım.
I underlined some articles in the contract. I didn't understand them.

word forms and phrases	
çiz**gi**	line
düz çizgi	straight line
çizgi film	cartoon (film)
çizgi roman	comic strip
çizgi çizmek	to draw a line
resim yapmak	to paint (make a picture)

	Simple Present	Present Continuous	-di Past	-miş Past	Future
Ben	çiz**er**im	çiz**iy**orum	çiz**dim**	çiz**miş**im	çizece**ğim**
	çizmem	çizmi**y**orum	çizmedim	çizmemişim	çizmeyece**ğim**
	çiz**er** miyim	çiz**iy**or muyum	çiz**dim** mi	çiz**miş** miyim	çiz**ecek** miyim
Sen	çiz**er**sin	çiz**iy**orsun	çiz**din**	çiz**miş**sin	çiz**ecek**sin
	çizmezsin	çizmi**y**orsun	çizmedin	çizmemişsin	çizmeyeceksin
	çiz**er** misin	çiz**iy**or musun	çiz**din** mi	çiz**miş** misin	çiz**ecek** misin
O	çiz**er**	çiz**iy**or	çiz**di**	çiz**miş**	çiz**ecek**
	çizmez	çizmi**y**or	çizmedi	çizmemiş	çizmeyecek
	çiz**er** mi	çiz**iy**or mu	çiz**di** mi	çiz**miş** mi	çiz**ecek** mi
Biz	çiz**er**iz	çiz**iy**oruz	çizdik	çiz**miş**iz	çizece**ğiz**
	çizmeyiz	çizmi**y**oruz	çizmedik	çizmemişiz	çizmeyece**ğiz**
	çiz**er** miyiz	çiz**iy**or muyuz	çizdik mi	çiz**miş** miyiz	çiz**ecek** miyiz
Siz	çiz**er**siniz	çiz**iy**orsunuz	çizdiniz	çiz**miş**siniz	çiz**ecek**siniz
	çizmezsiniz	çizmi**y**orsunuz	çizmediniz	çizmemişsiniz	çizmeyeceksiniz
	çiz**er** misiniz	çiz**iy**or musunuz	çizdiniz mi	çiz**miş** misiniz	çiz**ecek** misiniz
Onlar	çiz**er**ler	çiz**iy**orlar	çizdiler	çiz**miş**ler	çizecekler
	çizmezler	çizmi**y**orlar	çizmediler	çizmemişler	çizmeyecekler
	çiz**er**ler mi	çiz**iy**orlar mı	çizdiler mi	çiz**miş**ler mi	çiz**ecek**ler mi

	Simple Present	Present Continuous	-di Past	-miş Past	Future
Ben	fotoğraf çek				
Sen					
O					
Biz					
Siz					
Onlar					

195. -i boyamak   1. to paint (cover a surface with paint) 2. to dye

Odaları boyadım. Öğleden sonra *kapıları* boyay**acağ**ım.
I have painted *the rooms.* I'm going to paint *the doors* in the afternoon.

   -i maviy**e**/yeşile boyamak   to paint/dye sth in blue/green

'Yatak odasını *hangi renge* boyay**alım**?' '*Yeşile* boyay**alım**.'
'*What colour* shall we paint the bedroom?'   'Let's pain it *in green.*'

   -i boyatmak   to have sth painted/dyed

Bahçe çitlerini beyaz ve maviy**e** boyat**acağ**ız.
We will have *the garden fences* painted in white and blue.

Saçını kızıl**a** boyat**mış**sın. Çok güzel olmuş. Çok beğendim.
You have had *your hair* dyed red. It looks so beautiful. I like it so much.

word forms and phrases	
boya	paint; dye
sprey boya	spray paint
boya fırçası	paint brush
boyacı	painter
ayakkabı boyası	shoe polish
ayakkabı boyamak	to polish shoes
saç boyası	hair dye
tırnak boyası (= oje)	nail polish

	Simple Present	Present Continuous	-di Past	-miş Past	Future
Ben	boyarım boyamam boyar mıyım	boyu**yor**um boyamı**yor**um boyu**yor** muyum	boyadım boyamadım boyadım mı	boyamışım boyamamışım boyamış mıyım	boyay**acağ**ım boyamay**acağ**ım boyay**acak** mıyım
Sen	boyarsın boyamazsın boyar mısın	boyu**yor**sun boyamı**yor**sun boyu**yor** musun	boyadın boyamadın boyadın mı	boyamışsın boyamamışsın boyamış mısın	boyay**acak**sın boyamay**acak**sın boyay**acak** mısın
O	boyar boyamaz boyar mı	boyu**yor** boyamı**yor** boyu**yor** mu	boyadı boyamadı boyadı mı	boyamış boyamamış boyamış mı	boyay**acak** boyamay**acak** boyay**acak** mı
Biz	boyarız boyamayız boyar mıyız	boyu**yor**uz boyamı**yor**uz boyu**yor** muyuz	boyadık boyamadık boyadık mı	boyamışız boyamamışız boyamış mıyız	boyay**acağ**ız boyamay**acağ**ız boyay**acak** mıyız
Siz	boyarsınız boyamazsınız boyar mısınız	boyu**yor**sunuz boyamı**yor**sunuz boyu**yor** musunuz	boyadınız boyamadınız boyadınız mı	boyamışsınız boyamamışsınız boyamış mısınız	boyay**acak**sınız boyamay**acak**sınız boyay**acak** mısınız
Onlar	boyarlar boyamazlar boyarlar mı	boyu**yor**lar boyamı**yor**lar boyu**yor**lar mı	boyadılar boyamadılar boyadılar mı	boyamışlar boyamamışlar boyamışlar mı	boyay**acak**lar boyamay**acak**lar boyay**acak**lar mı

	Simple Present	Present Continuous	-di Past	-miş Past	Future
Ben	çiz				
Sen					
O					
Biz					
Siz					
Onlar					

196. -i tahmin etmek   1. to guess 2. to predict

Kız *son sorunun cevabını doğru* tahmin etti ve ₺50.000 kazandı.
The girl guessed *the answer to the last question* correctly and won ₺50.000.

Kadının yaşını tahmin ede**mi**yorum. Ayda bir saçını boyatıyor.
I can't guess *the woman's age.* She gets her hair dyed once a month.

   -i tahmin et**mek** *kolay/zor/mümkün*   *easy/hard/possible* to guess/predict

Film benim hoşuma gitmedi. *Sonunu tahmin etmek* hiç de zor değildi.
I didn't like the film. It wasn't hard at all *to guess its ending.*

Günümüzde *depremleri tahmin etmek* mümkün değil.
Today, it's not possible *to predict earthquakes.*

Jale Hanım'ın yaşını tahmin etmek kolay. 2002'de üniversiteyi bitirmiş.
It's easy *to guess Ms Jale's age.* She finished university in 2002.

word forms and phrases	
tahmin	guess; prediction
iyi x kötü tahmin	good x bad guess
tahminî /tahmi:ni:/	estimated
hava tahmin raporu	weather forecast report

	Simple Present	Present Continuous	-di Past	-miş Past	Future
Ben	tahmin ederim	tahmin ediyorum	tahmin ettim	tahmin etmişim	tahmin edeceğim
	... etmem	... etmiyorum	... etmedim	... etmemişim	... etmeyeceğim
	... eder miyim	... ediyor muyum	... ettim mi	... etmiş miyim	... edecek miyim
Sen	... edersin	... ediyorsun	... ettin	... etmişsin	... edeceksin
	... etmezsin	... etmiyorsun	... etmedin	... etmemişsin	... etmeyeceksin
	... eder misin	... ediyor musun	... ettin mi	... etmiş misin	... edecek misin
O	... eder	... ediyor	... etti	... etmiş	... edecek
	... etmez	... etmiyor	... etmedi	... etmemiş	... etmeyecek
	... eder mi	... ediyor mu	... etti mi	... etmiş mi	... edecek mi
Biz	... ederiz	... ediyoruz	... ettik	... etmişiz	... edeceğiz
	... etmeyiz	... etmiyoruz	... etmedik	... etmemişiz	... etmeyeceğiz
	... eder miyiz	... ediyor muyuz	... ettik mi	... etmiş miyiz	... edecek miyiz
Siz	... edersiniz	... ediyorsunuz	... ettiniz	... etmişsiniz	... edeceksiniz
	... etmezsiniz	... etmiyorsunuz	... etmediniz	... etmemişsiniz	... etmeyeceksiniz
	... eder misiniz	... ediyor musunuz	... ettiniz mi	... etmiş misiniz	... edecek misiniz
Onlar	... ederler	... ediyorlar	... ettiler	... etmişler	... edecekler
	... etmezler	... etmiyorlar	... etmediler	... etmemişler	... etmeyecekler
	... ederler mi	... ediyorlar mı	... ettiler mi	... etmişler mi	... edecekler mi

	Simple Present	Present Continuous	-di Past	-miş Past	Future
Ben	boya				
Sen					
O					
Biz					
Siz					
Onlar					

197. **rica** /rica:/ **etmek**   to politely ask for something

Randevumu kaçırdım. Dişçimi arayıp *yeni bir randevu* rica ed**eceğ**im.
I missed my appointment. I'll call my dentist and request *a new appointment.*

Ben *bir bardak su* rica edebil**ir** miyim? İlacımı içeceğim.
Can I ask for *a glass of water?* I'll take my medicine.

    birin**den** bir şey rica etmek   to ask someone for something

'Leyla Hanım, siz**den** *bir şey* rica edebil**ir** miyim?'   'Tabii, Ahmet Bey.'
'Ms Leyla, can I ask you *something?*'   'Of course, Mr Ahmet.'

Yönetim**den** *yeni bilgisayarlar* rica et**tik**. Bunlar çok eski.
We requested *new computers* **from** the management. These are too old.

Tarkan Bey ofisten erken çıkmak için müdür**den** *izin* rica et**miş**.
Mr Tarkan requested *permission* **from** the director to leave the office early.

note
We can use the verb **istemek** instead of **rica etmek** in informal situations. See **#32**.

word forms and phrases	
Rica ederim.	a polite way of replying to 'Thank you.'

	Simple Present	Present Continuous	-di Past	-miş Past	Future
Ben	rica ed**er**im … etmem … ed**er** miyim	rica ed**iyor**um … etmi**yor**um … ed**iyor** muyum	rica et**tim** … etmedim … et**tim** mi	rica et**miş**im … etme**miş**im … et**miş** miyim	rica ed**eceğ**im … etmey**eceğ**im … ed**ecek** miyim
Sen	… ed**er**sin … etmezsin … ed**er** misin	… ed**iyor**sun … etmi**yor**sun … ed**iyor** musun	… et**tin** … etmedin … et**tin** mi	… et**miş**sin … etme**miş**sin … et**miş** misin	… ed**ecek**sin … etmey**ecek**sin … ed**ecek** misin
O	… ed**er** … etmez … ed**er** mi	… ed**iyor** … etmi**yor** … ed**iyor** mu	… et**ti** … etmedi … et**ti** mi	… et**miş** … etme**miş** … et**miş** mi	… ed**ecek** … etmey**ecek** … ed**ecek** mi
Biz	… ed**er**iz … etmeyiz … ed**er** miyiz	… ed**iyor**uz … etmi**yor**uz … ed**iyor** muyuz	… et**tik** … etmedik … et**tik** mi	… et**miş**iz … etme**miş**iz … et**miş** miyiz	… ed**eceğ**iz … etmey**eceğ**iz … ed**ecek** miyiz
Siz	… ed**er**siniz … etmezsiniz … ed**er** misiniz	… ed**iyor**sunuz … etmi**yor**sunuz … ed**iyor** musunuz	… et**tiniz** … etmediniz … et**tiniz** mi	… et**miş**siniz … etme**miş**siniz … et**miş** misiniz	… ed**ecek**siniz … etmey**ecek**siniz … ed**ecek** misiniz
Onlar	… ed**er**ler … etmezler … ed**er**ler mi	… ed**iyor**lar … etmi**yor**lar … ed**iyor**lar mı	… et**tiler** … etmediler … et**tiler** mi	… et**miş**ler … etme**miş**ler … et**miş**ler mi	… ed**ecek**ler … etmey**ecek**ler … ed**ecek**ler mi

	Simple Present	Present Continuous	-di Past	-miş Past	Future
Ben	tahmin et				
Sen					
O					
Biz					
Siz					
Onlar					

198. -e selam vermek   to say hello (to somebody)

Bizim müdürümüz Helin Hanım sabahları *herkese* selam ver**ir**.
Our director Ms Helin says hello *to everyone* in the mornings.

Serhat az önce yanımdan geçti ama selam verme**di**.
Serhat just passed me, but he didn't say hello.

Yan komşum binada *hiç kimsey***e** selam ver**mez**.
My next-door doesn't greet *anyone* in the building.

Fazla kalamayacağım. Sadece selam ver**mek** için uğradım.
I won't be able to stay long. I just stopped by to say hello.

word forms and phrases	
selam (informal)	hey
(**-e**) selam söyle	say hello (to sb) for me
birinin selamını almak	to greet sb in return
biriyle selamı sabahı kesmek	to stop speaking to sb

selamlaşmak   to exchange hellos

Biz şahsen tanışmıyoruz. Sadece selamlaş**ıyor**uz.
We don't know each other personally. We only exchanges hellos.

	Simple Present	Present Continuous	-di Past	-miş Past	Future
Ben	selam ver**ir**im	selam veri**yor**um	selam ver**dim**	selam ver**miş**im	selam ver**eceğ**im
	... ver**mem**	... ver**miyor**um	... ver**medim**	... ver**memiş**im	... ver**meyeceğ**im
	... ver**ir** miyim	... veri**yor** muyum	... ver**dim** mi	... ver**miş** miyim	... ver**ecek** miyim
Sen	... ver**irsin**	... veri**yor**sun	... ver**din**	... ver**miş**sin	... ver**ecek**sin
	... ver**mezsin**	... ver**miyor**sun	... ver**medin**	... ver**memiş**sin	... ver**meyecek**sin
	... ver**ir** misin	... veri**yor** musun	... ver**din** mi	... ver**miş** misin	... ver**ecek** misin
O	... ver**ir**	... veri**yor**	... ver**di**	... ver**miş**	... ver**ecek**
	... ver**mez**	... ver**miyor**	... ver**medi**	... ver**memiş**	... ver**meyecek**
	... ver**ir** mi	... veri**yor** mu	... ver**di** mi	... ver**miş** mi	... ver**ecek** mi
Biz	... ver**iriz**	... veri**yor**uz	... ver**dik**	... ver**miş**iz	... ver**eceğ**iz
	... ver**meyiz**	... ver**miyor**uz	... ver**medik**	... ver**memiş**iz	... ver**meyeceğ**iz
	... ver**ir** miyiz	... veri**yor** muyuz	... ver**dik** mi	... ver**miş** miyiz	... ver**ecek** miyiz
Siz	... ver**irsiniz**	... veri**yor**sunuz	... ver**diniz**	... ver**miş**siniz	... ver**ecek**siniz
	... ver**mezsiniz**	... ver**miyor**sunuz	... ver**mediniz**	... ver**memiş**siniz	... ver**meyecek**siniz
	... ver**ir** misiniz	... veri**yor** musunuz	... ver**diniz** mi	... ver**miş** misiniz	... ver**ecek** misiniz
Onlar	... ver**irler**	... veri**yor**lar	... ver**diler**	... ver**miş**ler	... ver**ecek**ler
	... ver**mezler**	... ver**miyor**lar	... ver**mediler**	... ver**memiş**ler	... ver**meyecek**ler
	... ver**irler** mi	... veri**yor**lar mı	... ver**diler** mi	... ver**miş**ler mi	... ver**ecek**ler mi

	Simple Present	Present Continuous	-di Past	-miş Past	Future
Ben	rica et				
Sen					
O					
Biz					
Siz					
Onlar					

199. -e ihtiyacı olmak   to be in need of

Yarın yeni evimize taşınıyoruz. (Bizim) *Yardıma* ihtiyacımız olacak.
We are moving into our new house tomorrow. We will need *help.*

(Sizin) *Paraya* ihtiyacınız var mı? Size biraz borç verebiliriz.
Do you need *money?* We can lend you some.

'(Senin) *Bir şeye* ihtiyacın var mı?'   'Hayır, *hiçbir şeye* ihtiyacım yok.'
'Do you need *anything?'*   'No, I don't need *anything.'*

(Senin) *Yardıma* ihtiyacın olursa ara beni, tamam mı?
If you need *help,* call me, okay?

Melis'**in** bazı akşamlar *çocuk bakıcısına* ihtiyacı ol**uyor**. İlgilenir misin?
Melis needs *a babysitter* some evenings. Are you interested?

grammar

This verb is used with the personal pronouns in the *genitive* case. The noun **ihtiyaç** (need) takes the *possessive* suffix according to the person. Since the *possessive* suffix refers to the person, the linking verb **olmak** does not take a personal suffix.

As you can see in the second and third examples, we replace **olmak** with **var**, or **yok** in the negative when we talk about our need at the time of speaking.

✗ Don't say:

Paraya ihtiyacınız oluyor mu?
Bir şeye ihtiyacın oluyor mu?/Bir şeye ihtiyacım olmuyor.

With this verb, we use the present continuous tense instead of the simple present tense, as in the last example.

	Simple Present	Present Continuous	-di Past	-miş Past	Future
Benim	ihtiyacım olur	... oluyor	... oldu	... olmuş	... olacak
	... olmaz	... olmuyor	... olmadı	... olmamış	... olmayacak
	... olur mu	... oluyor mu	... oldu mu	... olmuş mu	... olacak mı
Senin	ihtiyacın olur	... oluyor	... oldu	... olmuş	... olacak
	... olmaz	... olmuyor	... olmadı	... olmamış	... olmayacak
	... olur mu	... oluyor mu	... oldu mu	... olmuş mu	... olacak mı
Onun	ihtiyacı olur	... oluyor	... oldu	... olmuş	... olacak
	... olmaz	... olmuyor	... olmadı	... olmamış	... olmayacak
	... olur mu	... oluyor mu	... oldu mu	... olmuş mu	... olacak mı
Bizim	ihtiyacımız olur	... oluyor	... oldu	... olmuş	... olacak
	... olmaz	... olmuyor	... olmadı	... olmamış	... olmayacak
	... olur mu	... oluyor mu	... oldu mu	... olmuş mu	... olacak mı
Sizin	ihtiyacınız olur	... oluyor	... oldu	... olmuş	... olacak
	... olmaz	... olmuyor	... olmadı	... olmamış	... olmayacak
	... olur mu	... oluyor mu	... oldu mu	... olmuş mu	... olacak mı
Onların	ihtiyaçları olur	... oluyor	... oldu	... olmuş	... olacak
	... olmaz	... olmuyor	... olmadı	... olmamış	... olmayacak
	... olur mu	... oluyor mu	... oldu mu	... olmuş mu	... olacak mı

	Simple Present	Present Continuous	-di Past	-miş Past	Future
Ben	selam ver				
Sen					
O					
Biz					
Siz					
Onlar					

200. **gezmek**   to go out to spend time   **-i gezmek**   to visit a place for pleasure, or to see around something

Biz öğleden sonra gez**meye** gideceğiz, Ece. Gelmek ister misin?
We are going out in the afternoon, Ece. Do you want to come?

Efe okuldan sonra sokaklarda gez**iyor**. Eve çok geç geliyor.
Efe spends time on streets after school. He comes home very late.

Bengü üniversiteyi bitirince *Avrupa'yı* gez**mek** istiyormuş.
When Bengü finishes university, she wants to travel around *Europe*.

Biz şehre yeni geldik. Henüz *bir yeri* gez**medik**.
We have just come to the city. We haven't seen *any place* yet.

Bit pazarlarını gez**meyi** seviyorum. İlginç şeyler bulabiliyorsun.
I like looking around *flea markets*. You can find interesting things.

note
There is no single verb for **gezmek** in English. We can use different verbs to convey the idea of **gezmek**.
We also have the verb **gezdirmek**, which is derived from **gezmek** and means *to show someone around (something)*:
Size *şehri* gezdirebil**ir**im.   I can show you around *the city*.
Bana *evini* gezdir**ir** misin? Can you show me around *your house?*

word forms and phrases	
gezi	trip; tour; travel
gez**gin**	someone who travels around from place to place
gezilecek yerler	places to see

	Simple Present	Present Continuous	-di Past	-miş Past	Future
Ben	gez**erim** gez**mem** gez**er** miyim	gez**iyorum** gez**miyorum** gez**iyor** muyum	gez**dim** gez**medim** gez**dim** mi	gez**mişim** gez**memişim** gez**miş** miyim	gez**eceğim** gez**meyeceğim** gez**ecek** miyim
Sen	gez**ersin** gez**mezsin** gez**er** misin	gez**iyorsun** gez**miyorsun** gez**iyor** musun	gez**din** gez**medin** gez**din** mi	gez**mişsin** gez**memişsin** gez**miş** misin	gez**eceksin** gez**meyeceksin** gez**ecek** misin
O	gez**er** gez**mez** gez**er** mi	gez**iyor** gez**miyor** gez**iyor** mu	gez**di** gez**medi** gez**di** mi	gez**miş** gez**memiş** gez**miş** mi	gez**ecek** gez**meyecek** gez**ecek** mi
Biz	gez**eriz** gez**meyiz** gez**er** miyiz	gez**iyoruz** gez**miyoruz** gez**iyor** muyuz	gez**dik** gez**medik** gez**dik** mi	gez**mişiz** gez**memişiz** gez**miş** miyiz	gez**eceğiz** gez**meyeceğiz** gez**ecek** miyiz
Siz	gez**ersiniz** gez**mezsiniz** gez**er** misiniz	gez**iyorsunuz** gez**miyorsunuz** gez**iyor** musunuz	gez**diniz** gez**mediniz** gez**diniz** mi	gez**mişsiniz** gez**memişsiniz** gez**miş** misiniz	gez**eceksiniz** gez**meyeceksiniz** gez**ecek** misiniz
Onlar	gez**erler** gez**mezler** gez**erler** mi	gez**iyorlar** gez**miyorlar** gez**iyorlar** mı	gez**diler** gez**mediler** gez**diler** mi	gez**mişler** gez**memişler** gez**mişler** mi	gez**ecekler** gez**meyecekler** gez**ecekler** mi

	Simple Present	Present Continuous	-di Past	-miş Past	Future
Ben	gez				
Sen					
O					
Biz					
Siz					
Onlar					

EXERCISES   Verbs **191-200**

1. Match (1-8 to a-g; 9-16 to ğ-m).

1. **-i** boyamak
2. dua etmek
3. kurumak
4. fotoğraf/selfie çekmek
5. çizmek
6. **-i** tahmin etmek
7. **-e** selam vermek
8. **-i** kurutmak

a. to pray (1. speak to God 2. wish or hope that sth will happen or is true)
b. to draw (a picture of something)
c. to say hello (to somebody)
ç. to dry [intr] (become dry)
d. 1. to paint (cover a surface with paint) 2. to dye
e. to take a photograph/selfie
f. 1. to guess 2. to predict
g. to dry [tr] (make something dry)

9. selamlaşmak
10. **-e** ihtiyacı olmak
11. video çekmek
12. **-i** boyatmak
13. **-den** rica etmek
14. fotoğraf çektirmek
15. (**-i**) gezmek
16. **-i** kurulamak

ğ. to be in need of
h. to politely ask someone for something
ı. to have your photo taken
i. to have something painted/dyed
j. to exchange hellos
k. to make a video
l. to dry (rub something with a cloth/towel etc)
m. to go out to spend time, to visit a place for pleasure, or to see around sth

2. Complete the sentences with possible answers to the questions. Use the above list for the omitted verbs.

1. Biz İstanbul'da *tarihî camileri/Kapalı Çarşı'yı/Topkapı Sarayı'nı* gezdik.   Nereyi veya nereleri?

2. Biz hafta sonu evimizin dışını ve bahçe çitlerini ....   Ne yapacağız?

3. Kızım, duştan sonra .... saç kurutma makinesiyle iyice kurut.   Neyi

4. İşe arabayla değil, taksiyle git. .... benim ihtiyacım olacak.   Neye?

5. İpteki çamaşırlar hâlâ ıslak. Henüz ....   Ne yapmamışlar?

6. O aşırı asosyal bir insan. Sabahları ofiste hiç kimseye ....   Ne yapmaz?

7. .... rica ettim. Öğleden sonra çocuklara bakacak.   Kim**den**?

8. Filmin .... tahmin etmek hiç de zor değil. Çok sıradan.   Filmin neyini?

9. Yeni bir .... YouTube'a yükleyeceğim.   Ne yaptım?

10. 12. sınıflar fotoğrafçıya gidecekler. Yıllık için ....   Ne yapacaklar?

3. Answer about yourself in complete sentences.

1. **Dindar** bir insan mısınız? Sık dua eder misiniz? ....

2. Gezmeyi sever misiniz? ....

   Gezmeye genellikle kiminle ve nereye gidersiniz? ....

3. **Müzeleri** ve **resim sergilerini** gezer misiniz? ....

4. Çok selfie veya video çeker misiniz? ....

5. Genellikle kimden yardım rica edersiniz/istersiniz? ....

dindar religious; **müze** museum; **resim sergisi** art galery

4. Write the Turkish equivalents.

1. prayer; curse ....

2. May his hands break. ....

3. dry x wet ....

4. bone dry x soaking wet ....

5. dried fruits ....

6. photographer ....

7. straight line ....

8. cartoon (film); comic strip ....

9. dye; paint; painter ....

10. good x bad guess ....

11. weather forecast report ....

12. hey ....

13. request ....

14. trip; tour; travel ....

15. places to see ....

Answers

1. 1d 2a 3ç 4e 5b 6f 7c 8g 9j 10ğ 11k 12i 13h 14ı 15m 16l

2. 1 tarihî camileri/Kapalı Çarşı'yı/Topkapı Sarayı'nı 2 boyatacağız 3 saçını 4 Arabay**a** 5 kurumamışlar 6 selam vermez (*veya* günaydın demez) 7 Yan komşum**dan**/Annem**den**/Bir arkadaşım**dan**/Aslı**'dan** 8 sonun**u**/konusun**u** 9 video çektim 10 fotoğraf çektirecekler

3. Örneğin: 1 Evet, dindar bir insanım. Hemen hemen her gün (almost every day) dua ederim. 2 Evet, çok severim. Ailemle parka veya lunaparka giderim. 3 Müzeleri gezerim. Resim sergilerini ara sıra gezerim. 4 Hemen hemen hiç (almost never) çekmem. Selfie ve video çekmek hoşuma gitmiyor (= … çekmek**ten** hoşlanmıyorum./… çek**meyi** sevmiyorum.) 5 Ailemden, akrabalarımdan veya yakın (close) arkadaşlarımdan isterim.

4. 1 dua; beddua 2 elleri kırılası 3 kuru x yaş (=ıslak) 4 kupkuru x yamyaş (=ıpıslak) 5 kuruyemiş 6 fotoğrafçı 7 düz çizgi 8 çizgi film; çizgi roman 9 boya; boyacı 10 iyi x kötü tahmin 11 hava tahmin raporu 12 selam 13 rica 14 gezi 15 gezilecek (=görülecek) yerler

Can you write down the verbs you have learned in this set (verbs 191-200)?

....

....

....

....

....

You can see the descriptions and sample pages at https://www.easyturkishgrammar.com

www.ingramcontent.com/pod-product-compliance
Lightning Source LLC
LaVergne TN
LVHW080605200726
843509LV00007B/247